suhrkamp taschenbuch 3629

Dieses Standardwerk läßt die wichtigsten Stadien der Mediengeschichte von den Anfängen bis zum Internet Revue passieren. Es setzt mit dem Urknall ein: Am Anfang war der Big Bang, dessen Nachhall wir heute noch vernehmen. Heute aber überlagern sich im Multimedia-Rauschen alte und neue Erfindungen, senden durcheinander und sind auf der Suche nach ihrer eigentlichen Funktion.

Die leitende These des Buches ist: Während die frühe Medienwelt im Bann von Stimme und Schrift sinnzentriert ist, wendet sich die neuere Medientechnik an die Sinne und sprengt das traditionelle Primat der Bedeutungen und zentrischen Kommunikationsverhältnisse. Audiovisuelle Hybridmedien wie der Computer, der am Internet hängt, bringen beide Stränge von Sinn und Sinnen zusammen und verstricken uns in ein Netz, das die Subjekte, die User und Loser zu Schnittstellen macht.

Jochen Hörisch, geboren 1951 in Bad Oldesloe, lehrt Literatur- und Medienwissenschaft an der Universität Mannheim. Wichtige Publikationen: *Gott, Geld, Glück* (1983), *Brot und Wein* (1992), *Kopf oder Zahl* (1996), *Ende der Vorstellung – Die Poesie der Medien* (1999).

Jochen Hörisch

Eine Geschichte der Medien

Von der Oblate zum Internet

Suhrkamp

Die Originalausgabe erschien im März 2001 unter dem Titel
Der Sinn und die Sinne. Eine Geschichte der Medien
als Band 195 der »Anderen Bibliothek«
im Eichborn Verlag, Frankfurt am Main.

Umschlagfoto: Uwe Dettmar

suhrkamp taschenbuch 3629
Erste Auflage 2004

Satz: Hümmer, Waldbüttelbrunn
Druck: Nomos Verlagsgesellschaft, Baden-Baden
Printed in Germany
Umschlag nach Entwürfen von
Willy Fleckhaus und Rolf Staudt
ISBN 3-518-45629-6

1 2 3 4 5 6 – 09 08 07 06 05 04

Inhalt

Vorwort

> ... immer bestehet ein Maas
> doch jeglichem auch ist eignes beschieden
> *Hölderlin: Brod und Wein*

Vor den Augen der geneigten Leserin bzw. des geneigten Lesers liegt ein Taschenbuch mit dem schlichten Titel *Eine Geschichte der Medien – Vom Urknall zum Internet*, dessen Originalausgabe zu Beginn des dritten Jahrtausends in einer Reihe erschien, die keinen anderen Titel trägt als diesen: *Die Andere Bibliothek*. Das ist eine seltsame Konstellation. Denn gedruckte Bücher sind ein altes Medium, das, um zurückhaltend zu formulieren, an die Grenzen seiner Leistungsfähigkeit kommt, wenn es von neuen Medien handeln soll.

Gedruckte Bücher gibt es seit über fünfhundert Jahren. *Verba volant, scripta manent.* Gesprochene Worte verfliegen, Schriften bleiben. So selbstbewußt hatte sich die erste große Medieninnovation, die Erfindung der Schrift, in Zeiten, in denen sie selbst schon klassisch geworden war, beschrieben. Was schwarz auf weiß geschrieben steht, bleibt, anders als das verfliegende Wort, eine längere Weile bestehen. Grund zum Stolz – und zur Angst. Denn nun, da dauerhaft niedergeschrieben steht, was sonst schnell verflog, läßt sich kontrollieren, wie klug oder eben wie dumm man (eine Einzelperson, eine Institution, eine Kultur, eine Konfession, eine politische Gruppe etc.) war, als frau noch glaubte, die Erde sei eine Scheibe, Republikaner gehörten ins Gefängnis, der Marxismus werde siegen, es gebe wirklich Einhörner oder frau/man könne es sich ungestraft leisten, nur »man« zu schreiben. Das Geschwätz von gestern stört bekanntlich nicht – die penetrante Dauerhaftigkeit des Geschriebenen aber kann für das jeweils aktuelle Selbstverständnis hochgradig störend sein. Ermöglicht es doch nicht nur den Vergleich mit dem, was an anderen Orten und zu anderen Zeiten von anderen gedacht wurde und wird, sondern auch den Vergleich mit dem, was man selbst für buchenswert hielt. Also die Selbstbegegnung, die zügig fraglich werden läßt, wie verläßlich das »S/selbst« ist. Schon die frühen Medien geben Fassungen und bringen aus der Fassung.

Das vorliegende Buch handelt nun aber nicht »nur« von den frühen Medien Schrift, Bild und Buch, sondern auch von den neuen und neusten Medien, die vermögen, was kein Buch vermag – zum Beispiel den *flatus vocis,* die flüchtigen Laute, aufzuzeichnen und als die Laute, die sie sind, festzuhalten (zum Beispiel auf Wachswalzen, Schellack-Platten, Filmrollen, Ton- beziehungsweise Videobändern und CDs). Seltsam ist das Projekt einer Mediengeschichte in offensiv-klassischer Buchgestalt schon einfach deshalb, weil die unterschiedliche Kombination von Buchstaben ersichtlich nicht einmal in der Lage ist, verläßlich wiederzugeben, wovon sie im Fall des vorliegenden Buches in den späteren Kapiteln handelt – eben von den Mediengeschichten auch nach Gutenbergs Erfindung. Das Medium der sogenannten schönen Literatur hat die Heraufkunft neuer Medien, aber auch seine eigene Medialität (von der Kunst des Erzählens bis zur konkreten Poesie, die sich bewußt ist, daß Literatur der unterschiedlichen Kombination von Lettern ihre Existenz verdankt) aufmerksam beobachtet. Kluge Literatur macht sich über die mediale Armut ihrer Verfassung keine Illusionen. Aber sie macht diese Armut zu ihrer Produktivkraft. Schöne Literatur verfügt deshalb über medienhistorische und medienanalytische Einsichten, die sich das vorliegende Buch dankbar zunutze macht. Es vertraut mit Horaz darauf, daß Literatur nicht nur schön ist und erfreut, sondern gerade auch in medialer Hinsicht sachlich relevante Einsichten bereithält und also belehrt. *Aut prodesse aut delectare volunt poetae.*

Schwingende Töne, bewegte Bilder und elektronisch zugestellte Briefe sind Themen des vorliegenden Buches, aber sie sind nicht in ihm enthalten und könnten auch bei gutem multimedialem Willen des Autors aus medientechnologischen Gründen in diesem vergleichsweise klassischen Buch nicht enthalten sein. Denn es bietet keinen Lautsprecher, keinen Monitor und keinen Anschluß ans Internet. Ihm liegt auch keine CD-ROM, keine Diskette und keine Kassette bei. Kein Update kann geschwind für die Tilgung von Druck- und anderen Fehlern sorgen. Es braucht aber auch keinen Akku; kein Stromausfall kann seinen Datenbestand bedrohen; kein Software-Virus kann seine Buchstabenfolgen zerstören. Die Nutzung dieses Buches wie die von Büchern überhaupt verarbeitet keine andere Energie als die des Lesers, der sich dem zeitlich und mental sehr aufwendigen (jahrelanger Schulbesuch) Geschäft hingibt, die Aneinanderreihung von Buchstaben so zu dechiffrieren, daß das Gelesene (um mit dem präzisen Amerikanismus zu formulieren) Sinn macht, auch wenn seine Sinne auf nichts anderes stoßen als auf die schwarzen Lettern, die da vor seinen Augen tanzen.

Der vorliegende Band der *Anderen Bibliothek* ist demnach, seiner gediegenen Erscheinung widersprechend, strukturell unseriös. Das heißt, er ist seinem Thema medial und genauer: medientechnologisch nicht gewachsen. Daß zudem die Figur eines Autors, der sich heute noch anmaßt, Mediengeschichte überhaupt zu schreiben (statt ein weiteres Forschungsprojekt zu organisieren und einen weiteren S[t]ammelband herauszugeben), unseriös ist, versteht sich von selbst. Doch davon schweigt die Höflichkeit und der Respekt, mit dem Autoren sich in der Regel selbst begegnen, um sich Mut für ihre so unmöglichen wie unzeitgemäßen Projekte zu machen. Höflichkeit und Respekt vor tradierten wissenschaftlichen Umgangsformen gebieten zugleich, auf die Bände hinzuweisen, die regelmäßig konsultiert wurden, um das vorliegende Buch zu schreiben: neben der von Wolfgang König herausgegebenen *Propyläen Technikgeschichte* sind dies vorweg die von Hans H. Hiebel, Heinz Hiebler,

Karl Kogler und Herwig Walitsch herausgegebene und zu Recht diesen Titel tragende *Große Medienchronik*, die (wenn man vom unzuverlässigen Register absieht) akribisch und übersichtlich über Einzeldaten in der Geschichte der Entwicklung von Medientechnik berichtet; sodann der konzentrierte Band derselben Medienforscher mit dem schlichten Titel *Die Medien*, der die Datenfülle in knappe Übersichtsdarstellungen bringt; weiterhin Werner Faulstichs auf zehn Bände angelegte *Geschichte der Medien* (von der drei Bände bereits erschienen sind) und die informativen Darstellungen zur *Geschichte der optischen Medien* von Ulrike Hick und die *Geschichte der Stimme* von Karl-Heinz Göttert; und von den vielen Einführungen und Überblicksdarstellungen seien schließlich ausdrücklich Werner Faulstichs Band *Grundwissen Medien* genannt sowie Irving Fangs *A History of Mass Communication*. Der zeitgemäße Zugang zum Thema Medien ist in dem Jahr, in dem dieses Buch erscheint (2001), natürlich (natürlich?) das Internet. Wer in das Yahoo- oder Lycos-Suchprogramm die Begriffe Medium, Schrift, Buch, Photographie, Film, Radio, TV, Computer oder eben Internet eingibt, wird überreich beschenkt. Eine zum Erscheinungstermin dieses Buches selbstredend schon lange überholte Stichprobe am 26. Juni 1999 ergab im Yahoo-Suchprogramm 416 *categories* und 12 577 Eintragungen zum Stichwort »media«; das Suchprogramm von Lycos führte nicht weniger als 513 853 Eintragungen zu »Medium« und 835 allein zu »Mediengeschichte« an.

Wer angesichts dieses *information overload* nicht kapituliert, sondern einigen Verweisen nachgeht, stößt nicht nur auf Buchstabenkombinationen, sondern auch auf Hypertexte und damit auf die sinnenfrohen ton- und bildbewegten Materialien, die schwarze Lettern nicht bereithalten können. Den Lettern, die wissen, daß sie nur ein Buchstabe vom Abfall trennt (the letter/the litter), den Publikationen, die nach dem Wortspiel des Psychoanalytikers Jacques Lacan

Poubellicationen sind (*poubelle,* Abfall, in dem häßlichen Wort steckt natürlich auch das schöne Wort *belle*), den Buchstaben, die ahnen, daß sie Gitter bilden, die vieles ausschließen, bleibt an der Wende zum dritten Jahrtausend nur der Wille, sich fröhlich zu ihrem Status als anachronistischer Ab-Fall vom medientechnologisch avancierten Stand der Dinge zu bekennen. Und kompensatorisch zu versprechen, was eben nur Buchstabenkombinationen versprechen können: Komplexität dadurch entschieden zu reduzieren, daß sie auf die einsinnige Schnur von Buchstabenfolgen gebracht wird; sinnige Thesen vorzustellen, statt sinnliches Material auszubreiten; Disparates auf Einheitsgesichtspunkte zu bringen; sich zu den Vorteilen des medialen Anachronismus zu bekennen, der unzeitgemäße Betrachtungen ermöglicht; ab und an auch mal ohne Entschuldigungsgesten Platon und Aristoteles, Kant und Hegel zu zitieren, kurzum – Sinn zu machen statt unmittelbar die Sinne zu erfreuen (es sei denn, man hat Sinn für sinnlich-schöne Bücher).

Hegel hat »Sinn« als ein »wunderbares Wort« begriffen und denkend gefeiert. In seinen *Vorlesungen über die Ästhetik* heißt es: »›Sinn‹ [...] ist dies wunderbare Wort, welches selber in zwei entgegengesetzten Bedeutungen gebraucht wird. Einmal bezeichnet es die Organe der unmittelbaren Auffassung, das andere Mal aber heißen wir Sinn: die Bedeutung, den Gedanken, das Allgemeine der Sache. Und so bezieht sich der Sinn einerseits auf das unmittelbar Äußerliche der Existenz, andererseits auf das innere Wesen derselben.«[1] Das wunderbare Begriffspaar Sinn und Sinne bildet eine schlichte, ja verwegen unterkomplexe Unterscheidung. Dennoch oder ebendeshalb ist sie kaum zu vermeiden. Die Unterscheidung zwischen Sinn und Sinne stiftet nicht *die,* aber immerhin *eine* mögliche Ordnung nicht nur in erkenntnis-

1 G. W. F. Hegel: Ästhetik I, p. 173. Mit dem Begriffspaar »Sinn/Sinne« arbeiten auch der von Wenzel Jacob herausgegebene instruktive Sammelband: Der Sinn der Sinne und der Essay von H.-D. Bahr: Der Sinn, die Sinne und der Unsinn.

theoretischer, sondern auch in medienanalytischer und -historischer Hinsicht. Sie verspricht Antwort auf eine Frage, die die theoretische Anstrengung seit ihren Anfängen beflügelt hat: nämlich ob und wie die Sinne und der Sinn zusammenkommen können. Menschen schmecken, riechen, fühlen, sehen und/oder hören etwas und fragen sich, was es mit dem Wahrgenommenen auf sich habe beziehungsweise was der Sinn in oder hinter dem sei, was ihre Sinne da registrieren. Von zwei Stämmen aller Erkenntnis hat Kant, wirkungsmächtig einen schon zu seiner Zeit alten Diskussionsstrang auf den Punkt bringend, gesprochen. Menschen, die sich als Subjekte begreifen, verfügen über »zwei Stämme der Erkenntnis, nämlich Sinnlichkeit und Verstand, durch deren ersteren uns Gegenstände gegeben, durch den zweiten aber gedacht werden.«[1] Mit anderen Worten: Wir nehmen einen Sachverhalt wahr (zum Beispiel ein vorbeifahrendes Auto und den damit verbundenen Lärm) und fragen uns (wenn wir denn dazu aufgelegt sind oder genötigt werden), was es mit diesem Sachverhalt auf sich hat, was er bedeutet, wie es möglich ist, daß ein so schwerer Gegenstand bewegt werden kann, wohin der Fahrer warum will etc.

Der seltsame Akt, der da »lesen« heißt, bietet eine besonders krasse Illustration der reizvollen Probleme, mit denen die Doppelung von Sinnlichkeit und Verstand, von Sinnen und Sinn uns konfrontiert. Lesend sehen wir seltsame Linien, Punkte und Striche vor uns, die wir, so wir denn alphabetisiert und also medial konditioniert sind, nicht mehr als solche wahrnehmen, sondern mit Sinn verbinden und auf ihren Sinn hin abtasten. Die leitende These der vorliegenden Mediengeschichte lautet: Die im Bann von Stimme und Schrift stehende frühe Mediengeschichte ist sinnzentriert, die neuere Medientechnik fokussiert hingegen unsere Aufmerksamkeit immer stärker auf die Sinne. Phono- und Photographie machen es seit der Mitte des 19. Jahrhunderts möglich, dies- und jenseits der Sinndimensionen, die dem

1 I. Kant: Kritik der reinen Vernunft, B 29.

Sprachmedium nun einmal nicht auszutreiben sind, zu prozedieren. Um zu schematisieren: Die frühen Medien Stimme und Schrift schalten das Verhältnis von Sinn und Sinnen so, daß die Gesamtheit dieses Verhältnisses von seiner Sinnseite dominiert wird. Die Post-Gutenberg-Medien Phono- und Photographie mitsamt ihren radiophonen und televisionären Abkömmlingen schalten die Sinn-Sinne-Relation so, daß der traditionelle Sinnprimat gesprengt werden kann. Und – da Dreischritte nun einmal suggestiv sind – die gegenwärtige Medienlage bringt im lautsprecherbestückten Monitor beziehungsweise Display ersichtlich die beiden Stränge von Sinn und Sinne zusammen – und auseinander. Der ans Internet angeschlossene PC ist die Hybridbildung von AV- (audiovisueller) Medientechnologie, Buch, Telephon und – last not least – der Rechenmaschine, die all diese Funktionen integriert. Die Gemengelage der Sinn-Sinne-Konstellationen, die die avancierte Computertechnologie freisetzt, ist unübersehbar. Nicht umsonst beschreibt und beobachtet sich die neuere Mediengesellschaft unter dem Modepräfix »Multi«. In genau dem Maße, in dem sie sich so multipel wahrnimmt, nimmt sie wahr, daß sie auf dem abenteuerlichen Weg zu der einen, paradox-multiplen Medien=Weltgesellschaft ist. Hinter dem Präfix »Multi« steckt aber noch eine andere tiefenstrukturale Einheit: nämlich die des einen binären Codes 0/1, der alle Zeichen, Töne, Bilder und die Zahlenoperationen sowieso betreut.

Multimedia, Multidisziplinarität, Multiperspektivik, Multikulturalismus, Multivitamine, Multi, Multi, Multi: dem Übergang vom Sinn zu den Sinnen und zu den vielfachen Sinn-Sinne-Konstellationen entspricht die Sprengung zentrischer Kommunikationsverhältnisse. Sinn ist ein Singularetantum-Begriff, zu dem es – aus heutiger Perspektive: verdächtigerweise – keine sinnvolle Pluralbildung gibt. Und »Sinne« ist ein Plural-Begriff, der auf heikle Weise unbestimmt wird, wenn man ihn in den Singular setzt. Das tradierte Suggestivmodell von Kommunikation war das Modell »Zentrale an Peripherie«. Die Sendezentrale Gott übergibt den knappen Zentraltext der zehn Gebote an einen zentralen Verteiler, und der tut sie allen Empfängern kund und zu wissen. Eine alleinseligmachende, allumfassende, zentristisch organisierte Kirche erklärt sich zum Inhaber des Medienmonopols. *Roma locuta, causa finita.* Alle Gebildeten lesen dieselben kanonischen Schriften. Die Diktatorenstimme erreicht alle offenen Ohren vor dem Einheitsvolksempfänger. Eine öffentlich-rechtliche Sendeanstalt, die alle Einzelsender bündelt und sich dann auch keinen anderen Namen als diesen gibt: ARD (Arbeitsgemeinschaft der Rundfunkanstalten Deutschlands), versorgt alle mit der einen und einzigen *Tagesschau.* Die aber hat Aug in Aug mit nicht gleichgeschalteten anderen alten und neuen Medien wie Theaterstücken, Literatur, Gottesdiensten, Tageszeitungen und Rundfunksendungen schon überzeugend gelernt, liberal und differenzsensibel zu sein. Lange wird die *Tagesschau* ihr TV-Nachrichtenmonopol auch nicht halten können.

Eine Sende-Zentrale an »Alle«: daß dieses Modell, das selbstredend die Partisanen des Kampfes für neue Sendeverhältnisse (Ketzer, Reformatoren, Flugblattschreiber, Putschisten, Alternativkulturelle, Hacker etc.) immer schon mitproduziert hat, heute nicht mehr gilt, pfeifen die Spatzen von den vielen Sendetürmen und kommunizieren die Internet-Nutzer, die nichts so sehr lieben, wie Kommunikation zu kommunizieren, sich jeden Tag neu. Jeder E-Mail, jeder Internet-Seite ist neben der Information, die sie trägt, noch diese Mitteilung mitgegeben: Wir leben im Zeitalter der Point-to-point-Kommunikation. Dank des einen Netzes, in das wir verstrickt sind, und dank des einen HTML-Codes, der uns durch dieses Netz beziehungsweise der die Sendungen dieses Netzes zu uns navigiert. Also den Subjekten, Menschen, Leuten, Usern, Losern zustellt, die nicht aufschreien, wenn sie heute als »Schnittstellen« charakterisiert werden.

Der Übergang von den Sinn- zu den Sinn-Sinne-Medien

bedeutet und bedingt eben auch den Untergang zentrisch-hierarchischer Kommunikationsverhältnisse. 1989 erschien dieser Über- und Untergang als kultisches Medienereignis auf der Weltbühne. Das in seiner Hilflosigkeit gegen Sendestrahlen rührende Relikt der Berliner Mauer fällt, nachdem ein Mitglied der Einrichtung, die sich tatsächlich Zentralkomitee nannte, eine ungeschickte Pressekonferenz gegeben hatte; und in Rumänien gibt es zwei wirkliche beziehungsweise von TV und Video bezeugte Tote: die Inkarnation des anachronistischen, transsilvanischen Diktators und seiner Frau. Industriegesellschaften, die keine komplexe Medieninfrastruktur hatten, implodierten. Im Rückblick von nur zehn Jahren sind die Verhältnisse schier unausdenkbar: In der DDR, also einem der avanciertesten Staaten des Ostblocks, hatte nicht mal jeder ein Telephon; es gab keine allgemein zugänglichen Photokopierer; und das *P* vor dem *C* konnte man streichen. PC: Personal Computer, Political Correctness, Parti Communiste – das Verfallsdatum dieser Einrichtungen, die doch demselben Jahrhundert angehören, ist recht unterschiedlich.

Jede Epoche neigt dazu, sich selbst als die zu charakterisieren, von der aus die latenten Entwicklungstendenzen vorheriger Epochen transparent werden. Deshalb sind All-Sätze möglich und für gewisse Zeiten und Zielgruppen sogar plausibel und beliebt, die zum Beispiel lauten: Alle Geschichte ist eine Geschichte des göttlichen Willens oder der Taten großer Männer oder des Aufstiegs und Falls von Kulturen oder von fortschreitenden Aufklärungsprozessen oder von Klassenkämpfen oder von Rassenkämpfen oder von ödipalen Konflikten oder der Sprengung bergender Sphären oder der Ausdifferenzierung von Funktionssystemen. Die Verfallszeit solcher All-Sätze ist unterschiedlich. Sie können nach kurzem Taumel schnell dem Gelächter anheimfallen, Allianzen bilden, Reformationen erfahren und gelegentlich auch einmal eine ungeahnte Renaissance erleben. Eines aber ist ihnen verwehrt: keine Verfallszeit zu haben. Daß heute Medientheorie als diensthabende Fundamentaltheorie (für »alle«: Soziologen und Informatiker, Ägyptologen und Astrophysiker, Mediziner und Juristen, Geisteswissenschaftler und Theologen) fungiert, ist kaum zu übersehen. Denn es ist eine mittlerweile triviale Feststellung, daß sich die Weltgesellschaft im Übergang zum dritten Jahrtausend als Mediengesellschaft erfährt, beobachtet und beschreibt. Dem Sog, ein Buch vorzulegen, das sich mit dem Satz »Alle Geschichte ist Mediengeschichte« resümieren läßt, widersteht der Autor nur dadurch, daß er erstens die Gültigkeit des Satzes von der schwindenden Halbwertzeit aller Großtheorien auch in diesem Fall anerkennt und gespannt darauf wartet, welche Theoriegesten sich alsbald durchsetzen werden (medienwirksam, wie sonst?); und indem er zweitens dem Jenseits der Medien Respekt erweist, das sich nicht selbst als Medium beschrieben hat. Was nichts anderes heißt als: den Satz »alle Geschichte ist Mediengeschichte« ernst zu nehmen und noch, ja gerade noch jene mittlerweile tradierten Allgemeinverbindlichkeiten in einem so dramatischen wie präzisen Sinn als machtvolle Massenmedien zu begreifen, die zuvor (weil zu sehr theologisch beziehungsweise soziologisch konnotiert) kaum je als Medien wahrgenommen wurden: das Abendmahl und das Geld.

Der Text dieses Buches wurde auf der Festplatte eines Notebooks geschrieben. 32 MB, Pentium II, Windows 98 – *what else?* 128 MB, Pentium III, Windows 2000! So multipel sind die neuen Medienverhältnisse wiederum auch nicht. Damit dieses Buch entstehen konnte, sind auch viele alte Medien bemüht worden. Ohne Buchlektüre, Bleistiftanstreichungen, Korrespondenz, Seminare, Telephongespräche, Kinobesuche, Fernsehabende, Radiohören, Faxereien, E-Mails, Internetrecherche und Auswertung von CD-ROMs wäre es nicht zustande gekommen. Selbstredend hat das vorliegende monomediale Produkt seinen multimedialen Background. Zu diesem Hintergrund gehört auch das Vertrauen seines

Autors in die Kraft der älteren und ältesten Medien – in das, was die Medientheorie heute Face-to-face-Kommunikation nennt. Der Anteil, den Anregungen aus Gesprächen, aus Vorträgen oder aus Diskussionen haben, läßt sich kaum überschätzen (der Satz bildet eine willkommene Gelegenheit, Norbert Bolz und Friedrich Kittler für mittlerweile jahrzehntelange Freundschaft zu danken). Wie denn dies überhaupt auffällig ist: mit der rasanten Verbreitung neuer Kommunikationsmedien wie Handy-Telephon, E-Mail oder Videokonferenz wächst die Wertschätzung ältester Kommunikationsformen. Das Gespräch unter vier Augen hat geradezu Kultstatus nicht nur unter Politikern oder Spitzenmanagern, die über alle erdenkliche avancierte Kommunikationstechnologie verfügen. Sie steigen, wenn's ernst wird, immer häufiger ins Flugzeug, um das direkte Gespräch zu suchen. Der Papst fliegt von der Stadt, die das eine Weltzentrum seit langem nicht mehr ist, in alle Teile der Welt; die Spitzenmanager von Daimler und Chrysler treffen sich persönlich, um einigermaßen abhörsicher auszuhandeln, welche Firma Mutter- und welche Tochtergesellschaft genannt werden soll; die Weltpolitiker müssen sich in die Augen schauen können, wenn sie über den Krieg in einer zuvor vergessenen Weltecke, über die jetzt alle Medien berichten, entscheiden. Ob es analoge Argumente gibt, die dafür sprechen, sich des anachronistischen Mediums Buch zu bedienen, um etwas über Mediengeschichte/n zu erfahren, die die Buchform sprengen? Daß dem so ist, hofft der vorliegende Band der *Anderen Bibliothek*.

URSPRÜNGE

1. **NOISE:** Big Bang – Am Anfang war die Post

2. **STIMMEN:** Taufakte – Hand und Mund – Dissens oder Konsens – Abwesenheit als Möglichkeitsbedingung von Medien – Göttliche Stimmen, königliches Verstummen – Das antike Theater als frühes Massenmedium – Wer redet, ist nicht tot

3. **BILDER:** Die Toten und die Bilder – Bilderverbote – Bilderfluten – Die Wörter und die Wahrnehmungen

ERSTE UNTERBRECHUNG: Mediendefinitionen

1. Noise

Am Anfang war der Sound. Und dieser Sound war so ungeheuer, daß wir heute noch sein Echo hören. Das konstante Rauschen, das noch von einem postmodernen Ohr, so es nicht durch Dauersoundproduktion ruiniert wurde, selbst am einsamsten Ort in der stillsten Winternacht zu vernehmen ist, erklären Astrophysiker als Nachhall des Urknalls. Kein anderer Begriff der Astrophysik hat in den letzten Jahrzehnten eine so steile Karriere erlebt wie dieses leicht eingängige und mittlerweile inflationäre Wort. **Urknall** / Big Bang: **vor etwa 12 Milliarden Jahren** fing »alles« mit einem ungeheuren Getöse an, das sich erst in Jahrmillionen zu dem formte, was Ästheten gerne als »Sphärenharmonie« oder »Sphärenmusik« charakterisieren. Daß das Wort »Big Bang« so eingängig ist, dürfte auch mit seinem Klang-, Zeit- und Bedeutungszauber zusammenhängen, der es rein naturwissenschaftlichen Sphären entwendet. Big Bang: eine hübsche Alliteration mit dem ersten Konsonanten im Alphabet (BB: Bert Brecht, Brigitte Bardot oder Bazon Brock haben Grund, die Initialen ihres Namens hochzuschätzen). Auf die Anfangsbuchstaben *b* folgt die hohe phonetische Differenz der Hell-Dunkel-Vokale *i/a* und ein Ausklang auf dem scharf beziehungsweise weich gesprochenen Konsonanten *g*, so als wollte das Wort »Big Bang« an sich selbst demonstrieren, daß noch der heißeste Kern all dessen, was sachlich-naturwissenschaftlich beschreibbar ist, einen semantisch-ästhetischen Überschuß aufweist – daß das, was da sinnlich passiert, Sinn freisetzt.

All das, was der Fall zu sein begann, all das, was da im Knall war, all das, was da vor etwa 12 Milliarden Jahren (wenn man die Hubble-Konstante als Maß für die Galaxienflucht auf 80 km pro Sekunde ansetzt) als Ab-Fall von der zeitlosen Reinheit des Nichtseins startete, organisierte sich alsbald in binären Schemata. Makro und Mikro, Neutronen und Elektronen, positive und negative Ladungen, Materie und Antimaterie, Sein und Nichts, Atome und Bits, 0/1, i/a, Big Bang – auch wer, wie der Schreiber dieser Zeilen, euphemistisch mit sich selbst umgeht, wenn er gesteht, von dieser Materie wenig zu verstehen und dieses Wenige dann auch »nur« über zweifelhafte Medien vermittelt zu wissen (Wer war schon beobachtend dabei, als der große Urknall statthatte?), glaubt doch immerhin so viel zu wissen: Ohne binäre Schemata läßt sich kein Programm starten und schon gar nicht rekonstruieren. Auch medienhistorische Übergriffe auf Allerfrühestes können kaum anders als sich an der konstruktivistischen Maxime zu orientieren: *draw a distinction.* In medienhistorischer Perspektive ist das, was auch astrophysikalische Laien über den Anfang alles Auf- und Anschreibbaren wissen, mit dem binären Schema Sein und Sound rekonstruierbar. Medienhistorisch muß an der Ursprungserzählung, die im entfalteten Medienzeitalter den höchsten Kredit genießt, auffallen, daß das, was da geschieht, offenbar und unüberhörbar mit Noise verbunden ist. Etwas geschieht nicht nur – es geschieht mit Getöse.

Sein und Sound sind zweieinig. Das Getöse steckt im Geschehen und das Geschehen im Getöse. Im Ursprung herrscht keine Einheit, sondern eine Differenz. Eine Differenz, die auch dafür sorgt, daß Sein und Sound aneinander- und auseinandergeraten. Mit dem Urknall des so erst raumzeitlich werdenden Seins kann der Sound nicht mithalten. Die Schallgeschwindigkeit ist um Potenzen niedriger als die Lichtgeschwindigkeit. Der Sound hastet dem Sein als Echo hinterher. Sound und Sinn sind nachtragend. Mit dem, was geschieht, können sie nicht eigentlich mithalten. Ein Medienroman, der mittlerweile Kultstatus genießt, beginnt beziehungsweise startet deshalb so: »Ein Heulen kommt über den Himmel. Das ist früher schon geschehen, mit diesem aber läßt sich nichts vergleichen. / Es ist zu spät.« Thomas Pynchons Roman mit dem theologisch aufgeladenen Titel *Gravity's Rainbow* beginnt nicht mit einem Schöpfungsakt, sondern mit einem Destruktions-Ereignis, das keine sinnvolle Gleichzeitigkeit mehr zuläßt. Eine V-2-Rakete schlägt ein. Da sie schneller fliegt als der Schall, kommt das Heulen zu spät, um noch Unheil wendende Taten auslösen zu können.

Im Ursprung ist ein Sprung, der Sound macht. Sein und Sinn, Noise und System gehören zusammen und driften auseinander. »Ohne ›noise‹ kein System.«[1] Der Sound klingt dem Ereignis, von dem er Zeugnis ablegt, nach – oder er geht ihm (so eine beliebte theologische Variante der Ursprungserzählung, die immer eine Erzählung von dem Sprung sein muß, der schon im Uranfang war), es herbeizitierend, voraus. Auffallend ist jedenfalls, daß das, was da anfänglich geschieht, eben nicht nur geschieht, sondern sogleich auf Sendung geht – Schicksale sind Schickungen. »Au commencement«, so heißt es in einem Text, der unter Theoretikern, die Aug in Aug mit den dekonstruktiven Tendenzen der Spätmoderne denken, kein Geheimtip mehr ist, »au commencement, en principe, était la poste.« So steht es in einer der Postkarten Jacques Derridas zu lesen.[2] Am Anfang, im Grunde war die Post – »et je m'en consolerai jamais.« Da nach dem Urknall alles auseinanderfliegt und nichts an dem ungeheuer verdichteten Ort mehr ist, wo es eigentlich hingehörte, ist am Anfang die Post. Die Post aber ist nachtragend. In so unendlicher wie vergeblicher Anstrengung – Kafkas Werk hat sich dieser Anstrengung verschrieben – will sie alles an seinen rechten Bestimmungsort bringen, will sie wieder zur Deckung zu bringen versuchen, was auseinanderschoß. Daß da Ungeheures geschehen ist, kann (wann, von wem?) vernommen, gehört, empfangen, rezipiert, gedeutet werden, eben weil es zweifach vorkommt – als seiender Sound und als Noise machendes Sein. Die wirkungsmächtigen Erzählungen vom Ursprung können deshalb auch kaum anders,

1 N. Luhmann: Soziale Systeme, p. 166.
2 J. Derrida: Envois – La carte postale, Le 27 septembre 1979, p. 172.

als mit der Unterscheidung von Chaos und Ordnung, von Rauschen und distinktem Sprechen, von Tohuwabohu und Schöpfungsworten einzusetzen.

Ermöglicht diese Unterscheidung es doch, zwischen frühesten Erzählungen und spätesten Wissenschaftseinsichten eine Brücke zu schlagen. Noch der postmetaphysisch abgeklärte und religiös indifferente, also aufgeklärte Kopf, der soeben die Schwelle zum dritten Jahrtausend überschritten hat, hat Worte im Sinn, die Anfänge plausibel machen wollen. Es sind Worte, die gleichermaßen von Anfangsgeräuschen handeln – genauer: von göttlich schaffenden Worten. Beide anfänglichen Erklärungsmodelle, das astrophysikalische wie das religiöse, haben eben nicht nur diese Differenz, daß sie entweder mit einem ungeheuren Noise oder mit distinkten Worten einsetzen, sondern auch diese Gemeinsamkeit, daß sie das, was geschieht, an ein akustisches Ereignis koppeln. Incipit Mediengeschichte und Medientheorie.

Wenn etwas nicht nur »einfach« da ist und statthat, sondern dieses Sich-Ereignen immer schon und immer auch an einen Big Bang, an einen Sound, an Noise, an gesprochene Worte, an geschriebene Lettern, an photo- oder phonographische Aufzeichnungen gebunden ist, dann gibt es kein Dies- oder Jenseits von Mediengeschichte. In der wohl besten deutschsprachigen Novelle, in Georg Büchners *Lenz*, wird davon gesprochen, wie jemand, der Stimmen hört, in abgelegene, stille und doch bemerkenswert aufgeklärte Gefilde kommt. Lenz trifft im Steintal auf die Inkarnation des Aufklärers, der die Avantgarde des damaligen Medienverbundes von Büchern, Sparkassen und allgemeiner Schulpflicht inkarniert – auf Oberlin. Ihn erinnert der verrückte Dichter an Überhörtes: »›Sehn Sie, Herr Pfarrer, wenn ich das nur nicht mehr hören müßte, mir wäre geholfen.‹ – ›Was denn, mein Lieber?‹ – ›Hören Sie denn nichts? hören Sie denn nicht die entsetzliche Stimme, die um den ganzen Horizont schreit und die man gewöhnlich die Stille heißt? Seit ich in dem stillen Tal bin, hör ich's immer, es läßt mich nicht schlafen; ja, Herr Pfarrer, wenn ich wieder einmal schlafen könnte!‹ Er ging dann kopfschüttelnd weiter.«[1]

Mit ähnlichen Motiven starten viele der frühen Erzählungen. Eine dieser Erzählungen vom Ur-Sprung ist ein Gründungsdokument der Kultur, die sich als besonders medieninnovationsfreudig erwiesen hat: die jüdisch-christliche. Am Anfang der Thora, die später in einem weitreichenden Mediencoup zu einem Teil des Alten Testaments umgetitelt wird, heißt es: »Am Anfang schuf Gott Himel vnd Erden. Vnd die Erde war wüst und leer (tohuwabohu) / Vnd es war finster auff der Tiefe / Vnd der Geist Gottes schwebte auff dem Wasser.« (1 Mose 1, 1 f. nach der Luther-Bibel von 1545 – hier und auch weiterhin wird nach dieser Ausgabe zitiert, weil sie zu den größten unter den mental prägenden Massenmedienerfolgen zählt.) Binäre, wenn auch zum Teil noch implizite Distinktionen auch hier: Himmel und Erde, hochoben und tiefunten, hell und dunkel. Mit Vers 3 greift dann eine weitere Unterscheidung ein, eine Unterscheidung, die alle weiteren Unterscheidungen verantwortet, *a distinction, which makes a distinction,* eine Unterscheidungskraft, auf die der Text sodann immer wieder zurückgreift: »Vnd Gott sprach / Es werde ...« Die Formel »Vnd Gott sprach« kommt fortan mit liturgischer Regelmäßigkeit wieder. Sprache vs. Sein, Sprache und Sein, Sprache, die Nacht und Tag, Festland und Wasser, Pflanzen und Tiere und andere Paarbildungen mehr ins Sein ruft. In Toni Morrisons Novelle *Beloved* heißt es von einer Gruppe Betender, die nicht wissen, was sie da beten, wohl aber spüren, daß in ihrem Sprechen ein spezifischer Sound aufbewahrt ist: »They stopped praying and took a step back to the beginning. In the beginning there were no words. In the beginning was the sound, and they all knew what that sound sounded like.«[2]

1 G. Büchner: Lenz, p. 110.
2 T. Morrison: Beloved, p. 259.

2. Stimmen

»In the beginning was the sound.« Aus dem Noise, aus dem Tohuwabohu emergiert, wenn wir aus dem Rauschen der vielen Ursprungserzählungen eine prominente Variante herausfiltern, eine distinkte Stimme – die bestimmende, die diktierende Stimme Gottes. Ähnlichen Dramaturgien wie denen der biblischen Genesis folgen spätere Mythen und Kunstwerke, die vom Frühesten berichten – nämlich davon, wie sich von etwas berichten läßt. Ein Beispiel nur für eine anspruchsvolle Ur-Sprungs-Erzählung: Aus dem elementaren Es-Dur-Akkord, mit dem Richard Wagners *Rheingold* einsetzt, formt sich ein stimmlich gebundener Gesang, von dem dahinstehen mag, ob er überhaupt beziehungsweise wie sinnvoll er ist. Daß er sich distinkt vom elementaren Hintergrundrauschen des nassen Elements abhebt und also eine Unterscheidung macht, steht fest: »wagalaweia«. Auf diese Laute folgt dann sogleich der Balzgesang zwischen einem häßlichen Mann und den drei schönen Töchtern des Rheins. Noise – Rauschen – sinnferne Laute – distinkte Stimmen, die zwischen distinkten Geschlechtern gewechselt werden: dieses Entwicklungsschema hat eine unwiderstehliche Suggestivität nicht nur für Produzenten von Gesamtkunstwerken. Man muß kein Wagnerianer sein, um auf dieses Motiv zu stoßen. Auch wer amerikanische Prosa liest, kann erfahren, was es für Menschen bedeutet, primär Stimmwesen zu sein. In William Faulkners Roman *Light in August*[1] heißt es über den Helden mit dem schönen Namen Joe Christmas: »Then it seemed to him, sitting on the cot in the dark room, that he was hearing a myriad sounds of no greater volume – voices, murmers, whispers: of trees, darkness, earth; people; his own voice; other voices evocative of names and times and places – which he had been conscious of all his life without knowing it, which *were* his life.«

1 W. Faulkner: Light in August, p. 80.

Daß Menschen Stimmwesen sind, gehört zu ihren frühesten Selbstbeschreibungen und zum Standardinventar der Unterscheidung von Menschen und Tieren. Der einschlägige *locus classicus* findet sich in der *Politik* des **Aristoteles**: »Nun ist aber einzig **der Mensch** unter allen animalischen Wesen **mit der Sprache begabt.**«[1] Nicht zuletzt durch diese Selbstbeschreibung als Sprachwesen unterscheiden sich Menschen vom Rest der Welt und von den sprachlosen Tieren zumal. Im Verlauf der sogenannten Kulturgeschichte tauchen dann zunehmend riskantere Selbstbeschreibungen auf wie »wir können an Götter glauben, lachen, weinen, Artgenossen ermorden, uns selbst töten, wissen, daß wir sterben müssen, masturbieren, Verträge schließen, instinktentbunden handeln, Institutionen erfinden, Verträge brechen, lügen, tauschen, Geld nutzen, Technik erfinden etc. – ihr nicht«. Da es sich um Selbstbeschreibungen handelt, bauen sie auf der ersten Unterscheidung auf, die da lautet: Sprachwesen oder aber sprachlos zu sein.

Menschen sind Lebewesen, die, wie die klassische Formel des Aristoteles lautet, die Sprache haben: »**zoon logon echon**«. Menschen haben Stimmen, die ihnen Stimmungen bescheren, sie verfügen über die Möglichkeit, zu sprechen, sie haben die Sprache, und/oder sie werden von ihr gehabt, sind von ihr besessen. Geboren nämlich werden Menschen, die schon vorgeburtlich hören, nicht aber sehen können, lange vor jener Austragungsreife, die neugeborenen Tieren eigen ist. Sollten neugeborene Menschen, die nach Heideggers lieblos-präzisem Wort ins Dasein geworfen werden, so (über-)lebensfähig sein wie frischgeworfene Ferkel, Fohlen oder Kälber, müßten sie um die 21 Monate und nicht nur neun Monate ausgetragen werden. »Prämaturität« der menschlichen Geburt ist der Terminus, der darauf aufmerksam macht, daß die Vorzeitigkeit menschlicher Geburtsnatur eine Kompensation braucht. Wir haben uns angewöhnt, sie mit einem eher hilflosen, weil nicht sonderlich präzisen

1 Aristoteles: Politik 1.2,1253 a.

Terminus »Kultur« zu nennen und meinen damit all die instinktentbundenen[1] Veranstaltungen (wie Institutionen, Initiationen, Erziehungsregeln, Rituale, Kommunikationsakte etc.), die Menschen einsetzen, um ihre natürlichen Mängel zu kompensieren. Sprachliche Kommunikation ist der Inbegriff kultureller Kompensation natürlicher Mängel.

Und so trifft das Neugeborene, das *infans,* sobald es ins Dasein geworfen wird, auf Noise – auf Artikulationen, die es (noch) nicht versteht. Das Sound-Wesen, das schreiende, noch sprachlose Wesen (das lateinische Wort für Kleinkind, *infans,* bedeutet nichts anderes als »sprachlos«), erfährt, daß ihm die Stimmen anderer vorausfließen. Sprachlose Menschenkinder werden besprochen, bevor sie sprechen können, hören Stimmen, bevor sie mit einstimmen und mitbestimmen können. Tiefsinnige Taufakte, in denen Sprachfähige die noch Sprachlosen im Namen anderer mit Namen versehen, sind deshalb in allen Kulturen unabdingbar. Sie stellen klar, daß Selbstbewußtsein und Selbstbezeichnung nicht am Anfang der Karriere von Subjekten stehen, daß sie vielmehr Subjekte, Unterlegene beziehungsweise Untertanen von Mediensystemen sind. Daran ändert auch der späte Stand der Mediendinge nicht viel, wenn man den gängigen Redeweisen Glauben schenkt: Arbeiten, schreiben und rechnen doch auch halbwegs erwachsene Leute beziehungsweise Schnittstellen »unter« Basic, MS-DOS oder Windows.

Daß Lebewesen emergieren, die nicht nur stimm-, sondern auch redefähig sind, dürfte etwa hundert- bis vierzigtausend Jahre zurückliegen. **Werkzeuggebrauch** ist deutlich älter; ihm wird bei großzügiger Rechnung eine 1,5 Millionen Jahre alte Vorgeschichte attestiert. Der **Gebrauch des Feuers** mag etwa **1,4 Millionen Jahre** alt sein. Daß man sich aber am Feuer mehr als nur kurze Aktionslaute zurief, ist deutlich neueren Datums. Kommunikation ist ein evolutionärer Überfluß. Eine der nach wie vor stimmigsten Rekonstruktio-

1 A. Gehlen: Der Mensch, p. 24 sqq.

nen der Entwicklung, die zum stimmfähigen Homo sapiens sapiens führte, hat der französische Kulturhistoriker und Anthropologe André Leroi-Gourhan unter einem Titel vorgelegt, der die These ist: *Hand und Wort*. »Aufrechter Gang, kurzes Gesicht, Hände, die bei der Fortbewegung frei bleiben, und der Besitz beweglicher Werkzeuge, dies sind in der Tat die fundamentalen Merkmale der Menschheit.«[1] Ein aristotelisches Argument. Heißt es doch schon in *De anima*: »Weil der Mensch das intelligenteste Tier ist, hat er die Hände.«[2] Als »Organ der Organe« (oder in anderer Übersetzung: als »Werkzeug der Werkzeuge«) ist die Hand dem Intellekt als der »Form der (intelligiblen) Formen«[3] optimal angepaßt. Anders als Aristoteles aber argumentiert Leroi-Gourhan evolutionistisch. Er kehrt die aristotelische Kausalbeziehung um: Weil Primaten lernen, aufrecht zu gehen, werden die vorderen Extremitäten von der Aufgabe entlastet, nur der Fortbewegung dienen zu müssen. Sie werden zu einem schönen Überfluß. Von ständigem Erdkontakt entlastete Hände können zum Werkzeuggebrauch und langfristig eben auch zum **Schreibwerkzeuggebrauch** eingesetzt werden. Mit der Emanzipation der vorderen Extremitäten aber wird auch das Gesicht in jedem Sinne freier. Der Mensch gewinnt den Überblick, der Intellektualität auszeichnet.

Sein Mund ist nicht länger erdverhaftet und nicht mehr unausgesetzt nur mit Aufgaben der Nahrungsfindung und -aufnahme befaßt. Er wird frei für Überschüssiges und Überflüssiges – Sprechen. So wird er frei, zu artikulieren, was sich dem Gesicht des **Aufrechtgehenden** und also Weitsichtigen darbietet. Der Mund des Menschen wird aber auch zu jener seltsamen Körper- beziehungsweise Kopföffnung, die funktional überlastet ist. Taugt der Mund doch zu so elementaren Tätigkeiten wie Atmen und Essen und zu so luxuriösen, lustvollen beziehungsweise perversen wie Sprechen und

1 A. Leroi-Gourhan: Hand und Wort, p. 36.
2 Aristoteles: De anima 687a.
3 Ibid., 432 a.

Küssen. In seinem besten Roman *Die Wahlverwandtschaften* hat Goethe diesem Problem einen unvergleichlich tiefsinnigen und zugleich witzigen Ausdruck gegeben. Die schöne Ottilie wird, nachdem ihre leidenschaftliche Liebe zu Eduard scheitert, zur paradoxen Inkarnation der Entsagung. Sie entsagt aber im doppelten Wortsinn: Sie verpflichtet sich zu erotischer Askese (stellt also kurz nach ihrem ersten Kuß das Küssen ein), sie entsagt dem Genuß von Speisen, und sie legt als Angehörige eines buch-, schrift- und konversationsseligen Mediensystems ein Schweigegelübde ab. Sie entsagt buchstäblich. Sie verschließt ihren schönen Mund so entschieden, daß sie nicht mehr küßt, spricht, ißt und schließlich eben auch nicht mehr atmet. So stirbt Ottilie als die wohl prominenteste unter den literarischen Magersüchtigen.[1]

Goethes rätselhafteste Frauen- beziehungsweise Mädchengestalt ist eine späte Repräsentantin der evolutionären Risiken, denen der Homo sapiens ausgesetzt ist. Auffällig ist in unserem Kontext, daß Goethe nicht nur im Hinblick auf Ottilie neben der Funktion des Mundes auch der der Hände äußerste Aufmerksamkeit schenkt. Nicht erst die verstummte Ottilie versteht sich glänzend darauf, ihre Hände für sprechende Gebärden zu nutzen und als frühe Schreib- beziehungsweise Sekretärinnenhände in den Dienst des Geliebten zu stellen – sie fertigt Abschriften von Eduards Handschriften an, die so präzise sind, daß sie mit dem Original verwechselt werden können. Götz von Berlichingen mit der eisernen Hand, Werther, der Hand an sich legt, oder ein Mensch mit dem schönen Namen Faust sind die bekanntesten unter den Gestalten, die (hochproduktive) Probleme damit haben, Handgreifliches und Kommunikatives zu koordinieren. Sie können nicht fassen, was ihnen geschieht, geraten exzentrisch aus der Fassung und versuchen deshalb, sich eine neue Verfassung zu geben. Sie machen die prototypische Er-

1 Cf. die Wahlverwandtschaften-Essays in J. Hörisch: Die andere Goethezeit und die Analyse des Mediensystems der Wahlverwandtschaften in J. Hörisch: Ende der Vorstellung, Kap. I/2.

fahrung, daß Instabilität eine Bedrohung, aber eben auch eine produktive Krise bedeuten kann. Und sie begreifen, daß eine der elementarsten Funktionen von Medien die Koordination von Interaktion ist. Wir machen den Mund auf, um mit Leuten, die offene Ohren haben, das Tun unserer Hände und Füße zu koordinieren.

Das Spektrum solcher Koordinationsanstrengungen ist breit. Man kann mit Diktaten, diktatorischen Befehlen, Erziehungsprozeduren, Diplomatie, Überredungskünsten, Überzeugungsleistungen, therapeutischen Gesprächen und nach der Erfindung von Schrift mit juristischen Bestimmungen, Verträgen, Theorien und vielen weiteren Ansätzen mehr versuchen, A zu den Handlungen zu bewegen, die B will. Handlungen aber haben eben nicht nur etymologisch, sondern auch evolutionär mit der Hand zu tun. Evolutionär jedenfalls kommt es beim Menschen zur »Herausbildung zweier Funktionspaare (Hand–Werkzeug und Gesicht–Sprache), wobei der **Motorik von Hand und Gesicht** der größte Einfluß auf die Ausgestaltung des Denkens zu Instrumenten materieller Tätigkeiten und zu **Lautsymbolen** zukam. Das Aufkommen graphischer Symbole gegen Ende der Herrschaft des Paläanthropus setzt die Einrichtung neuer Beziehungen zwischen den beiden kooperativen Polen voraus, Beziehungen, die ein exklusives Merkmal des Menschseins im engen Sinne des Wortes bildeten, insofern es einem Denken entsprach, das im gleichen Maße symbolisierendes Denken war wie das unsrige. In diesen neuen Beziehungen erhält der Gesichtssinn eine Vorrangstellung in den Paaren Gesicht–Lesen und Hand–Zeichen.«[1]

Stimmfähige Wesen können sich verabreden. Sie können auf Übereinstimmung aus sein – und dabei eigentümliche Erfahrungen machen. Sie können nämlich die Verabredungen einhalten oder brechen – wodurch dann jeweils neuer Kom-

1 A. Leroi-Gourhan: l. c., p. 237 sq. Cf. auch die Untersuchung von Frank R. Wilson: Die Hand.

munikationsbedarf entsteht. Ein Blick, nein: ein kurzes Hinhören genügt, um gegen Theorien wie die Gadamersche Hermeneutik oder die des kommunikativen Handelns von Habermas, die in den letzten vier Jahrzehnten verblüffend erfolgreich waren, handgreiflich feststellen zu können, daß Verständigung und Konsens keine angemessenen Begriffe sind, um die interne Dynamik von Gesprächen zu beschreiben, ja, daß sie nicht einmal als regulative Idee von Kommunikationsakten taugen. Kommt Kommunikation doch genau dann zum Erliegen, wenn Einigkeit herrscht. Wer dem anderen zustimmt, hat weiter nichts zu sagen. Kommunikation würde, wenn Verständigungs- und Konsenstheoretiker denn recht hätten, ausgerechnet in dem Augenblick kollabieren, in dem sie ihr Ziel erreicht hätte. Unüberhörbar ist Dissens das eigentliche Movens von Diskursen (und das Wort »Diskurs«, übrigens ein Lieblingswort Goethes, meint ja auch »dis-currieren« / auseinanderlaufen und nicht etwa in einem Konsens zusammenfinden[1]). *Alter* will einfach nicht so, wie *ego* will – *et vice versa.* Und deshalb haben sie sich unablässig die Meinung zu sagen. Eine schlichte, aber gegen alle Verständigungstheoretiker stets erneut zu erinnernde, genuin dialektische Weisheit lautet denn ja auch: Wenn zwei sich streiten, tun sie dasselbe – sie streiten sich. Liebende, die sich nach der ersten enthusiastischen Phase des Übereinkommens nicht langweilig werden, sondern weiterhin wechselweise faszinieren wollen, verfügen anders als viele Philosophen über diese Weisheit. Wenn man wirklich mal keinen streitwerten Dissens hat, muß man sich eben kunstvoll nekken, um weiterhin im Gespräch zu bleiben. Liebloser und weniger zutreffend können Theorien nicht sein als die, die uns ernsthaft glauben machen wollen, es käme uns bei Gesprächen auf Übereinstimmung an.

1 Cf. zu Geschichte und Funktion des Diskursbegriffs den instruktiven Sammelband von H.-U. Nennen (ed.): Diskurs.

Daß etwas nicht stimmt, daß etwas und jemand nicht mit anderem etwas und einem anderen jemand übereinstimmt, daß Sein und Sinn, daß Gott und Welt, daß alter und ego nicht miteinander zurechtkommen, kurzum: daß im Ursprung ein Sprung, daß schon im Anfang ein Riß ist – das ist die mediale Erfahrung schlechthin. Der anspruchslose Alltagssinn des Wortes »Medium« bewährt sich also (vergleiche die *Erste Unterbrechung* zu möglichen Definitionen des Begriffs Medien). Medien aller Art wollen vermitteln, was zusammengehören will und doch nicht zusammenkommen kann. Medien verdanken also dem Problem der Abwesenheit ihre Existenz. Und tun folglich, da sie, wie andere Einrichtungen auch, an Selbsterhaltung interessiert sind, alles, um das Problem zu erhalten, für das sie eine Lösung bieten. Kurzum: Ohne Differenz, ohne Distanz, ohne Abwesenheit (eines Senders, eines Empfängers, eines Erlösers, eines begehrten Gutes, eines Konsenses, eines geliebten Menschen etc.) keine Medien. Einheit und Übereinstimmung wäre das Ende aller Medien. Und deshalb haben Medien ein strukturelles Interesse daran, derjenigen Differenz die Existenz zu sichern, der sie ihre Existenz verdanken.

Einer der ersten unter den modernen Medientheoretikern hat das tiefsinnig und zugleich struktural präzise bedacht. In den Aufzeichnungen des frühromantischen Generalisten und Jungmanagers Novalis heißt es: »Aller Sinn ist repräsentativ-symbolisch – ein Medium. Alle Sinneswahrnehmung ist aus zweiter Hand. Je eigentümlicher, je abstrakter könnte man sagen, die Vorstellung, Bezeichnung, Nachbildung ist, je unähnlicher dem Gegenstande, dem Reize, desto unabhängiger, selbständiger ist der Sinn – bedürfte es nicht einmal einer äußern Veranlassung, so hörte er auf, Sinn zu sein, und wäre ein korrespondierendes Wesen.«[1] Der Sinn, den wir unseren Sinneswahrnehmungen unterlegen, hat mit den wahrgenommenen Sachverhalten nichts zu tun. »Vorstellungen, Bezeichnungen, Nachbildungen« haben eben kein »Korre-

1 Novalis: Allgemeines Brouillon Nr. 134.

spondenz«-Verhältnis zu dem, was sie vorstellen, bezeichnen, nachbilden. Eine schlichte, aber weitreichende und häufig verdrängte Einsicht: Selbst und gerade beim technisch anspruchslosesten, scheinbar natürlichsten Medium, dem der Stimme, gibt es keine verläßlichen Relationen zwischen dem, was sie artikuliert, und dem, worüber sie etwas aussagt. Zwischen Höhle beziehungsweise Feuer und den vielen Worten, die viele Sprachen dafür bereithalten, gibt es keine Ähnlichkeitsbeziehung. Arbitrarität der Zeichen nennt das die Sprachtheorie. Ursprünglicher »Riß« nennen das spekulativ Begabte, die keine Angst vor Formen nicht harmlosen Denkens haben. In den Worten von Novalis: »Je unähnlicher [Worte, Bezeichnungen, Nachbildungen etc., J. H.] dem Gegenstande, desto selbständiger ist der Sinn.«

Daß Sein und Sinn auseinanderdriften, macht Sinn. Ohne Sprung, ohne Riß, ohne Staunen über die Abgründe, die das mediale Reich der Zeichen von dem trennen, was da bezeichnet werden will und soll, gibt es weder Medien noch das, was sie vermitteln und übermitteln sollen. »Die früheste Bedeutung von *Riß*, so ruft uns Grimms ›Wörterbuch‹ in Erinnerung, ist wie das lateinische *scriptura* und das englische *writ* das Zerfurchen eines Feldes; wenig später wird das Wort übertragen auf die Furchen, die man beim Zeichnen von Buchstaben und Zeichen auf einer Tafel hinterläßt, wie auch auf den Vorgang des *Ritzens*, mit dem Riß etymologisch verwandt ist. Aber *Riß* nennt man auch, immer noch nach Grimm, die von einem Raubtier erlegte Beute.«[1] In der Spur dieser Einsicht bewegen sich so unterschiedliche Theoretiker und Philosophen wie Walter Benjamin und Martin Heidegger, die beide neuere anspruchsvolle Ansätze der Medientheorie entschieden geprägt haben. In Benjamins frühem Essay *Über das mimetische Vermögen* heißt es in Anknüpfung an Verse aus Hofmannsthals lyrischem Drama *Der Tor und der Tod*: »›Was nie geschrieben wurde, lesen.‹ Dies Lesen ist das älteste: das Lesen vor aller Sprache, aus

1 M. Chaouli: Verschlingung der Metapher, p. 148.

den Eingeweiden, den Sternen oder Tänzen. Später kamen Vermittlungsglieder eines neuen Lesens, Runen und Hieroglyphen in Gebrauch.«[1] Benjamin hätte mit seinem Hofmannsthal-Zitat früher einsetzen können. Heißt es dort doch von den Menschen, sie seien diejenigen, »die, was nicht deutbar, dennoch deuten«.

Auch in späteren Schriften spricht Walter Benjamin wie nach ihm Heidegger in seinem *Logos*-Essay vom »merkwürdigen Doppelsinn des Wortes Lesen (in) seiner profanen und auch magischen Bedeutung.«[2] Die Ernte, die Lese: Wer liest, wer deutet, wer auslegt, legt auseinander und trennt, was (nicht) zusammengehört. Auffallend ist in diesem Kontext auch, daß selbst viele der vermeintlichen Einheits-Geschichten vom Anfang doppelt überliefert und ausgestaltet sind. Zwei Schöpfungsberichte kennt die Genesis, in zwei Varianten wird darüber berichtet, wie es dazu kam, daß Jacob den Namen Israel annahm (Gen. 32,28 und Gen. 35,10), zwiefach ausgestaltet ist, wie es zur Benennung von Beersheba (Gen. 21,31 und 26,31) und der Stadt Bethel kam (Gen. 28,19 und Gen. 35,15). Gleich drei Geschichten erzählen davon, wie der Patriarch Abraham (Gen.12,10-20, Gen. 20) beziehungsweise Isaac (26,6-11) seine Frau als seine Schwester ausgab. Der philologische Grund für diese Aufspaltungen ist schnell genannt. Bekanntlich stammt die biblische Schöpfungsgeschichte nicht aus der Hand nur eines Schreibers. Nicht einmal der monotheistische Gott hat verhindern können oder wollen, daß zwei und mehr dis-currierende Schreiber sich ihm zur Verfügung stellten. Die Bibelforschung unterscheidet zwischen den früheren Textstufen (früheste Datierung 1000 v. Chr.) des Schreibers, der Gott als Jahwe anschreibt und der deshalb Jahwist genannt wird, und den späteren Textstufen (um 850 v. Chr.) jenes Schreibers, der Gott als Elohim betitelt und deshalb als Elohist firmiert. Hin-

1 W. Benjamin: GS II/1, p. 213.
2 W. Benjamin: Lehre vom Ähnlichen, GS II/1, p. 209.

zu kamen bei der Entstehung des Buches Genesis noch jüngere Priesterschriften.

Sie alle handeln davon, wie Rauschen sich zu einer Ordnung formte, weil eine bestimmende Stimme intervenierte. Und all diese frühen Geschichten, die doch von Vereinheitlichungsprozessen Zeugnis ablegen wollen, verwickeln sich in die Paradoxie, daß die Differenzen wiederkehren, von deren Überwindung sie berichten. Die prominenteste unter den Geschichten der Vereinheitlichung zweier Sphären ist die vom **Turmbau zu Babel**. Endliche Menschen wollen die gewaltige Distanz überbrücken, die den Himmel von der Erde trennt. In der handgreiflichsten Form des Umgangs mit Seiendem, nämlich architektonisch, wollen sie der göttlichen Sinnsphäre nahekommen und ihrer teilhaftig werden. Die Folgen sind bekannt. Die Kommunion mit Gott scheitert, und die Kommunikation unter den endlichen Menschen wird unendlich viel schwieriger. Verwirrende Sprachenvielfalt und ein buchstäblicher Trümmerhaufen bilden das Resultat des doch erst einmal nicht unsympathischen Versuchs, Einheit und Einklang mit dem Unendlichen zu erreichen. Unerhört viele Stimmen treten an die Stelle der gewollten Einstimmigkeit und Übereinstimmung. Eine Stimme allein kann das Sagen nicht haben. Auch der monotheistische Gott muß mit Hintergrundrauschen und Zwischenreden auskommen.

Diese Erfahrung des Scheiterns diktierenden, einstimmigen und vereinheitlichenden Sprechens müssen über kurz oder lang auch irdische Götter machen. Das rituelle Ende einer Epoche, die noch ohne Mitspracherecht aller aus- und durchkommen zu können glaubte, fokussierte in seinen Überwindungs- und Vernichtungsanstrengungen denn auch in auffallender Weise das **Stimmorgan**. Die **Guillotine** machte dem Herrscherwort des Königs von Gottes Gnaden ein technisch-anatomisches Ende. Das revolutionäre Hinrichtungsinstrument trifft präzise die Stimmbänder. Zu Mediengeräten gehört immer auch ein »off«-Knopf; mitunter haben

Kommunikationsbeendigungsgeräte bessere Konjunktur als solche, die Kommunikation erleichtern. Am Ende des Lebensweges des letzten *roi soleil* erscholl der Krach von Trommelwirbeln, der es unmöglich machte, daß seine Stimme in die offenen Ohren der Pariser Citoyens drang, die gekommen waren, um das Ende des absoluten Sprechers zu sehen. Der Scharfrichter des nicht mehr Edikte diktierenden Königs trug einen bemerkenswerten Namen: Charles-Henri Sanson (Ohneklang). Er hat das historische Ereignis von 1792 in seinem Tagebuch festgehalten: »Auf der Plattform des Schafotts angekommen, trat der König auf die Seite, wo er die größten Volkshaufen sah, und gab durch eine Kopfbewegung den Trommeln ein befehlendes Zeichen des Schweigens. / Diese hörten sogleich auf, und nur wenige rührten noch die Schlegel. / Trotz des immer noch vorhandenen Lärms sprach der König mit starker Stimme: / ›Franzosen, ihr seht euren König bereit, für euch zu sterben. Könnte doch mein Blut euer Glück besiegeln! Ich sterbe ohne Schuld an alledem, dessen man mich angeklagt ...‹ / Er wollte noch weitersprechen, als Santerre, welcher sich an der Spitze seines Generalstabes befand, den Tambouren ein Zeichen gab, worauf deren Trommeln in verstärktem Maße wieder zu rasseln begannen, so daß kein Wort mehr würde verstanden worden sein. / In einem Augenblick war der König auf das verhängnisvolle Brett gebunden, und als das Fallbeil herniederblitzte, konnte er noch die tiefe Stimme des frommen Priesters vernehmen, der ihn bis aufs Schafott begleitet hatte und jetzt folgende Worte sprach: / ›Sproß des heiligen Ludwig, steige auf zum Himmel!‹«[1]

Guillotiniert wurde der absolute Herrscher Äonen nach einem Zeitalter, in dem die Stimme noch ein fast absolutes Medienmonopol innehatte. Man muß sich klarmachen, wie wichtig es vor der Erfindung und Verbreitung von Schrift und Buchdruck für alle, die an Interaktionskoordinierung

1 H. Sanson: Tagebücher, p. 381.

das entschiedenste, nämlich herrscherliche Interesse hatten, war, eine mächtige Stimme zu haben.[1] Im antiken Schauspiel, auf dem Forum, auf der Kanzel, beim Gerichtstag und bei Fürstenversammlungen zählt die Macht der Stimme. Wer die Ruinen antiker Theater besichtigt hat, wird darüber staunen, wie es vor der Erfindung von Mikrophonen und Lautsprechern möglich gewesen sein soll, mehrere tausend Ohren in freier Luft mit einer kreatürlichen Stimme zu erreichen. Während der **Dionysien** kam in Athen ein **Massenpublikum** zusammen, das, wie Platon in seiner Schrift *Nomoi* beklagt, häufig genug nicht mehr im Bann der Bühnen-Stimmen stand und so den Grundsatz der »Leute mit Bildung« verletzte, »selbst schweigend bis zum Ende zuzuhören«[2]. Eine Frühform der Kritik an der Masse und ihrer Anfälligkeit für Unterbietungen hochkultureller Standards. Der römische Theaterbetrieb bot solcher Kultur- und Massenpublikums-Kritik reiches Anschauungsmaterial, kennt er doch die Frühform des Hooligan, der sich von keiner Stimme der Vernunft mehr kontrollieren läßt. »Ohne Zweifel liegen in den Unterhaltungsexzessen der römischen Theater die Ursprünge der Massenkultur: mit ihm entstand eine frühe und komplette Form der Faszinationsindustrie, die gereizte oder dekadente Gesellschaften mit Erregungen versorgt und in Verzauberungen bindet. Der antike Amüsierfaschismus (dessen letzter direkter Abkömmling der spanische Stierkampf ist) nimmt funktional zahlreiche Merkmale der modernen Massenregie durch Erregungsmedien vorweg. Hier wie dort organisiert die Massenkultur den Zwang zum Hinsehen: ihr Element ist die soziale Synthesis durch Gewaltfaszination.«[3]

Um die 17 000 Zuschauer haben im klassischen Athen der Aufführung der Attischen Dramen beigewohnt, die während der Dionysien gespielt wurden. Sie in den Bann zu schlagen war eine eben auch medientechnisch anspruchsvolle Aufga-

1 Cf. dazu ausführlich K.-H. Göttert: Geschichte der Stimme.
2 Nomoi 700 c.
3 P. Sloterdijk: Sphären II, p. 334 sq.

be. Selbst der **um 300 v. Chr.** erbaute **Theaterhalbrundbau** der kleinen, aber feinen Stadt **Epidauros** hatte ein Fassungsvermögen von etwa 6200 und nach einer Erweiterung um obere Ränge gar von 12 300 Plätzen. Der antike Baedeker Pausanias hat dieses Theater zum schlechthin besten seiner Epoche erklärt. Und das auch wegen der Qualität der Akustik. Man konnte tatsächlich in den oberen Rängen vernehmen, was auf der weit entfernten Bühne gesprochen beziehungsweise gesungen wurde. Über die tiefsinnige Funktion des Chores in den antiken Dramen ist viel nachgedacht worden. Sagt er doch geflügelte Worte wie »Ungeheuer ist viel, doch nichts ungeheurer als der Mensch.« Die schlichte medientechnische Erklärung der Existenz des Chores wurde nur selten für buchenswert gehalten: daß nämlich seine Kollektiv-Stimme vor großem Publikum weit besser verständlich ist als die nur einer Person. Will sich eine Einzelperson allgemeines Gehör verschaffen, so ist sie auf ebenso rudimentäre wie effektive Medientechnik angewiesen. Der Schauspieler im antiken Theater trägt eine **Maske**, deren Trichterform seine **Stimme verstärkt.** Nichts Geringeres als der fürs abendländische Denken doch so tragende Begriff der »Person« verdankt sich dieser medientechnischen Frühszene. »Person«: das meint eben zuerst einmal nichts anderes als jemanden, der durchzutönen (lat. *per-sonare*) vermag. Schon das etruskische Wort *persu* bedeutet »Maske, Schauspieler«, ähnlich das griechische *prosopon*. Bei der etymologischen Herleitung des Personenbegriffs vom Wortstamm *per-sonare* handelt es sich aufschlußreicherweise nicht um die Leistung gebildeter Altphilologen unserer Epoche, sondern um einen schon für die späte Antike selbst durchschaubaren beziehungsweise durchtönenden Zusammenhang (wie etwa ein Blick in die Schrift *Contra Eutychen* 3 des Boethius zeigt).

Durchtönend war in der Antike auch die persönliche Lektüre (aber so weit sind wir eigentlich noch nicht, die Erfindung von Schrift harrt ja noch ihrer Darstellung). Wer las,

las laut – auch wenn er allein war. In antiken Zeiten ist »Lesen nichts anderes als eine Hilfe zur Verlautbarung, die das Verstehen ermöglicht. Übrigens kannte die Antike keinen Begriff des ›Buchstabens‹ im heutigen Sinne. Die kleinste sprachliche Einheit war der ›Laut‹, an dem die graphische und phonische Seite ununterschieden blieb. Sinn ohne Sinne war eben nicht ›denkbar‹.«[1] Noch Goethes Faust liest offenbar, wenn er sich den antiken Texten zuwendet, laut. Und dies eben auch dann, wenn er nicht vor Studenten spricht. Schließt sein Famulus Wagner doch aus der Tatsache, den allein in seinem Zimmer befindlichen Faust sprechen zu hören, mit Gewißheit messerscharf: »Verzeiht! Ich hör' Euch deklamieren; / Ihr last gewiß ein griechisch Trauerspiel? / In dieser Kunst möcht' ich was profitieren, / Denn heutzutage wirkt das viel.« (vv. 522 sqq.) Faust geht es aber bekanntlich nicht (mehr) um Bildungswissen, sondern um Grundsätzliches. Er steht, als sein Famulus ihn stört, auf der Grenze zwischen Tod und Leben, »Geburt und Grab« (v. 504). Diese Grenze findet eine medientechnische Entsprechung: Faust ist von einem »Bücherhauf« (v. 402) voll toter Buchstaben umgeben. Dagegen setzt er, der den Anfang des Johannes-Evangeliums recht zu verstehen und zu übersetzen bemüht ist, die Kraft des gesprochenen Wortes. Und er dankt noch dem philisterhaften Störenfried Wagner dafür, daß er sich stimmlich bemerkbar machte. »Darf eine solche Menschenstimme hier, / Wo Geisterfülle mich umgab, ertönen? / Doch ach! Für diesmal dank' ich dir, / Dem ärmlichsten von allen Erdensöhnen.« (vv. 606 sqq.)

Am Anfang war das Wort, das stimmlich erklingt. Es wäre eine eigentümliche Phantasie, sich den Schöpfergott als jemanden vorzustellen, der durch schriftliche Erlasse für die Produktion des Kosmos sorgt. Gotteslästerung wäre die Vorstellung, der Schöpfer habe den Kosmos durch das Medium Geld erschaffen und sich bei einer Bank eine gewaltige

1 K.-H. Göttert, p. 34 sq.

Hypothek für sein Schöpfungsprojekt besorgt. So schlicht können Tests sein, die die Aura von Medien erkunden. Das Resultat: Sprechen rangiert als vorrangiges, Schreiben als sekundäres und Geld als pervers-artifizielles Medium. Daß die Stimme erklingt, gilt seit dem ersten Schrei des Neugeborenen als unüberhörbares Indiz des Lebens. Ein ärmlicher oder im Hinblick auf die ihm möglicherweise geschenkte Lebenszeit reicher Erdensohn macht, frisch geboren, auf die Sensation seiner schieren Existenz stimmlich aufmerksam. Sound steht am Anfang auch seines Daseins. Der lebendige, gesprochene Laut versus der tote, zur schwarzen Schrift geronnene Buchstabe: so wird später, nach der Erfindung von Schrift und Druck, ein beliebtes Denkschema lauten, das bis heute nicht nur auf kirchlichen Wochenendtagungen, die der persönlichen Begegnung und dem lebendigen Gespräch huldigen, Gültigkeit hat. »Denn der Buchstaben tötet / Aber der Geist machet lebendig.« (2. Korinther 3,6) Derrida hat (wenn man Gottfried Benns berühmte Gedichtzeilen »Kommt reden wir zusammen, / wer redet, ist nicht tot« nicht mitzählt) wohl am eindringlichsten gezeigt, wie eng die Stimme und das Phänomen des bei sich seienden, eben selbstpräsenten Lebens einander verschwistert sind. Sich hier und jetzt sprechen hören ist die Grundfigur der Selbstpräsenz.[1] Atmen, sprechen, Odem einblasen, Unwiderlegliches aussagen wie »Ich bin jetzt hier« – all das sind Akte, die auf die Präsenz setzen, die nur dem Leben eignet.

Vergessen und verdrängt wird dabei, daß dieses Sich-sprechen-Hören des selbstpräsenten Lebens vor dem Hintergrund des Schweigens, der Abwesenheit, der Entfernung von sich selbst statthat. Tote sprechen nicht. *Die Toten schweigen*, wie Arthur Schnitzlers gleichnamige Eros-Thanatos-Novelle weiß. Eine schöne Frau verliert bei einer gespenstischen Kutschfahrt, die mit einem Un- und Umfall endet und die alle Embleme einer Hadesfahrt trägt, ihren Geliebten, bleibt aber selbst unverletzt, flüchtet, den Skandal fürch-

1 J. Derrida: Die Stimme und das Phänomen.

tend, vom Unfallort, schämt sich über ihr Verhalten und kehrt doch schnell zu ihrem Mann zurück:

»Und während sie die Lippen ihres Mannes auf ihrer Stirn fühlt, denkt sie: freilich ... ein böser Traum. Er [der tote Geliebte, J. H.] wird es niemandem sagen, wird sich nie rächen, nie ... er ist tot ... er ist ganz gewiß tot ... und die Toten schweigen. / ›Warum sagst du das?‹ hörte sie plötzlich die Stimme ihres Mannes. Sie erschrak tief. ›Was hab' ich denn gesagt?‹ Und es ist ihr, als habe sie plötzlich alles ganz laut erzählt ... als habe sie die ganze Geschichte dieses Abends hier bei Tisch mitgeteilt ... und noch einmal fragt sie, während sie vor seinem entsetzten Blick zusammenbricht: ›Was hab' ich denn gesagt?‹ / ›Die Toten schweigen‹, wiederholt ihr Mann sehr langsam. / ›Ja ...‹, sagt sie, ›ja ...‹ / Und in seinen Augen liest sie, daß sie ihm nichts mehr verbergen kann, und lange seh'n die beiden einander an. ›Bring' den Buben zu Bett‹, sagte er dann zu ihr; ›ich glaube, du hast mir noch etwas zu erzählen ...‹ / ›Ja‹, sagte sie.«[1] Der Tod verknappt bedeutend die Zeit der Rede und die Zahl der Stimmen.

Das Heikle an der erklingenden Selbstpräsenz der Stimme aber ist schon in diesem Leben, daß sie als diese Präsenz, als das Hier und Jetzt, nicht dauert. *Verba volant.* Die Stimme verfliegt wie der Augenblick. Schon deshalb hat sie ein Erinnerungsproblem. Um dieses **Memoria-Problem** kreisen nicht erst, aber in besonders professioneller Weise die klassischen **Rhetoriken** Ciceros und Quintilians. Sie kommen beide auf die zeitlich-tödliche Bedrohung der Rede zu sprechen – und erklären ebendiese Bedrohung zum Stimulus der antiken Rhetorenkunst. Ihre Geburt hat sie, einer wirkungsmächtigen Legende zufolge, in einer tödlichen Szene. Sowohl Cicero als auch Quintilian berichten nicht ohne Hintersinn von der Erfindung der Gedächtniskunst durch den griechischen Lyriker Simonides Melicus von Keos. Er lebte von 556 bis 468 – also ungewöhnlich lang. Und dies, weil er etwas zu erzählen hatte. Als einziger hat er ein schreckliches Ereignis

1 A. Schnitzler: Die Toten schweigen, p. 40 sq.

überlebt: den Einsturz einer Festhalle, in der er eben noch zu Ehren des Gastgebers ein Gedicht vorgetragen hatte. Die Gäste waren durch die einstürzenden Steine so entstellt, daß sie nur schwer zu identifizieren waren. Der Gedächtnis- und Vortragskünstler Simonides aber konnte sich an die Sitzordnung erinnern. In seiner Schrift *De oratore* referiert Cicero die Einsicht des Simonides: »Wer diese Seite seines Geistes zu trainieren suche, müsse deshalb bestimmte Plätze wählen, sich die Dinge, die er im Gedächtnis zu behalten wünsche, in seiner Phantasie vorstellen und sie auf die bewußten Plätze setzen. So werde die Reihenfolge dieser Plätze die Anordnung des Stoffs bewahren, das Bild der Dinge aber die Dinge selbst bezeichnen, und wir könnten die Plätze anstelle der Wachstafel, die Bilder statt der Buchstaben benützen.«[1]

Eine Stimme muß tragen, sie muß vernehmbar sein. Und sie muß wissen, welche Botschaften sie weiterträgt, sie muß sich ihrer Inhalte erinnern können und sie so eindringlich vortragen, daß sie den Hörern länger als nur für die kurze Weile des unmittelbaren Hörens gegenwärtig bleibt. Daher wohl das alte Bild der dauerhaften Immobilie, die der Redner betritt und an deren Räumen und Möbeln er sich vergegenwärtigen kann, was sein *flatus vocis* vorzutragen hat. Die verfliegende Stimme soll so erinnerungsfähig sein, daß sie noch den Zusammensturz des Hauses überdauert, dessen Bild sie ihre Einnerungskraft verdankt. Cicero hat die Memoria-Hilfen des Rhetors gewissermaßen als vorschriftliche Bildzeichen innerhalb des rein Phonetischen konzipiert. Bilder kommen der Sprache zu Hilfe, die als gesprochene lebendiger ist als Bilder, die länger zu dauern vermögen – weil sie nicht lebendig sind. *Tempi passati.* Schrift ist schon für Cicero eine jahrhundertealte Medientechnik, die ihr Pathos nicht zuletzt aus dem Satz speist: *verba volant, scripta manent* – Worte verfliegen, Schriften bleiben.

Seit der Erfindung der Phonographie vermögen eben auch gesprochene Worte zu dauern. Mit dem Grammophon, dem

1 II, lxxxvi, 351-54.

Telephon und den AV-Medien hat die Stimme nach einer vierhundertjährigen Vorherrschaft des Buchdrucks und also des geschriebenen Wortes ein grandioses Comeback erlebt, nein: hätte die Stimme ihr grandioses Comeback erlebt, wenn der Buchdruck denn je angetreten wäre, sie zu entwerten. Aber das tat er nicht. Nicht umsonst erlebte eine so bizarre Einrichtung wie die Oper, die schöne Stimmen kultisch verehrt, ja fetischisiert, *just in time* mit der Durchsetzung des Buchdrucks ihre Gründung. Die Stimme hat im Buchzeitalter eine bemerkenswerte Stärkung erlebt. Nur ein, freilich gewichtiges, Beispiel: Geschriebenes und also einklagbares Recht insistiert gerade in bürgerlichen, alphabetisierten Gesellschaftsordnungen auf einer Aufwertung der Mündlichkeit. Ein mündliches Verfahren wird noch heute vom geltenden Prozeßrecht vorgeschrieben. Ein Blick in die Akten genügt eben nicht, um sich ein angemessenes Bild des fraglichen Sachverhalts, des Tathergangs, des Klägers und des Angeklagten zu machen. Der Beschuldigte muß persönlich zu Wort kommen, er muß vernommen werden, er muß seine Stimmung und Gestimmtheit vor, bei und nach der Tat darlegen, kurzum: seine Stimme muß erklingen. Und zwar als die lebendige Stimme eines körperlich Anwesenden, nicht als nur tontechnisch aufgezeichnete Stimme. Um die ist es heikel bestellt. Nicht erst seit den berüchtigten Nixon-Tapes stehen heimliche Tonbandmitschnitte im Ruf des Unanständigen und Unstatthaften. Bis zur Erfindung der Tonaufzeichnung aber ist es noch ein weiter Schritt. Als einziges Mittel der Aufbewahrung galt erst einmal das, was Simonides Melicus nur imaginierte: Bilder.

3. Bilder

Daß Menschen in essentieller Weise sprachbegabte Wesen sind, hat nie ernsthaft zur Diskussion gestanden. Dieses Merkmal ist eben nicht ein, sondern das traditionsreiche Zentrum menschlicher Selbstbeschreibung. Anders sieht es mit dem zweiten unter den frühen Medien aus: dem Bild. Den Menschen als einen »Homo pictor« zu verstehen, wie Hans Jonas und andere es taten, ist jedenfalls nicht so selbstverständlich, wie ihn als *zoon logon echon* zu charakterisieren. Das hat zumindest zwei Gründe. Einmal ist die Kunst des Bildens und Zeichnens evolutionär später als die Fähigkeit der stimmlichen Artikulation. Die füllige Fruchtbarkeitsstatue »**Venus von Willendorf**« dürfte um die **30 000 Jahre** alt sein. Und die 1940 in der französischen Dordogne entdeckten berühmten **Höhlenbilder in Lascaux**, die beeindruckend souverän Tiere in Bewegung festhalten, sind **vor 17- bis 18 000 Jahren** entstanden.

Die Virtuosität dieser Höhlenmalereien gilt zumeist als starkes Indiz für die intellektuelle und mentale Reife ihrer Schöpfer. Die frühen Menschen seien im Hinblick auf ihre kognitiven Fähigkeiten dem späten Homo sapiens der Neuzeit kaum unterlegen – so die häufig, etwa noch von Hans Jonas und Ernst Gombrich geäußerte Einschätzung. Das Gegenteil ist nach Ansicht des Evolutionspsychologen Nicholas Humphrey[1] der Fall. Er hat gerade in den Tierbildern entwicklungspsychologisch gestörter, etwa autistischer oder sprachlich und kognitiv stark retardierter Kinder ausgeprägte strukturelle Ähnlichkeiten mit den berühmten Höhlenbildern ausgemacht. Die Bilder dieser dreijährigen Kinder sind, so sein Argument, deshalb »besser« als die »normaler« Kinder, weil die ersteren nicht in der Lage waren, begrifflich zu abstrahieren (also etwa eine Tisch- und eine Stehlampe unter einer Kategorie zu erfassen). Die beeindruckende Un-

1 N. Humphrey: Cave Art.

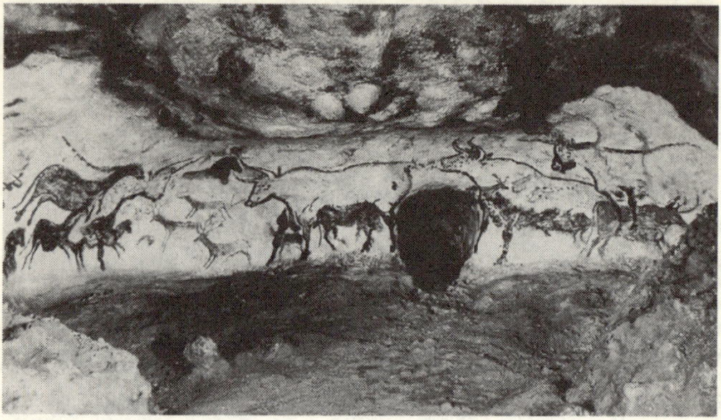

Die Höhle von Lascaux.

mittelbarkeit und der szenische Vergegenwärtigungszauber der frühen Höhlenbilder ist demnach gerade das Revers mangelnder Begriffs- und Abstraktionsfähigkeit. Daher der magische Realismus ihrer Bilder, die gänzlich der individuellen Einzelerscheinung gewidmet sind. Die bildkünstlerische Ausdrucksqualität nahm bei den von Humphrey untersuchten Kindern denn auch in dem Maße ab, wie sie spät und rudimentär zu begreifen und zu kommunizieren lernten. Mit einem Wort: Die frühen virtuosen Bilder lassen, wenn überhaupt, nur einen Rückschluß auf die anderen kognitiven, vor allem sprachlich-begrifflichen Kompetenzen der frühen Menschen zu – sie waren noch nicht in der Lage, abstrakt zu begreifen und sprachlich differenziert zu kommunizieren und ebendeshalb virtuose Maler.

Zu den Implikationen dieser These gehört auch eine Neudatierung in der Chronologie menschlicher Ausdrucksmedien. Die Wesen, die vor 20 000 Jahren in Höhlen zusammenlebten, waren demnach wohl zu beeindruckendem bildkünstlerischem Ausdruck, nicht aber zu mehr als elementarer Kommunikation fähig. Bild und Wort liegen seit jeher im Streit. Gemeinsam aber ist ihnen, daß sie Abwesendes herbeizitieren. Älter noch als die berühmten Höhlenzeich-

nungen, die Wesen in das Innere bannen, die glücklicherwei-
se sonst nur außen anzutreffen sind, sind rudimentäre Bild-
zeichen auf Grabstätten, wie sie nicht nur aus dem nahöst-
lichen Raum überliefert sind. Auch in dieser Hinsicht gilt
also, daß Medien Abwesenheitsprobleme konterkarieren –
und das gravierendste, irritierendste, verstörendste unter al-
len Absenzphänomenen ist der Tod. Die Toten schweigen,
aber man kann die Gestorbenen *in effigie* festhalten. Bis zur
Erfindung des Tonfilms schweigen ja auch die Bilder, selbst
die bewegten, scheinbar lebenden Bilder.

Schon und gerade den frühen Medien kommt demnach
eine apotropäische, also Unheil wendende Funktion zu. Je-
mand ist gestorben beziehungsweise nach der tiefsinnigen
lateinischen Wendung zu den Vielen übergelaufen. *Ad plu-
res ire* war der römische Euphemismus für sterben. Den we-
nigen Lebenden stand das große Heer der Schatten gegen-
über. Beim frühen **Massenmedienereignis der Dionysien** sah
die für damalige Zeiten ungeheuer große Schar von über
zehntausend Lebenden der kultischen Darstellung zu, die
zeigte, wie der Unterweltgott Pluto Persephone, die Tochter
der Fruchtgöttin Demeter, raubte und zumindest zeitweise
wieder ins Leben und ins Licht zurückkehren lassen mußte.
Die entfaltete Multimediagesellschaft fällt in die Zeit, in der
erstmals die Zahl der aktuell Lebenden die Zahl der mensch
heitsgeschichtlich insgesamt Gestorbenen ubertrifft. Je-
mand ist gestorben – und doch bleibt er in den Spuren, die
an ihn erinnern, den Wenigen, die im Sein sind, gegenwärtig.
Wilde Tiere bedrohen Menschen damit, ihrer stimmlichen
Selbstpräsenz ein Ende zu machen – und werden als Bilder
so beherrschbar, wie man sie sich auch in dem, was man das
wirkliche Leben nennt, wünscht. Die alt- bis jungsteinzeit-
liche Lust am Bild und am Bildzauber geriet in dem Maße
in eine Krise, in dem sich um 3000 v. Chr. frühe Hochkul-
turen und mit ihnen Frühformen der Schrift ausbildeten.
Zu ihren Merkmalen gehört in dem Maße, in dem sich mo-
notheistische Kulturen durchsetzen, ein mehr oder minder
deutliches Bilderverbot.

Zuerst einmal aber gilt: Wer vor der Erfindung funktionaler Schriftsysteme raumzeitliche Abwesenheit durch Medien überbrücken will, hat keine anderen Optionen als die des Gedächtnisses und die des Bildnisses. In **Jericho**, der wohl ältesten Stadt der Welt (ihre Anfänge liegen im 9. Jahrtausend v. Chr.), stieß man bei Ausgrabungen auf Räume, in denen offenbar zu kultischen Zwecken Schädel beziehungsweise deren Nachbildungen aus rötlich gefärbtem Gips anzutreffen waren. »In die Augenhöhlen waren Muscheln gesteckt [...] Die gipsmodellierten Schädel, die oft als erste Versuche einer Porträtkunst bezeichnet werden, waren wohl die stets sichtbaren und anwesenden Teile der verehrten Ahnen.«[1] Die kopf- und also auch mundlosen Körper wurden unter dem Haus bestattet. Eine so rudimentäre wie eindringliche Form der **Konservierung** und der **Zeichengebung.** Der unterirdische sterbliche Körper (griechisch *soma*) und das oberirdische unsterblich-mediale Kult-Zeichen (griechisch *sema* – und *sema* meint zugleich Grab) verweisen aufeinander. Das Kunst-Zeichen supplementiert die Endlichkeit des Bezeichneten.

Vielleicht hängt es auch mit der Suggestivität dieses Schemas der Verweisung (wenn der Kalauer erlaubt ist: der Verwesung der Verbindung) zwischen überzeitlichem Bild-Zeichen und zeitlichem Abgebildeten zusammen, daß Abbilder in frühen Hochkulturen (anders als gesprochene Sprache) schnell einen problematischen Ruf gewannen. Die Kritik an Simulacren ist wohl so alt wie die Nach- und Abbilder selbst. **Platon** hat auch dieser Form von **Medien-Kritik** kanonischen Ausdruck gegeben. Er darf überhaupt bis heute als der wirkungsmächtigste aller Medienkritiker gelten. Sein Argument gegen Abbilder lautet: Schon das, was sachlich-material der Fall ist, ist ein defizienter Modus der reinen Idee. Wer diese Defizienz noch verschärft, indem er ein Abbild des Abbilds schafft, entfernt sich nochmals in strafbarer Weise von

1 Brockhaus Kunst und Kultur I, p. 84 sq.

der eigentlichen Wahrheit. Im berühmten zehnten Buch der *Politeia*, das die Künstler und mit ihnen die Medienfans aus dem Idealstaat vertreibt, heißt es, der Künstler sei »der dritte von der Wahrheit abstehende Verfertiger des Schattenbildes, wie wir den Nachbildner bestimmt haben.« (599d) Denn »gar weit von der Wahrheit ist die Nachbildnerei; und deshalb, wie es scheint, macht sie auch alles, weil sie von jedem nur ein Weniges trifft und das im Schattenbild.« (598 b) Ein bis heute anzutreffendes Argument: Medienleute haben von nichts wirklich Ahnung, reden und schreiben aber enthemmt und von Sachkenntnis ungetrübt über alles. Medien entfernen uns von der »eigentlichen Wirklichkeit« und von den hohen oder tiefen Dimensionen der Wahrheit sowieso.

Platon kann seinerseits bereits an eine Tradition der antiken Abwertung von Bildern anknüpfen. In den in der Spätantike kanonisierten *artes liberales* ist die Bildentwertung zum schaltbaren Bildungsprogramm geworden. Die bildende Kunst hat im Rahmen der *artes liberales* schlicht keinen Platz. Gilt sie doch als eine bloße *techné*, die weit unter Philosophie und Wissen steht. Zum Bildverbot wurde die antike Simulacren-Kritik radikalisiert, als die bloße Möglichkeit von Bildern in den Bannkreis eines Gottes geriet, der keine anderen Götter neben sich duldete. Früher Monotheismus und religiös begründetes **Bilderverbot** sind zwei Seiten einer Medaille. Die Gründe des monotheistischen Bilderverbots, das der jüdischen, christlichen und islamischen Religion in wenn auch sehr unterschiedlichen Ausprägungen gemeinsam ist, sind vielfältig. Der Kern des Verbots, sich ein Bild von Gott zu machen, läßt sich dennoch unschwer ausmachen. »Das Bildverbot möchte vor allem sicherstellen, daß (die) notwendige und unverzichtbare Analogie zwischen dem Schöpfer und seinem Wesen nicht umkehrbar wird. Der Mensch darf nicht von sich aus auf seinen Schöpfer schließen.«[1] Gott hat den Menschen zwar nach seinem eigenen Bilde geschaffen. Aber das Abbild darf nicht mit dem Ursprung

1 G. Boehm: Was ist ein Bild? p. 329.

verwechselt werden. Wer mediale Repräsentanzen schafft, läuft schnell Gefahr, größenwahnsinnig zu werden und sein uneigentliches Tun mit dem Eigentlichen zu verwechseln.

Das Paradox ist, um bildbegrifflich zu formulieren, von blendender Offensichtlichkeit: Menschen sind Ebenbilder des Gottes, von dem es kein Ebenbild geben kann und darf. Wer wie Moses (Exodus 3,6), Elias (Könige 19,13) oder Seraphim (Jesaja 6,2) Gott begegnet und also erfahren würde, wie er aussieht, muß, wenn er diese Begegnung denn überleben will, sein Gesicht verhüllen (die Todesdrohung wird in Exodus 19,21 und 33,20 ausgesprochen). Das göttliche Wort, das vom göttlichen Bilderverbot erzählt, kennt allerdings eine Ausnahme. Moses konnte Gott einmal von Angesicht zu Angesicht sehen (Exodus 24,9-18; 33,11: »Der HERR aber redet mit Mose / von angesicht zu angesicht / wie ein Man mit seinem Freunde redet«; Deuteronomium 34,10, Numeri 12,8). Ausnahmen bestätigen die Regel, auch in absoluten Kontexten. Der Regelfall aber bleibt, daß die Wahrnehmung von und die Verständigung mit dem einen Gott (anders als die mit den vielen Göttern) heikel bleibt. Augustinus hat dieses Motiv auf eine kanonische Formel gebracht: »Si comprehendis, non est Deus.«[1]

Wie und warum die eine Ausnahme Moses Gott von Angesicht zu Angesicht gesehen hat, ist ein so reizvolles wie unabschließbares Thema. Fest aber steht, daß er kein Bild Gottes, sondern ein Bilderverbot mit von der Gipfelbegegnung brachte: »Du solt dir kein Bildnis noch jrgend ein Gleichnis machen / weder des das oben im Himel / noch des das vnten auff Erden / oder des das im Wasser vnter der erden ist.« So steht es an prominentester Stelle, nämlich gleich zu Beginn der zehn Gebote auf den Tafeln zu lesen, die Gott selbst beschrieben hat. »Vnd Gott hatte sie selbs gemacht / vnd selber die schrifft drein gegraben.« (Exodus 32,16) Der Gott, der sprechend Himmel und Erde geschaffen hat, hat ein entspanntes Verhältnis nicht nur zur gesprochenen, sondern

1 Sermo CXVII, 3.

auch zur geschriebenen Sprache – nicht aber zum Bild und zur Skulptur. Daran lassen die häufigen Wiederholungen des Bilderverbots – etwa: »Du sollst dir keine gegossen Götter machen.« (Exodus 33,17) – keinen Zweifel. Gott darf nicht zum Abgott, zum Fetisch werden – da sei das Abbildverbot vor.

Der **Koran** hat dieses jüdische **Abbildverbot** noch radikalisiert. Allah allein ist »der Schöpfer, der Erschaffer, der Bildner.« (59. Sure, v. 24) Aufgrund dieser absoluten Exklusivität darf ihm keiner, (Ab-)Bilder produzierend, ins Handwerk pfuschen – geschweige denn, Gott selbst, den Bildner, seinerseits abbilden. Auch die Darstellung des Propheten ist tabubewehrt. Das mußte, um ein jüngeres Beispiel zu bemühen, das Nachrichtenmagazin *Der Spiegel* erfahren. Es brachte in seiner Ausgabe 51/1999 eine Titelgeschichte zum Thema Moral, die, dem Stand spätmoderner Mediengewohnheiten gemäß, mit Illustrationen aufwartete. In der Reihe von Bildern wirkungsmächtiger »Moralapostel« fand sich neben Darstellungen von Kant, Konfuzius und Christus auch ein Gemälde Mohammeds, das der deutsche Maler Theodor Hosemann 1847 gefertigt hatte. Das Nachrichtenmagazin wurde mit Protesten und Drohungen aufgebrachter Muslime konfrontiert.[1] Das Medium ist die Botschaft. Medien haben, ob sie wollen oder nicht, Sendungsbewußtsein. Allein schon dadurch, daß sie Illustrationen überhaupt geneigt sind.

Anders als der Islam verwirft das **Christentum** die **Lust am Bildermachen** bekanntlich nicht. Wie sollte es auch? Steht in seinem Zentrum doch der Gottessohn, den viele von Angesicht zu Angesicht gesehen und dessen menschliche Gestalt viele bezeugt haben. Das medienhistorisch Sensationelle an Jesus Christus ist nicht zuletzt, daß er, der doch göttlich ist, anders als sein göttlicher Vater dargestellt werden darf, will und soll. An Christusdarstellungen ist denn auch kein Mangel. Der Abdruck seiner Gesichtszüge auf

1 Cf. Spiegel 6/2000, p. 102 sq.

dem Leichentuch mag unauthentisch sein – ein Sakrileg ist dieses Tuch eben nicht, eher (je nach Bewertungsperspektive) eine Reliquie oder ein Fetisch. Man liest die christliche Botschaft ja nicht subversiv, wenn man Jesus Christus, in dem das göttliche Wort Fleisch ward und mitten unter uns wohnte, als Mittler, als Medium zwischen Gott und den Menschen versteht. Christologie ist *ab ovo* Mediologie.[1] Das entspannte bis euphemistische Verhältnis zwischen der christlich-abendländischen Tradition und den Medientechnologien auf seine frühsten Anfänge zu datieren ist unabweislich. Schon der manische Briefschreiber und Kommunikationsapostel Paulus wußte, was die kommunikationsinfrastrukturelle Seite der frohen Botschaft ist. Und Luther darf man ohne Angst davor, modisch zu übertreiben, wohl einen Medienfreak der Gutenberg-Galaxis nennen. Auch das Verhältnis, das Johannes Paul II. zum Fernsehen unterhält, kann man kaum als ein gebrochenes charakterisieren.

Moshe Barash hat die spezifisch christliche Konterkarierung des tradierten Verbots göttlicher Bilder psycho- und mediendynamisch verstanden und auf »zwei zentrale Motive in der Gottesauffassung der frühen Christen [zurückgeführt]. Schützende Bergung und befehlende Macht mögen sich in gewissem Sinne widersprechen, sie mögen völlig verschiedenen Gefühlsbereichen angehören. Aber gerade diese Dialektik offenbart die dynamische Kraft des Sinnbildes für das Unsichtbare. Statt das Antlitz Gottes darzustellen, jenes Antlitz, von dem die Legende glaubte, daß niemand es ansehen konnte, hat das Frühchristentum seine tiefsten Wünsche und Nöte auf die Heilandsfigur projiziert: das Sehnen nach der intimen Bergung der einzelnen Seele, den Wunsch, daß der Gott ein mächtiger sei.«[2] In dem Maße aber, wie auch Gott im Gefolge seines Sohnes zum von Menschen (und

1 Cf. dazu vor allem die »Quatrième Leçon: Le mystère de l'incarnation« von Régis Debrays Buch: »Cours de médiologie générale«, und J. Hörisch: Brot und Wein.

2 M. Barash: Gottesbild, p. 52.

auch gottbeseelte, enthusiastische Genies sind Menschen) darstellbaren Gott wird, muß er seine absolute Macht verlieren. Derjenige, von dem es ein Abbild gibt, dessen Urheber nicht er selbst ist, ist eben nicht mehr ab-solut (ab-solviert, schlechthin losgelöst von allen Selbstermächtigungsversuchen irdisch-endlicher Wesen). Spätestens in der Malerei der Renaissance, die ja diese Geste der Selbstermächtigung wirkungsmächtig einübt, sind die letzten Tabus aus der langen Geschichte des monotheistischen Bilderverbots gefallen.

In frühchristlichen Kontexten hingegen wirkte dieses Tabu noch nach. »In den ersten acht Jahrhunderten haben die Künstler kaum versucht, Gottvater oder die Trinität in irgendeiner Form bildlich darzustellen.«[1] Ein bedeutendes Dokument für die inkarnationstheologischen Möglichkeiten, das Bilderverbot zu verabschieden, entstammt der Feder des Johannes von Damaskus, der von 675 bis 749 lebte. Er verfaßte *Drei Reden gegen die, die die Bilder verwerfen*, in denen es heißt: »In alter Zeit wurde Gott, der keinen Körper und keine Gestalt besitzt, bildlich überhaupt nicht dargestellt. Jetzt aber, da Gott im Fleische sichtbar wurde und mit den Menschen umging, kann ich das an Gott sichtbare Bild darstellen. Ich bete nicht die Materie an, sondern ich bete den Schöpfer der Materie an, der um seinetwillen selbst Materie wurde und es auf sich nahm, in der Materie zu leben, der mittels der Materie meine Rettung ins Werk setzte.«[2] Die Diktion dieser Passage legt es nahe, die Bildfreundlichkeit ihres Autors auch mit seinen antignostischen Motiven zusammenzubringen. Die Gnosis – das war jene frühe Form der »Häresie«, die über ein starkes Argument verfügte: Diese so ersichtlich schlechte Welt könne evidentermaßen nicht das Werk eines Gottes sein, der gut und allmächtig ist. Ein böser Demiurg müsse dem lieben Gott ins Handwerk gepfuscht

1 A. Hahn: Unsichtbares, p. 276.
2 Zit. bei Cl. Hergenröder: Wir schauen seine Herrlichkeit, p. 378 sq.

und damit die Reinheit des Geistes materiell verunreinigt haben. Alles komme darauf an, den Exodus aus dieser von Gottes Reinheit abgefallenen Welt zu organisieren. Und zu den klassischen Reinigungsprogrammen gehört seit jeher der Ikonoklasmus. Kämpfen muß man gegen (Ab-)Bilder, weil sie schlicht dadurch, daß sie Darstellungen von etwas sind, der Materie huldigen und nicht dem Geist, der im Wort sein Medium hat.

Die Stellungnahme des Johannes von Damaskus ist ein Gründungsdokument des **Bilderstreites**, der den frühen Streit um die Gnosis in seiner Weise fortsetzte und im 8. Jahrhundert die Gemüter christlicher Theologen erhitzte. Seine Grundargumente waren immer wieder neu belebbar – so im Streit zwischen Byzanz und Rom, zwischen Calvin und Luther, zwischen denen, die heute meinen oder bestreiten, man habe als frommer kranker Katholik seine Pflicht zur Teilnahme an der Heiligen Messe erfüllt, wenn man ihrer TV-Übertragung gefolgt ist. Im Bilderstreit des 8. Jahrhunderts sind die Pro- und Contra-Argumente gewissermaßen kanonisch durchdekliniert worden. »Oft fragt man sich, wenn man die Quellen [zu diesem Bilderstreit, J. H.] liest, warum es gerade die Bilder waren, die die (politischen, kulturellen, religiösen) Konflikte ausgelöst oder in denen sich die Konflikte ausgedrückt haben. Die Gründe kann man nur vermuten, denn sie werden in den offiziellen Begründungen eher verschwiegen. Das erste Thema der Bilder, die Figur des Gottmenschen, stand natürlich im Mittelpunkt der theologischen Auseinandersetzungen, so daß das Bild entweder als Symbol oder umgekehrt als Hindernis der Reinheit und Einheit des Glaubens betrachtet wurde. Zugleich eignete es sich auch deshalb zum *Corpus delicti*, weil es für alle sichtbar war, weil es verehrt oder geschmäht, aufgestellt oder entfernt werden konnte. Konsens oder Dissens ließen sich an ihm sichtbarer festmachen als an Schriften.«[1] Am Bilderstreit können eben auch die teilnehmen, die nicht alpha-

1 H. Belting: Bild und Kult, p. 167.

betisiert wurden. Bilder galten schon vor Luther als »Biblia pauperum«, als Behelfs-Schrift derer, die da geistig arm, nämlich Analphabeten sind.[1] Die Lutherbibel von 1545 war reich illustriert. Eine illustrierte Ausgabe des Koran ist bis heute undenkbar.

Eine illustrierte Heilige Schrift hatte und hätte auch in den ikonoklastischen Kreisen des Calvinschen Protestantismus keine Durchsetzungschancen. Calvins heilig-nüchternes »ad fontes«-Pathos war eben nicht zuletzt vom Impuls getragen, die »römische« beziehungsweise renaissancehaft-dekadente Bilderlust an die frühen Bilderverbote zu erinnern. »In Genf war der Bildersturm am 8. August 1535 das zentrale Ereignis für die Konsolidierung der Reformation. Die neuen Prediger beherrschten die Szene, nachdem der Bischof als Stadtherr vertrieben war. Calvin stieß 1536 zu ihnen, konnte aber erst seit 1541 ein theokratisches Regime in der Stadt errichten, in dessen Politik die alten Grenzen zwischen profanem und kirchlichem Leben hinfällig wurden. Die neue Ära, die nach der Säuberung der Kirchen gleichsam in einer Stunde Null begann, wurde in einer quadratischen Bronzeinschrift (99 cm^2) gefeiert, die bis zum Jahr 1798 am Rathaus angebracht war: ›Im Jahr 1535 wurde die Tyrannei des römischen Antichrists niedergerungen. Wir haben dem Aberglauben abgeschworen und die sakrosankte Religion Christi wieder in den Urzustand, seine Kirche in eine bessere Ordnung zurückversetzt. Die Stadt, deren Feinde wir in die Flucht trieben, erhielt nicht ohne ein Wunder des Himmels die Freiheit wieder. Senat und Volk von Genf haben zur ewigen Erinnerung daran das Monument an diesem Ort errichten lassen. Möge es für die Nachfahren ihren Dank an Gott bezeugen.‹«[2]

Eine Schrifttafel erinnert an die siegreiche Überwindung der Versuchungen, die von Bildern ausgehen können. In psychologischer Perspektive ist der heiße Kern der Debatten um

1 P. Schuck-Wersig: Expeditionen zum Bild, p. 80.
2 H. Belting: Bild und Kult, p. 515.

die Legitimität von Bildern überhaupt unschwer auszumachen. Bilder stehen zumindest latent im Verdacht des Obszönen. Und obszön ist, was nicht auf die Szene, die Bühne, das Tableau, die Leinwand und den Bildschirm gehört. Den absoluten Gott zu relativieren, indem man ihn verdinglicht und zum Gegenstand der Anschauung macht; das Intime, Private zu veröffentlichen, indem man es der öffentlichen Sichtbarkeit preisgibt; den Herrscher lächerlich zu machen, indem man seine fassungslos entstellten Gesichtszüge photographisch wiedergibt: Abbilder tendieren gerade dann, wenn sie getreu zu sein vorgeben, dazu, antiautoritär zu sein. Die Abwertung des Bildes ist in kultur- und medienhistorisch bemerkenswerter Konstanz das Korrelat der Hochschätzung von Sprache und Schrift.

Bei aller Konstanz in den Motiven, die die Bildabwertung bis heute speisen, muß man sich doch vergegenwärtigen, wie extrem selten Bilder noch bis weit in die Neuzeit hinein waren. »Was an und in öffentlichen Gebäuden und Kirchen dennoch zu sehen war, so steht zu vermuten, muß einerseits das Publikum ungleich tiefer beeindruckt haben als Betrachter, für die das Erlebnis des Bildes – sei es auch nur des in der Zeitung gedruckten Photos oder des auf den Fernsehschirm projizierten Films – tägliche Gewohnheit ist. Als Konsequenz der **Bilderarmut** der **vorphotographischen Zeit** ergibt sich zunächst, daß die Menschen den sie umgebenden Raum anders wahrnehmen als wir; besonders deutlich wird das etwa an der Art, wie unbeholfen manche Maler und Zeichner noch im 17. Jahrhundert mit der Zentralperspektive umgehen: Die Projektion dreidimensionaler Zusammenhänge auf eine Ebene, die Raumillusion, war ungewohnt.«[1] Daß wir **heute** in Zeiten der **Bilderflut** leben, ist ein Topos der Kulturkritik. Aus dem seltenen Ereignis, einem Bild zu begegnen (zumeist in einer Kirche – wer betrat schon das Innere von Palästen?), ist ein aggressiver Bilderzwang geworden. Auch die wenigen Ikonoklasten, die es heute noch geben mag, können, von

1 B. Roeck: Als wollt die Welt, p. 36.

Plakatwänden, Schildern, Illustrierten und Monitoren umgeben, nicht nicht Bilder sehen.

Kupferstiche, Gutenbergs Drucktechnik und dann verstärkt die Photographie, die Kinematographie und das Fernsehen haben seit Beginn der Neuzeit und in atemberaubender Beschleunigung in den letzten hundert Jahren für eine Inflation von Bildern gesorgt, die kaum mehr als die medienhistorische Ausnahme wahrgenommen wird, die sie ist. Bilder waren über längste Zeiträume hinweg ein so umstrittenes wie exklusives Gut. Die vielzitierte Wendung des immer wieder so titulierten »Augenmenschen« Goethe, Wort und Bild seien Korrelate, scheint erst vergessen zu machen, wie konkurrenzgeladen das Verhältnis von Sprache und visueller Wahrnehmung ist, um sodann mit einer dramatischen Wendung darauf hinzuweisen, wie prekär das Verhältnis von Sinn und Sinnen ist. »Wort und Bild sind Korrelate, die sich immerfort suchen, wie wir an Tropen und Gleichnissen genugsam gewahr werden. So von jeher, was dem Ohr nach innen gesagt oder gesungen war, sollte dem Auge gleichfalls entgegenkommen. Und so sehen wir in kindlicher Zeit in Gesetzbuch und Heilsordnung, in Bibel und Fibel sich Wort und Bild immerfort balancieren. Wenn man aussprach, was sich nicht bilden, was sich nicht aussprechen ließ, so war das ganz recht; aber man vergriff sich gar oft und sprach, statt zu bilden, und daraus entstanden die doppelt bösen symbolisch-mystischen Ungeheuer.«[1] Man muß sich die Pointe dieser Reflexion klarmachen: »Ungeheuer«, Monstren, böse symbolisch-mystische Mißverhältnisse entstehen, wenn man in heiklen Kontexten spricht, statt zu bilden. Auf die Umkehrung dieser Denkfigur verzichtet Goethe. Wer bildet, statt zu sprechen, geht offenbar nicht das Risiko ein, aus dem Traum des Sprechens Monstren emergieren zu lassen. Die Figuren der *Wahlverwandtschaften* sprechen häufig, statt zu bilden. Gut geht diese Lust an der Kommunikation nicht

1 J.W. Goethe: Maximen und Reflexionen, BA Bd. 18, p. 502.

aus.[1] Je mehr die wahlverwandten Figuren lesen, sprechen und schreiben, desto stärker verstricken sie sich in Abhängigkeiten, die Walter Benjamin als solche von neomythischer Dimension charakterisiert hat. Angehöriger einer AV-Medienkultur konnte Goethe noch nicht sein. An einer Frühform technisch präzisen Abbildens, der Camera obscura, aber hat er ein lebhaftes Interesse gehabt.

Man kann das von Goethe avisierte Problem des Verhältnisses von »Wort und Bild« beziehungsweise von Sinn und Sinnen, die am Anfang der Geschichte akustischer und optischer Medientechnologie stehen, auch nüchterner analysieren, als der doppelt begabte Maler und Dichter aus Weimar es tat. Um mit dem kalten Systemtheoretiker Luhmann zu formulieren: Wort und Bild können als »Korrelate« nur gedacht werden, weil sie unterschiedlichen und strikt gegeneinander abgeschotteten Operationsweisen zugänglich sind. Kommunikation und Wahrnehmung sind operativ geschlossene Systeme. »Das Bewußtsein kann nicht kommunizieren, die Kommunikation kann nicht wahrnehmen [...] Kunst macht Wahrnehmung für Kommunikation verfügbar, und dies außerhalb der standardisierten Formen der (ihrerseits wahrnehmbaren) Sprache. Sie kann die Trennung von psychischen und sozialen Systemen nicht aufheben. Beide Systemarten bleiben füreinander operativ unzugänglich. Und gerade das gibt der Kunst ihre Bedeutung. Sie kann Wahrnehmung und Kommunikation integrieren, ohne zu einer Verschmelzung oder Konfusion der Operation zu führen.«[2] Das klingt bei aller begrifflichen Militanz milder als Goethes Formel von den »doppelt bösen symbolisch-mystischen Ungeheuern«, die entstehen, wenn man spricht, statt zu bilden.

Schreiben ist dem Versuch, etwas dadurch zu verewigen, daß man es abbildet, phänomenologisch verwandt: Wer schreibt, hinterläßt mit Hilfe von Instrumenten wie Keil, Stock oder Feder Spuren auf Materialien wie Kalkwand,

1 Cf. dazu ausführlich J. Hörisch: Ende der Vorstellung, Kap. I/2.
2 N. Luhmann: Kunst, p. 82 sq.

Stein, Leder oder Papyros. Und doch liegen Welten zwischen den Zeichen, die zur Schrift konfigurieren, und den Bildern, die Seiendes wiedergeben. Theologen aus monotheistischen Religionskontexten haben keine Schwierigkeiten, diese Differenz zu charakterisieren. Heilig sind Bilder nie und nimmer (Ikonen sind keine Bilder, sondern eben Ikonen). Heilig kann, wenn überhaupt, nur ein Medium sein: die Schrift. Ist sie doch auf den jenseitigen Sinn und nicht, wie die Bilder, auf das fokussiert, was sich im Diesseits den Sinnen darbietet. Dennoch ist nicht auszuschließen, daß Goethes Wendung von den »doppelt bösen symbolisch-mystischen Ungeheuern«, die entstehen, wenn man spricht, statt zu bilden, auch auf das Medium bezogen sein will, das verfließendes Sprechen auf Dauer stellt, indem es das Medium Sprache zu den Zeichen bildet, die da schwarz auf weiß geschrieben stehen: die Schrift. Mit der Erfindung der Schrift endet die Vorgeschichte der Medien und beginnt die Geschichte technischer Medien.

Erste Unterbrechung: MEDIENDEFINITIONEN

»Swammerdamm zog ... ein kleines Fernglas aus der Tasche, schob es lang aus und ging dem Feind zu Leibe, indem er laut rief: ›Zieh, Verdammter, wenn du Courage hast!‹ / Schnell hatte Leuwenhoek ein ähnliches Instrument in der Hand, schob es ebenfalls auseinander und schrie: ›Nur heran, ich stehe dir, bald sollst du meine Macht fühlen!‹ – Beide setzten nun die Ferngläser ans Auge und fielen grimmig gegeneinander aus mit scharfen mörderischen Streichen, indem sie ihre Waffen durch Aus- und Einschieben bald verlängerten, bald verkürzten.«[1] Schon E. T. A. Hoffmann weiß in aller wünschenswerten Deutlichkeit und lange vor Marshall McLuhan: **Medien sind Körperextensionen.** Mit medialer Hilfe dehnen wir die Reichweite unserer Sinne und unseres Körpers weit über seine kreatürlichen Grenzen hinaus aus. Im vierten Abenteuer seines späten »Märchens« *Meister Floh* aus dem Jahr 1820 läßt der technofaszinierte romantische Erzähler, Komponist, Zeichner und Jurist E. T. A. Hoffmann zwei Erforscher ferner Welten einander mit ihren deutlich phallisch konnotierten Ferngläsern zu Leibe rücken.

Damit spült er geistreiche Buchstabenmengen auf die Mühlen von Marshall McLuhans berühmter Mediendefinition. »Das Leitmotiv dieses Buches«, so heißt es in dem 1964 erschienenen Band *Understanding Media* (1970 kam die deutsche Übersetzung unter dem Titel *Die magischen Kanäle* auf den Markt), »ist der Gedanke, daß alle Techniken Ausweitungen unserer Körperorgane und unseres Nervensystems sind, die dazu neigen, Macht und Geschwindigkeit zu vergrößern.«[2] Philologen leben weitgehend von dem Geschäft, alle vermeintlich revolutionären Gedanken evolutionär vorzudatieren und stolze Ideenträger mit dem Hin-

1 E. T. A. Hoffmann: Meister Floh, p. 78.
2 M. McLuhan: Understanding Media, p. 94, cf. p. 49 sqq.

weis zu nerven: »Das Motiv gibt es schon bei xyz.« Und natürlich ist es leicht möglich, etwa mit Hinweisen auf Platon, Bacon, Athanasius Kircher, Leonardo da Vinci, E. T. A. Hoffmann, Walter Benjamin oder Günther Anders Köpfe zu benennen, die schon vor McLuhan auf die Idee kamen, Technik überhaupt als Körperextension und Medientechnik im besonderen als Nerven- und Sinnesausdehnung zu verstehen. McLuhan aber hat erstens dieses Motiv der allgemeinen Techniktheorie ausdrücklich auf Medien bezogen und eben auch »das Nervensystem« in die These von der Körpererweiterung durch Technik einbezogen; und er hat zweitens mit einer an Nietzsche erinnernden Verve »Geschwindigkeit und Macht« als die inhärenten Triebkräfte der Medienentwicklung charakterisiert. Swammerdamm und Leuwenhoek kämpfen grimmig und mit mörderischen Streichen, und schnell sind sie allemal.

McLuhans Mediendefinition hat einen Nachteil – sie bewährt sich fast zu gut und in zu vielen Kontexten. Wer seine Stimme erklingen läßt, macht sich auch jenseits der Grenzen seiner jeweiligen Körperbefindlichkeit bemerkbar. Wer einen Brief schreibt, der seinen Bestimmungsort erreicht, ist auch an dem Ort und zu der Zeit präsent, wo und da er nicht (mehr) ist. Und die meisten unter den modernen Medien verraten ja schon durch ihre Bezeichnungen, daß sie als Körperextensions-Apparate unsere Nahsinne und unseren Sinnhorizont erweitern wollen: »Tele« ist ihr Lieblingspräfix. Wer mit Teleskopen den Himmel absucht (oder auf Konkurrenten einschlägt), wer ein Telegramm schreibt, wer telephoniert, wer ein Telefax losschickt, wer vom Teleprompter abliest oder wer sich televisionär die Zeit vertreibt, sieht, hört und kommuniziert weit über die Grenzen hinaus, die die Reichweite seiner fünf Sinne und seine körperlichen Hier-und-Jetzt-Koordinaten vorgeben. »Im Dasein«, so hat ein besonders tiefsinniger unter den Denkern der Moderne formuliert, »im Dasein liegt eine wesenhafte Tendenz auf Nähe. Alle Arten der Steigerung der Geschwindigkeit, die wir heute mehr oder minder gezwungen mitmachen, drängen auf Überwindung der Entferntheit. Mit dem ›Rundfunk‹ zum Beispiel vollzieht das Dasein heute eine in ihrem Daseinssinn noch nicht übersehbare Ent-fernung der ›Welt‹ auf dem Wege einer Erweiterung der alltäglichen Umwelt.«[1]

Nähe und Ferne: Daß ihr Verhältnis weniger ontologisch als medienontisch zu denken ist, hat Heidegger, wenn auch widerwillig, begriffen. Ihm dürfte geschwant haben, daß nicht er, sondern die moderne Medientechnologie die Metaphysik verwindet, indem sie Televisionen nicht herbeispekuliert, sondern innerweltlich schaltet. Wie diese Schaltungen aussehen, wie sie funktionieren und welche mentalen Effekte sie haben, ist die Leitfrage des zum Katholizismus konvertierten Medienapostels McLuhan. Er hat nun keine Hemmungen gehabt, auch die Umkehrung seiner Mediendefinition zuzulassen und das Allernächste medial zu adeln: Alles, was als Körperextension gelten kann, ist ein Medium. Und also sind auch das Rad und die Kleidung Medien. Eine mediale Hyperinflation, die mit dem Verlust an Trennschärfe einhergeht, die aber auch überraschende und produktive Neuperspektivierungen ermöglicht. So ist McLuhan einer der ersten, die Geld nicht etwa nur als ein Massenmedium unter anderen, sondern als das wohl mächtigste, am wenigsten vermeidbare unter den neuzeitlichen Massenmedien begriffen haben. Geld ist eine Körperextension von Graden – und nervlich erregend in jedem Wortsinne ist es sowieso. Größenwahn und mediale Körperextension sind Seiten einer Medaille. Ich kann, so ich es denn ausreichend habe, via Geld eine entscheidende Größe im südamerikanischen Früchtehandel, im afrikanischen Goldminengewerbe, im Internetgeschäft und und und sein. Dem Narzißmus als psychologischem Grunddispositiv aller Medieninvestments hat

1 M. Heidegger: Sein und Zeit, p. 105 (§ 23). Der erste unter den zitierten Sätzen ist kursiv gesetzt. In späteren Ausgaben heißt es: auf dem Wege einer Erweiterung *und Zerstörung* der alltäglichen Umwelt.

McLuhan aus besten Gründen ein eigenes Kapitel gewidmet.[1]

Ovid hat der Narziß- und Echo-Mythe im dritten Buch seiner *Metamorphosen* ihre klassische Gestalt gegeben. Übrigens geht ihr keine andere Passage als die berüchtigte unmittelbar voran, in der der weise Teiresias die zwischen Jupiter und Juno strittige Frage beantwortet, ob der Mann oder die Frau im Liebesakt mehr Lust erfahre. Der Seher antwortet zu Junos Erbitterung eindeutig: Die Frau. Und Juno, von der Antwort offenbar nicht befriedigt, bestraft ihn mit Blindheit. Um Sinne und Sinnlichkeit geht es auch in der folgenden Mythe von Narziß und Echo. Sie verlangt geradezu nach einer medienanalytischen Lektüre. Der wunderschöne Jüngling Narziß ist ein Augenmensch. In ihn verliebt sich unsterblich ein reines Stimmwesen, nämlich eine Nymphe, »die weder gelernt einem Anruf zu schweigen, / noch zu reden als erste, des Widerhalls Ruferin Echo.«[2] Sie läuft dem schönen Jüngling buchstäblich nach. Und es entsteht eine von Mißverständnissen nur so strotzende Kommunikation, die nie und nimmer in der Kommunion liebender Körper enden kann. So ruft Narziß Echo zu: »›Nimm weg von mir deine Hände! / Eher möchte ich sterben, als daß ich würde dein Eigen!‹ / Da gab nichts sie zurück als: ›Daß ich würde dein Eigen!‹« Der Ausgang ist bekannt. Narziß flieht zu einer Quelle, erblickt darin sein eigen Bild, küßt es und sich, ertrinkt und metamorphorisiert zur Blume, die seinen Namen trägt. Von Echo aber bleiben »nur Stimme und Knochen übrig«. Ob ihrem Sohn ein langes Leben beschieden sei, haben die Eltern des Narziß nach seiner Geburt einen Weisen befragt. Die schöne Antwort lautete: ja, »si se non noverit«. Ein Satz von abgründiger Vieldeutigkeit. »Wenn er sich nicht selbst erkennt, erschaut«, aber eben auch:

1 Cf. Kap. I/4 »Verliebt in seine Apparate – Narzißmus als Narkose« von »Understanding Media«.

2 Ovid: Metamorphosen III, 356 sqq.

»wenn er sich nicht selbst erneuert beziehungsweise erfindet.«[1]

Stimme und Blick können zueinander nicht kommen. Eine Figur, die ganz fremdreferentiell ist und nur die Laute der anderen verdoppelt, kann sich mit einer Figur, die reine Selbstreferenz pflegt, nicht vereinen. Narziß und Echo haben sich nichts und alles zu sagen. Sie haben medial verquere Selbst- und Weltbilder. Aber eben das läßt sich beobachten. Ovids klassischer Text ist ein komplexes Programm der Beobachtung von Problemen und Paradoxien, die sich einstellen, wenn akustische und optische Medien, wenn *alter* und *ego*, wenn Fremd- und Selbstreferenz koordiniert sein wollen. Narziß und Echo können zueinander nicht kommen, sind aber in einem Text, der eben das beobachtet, vereint. Wer will, kann also eine Einsicht der Medientheorie auf Ovid vordatieren: **Medien sind Interaktionskoordinatoren.** Sie bringen zusammen, was zusammengehört oder zusammengehören will. Wir schreiben, telephonieren, buchen per Fax oder E-Mail und sehen Stauprognosen im Fernsehen, damit wir zusammen mit anderen zum rechten Zeitpunkt am rechten Ort sein können. Daß wir Medien auch nutzen können, um einigen Leuten nicht zu begegnen, weiß schon Narziß.

Daß ich durch Geld- und Aktienbesitz in Regionen präsent bin, in denen ich nicht bin; daß ich »live« erfahre, was in Washington los ist; daß ich mit Freunden sprechen kann, die zehntausend Kilometer von mir entfernt sind; daß mir jemand kampflos seine wertvollen Güter überläßt; daß ich wissen kann, was Leute formuliert haben, die vor mehreren hundert Jahren gestorben sind; daß junge Soldaten an der Front aus dem Schützengraben heraus in den Tod stürmen, weil ein alter Generalstab im sicheren Hinterland das über Kabel befiehlt: All das und vieles andere mehr ist uns selbstverständlich geworden. Weil es Medien gibt. Wer sich die kindlich-philosophische Fähigkeit zum Staunen nicht durch allzu intensive Mediennutzung hat abtreiben lassen, wird

1 Cf. dazu die Studie von H.-D. Bahr: Der Spiegel.

schnell erfahren, wie hochgradig unwahrscheinlich all die genannten Fälle sind. Einer der Theoretiker, die im Verdacht stehen, überabstrakt zu denken und zu formulieren, verdankt die Faszinationskraft seiner Thesen nicht zuletzt dieser kindlichen Fähigkeit zum Staunen über das eben nur vermeintlich Selbstverständliche. Von Niklas Luhmann (ist es sinnvoll, darüber erstaunt zu sein, daß sein Name signifikante Buchstaben mit dem von McLuhan teilt?) stammt eine der klügsten und am elegantesten auszubauenden Definitionen dessen, was **Medien sind – Unwahrscheinlichkeitsverstärker.**

An Beispielen aus unterschiedlichsten Kontexten, die diese Mediendefinition als besonders attraktiv erscheinen lassen, mangelt es nicht. Daß der zuvor hochangesehene Ex-Bundeskanzler ein in vielfacher Hinsicht zweifelhaftes Ehrenwort über Gesetze stellt, die er selbst mit beschlossen hat, ist unwahrscheinlich. Tägliche breite Berichterstattung »aller« Medienorgane läßt uns diese Unwahrscheinlichkeit langsam glauben. Daß Menschen auf dem Mond gelandet sind, ist hochgradig unwahrscheinlich. Aber die von Millionen Menschen am TV-Bildschirm verfolgte Direktübertragung des kleinen Menschenschrittes auf dem anderen Stern macht es einigermaßen plausibel – und das Übertragungsereignis zu einem neomythischen Ereignis der TV-Mediengeschichte. Daß ich einem geliebten und seit langer Zeit vermißten Menschen im Café wiederbegegne, ist unwahrscheinlich. Wenn ich mich mit ihm telephonisch verabredet habe, ist das Ereignis wiederum so erstaunlich nicht. Daß jemand mir freundlich nickend seine wertvollen Güter überläßt, ist unwahrscheinlich. Wenn ich ihm dafür mein Geld überlasse, sinkt diese Unwahrscheinlichkeit ganz erheblich. Daß Gott einen eingeborenen Sohn hat, dessen Mutter eine irdische Jungfrau ist, der sich sodann für uns opfert und uns überdies auffordert, ihn *post mortem* in Gestalt von Brot und Wein zu verzehren, ist unwahrscheinlich. Das frühe Massenmedium, das da Eucharistie oder Abendmahl heißt, macht's durch sonntägliche Ritualisierung zur massenhaft beglaubigten Wahrscheinlichkeit.

Medien erbringen demnach genuin dialektische Leistungen. Sie bewirken nichts Geringeres als doppelte Negationen, lassen sie doch Unwahrscheinliches unwahrscheinlich werden. Was nichts anderes besagt als dies: Wunder werden üblich. Wir haben uns in dem Maße, wie Gesellschaften Mediengesellschaften werden, an Wunder aller Art gewöhnt. Daß wir Direktübertragungen von Sport- und Politikereignissen beiwohnen können, die zehntausend Kilometer (oder wie im Fall der Mondlandung kosmisch weit) von uns entfernt sind, wundert uns nicht mehr. Wirtschaftswunder haben per se eine profane Dimension. Das Eigentümliche an medialen Wundern aber ist, daß sie funktionieren. Dadurch machen sie natur- beziehungsweise technikgemäß dem alten Wunder-Paradigma das Leben schwer.

Mit McLuhans teilt auch Luhmanns Mediendefinition die Versuchung zu inflationieren. Gerade die frühen Ausformungen der Luhmannschen Systemtheorie kennen und nutzen intensiv den Begriff der symbolisch generalisierten Medien, der mit Medien- und Kommunikationstechnologie im engeren Sinne wenig zu tun hat. »Als symbolisch generalisiert«, so heißt es bei Luhmann, »wollen wir Medien bezeichnen, die Generalisierungen verwenden, um den Zusammenhang von Selektion und Motivation zu symbolisieren, das heißt: als Einheit darzustellen. Wichtige Beispiele sind: Wahrheit, Liebe, Eigentum/Geld, Macht/Recht; in Ansätzen auch religiöser Glaube, Kunst und heute vielleicht zivilisatorische standardisierte ›Grundwerte‹.«[1] Die naheliegende Verbindung zwischen diesem Medienverständnis und technischen Medien hat Luhmann nur implizit gezogen. Wer »Wahrheit« als symbolisch generalisiertes Medium verwendet, muß zum Beispiel mit Teleskopen umgehen und seine Forschungsergebnisse publizieren; wer mit dem symbolisch generalisierten Medium »Liebe« Umgang hat, wird Briefe schreiben, ins

1 N. Luhmann: Soziale Systeme, p. 222.

Kino gehen, Liebesgedichte lesen und telephonieren; wer über das symbolisch generalisierte Medium »Geld« den Zusammenhang von Selektion (ich verkaufe dieses Gut) und Motivation (dafür bringe ich den Käufer dazu, mir etwas zu zahlen) organisiert, nimmt Buchungen vor, macht Soll-und-Haben-Einträge in Geschäftsbücher, gibt per Handy eine Verkaufsorder etc. Für »Macht/Recht« erübrigen sich die Beispiele – ohne Medientechnik sind beide nicht zu schalten. Allen von Luhmann genannten symbolisch generalisierten Medien ist überdies gemein, daß sie Interaktion koordinieren und intersubjektive Gültigkeit haben müssen. Sich selbst anzurufen ist wenig sinnvoll; Wahrheit will geteilte Wahrheit sein; sich selbst kann man nichts verkaufen; und noch sich selbst zu lieben fällt schwer, wenn nicht auch andere (wie Echo Narziß) einen für liebenswert halten.

Daß kluge und vielrezipierte Theoretiker wie McLuhan und Luhmann einen weiten und dennoch präzisen Medienbegriff verwenden, ist auch so etwas wie eine Überkompensation des Umstands, daß das Wort »Medien« zuvor (etwa in der geisteswissenschaftlich-humanistischen Tradition) sehr knapp gehalten wurde. »Medien« – das ist heute ein inflationäres Modewort. Seine aktuelle Verwendungsweise ist aber extrem jung, nämlich allenfalls 40 Jahre alt. Es scheint fast so, als wollte der übermäßige Gebrauch dieses Begriffs seine frühere Ausblendung wettmachen. Wer in deutsch-, englisch- oder französischsprachigen Lexika noch der Nachkriegszeit *sub voce* »Medium/Medien« nachschlägt, wird zum Beispiel Hinweise auf die Qualität englischen Garns, auf den Modus des griechischen Verbs zwischen Aktiv und Passiv, auf die vier Elemente und auf spiritistisch begabte Menschen finden. Nicht aber Hinweise auf Bücher, Zeitungen, Photographie, Film und Fernsehen – Massenmedien, die es damals schon seit langem oder erst seit kurzem gab. Wer hingegen heute in Lexika oder Büchern, die in die Medienwissenschaft einführen wollen[1], nach einer Definition

1 Empfehlenswert ist u. a. die Einführung von P. Ludes.

von »Medien« sucht, wird Ausführungen wie diese finden: »Unter Medien werden [...] materiell-mechanische oder energetische (elektrische, elektromagnetische, opto-elektrische) Träger und Übermittler von Daten beziehungsweise Informationseinheiten und mechanische sowie elektronische Mittel der Datenverarbeitung verstanden, dies im Sinne der drei medienlogischen Grundphänomene der Speicherung, Übertragung und Bearbeitung.«[1]

Ein seltsames Phänomen: Medien sind seit langem von einer Aufdringlichkeit, die einem Hören und Sehen vergehen lassen kann. An kulturkritischen Reden über die Bücherflut oder über die verheerenden Wirkungen der Massenpresse (ein Lieblingsthema von Köpfen wie Schopenhauer, Kierkegaard oder Karl Kraus) ist jedoch auch schon in der guten alten Zeit vor Fernsehen, Computer und Internet kein Mangel. Als Gegenstand wissenschaftlicher Analyse aber konnten sich Medien selbst dann nicht qualifizieren, als sie in Gestalt von Photographie, Phonographie, Film, Radio und Fernsehen in audiovisueller Massengestalt auftraten. Für den Kanon universitärer Fächer galt bis vor 20 Jahren: allenfalls Theaterwissenschaft und vielleicht noch Publizistik sind zulässig. Medienwissenschaft aber hatte keine Durchsetzungschancen. Sie navigierte bestenfalls im Kielwasser der ihrerseits jungen Fächer Linguistik und Kommunikationswissenschaft.[2] Ein Grund für diese Ausblendung ist schnell genannt. Kultur und Hochkultur zumal definiert sich nicht zuletzt über ihre Verachtung von Medien. Und wenn ihr zu schwanen beginnt, daß es ohne Medien auch keine Hochkultur geben kann, definiert sie sich eben über ihre Verwerfung von Massenmedien. Hochkulturell ist, wer Journalisten verachtet, wer nicht ins proletarische Kino geht, wer mit schlechtem Gewissen fernsieht, wer Computerspiele für verderblich hält und wer sich entschuldigt, wenn er nur eine E-Mail und nicht einen handgeschriebenen Brief verfaßt.

1 H. Hiebel et al.: Die Medien, p. 12.

2 Cf. P. Ludes: Einführung in die Medienwissenschaft.

Medienwissenschaft betrat, weil sie als Schmuddelwissenschaft kaum Aussichten hatte, die Aura etwa der klassischen Philologie zu bekommen, erst mit eigentümlicher Verspätung die akademische Bühne.[1] Schwer auszumachen, ob diese Verspätung mit zu den Gründen oder aber zu den Effekten des Umstands zählt, daß es bis heute wohl (siehe McLuhan und Luhmann) esoterisch-funktionale, aber keine trennscharfe Definitionen des Begriffs »Medien« gibt. Die alltagssprachliche Verwendungsweise des Wortes ist dennoch klar. Medium – das ist ein Mittel, ein Vermittelndes. Und also ist es nachgeordnet. Denn Analysen, die auf Wesentliches zielen, fragen natürlich danach, was denn dort vermittelt wird. Das äußerste Interesse der Theologie verdient Gott und nicht die Weise seiner rituellen, liturgischen, fetischistischen, psychodynamischen, sozialen Vermittlung und Zirkulation. Die Aufmerksamkeit der Literaturwissenschaft gilt der Frage, was Dante, Shakespeare und Goethe uns eigentlich sagen wollten, und nicht der Infrastruktur (Schule, Alphabetisierung) beziehungsweise Technik (Druck, Verlagswesen), die ihre Werke zirkulierbar machte. Die Fokussierung der Nationalökonomie galt den wertvollen Gütern und Dienstleistungen, nicht aber primär dem Medium, das ihre Zirkulation steuerte, dem Geld. Kurzum: Medien haftet der Geruch des Sekundären, Handwerklich-Technischen, Unwesentlichen an.

Wer den Verdacht nährte, dieses Unwesentliche sei das, was eigentlich zähle, geriet schnell in eine Außenseiterposition und wurde, ja wird noch heute ab und an mit dem Vorwurf konfrontiert, den Mitteln beziehungsweise dem Medium mehr Aufmerksamkeit zu schenken als dem eigentlichen Inhalt, dem Zweck beziehungsweise der Botschaft. Die Geburt der neueren Medienwissenschaft läßt sich ebendeshalb präzise datieren. Sie betrat die Bühne mit dem Paukenschlagsatz des Exzentrikers McLuhan: »The medium is the messa-

1 Siehe dazu die instruktive Darstellung von Hartmut Böhme et al.: Kulturwissenschaft.

ge.« Die Vermutung, das Medium könne wichtiger sein als die Botschaft, haben zwar schon vor McLuhan kluge Köpfe wie Walter Benjamin oder Georg Simmel geäußert. Letzterer kommt schon 1900 einer geistreichen Mediendefinition nahe – aber eben nur nahe, kommt das Wort Medium in seinen Überlegungen doch noch gar nicht vor. In seiner *Philosophie des Geldes* schreibt Simmel: »Es gehört zu den Grundtatsachen der seelischen Welt, daß wir Verhältnisse zwischen mehreren Elementen des Daseins in besonderen Gebilden verkörpern; diese sind freilich auch substantielle Wesen für sich, aber ihre Bedeutung für uns haben sie nur als Sichtbarkeit eines Verhältnisses, das in loserer oder engerer Weise an sie gebunden ist. So ist der Ehering, aber auch jeder Brief, jedes Pfand, wie jede Beamtenuniform Symbol oder Träger einer sittlichen oder intellektuellen, einer juristischen oder politischen Beziehung zwischen Menschen, ja jeder sakramentale Gegenstand das substantiierte Verhältnis zwischen dem Menschen und seinem Gott; die Telegraphendrähte, die die Länder verbinden, sind nicht weniger als die militärischen Waffen, die ihre Entzweiung ausdrücken, derartige Substanzen, die kaum eine Bedeutung für den Einzelmenschen als solchen, sondern einen Sinn nur in den Beziehungen zwischen Menschen und Menschengruppen haben, die in ihnen kristallisiert sind.«[1]

McLuhan hat es weniger schön, dafür aber schlagend klar gesagt: Das Medium ist die Botschaft. Sinn macht ein Medium nicht sosehr im Hinblick auf die Botschaft, die es transportiert, sondern als das Transport-Medium, das es selbst ist. Was schlicht heißt: Die Welt des Analphabeten ist eine andere als die des Bewohners der Gutenberg-Galaxis als die des Televisionärs als die des Internet-Surfers. Und zwar weitgehend unabhängig davon, was der Bewohner der Gutenberg-Galaxis liest oder der Fern-Seher sieht und hört. Daß jemand liest und nicht fernsieht, macht einen größeren Unterschied, als daß A dieses und B jenes Buch liest beziehungs-

1 G. Simmel: Philosophie des Geldes, p. 98 sq.

weise C im TV lieber Sportübertragungen und D lieber Gameshows sieht. McLuhans Grundeinsicht gilt schlicht deshalb, weil die jeweils diensthabenden Medien für gänzlich unterschiedliche Raum-Zeit-Strukturen, Aufmerksamkeitsfokussierungen und Sinn-Sinne-Konstellationen sorgen. *The medium is the message.*

Nun gibt es aber bekanntlich nicht das Medium, sondern viele Medien, Multimedien. Und also ist es sinnvoll, weitere Unterscheidungen einzuführen. Die Medientheorie hat das getan und etwa zwischen **Speicher- und Übertragungsmedien** unterschieden. Vergleichsweise spät erst rückte die dritte Funktion von Medien in den Fokus der Aufmerksamkeit: die **Datenverarbeitung.**[1] Speichermedien konterkarieren bevorzugt Zeitprobleme, Übertragungsmedien sind hingegen auf die Überwindung von Distanzproblemen geeicht. Speichermedien wollen Informationen und Mitteilungen der »reißenden Zeit« (Hölderlin) entreißen und auf Dauer stellen. Und also gibt es neben vielem anderen mehr Schriften, Bücher, Schallplatten, Photos, Videotechnik und CDs. Der Inbegriff von Speichermedien ist das Testament. »Große Zeugen der Vergangenheit«, »Historisch-kritische Ausgabe« und »Unsterbliche Stimmen« sind deshalb beliebte Titel im Reich der Speichermedien (um von Titeln wie »Altes und Neues Testament« zu schweigen). Übertragungsmedien wollen hingegen der Mißlichkeit abhelfen, daß es weite Räume gibt, die schwer zu überwinden sind. Und also gibt es neben vielem anderen mehr Kuriere, Post, Telegraphie, Telephon und E-Mail. Der Inbegriff von Übertragungsmedien ist die Botschaft, die Sendung, das Geschick. »Frohe Botschaft«, »Kaiserliche Botschaft«, »Emser Depesche«, »Führerbefehl«, »Anweisung« sind bekannte Titel im Reich der Übertragungsmedien.

Daß man auch zustellen kann, was gespeichert ist, versteht sich von selbst. Bücher, Platten und Disketten können per Post beziehungsweise per E-Mail versendet werden. Daß

1 F. Kittler: Draculas Vermächtnis, und ders.: Von der Letter zum Bit.

man (etwa für Zwecke der historischen Forschung) speichert, was gesendet wurde, ist hingegen so selbstverständlich nicht. Denn erstens sind nicht alle Sendungen Sendungen an alle beziehungsweise frohe Botschaften (die selten daran denken, welch unangenehme Konsequenzen ein E-Missions-Gebot haben kann). Die Sendungen, die eigentlich zählen, schützen sich denn auch ausdrücklich vor Interzeptionsproblemen. Sie sind chiffriert. Daß der Satz von der Übertragbarkeit des Gespeicherten nicht ohne weiteres in den von der Speicherbarkeit des Übertragenen umgekehrt werden kann, zeigt das Telephon oder auch der flüchtigste Blick auf das Internet, das ja nicht flüchtige Stimmen, sondern alphanumerische Zeichen bereithält. Was im Internet am 11. November 1999 an Informationen weltweit zur Verfügung stand, wird kein Forscher des Jahres 2020 wissen können. Es ist nicht gespeichert, es ist nicht eigentlich speicherbar, es zu speichern wäre auch nicht sonderlich sinnvoll.

Die eben genannten Beispiele verweisen auf ein weiteres Definitionsproblem der Medientheorie. Machen sie doch schnell deutlich, wie schwer zu definieren auch das Verhältnis von Kommunikation und Medien (beziehungsweise Kommunikations- und Medienwissenschaft) ist. Auf diese Schwierigkeit weist schon die sowohl in medien- als auch in kommunikationstheoretischen Zusammenhängen immer wieder zitierte Lasswell-Formel aus dem Jahr 1948 hin. Sie entstammt einer Zeit, in der bereits der Kommunikations-, nicht aber der Medienbegriff verbreitet war, und sie formuliert die Leitfrage aller Kommunikations- beziehungsweise Medienanalysen: »A conveniant way to describe an act of communication is to answer the following questions: Who says what in which channel to whom with what effect?«[1] Die Frage nach dem Kanal beziehungsweise nach der technischen Verfassung des Übertragungsweges einer Information oder Mitteilung wäre nach heutiger *façon de parler* eine eher medienwissenschaftliche, die nach den kommunikati-

1 Zit. nach W. Schulz: Kommunikationsprozeß, p. 144.

ven Inhalten und Strategien eine eher kommunikationswissenschaftliche. Daß beide Fragen sich nicht trennen lassen, weiß implizit ja schon die an Medienkanälen interessierte Lasswell-Formel, die übrigens noch das Sprechen privilegiert (»who says ...«). Wer etwas jenseits des Sagens mitteilen will, wird heute eben einen anderen Kanal als etwa den des Telephons verwenden. Die Bauzeichnung kann per Fax mitgeteilt, die CAD-(Computer aided Design-)Studie per E-Mail-Kanal versandt werden.

Früh schon ist an Problemen, die den eben angedeuteten verwandt sind, deutlich geworden, daß es eine Koexistenz unterschiedlicher Kanäle gibt. Friedlich muß sie nicht unbedingt sein. Neue und alte Medien stehen ersichtlich im Verdrängungswettbewerb miteinander. Wer eine E-Mail schreibt, wird in diesem Fall nicht für Umsätze auf dem klassischen Briefsektor sorgen – es sei denn, er hat auch nur einen Buchstaben der E-Mail-Adresse falsch notiert oder der Empfänger hat einen effektiven Filter aktiviert, um sich vor *information overload* zu schützen. Dann freut sich der Sendewillige, daß es neben der E-Mail noch die Snail-Mail gibt, druckt die elektronische Post auf altem Papier aus und schickt sie klassisch in die weite Welt hinaus. Ziemlich unumstritten ist deshalb die Gültigkeit des Gesetzes, das Wolfgang Riepl schon 1914 formulierte und das McLuhan aufpolierte: Alte Medien werden durch neue nie ganzlich abgeschafft. In Riepls Worten: Es »ergibt sich gewissermaßen als ein Grundsatz der Entwicklung des Nachrichtenwesens, daß die einfachsten Mittel, Formen und Methoden, wenn sie nur einmal eingebürgert und brauchbar befunden worden sind, auch von den vollkommensten und höchst entwickelten niemals wieder gänzlich und dauernd verdrängt und außer Gebrauch gesetzt werden können, sondern sich neben diesen erhalten, nur daß sie genötigt werden können, andere Aufgaben und Verwertungsgebiete aufzusuchen.«[1] Theater bleiben, auch wenn Kinohöhlen modisch werden; das Kino

1 W. Riepl: Gesetz, p. 146.

bleibt, auch wenn das Fernsehen zum Massenmedium avanciert; das Fernsehen bleibt, auch wenn das Internet sich durchsetzt. Medientechniken sind eben nicht nur revolutionär, sondern auch von eigentümlich konservativer Zähigkeit – sie haben Bestand. Der Preis ihrer beeindruckenden Beharrlichkeit ist offensichtlich: Alte Medien müssen Aug in Aug mit ihrer neumodischen Konkurrenz ihre Funktion, ihre Aura, ihr Prestige und ihre Einsatzgebiete ändern. So wie man auch im Zeitalter von Auto und Flugzeug weiterhin reiten kann, aber eben nicht mehr reitet, um von A nach B zu kommen, so kann man auch heute noch mit der Hand schreiben – aber nicht, wenn man einem Verlag ein druckfertiges Manuskript vorlegen soll.

Von den »einfachsten« zu den »vollkommensten und höchst entwickelten« Medien geht die Entwicklung (nicht nur) der Medientechnik. In dieser Hinsicht hat sich bis heute eine Dreifachdefinition bewährt, die Harry Pross bereits 1972 (also noch vor dem PC und dem Internet) vorgeschlagen hat. Es ist die zwischen **primären, sekundären und tertiären Medien.**[1] Primäre Medien sind danach in Kommunikationsprozessen zu finden, die technischer Innovationen nicht bedürfen. Ein neugeborenes Kind, ein *infans,* ein noch sprachloses Wesen, schreit, weint, riecht, blinzelt, lacht und saugt. Es kommuniziert, es macht Mitteilungen, wie sie wichtiger kaum sein könnten: Ich bin da, ich lebe, ich bin gesund, ich habe Hunger, ich brauche dich. Phylo- und ontogenetisch kommen menschliche Lebewesen über vergleichsweise lange Zeiten ohne technische Medien aus. Auch wenn das Kind sprachfähig wird, kann es ohne Einschaltung medialer Hilfsapparaturen mit seinesgleichen mehr oder weniger erfolgreich kommunizieren, vulgo: sprechen. Es ist ein medial begabtes Wesen, ein Menschmedium, ein primäres Medium. Ersichtlich eine Definition *ex negativo*: Die Abwesenheit von Medientechnik definiert Primärmedien. Daß es heute reichlich Material gibt, um einer humanistischen

1 H. Pross: Medienforschung.

Überschätzung primärer Medien vorzubeugen, ist kaum zu bestreiten. Technikfreie Geburten sind mittlerweile rar. Wer heute in spätindustrielle Lebenswelten hineingeboren wird, wird medientechnisch hochgerüstet begrüßt: noch pränatal mit Ultraschalluntersuchungen, bei und nach der Geburt mit Wehenschreibern, akustischer Überwachung und High-Tech-Wärmebetten.

Sekundär sollen die Medien heißen, die bei der Abfassung und Sendung von Botschaften, Nachrichten und Mitteilungen eingesetzt werden. Wer ein (zum Beispiel dieses) Buch liest, weiß, daß dessen Abfassung den Einsatz von Technik voraussetzt. Man braucht Papier, Federkiele und Tinte, später dann Drucktypen, Setzkästen und Druckmaschinen und noch später Hard- und Software, um Schriften zu verfassen. Nicht aber, um sie zu lesen. Sekundärmedien lassen in aller Regel das Primärmedium Mensch, sofern es nur als Rezipient auftritt, technisch unbehelligt. Selten, aber immerhin denkbar ist es auch, daß Sekundärmedien den Empfänger technisch hochrüsten. Das Abhören von Gesprächen ist dafür das wohl handgreiflichste Beispiel. Frühe Formen sekundärer Medien sind Rauchzeichen, stimmverstärkende Schalltrichter oder eben auch das Hörrohr. Die Photographie ist wohl die wirkungsmächtigste unter den sekundären Medien der Epoche nach dem Monopol der Gutenberg-Medientechnik – erfordert doch die Aufnahme eines Bildes, nicht aber seine Betrachtung einen erheblichen Technikeinsatz. Es sei denn, man will digital photographierte Aufnahmen betrachten. Das geht eben nur am Monitor, die Diskette anzusehen ist nicht sonderlich sinnvoll.

Die wenige Jahrzehnte nach der Photographie entwickelte Phonographie ist ein Musterbeispiel für ein frühes Tertiärmedium. Aufnahme wie Abhören einer Schallplatte, einer Radiosendung, einer Kassette oder einer CD sind an Apparaturen gebunden. Tertiär sollen also die Medien genannt werden, die sowohl auf der Sender- wie auch der Empfängerseite die Mobilisierung von Technik erfordern, auf daß Kommu-

Die Teletubbies.

nikation gelinge. Neben der Phonographie sind Telegraphie und Telephonie in historischer Perspektive die ersten großen Tertiärmedien. Heute stehen sie im Schatten der massenmedialen Tertiärmedien Radio und Fernsehen, die das Primärmedium Mensch prägen, noch bevor es Sprachwesen geworden ist. Die Teletubbies sind überraschend schnell und weltweit zu medialen Kultgestalten geworden. Ihren Fanclub finden sie nicht nur bei den Krabbelkindern, die ihr eigentliches Zielpublikum sind. Ganz offenbar schlagen sie auch Erwachsene in ihren Bann. Sonderlich ausgeprägt sind ihre kommunikativen Kompetenzen nicht – »winke, winke« und »oh, ooh« ist fast schon alles, was sie artikulieren können. Ihren Status als kommunikative Mängelwesen aber machen sie medientechnologisch mehr als wett, haben sie doch eine Antenne auf ihrem Kopf und einen in ihre Bauchhöhle integrierten Monitor. Auf diesem Monitor erscheint das selbstreferentiell gewordene Fernsehprogramm, das sich die Teletubbies kopfüber und zusammen mit den Kids vor den Bildschirmen buchstäblich reinziehen. Schlagender könnte nicht gedacht werden, wie es zur Jahrtausendwende um das Primärmedium Mensch steht. Winke, winke.

Die Teletubbies gehen noch nicht zur Schule. Sie tapsen über die grüne Wiese einer Ideallandschaft, die man schnell als eine arkadische identifizieren könnte, wenn aus ihrem Boden nicht immer wieder seltsame Technogebilde emporwüchsen, die wie ein Brausekopf, U-Boot-Navigationsgerät, Design-Lautsprecher und Mikrophon zugleich aussehen. Audiovisuell also sind die Teletubbies bestens versorgt. Von Schriftzeichen werden sie noch nicht behelligt. Man kann sich nicht einmal recht vorstellen, wie die Teletubbies aussähen, wenn sie das schulpflichtige Alter erreicht hätten und lernen müßten, die seltsamen Geheimnisse der Zeichen zu dechiffrieren, die da Buchstaben heißen. In ihnen liegt ein Sinn verschlossen, den zu erschließen sehr aufwendig und anstrengend ist. Alphabetisierung dauert heute in sogenannten zivilisierten Ländern mindestens acht Jahre. In Büchern, die von der Schulzeit handeln, wird der Institution, die in die Medientechnik initiiert, die erforderlich ist, um diese Bücher zu lesen, mit bestürzender Regelmäßigkeit ohne jede Dankbarkeit gedacht. Gehuldigt wird der Schule nicht in Romanen oder Erzählungen, die *Der grüne Heinrich*, *Die Verwirrungen des Zöglings Törleß*, *Der Untertan*, *Tonio Kröger* oder *Deutschstunde* betitelt sind. Kultisch gehuldigt wird ihr erstmals in einem Film – *Die Feuerzangenbowle*. Um die erste große Medientechnik, die so sinnenfroh wie die AV-Welt der Teletubbies nicht sein kann, um die Schrift ist es sehr rätselhaft bestellt.

IM ZEICHEN DER SCHRIFT

4. SCHRIFTZEICHEN: Bits, Atome, Babel – Der grüne Heinrich lernt lesen – Entstehung der Schrift – Das phonetische Alphabet – Folgen der Schrift-(und Geld-)Kultur – Platons Kritik des neuen Mediums – Paradoxien nicht nur der frühen Medienkritik – Frühe Bibliotheken – Die Materialität der Schrift

5. BUCHDRUCK: Gutenbergs Coup – Die Uhren der Neuzeit und die neuen Zeitordnungen – Die Gutenberg-Bibel – Frühe Drucke – Kritik des Massenprodukts Buch – Alle Menschen werden Setzer – Alphabetisierung und neue Drucktechniken – Lesen ist gefährlich – Der Sinn des Lesens – Geschichte des Lesens

6. PRESSE/POST: Ewige Werke und flüchtige Neuigkeiten – Erste Zeitungen – Öffentliche Meinung und investigativer Journalismus – Der Kugelschreiber – Zustellungsprobleme: Die Post – Cursus publicus, Boten, Postkutschen – Liebesbriefe, Geschäftsbriefe, Sekretärinnen – Schreibmaschine und Telephon

ZWEITE UNTERBRECHUNG: Die Medien hinter den Medien – Hostie, Münze, CD-ROM

4. Schriftzeichen

Die Teletubbies an ihrem ersten Schultag beziehungsweise am ersten seriösen Schultag nach dem Ende all der heute üblichen so auffallend lieben Initiationsfeiern – die Szene wäre eine filmische Ausgestaltung wert. Die technologisch hochgerüsteten Wesen mit Antenne und Monitorbauch würden aus dem Reich der audiovisuellen Unmittelbarkeit vertrieben und müßten lernen, sich dem Regiment der schwarzen Lettern zu unterwerfen. Sie wären genötigt, sich umzustellen, sich neu zu orientieren, von sinnlicher Gewißheit auf Abstraktion umzuschalten, der Sphäre der Sinne zu entsagen und sich in das Reich des Sinns initiieren zu lassen. Also in den sinnigen Bereich, in dem man nicht weiterkommt, indem man sieht, was man sieht – schwarze Striche auf weißem Grund –, sondern allein dann, wenn man lernt, was diese seltsamen Striche und Linien eigentlich sagen wollen. Hören und sehen mögen neurologisch hochkomplizierte Vorgänge sein, sie stellen sich dennoch mit fast schon unheimlicher Leichtigkeit ein. Wir müssen uns nicht anstrengen, um zu hören und zu sehen – es sei denn, man setzt sich, wie Malte Laurids Brigge, einem artistischen Programm des Sehenlernens aus (was in diesem Fall nichts anderes heißt, als das Sehen zu entautomatisieren). Hören und sehen sind nämlich, gesunde Körper- und Zerebralfunktionen vorausgesetzt, hochgradig automatisierte Vorgänge. Ja, wir können es nicht einmal vermeiden, zu hören und zu sehen.[1] Lesen aber muß man nicht in dem Sinne, wie man nicht nicht sehen oder nicht nicht hören kann – einfach deshalb, weil man es nicht a priori kann. Lesen will aufwendig gelernt sein.

Anders als Hören und Sehen muß bekanntlich schon das

1 Wenn auch in unterschiedlicher Weise: Die Augen können wir immerhin verschließen, das Ohr verfügt hingegen über keinen Schließmuskel. Stanley Kubricks Film »Clockwork Orange« verdankt seine brutale Eindringlichkeit auch der Verve, mit der er diese Differenz thematisiert.

Sprechen und das Verstehen dessen, was andere uns sagen, erlernt werden – auch wenn dies quasi-automatisch geschieht. Wir werden in eine der **rund 5000 Sprachen**, die **heute** erklingen, hineingeboren. Plausibel zu machen, daß es überhaupt mehr als eine Sprache gibt, ist Motiv zahlreicher Mythen. Der in unserer Kulturtradition mächtigste ist der Mythos vom Turmbau zu Babel. In 1. Mose 11 heißt es: »Es hatte aber alle Welt einerley zungen vnd sprache. Da sie nun zogen gen Morgen / funden sie ein eben Land / im lande Sinear / vnd woneten daselbs. Vnd sprachen vntereinander / Wolauff / lasst vns Ziegel streichen und brennen / Vnd namen ziegel zu stein / vnd thon zu kalck / vnd sprachen / Wolauff / lasst vns eine Stadt vnd Turm bawen / des spitze bis an den Himel reiche / das wr vns einen namen machen / Denn wir werden vieleicht zerstrewet in alle Lender.« Einen Namen macht man sich nicht – man erhält ihn. Sprachlose Neugeborene werden heteronom auf einen Namen verpflichtet. Im Namen eines großen, göttlichen Anderen geben uns andere, Ältere (daß man Eltern auch nach der jüngsten Rechtschreibreform noch nicht Ältern schreibt, ist schwer nachzuvollziehen) einen Namen. In der seltsamen Erwartung, alsbald in alle Länder zerstreut zu werden, vereinen sich die, die noch nur eine Sprache sprechen, zu einem gewaltigen Bauprojekt, das deutlich alle erwarteten und gegenwärtigen Differenzen – und welche wäre größer als die zwischen dem Unsterblichen und den Sterblichen? – überbrücken soll.

Gott aber hat offenbar kein Interesse an solchen plumpen dinglich-technischen Annäherungsversuchen. Er weiß, daß zu den Leistungen des Elementarmediums Sprache die Koordination von Interaktion gehört. Und so sorgt er für einen der ersten Medienkriege: »Da fur der Herr ernider / das er sehe die Stadt vnd Thurn / die die Menschenkinder baweten. Vnd der Herr sprach / Sihe / Es ist einerley Volck vnd einerley Sprach vnter jnen allen / vnd haben das angefangen zu thun / sie werden nicht ablassen von allem das sie furgenomen haben zu thun. Wolauff / lasst vns ernider faren / vnd jre Sprache da selbs verwirren / das keiner des anderen sprache verneme.« Ein Riesenunternehmen wie der babylonische Turmbau ist unter chaotischen Kommunikationsbedingungen nicht zu realisieren. Doch auch die Menschenkinder, die medial zersplittert sind, »werden nicht ablassen von allem das sie furgenommen haben zu thun«. Was sie sich vorgenommen haben, ist eindeutig: wie Gott zu sein – *eritis sicut deus*. Wie Gott sind Menschenkinder, wenn sie schrankenlos kommunizieren können. Und schrankenlos kommunizieren können sie, wenn es ihnen gelingt, den Code der Schöpfung zu dechiffrieren und alsdann selbst sprechend zu schaffen, das heißt Bits in Atome zu transformieren, zu transsubstantiieren – Harry Mulischs Roman *Die Entdeckung des Himmels* hat dieses Motiv großartig ausgestaltet. Eine weniger anspruchsvolle, aber medial beeindruckende Ausgestaltung der biblischen Worte über das, was die Menschenkinder sich vorzunehmen nicht ablassen, bildet die unendliche Leichtigkeit des kommunikativen Seins der Teletubbies mit ihren integrierten Antennen, Bauchmonitoren und Telepudding-Maschinen. Bei diesen Bunkerbewohnern ist der Traum von Babel televisionäre Realität geworden. Denn schon die frühen, vom Kollaps des Turms zu Babel traumatisierten Menschenkinder arbeiten unablässig am Projekt eines medialen Pfingstereignisses: Jeder soll problemlos mit jedem kommunizieren können. Ein erster Schritt in diese Richtung ist die **Erfindung der Schrift**. Fremde Sprachen lassen sich leichter dechiffrieren und fremde Äußerungen lassen sich gründlicher verstehen, wenn sie schriftlich vorliegen. **Schriftsprachen** aber sind nur **etwa 650 der 5000 Sprachen.**[1]

Lesen lernt man bekanntlich erst in der Schule, mit der in den Kontexten bürgerlicher Kultur der Ernst des Lebens beginnt. Durch die Schulpflicht werden wir aus der Welt der audiovisuellen Unmittelbarkeit (und mag sie auch noch so

1 Cf. hierzu und zum Folgenden H. Haarmann: Universalgeschichte der Schrift, und D. Kerckhove: Schriftgeburten.

hochtechnologisch vermittelt sein wie in der Epoche der Teletubbies) herausgerissen und mit jenem Abstraktionsschub konfrontiert, der da Alphabetisierung heißt. Die Komplexität des Vorgangs, der »schreiben« heißt, hat der Medientheoretiker Vilém Flusser eindringlich beschrieben: »Um schreiben zu können, benötigen wir – unter anderen – die folgenden Faktoren: eine Oberfläche (Blatt Papier), ein Werkzeug (Füllfeder), Zeichen (Buchstaben), eine Konvention (Bedeutung der Buchstaben), Regeln (Orthographie), ein System (Grammatik), ein durch das System der Sprache bezeichnetes System (semantische Kenntnis der Sprache), eine zu schreibende Botschaft (Ideen) und das Schreiben. Die Komplexität liegt nicht so sehr in der Vielzahl der unterschiedlichen Faktoren als in deren Heterogenität. Die Füllfeder liegt auf einer anderen Wirklichkeitsebene als etwa die Grammatik, die Ideen oder das Motiv zum Schreiben.«[1] Schreiben lernen ist, wie schnell ersichtlich, erstens keine leichte und zweitens eine ungemein abstrakte und komplexitätsreiche Aufgabe. Sie zu bewältigen erfordert eine aufwendige Initiation.

Aus der Feder von Gottfried Keller stammt die nach wie vor wohl eindringlichste und klügste Schilderung einer urszenischen Konfrontation mit Schriftzeichen. Sie knüpft deutlich an Goethes lakonische Kurzformel von der »Pedanterie und Trübsinnigkeit der an öffentlichen Schulen angestellten Lehrer«[2] an. Der junge, noch »grüne«, also vom Grau der Theorie noch nicht erblaßte Held von Kellers Roman hat schon in vortelevisionären Zeiten so lustvoll auf dieser grünen Erde gelebt wie die Teletubbies auf ihrer techno-arkadischen Wiese. Auch das Verhältnis, das die Antennenwesen mit sonnig-wonnig lächelnden Sendemächten unterhalten, läßt sich mit dem, das der grüne Heinrich zu höheren Wesen pflegt, durchaus vergleichen. »So lebte ich in einem unschuldig vergnügten Verhältnis mit dem

1 V. Flusser: Gesten, p. 40.
2 Goethe: Dichtung und Wahrheit, p. 32 (I/1).

höchsten Wesen, ich kannte keine Bedürfnisse und keine Dankbarkeit, kein Recht und kein Unrecht, und ließ Gott einen herzlich guten Mann sein, wenn meine Aufmerksamkeit von ihm abgezogen wurde.«[1] Die enthusiastisch gelassene Lebensperiode des grünen Heinrich findet nun aber ein jähes Ende, als er der Institution zugeführt wird, die seine sinnliche Weltorientierung einfriedet, um Platz zu schaffen für das Reich des Sinns.

So heißt es im *Grünen Heinrich*: »Ich fand aber bald Veranlassung, in ein bewußteres Verhältnis zu ihm [zu Gott als dem Inbegriff des Sinns, J. H.] zu treten und zum ersten Mal meine menschlichen Ansprüche zu ihm zu erheben, als ich, sechs Jahre alt, mich eines schönen Morgens in einen großen, melancholischen Saal versetzt sah, in welchem etwa fünfzig bis sechzig kleine Knaben und Mädchen unterrichtet wurden. In einem Halbkreise mit sieben andern Kindern um eine Tafel herum stehend, auf welcher riesige Buchstaben gemalt waren, war ich sehr still und gespannt auf die Dinge, die da kommen sollten. Da wir sämtlich Neulinge waren, so hatte der Oberschulmeister, ein ältlicher Mann mit einem großen groben Kopfe, die erste Leitung selbst übernommen für eine Stunde und forderte uns auf, abwechselnd die sonderbaren Figuren zu benennen.« Was nun folgt, ist eine wunderbare Phänomenologie der hochabstrakten, weil nicht auf Sinne, sondern auf Sinn bezogenen Operationen, die da Schreiben und Lesen heißen. Äußerungen werden in ihre kleinsten lautlichen Bestandteile zerlegt, diese werden einzeln mit einem oder mehreren Zeichen (wie dem englischen *th* oder dem deutschen *sch*) versehen, die Zeichen werden zu Worten und diese zu Sätzen rekombiniert, und diese »sonderbaren Figuren« werden lesend dechiffriert.

So wird (jedenfalls bei phonetischen Schriften) jeder Zusammenhang zwischen dem, was wir wahrnehmen, und dem, was wir schriftlich kommunizieren, zerschlagen. Lesen und schreiben lernen heißt: von der Orientierung an Sinnen auf

1 G. Keller: Der grüne Heinrich, p. 79.

die Orientierung am Sinn umschalten lernen. Dem grünen Heinrich fällt das nicht leicht. Er will zusammenfügen, was zusammengehört. Und also assoziiert er, vom Lehrer gefragt, was ein bestimmter Buchstabe denn bedeute, wild drauflos. Doch der grüne Heinrich muß in aller sinnlichen Handgreiflichkeit erfahren, daß die Zeit der sinnlichen Gewißheiten und des stillen Wohlbehagens an ihnen vorüber ist. »Ich hatte schon seit geraumer Zeit einmal das Wort Pumpernickel gehört, und es gefiel mir ungemein, nur wußte ich durchaus keine leibliche Form dafür zu finden, und niemand konnte mir eine Auskunft geben, weil die Sache, welche diesen Namen führt, einige hundert Stunden weit zu Hause war. Nun sollte ich plötzlich das große P benennen, welches mir in seinem ganzen Wesen äußerst wunderlich und humoristisch vorkam, und es ward in meiner Seele klar, und ich sprach mit Entschiedenheit: Dieses ist der Pumpernickel! Ich hegte keinen Zweifel, weder an der Welt noch an mir, noch am Pumpernickel, und war froh in meinem Herzen; aber je ernsthafter und selbstzufriedener mein Gesicht in diesem Augenblicke war, desto mehr hielt mich der Schulmeister für einen durchtriebenen und frechen Schalk, dessen Bosheit sofort gebrochen werden müßte, und er fiel über mich her und schüttelte mich an den Haaren eine Minute lang so wild hin und her, daß mir Hören und Sehen verging.«

Präziser kann man es nicht sagen. Das Medium der Lettern läßt die Unmittelbarkeit von Hören und Sehen vergehen. Die grandiose Passage aus Kellers Roman ist so aufschlußreich, weil sie leistet, was geglückte Literatur leisten soll: einen fremden Blick auf das allzu Vertraute zu werfen. Die humanistische Überschätzung des ungeheuer artifiziellen Moments am System der Schriftlichkeit macht Kellers Prosa schlicht und einfach nicht mit. Sie betont vielmehr krass die strukturelle und institutionelle Gewaltsamkeit, die Prozessen der Alphabetisierung auch eigen ist. Auch: denn selbstredend ist sich Kellers Prosa dessen bewußt, daß sie selbst in dem Medium der Schriftlichkeit prozediert, dessen selten beobachtete dunkle Seite sie thematisiert. Schrift ist ein Abstraktionsmedium von solchen Graden, daß es noch zu sich selbst in Distanz treten kann. Als Distanzmedium ist Schrift, um pathetisch zu formulieren, sowohl ein Medium der Unterwerfung (wie der grüne Heinrich am ersten Schultag schmerzlich erfährt) als auch ein Medium der Befreiung (wie der grüne Heinrich der Zweitfassung vorführt: ein Ich-Erzähler kann bekanntlich nicht sterben).

Die Textstelle aus dem Roman, der 1855, also zu einer Zeit erschien, als die allgemeine Alphabetisierung Mitteleuropas etwa ein halbes Jahrhundert alt war, ist zu erhellend, um sie nicht bis zu ihrem vorläufigen Ende zu zitieren. Der halbwaise Abc-Schütze wird, nachdem ihn der Lehrer erneut überfallen und er umsonst den himmlischen Vater um Hilfe angerufen hat, zur Mutter und also in primärmediale Sphären zurückgebracht: »Dieser Überfall kam mir seiner Fremdheit und Neuheit wegen wie ein böser Traum vor, und ich machte augenblicklich nichts daraus, als daß ich, stumm und tränenlos, aber voll innerer Beklemmung den Mann ansah. Die Kinder haben mich von jeher geärgert, welche, wenn sie gefehlt haben oder sonst in Konflikt geraten, bei der leisesten Berührung oder schon bei deren Annäherung in ein abscheuliches Zetergeschrei ausbrechen, das einem die Ohren zerreißt; und wenn solche Kinder gerade dieses Geschreies wegen oft doppelte Schläge bekommen, so litt ich am entgegengesetzten Extrem und verschlimmerte meine Händel stets dadurch, daß ich nicht imstande war, eine einzige Träne zu vergießen vor meinen Richtern. Als daher der Schulmeister sah, daß ich nur erstaunt nach meinem Kopfe langte, ohne zu weinen, fiel er noch einmal über mich her, um mir den vermeintlichen Trotz und die Verstocktheit gründlich auszutreiben. Ich litt nun wirklich; anstatt aber in ein Geheul auszubrechen, ward es zum zweiten Male in mir klar, und ich rief flehentlich in meiner Angst: Sondern erlöse uns von dem Bösen! und hatte dabei Gott vor Augen, von dem man mir so oft gesagt hatte, daß er dem Bedrängten ein hülfreicher Vater sei. Für den guten Lehrer aber war dies zu stark, der Fall war nun zum außerordentlichen Ereignisse gediehen, und er ließ mich daher stracks los, mit aufrichtiger Bekümmernis darüber nachdenkend, welche Behandlungsart hier angemessen sei. Wir wurden für den Vormittag entlassen, der Mann brachte mich selbst nach Hause. Erst dort brach ich heimlich in Tränen aus, indem ich abgewandt am Fenster stand und die ausgerissenen Haare aus der Stirn wischte, während ich anhörte, wie der Mann, der mir im Heiligtum unserer Stube doppelt fremd und feindlich erschien, eine ernsthafte Unterredung mit der Mutter führte und versichern wollte, daß ich schon durch irgendein böses Element verdorben sein müßte. Sie war nicht minder erstaunt als wir beiden andern, indem ich, wie sie sagte, ein durchaus stilles Kind wäre, welches bisher noch nie aus ihren Augen gekommen sei und keine groben Unarten gezeigt hätte.«

Zu Hause kann der grüne Heinrich nicht für immer bleiben, gibt es doch eine allgemeine, wenn auch nicht immer allgemein befolgte **Schulpflicht** (in **Preußen ab 1717**, in anderen europäischen Ländern zum Teil deutlich später). Und so wird der grüne Heinrich mit dem System der Zerlegung von Worten in Buchstaben, also mit dem Mediensystem vertraut gemacht, das bis heute dazu dient, einige der gewichtigsten Unterscheidungen zu fundieren. Etwa die von schriftloser Vorgeschichte und durch Schrift dokumentierter Geschichte. Oder die von entwickelter und unterentwikkelter, von erster und dritter Welt. Oder autologisch die von Vorschul- und Schulkind. Oder die von Hochkultur und – schwer, einen Gegenbegriff zu finden, der nicht denunziatorisch wäre, wie wäre es mit – Massenmedienkultur. Oder schlicht die von Natur und Kultur. Kurzum: Die Erfindung von Schrift ist eine kaum zu überschätzende, wenn nicht schlechthin *die* Medienrevolution der Menschheitsgeschichte. Oder, um kompromißbereit und modern zu argumentieren: Schrifterfindung ist die chronologisch wie logisch erstrangige unter den drei großen Medienrevolutionen der Menschheitsgeschichte. Als solche ist sie auch schon frühzeitig wahrgenommen worden. Schrift wird bereits beziehungsweise noch von Platon als (wenn auch zweifelhafte) Sensation gebucht.

Bereits beziehungsweise noch: zu Platons Zeit (der Philosoph lebte von 427 bis 347 v. Chr.) ist die **phonetische Schrift des Griechischen** bereits einige hundert Jahre alt. Platons Meisterdenker Sokrates aber ist jemand, der sich ihrer immer noch nicht bedient, sondern nur spricht. Darin entspricht ihm die zweite große Gründergestalt der Formation, die wir abendländisch-christliche Kultur nennen: eben Jesus Christus. Auch er hat keine eigenen Schriften hinterlassen, wohl aber Apostel und Evangelisten gefunden, die seine Reden und Lehren schriftlich bezeugten – mit welchem Grad an Verläßlichkeit auch immer. Die Vorstellung, wir hätten Tonbandmitschnitte oder gar Videoaufzeichnungen des *Gastmahls* oder der *Bergpredigt*, wäre jedenfalls auch für kulturkonservative Philosophen und medienkritische Theologen nicht ganz ohne (in textkritischer Hinsicht hochbedrohlichen) Reiz. Womit sich die Perspektive auf die zweite und dritte große Medienrevolution einstellt: Wenn es möglich wird, Stimmen aufzuzeichnen, können wir wieder sokratisch-stimmlich kommunizieren. Die klassischen Stimm-Speicher- beziehungsweise Übertragungs-Medien relativieren die Schriftrevolution. Denn sie ermöglichen das, was der Medienhistoriker Walter J. Ong »sekundäre Oralität« nennt.[1]

Mit der Erfindung von Phonographie (und in visueller Hinsicht: Photographie) kann das Speicher- und Übertragungsmonopol der Schrift gebrochen werden. Akustische und visuelle Wahrnehmungen werden als Sinneswahrnehmungen speicherbar. Und Analphabetismus wird wieder als der (nun aber »sekundär-orale«) kulturgeschichtliche Nor-

1 Cf. W. J. Ong: Oralität.

malfall ersichtlich, der er ist.[1] Was auch heißt, daß der in Buchstaben geronnene Sinn seine Monopolstellung der Speicherbarkeit verliert. Speicherfähig ist fortan eben nicht mehr nur der eine Sinn, der ebendeshalb, weil er nur einer sein kann, von vielen umkämpft wird, speicherfähig sind fortan auch die in harmloser Weise vielen Sinnesdaten. Mit der dritten Medienrevolution, mit den digitalen Computermedien wird dann »alles« – der Ton und das Bild, das Numerische und das Alphabetische – codifizier-, speicher- und übertragbar. An ihr absehbares Ende wird diese dritte Medienrevolution gekommen sein, wenn sie dafür sorgt, daß Mediengeräte buchstäblich auf Zuruf reagieren, man also jederzeit und verlustlos Stimmen in Schrift und Schrift in Stimmen konvertieren kann. Da diese Technologie zur Jahrtausendwende grundsätzlich bereitsteht, gehört nicht viel Risikobereitschaft zu der Prognose, daß die scharfe Demarkationslinie zwischen Alphabetisierten und Analphabeten zu Beginn des dritten Jahrtausends durchlässig wird – beziehungsweise werden könnte, wenn denn die *voice-scripture-technology* preiswert und massenhaft verbreitet würde.

Die über bemerkenswert lange Zeit (nämlich seit dem frühen 18. Jahrhundert bis in unsere Tage hinein) dominante Theorie der Schriftentstehung hat einen unübersehbaren Vorteil: sie ist ungemein suggestiv. William Warburton, der Bischof von Gloucester, hat ihr in seinem 1738 erschienenen Buch *Divine Legation of Moses* eine klassische, nämlich drei Stadien unterscheidende Gestalt gegeben. Danach stand am Anfang der Schriftentwicklung die Pictographie, also die Bilderschrift. Pictogramme geben bildschematisch wieder, was sie bezeichnen. Warburton führte die »Mexican paintings« (also die Aztekischen Codices), die damals noch nicht dechiffrierten ägyptischen Hieroglyphen und die chi-

1 »Normalfall« ist allerdings ein in kulturhistorischen Kontexten wenig sinnvolles Wort. Es meint hier nichts anderes als dies: Daß die Mehrheit einer Bevölkerung lesen und schreiben kann, ist regional wie epochal eine bemerkenswerte Ausnahme.

nesischen Schriftzeichen als Hauptbeispiele für Pictographie an. In ihnen sah er zugleich Entwicklungsstufen einer zunehmenden Verfeinerung pictographischer Aufschreibeweisen. Die mexikanischen Schriftbilder seien noch ganz dem Willen verschrieben, rudimentär realistisch wiederzugeben, was der Fall ist. Deshalb stoßen sie schnell an die Grenzen, die etwa durch Abstrakta oder bloße Verben angezeigt sind – wie pictographiert man »nichts«, »kaum« oder »unglaublich«? Die ägyptischen Hieroglyphen versuchten – Warburton zufolge –, dieses Problem durch Bildanalogien und Metaphern zu lösen. Ein Sonnenaufgang wurde etwa durch Krokodilaugen ausgedrückt, da diese so über dem Krokodilskopf plaziert sind wie die aufgehende Sonne über der Erde. Oder, so ein anderes Warburton-Beispiel: Gottes Allwissenheit wurde durch ein in der Höhe plaziertes großes Auge charakterisiert. Die chinesische Schrift brachte dann so viele Abstraktionen in die Pictogramme ein, daß schließlich die Grenze überschritten wird, die das Pictogramm vom Logograph trennt: »every distinct idea has its distinct mark.«[1]

In eine Krise geriet dieses Erklärungsschema in dem Maße, in dem es gelang, tatsächlich die Schriften zu lesen, die zuvor als Musterbeispiele von Pictographien galten. Die Paradoxie dieser Pictographietheorien war schon zuvor ab und an aufgefallen. Gegen Warburtons Theorie sprach der schlichte, aber vergleichsweise selten vorgebrachte Einwand, daß Pictographien eigentlich leicht lesbar sein müßten, weil man ja wisse, wie ein Mensch, ein Haus, ein Tier oder eine Frucht aussieht. William A. Mason hat die Geschichte dieser Einwände im Jahre 1928 auf den Punkt gebracht: »We must admit, that even in the earliest and most archaic inscriptions discovered, it is not always easy to recognize the original objects.«[2]

Wären Bildschriften tatsächlich Bildschriften, so müß-

1 W. Warburton: Devine Legation, book 4, p. 76, zit. nach D. Schmandt-Besserat: Before writing, p. 4.

2 Zit. bei Schmandt-Besserat: l. c., p. 5.

ten sie doch locker zugänglich sein. Waren sie aber nicht. Die Dechiffrierung ägyptischer Hieroglyphen brachte den Durchbruch. **Jean-François Champollion** entzifferte sie **1822** auf dem berühmten **Rosetta-Stein**, den ein Soldat Napoleons 1799 in Ägypten gefunden hatte und der 1801 bei der Eroberung Alexandrias in die Hände der Briten fiel. In drei Sprachen (nämlich in ägyptisch, griechisch und dem damals im oberen Ägypten verbreiteten demotisch) gibt die gut lesbare Inschrift dieses Steins ein Priesterdekret aus dem Jahr 196 v. Chr. zu Ehren von Ptolemaios V. Epiphanes wieder. Der führende unter den damaligen britischen Ägyptologen, Thomas Young, hatte noch vergeblich versucht, die Inschrift auf der Grundlage von Warburtons Annahmen zu lesen. Champollion hingegen arbeitete mit der Hypothese, daß die Hieroglyphen (in heutiger linguistischer Diktion) drei Zeichentypen kombinieren: Phonogramme (Lautzeichen), Determinative (Sinnzeichen) und Ideogramme (Wortzeichen).

Nach Champollions Erfolg kamen weitere Bestätigungen der These, daß phonetische Abstraktionen schon in den ersten damals bekannten Schriften enthalten sind.[1] Bis zum endgültigen Fall des Warburton-Paradigmas aber dauerte es noch eine Weile. Erst 1897 wurde seine These vom Bildcharakter früher Schriften entschieden in Frage gestellt. Die suggestive These von den ägyptischen Hieroglyphen als der ersten Schrift überhaupt erwies sich nämlich als unhaltbar. Friedrich Delitzsch begriff in seinem damals erschienenen Buch *Die Entstehung des ältesten Schriftsystems* die sumerische Keilschrift als Kombinatorik von 22 Basiszeichen und als erste Schrift überhaupt.

Mittlerweile wird auch diese Frühdatierung überboten. Denise Schmandt-Besserat hat in ihrem 1992 publizierten Buch *Before Writing*, dem Titel gemäß, nach den Übergängen aus vorschriftlichen zu schriftlichen Epochen gefragt und dabei zeigen können, daß die frühsten Formen von in Ton geritzten Zeichen eben keine Schriftzeichen waren, son-

1 Cf. D. Schmandt-Besserat: Before writing, p. 5.

dern Zählgeräte (counting device). Die **Sumerer** kannten **Zeichenobjekte (Token)**, die der Schrift vorausgingen. Vor dem Schreiben war das Zählen. Schon aus dem **neunten Jahrtausend v. Chr.** – also kurz nach der neolithischen Revolution, die eine weitgehende Umstellung von nomadischen Jagdkulturen auf Landwirtschaft und feste Ansiedlung gebracht hatte – sind einzelne und alsbald überraschend viele aus Ton geformte und mit Keilzeichen beritzte Objekte überliefert, die Sinn machen. Sie stammen aus Mesopotamien (dem heutigen Irak) und genauer aus dem Umkreis der wohl ersten größeren Stadt der Menschheitsgeschichte – Uruk.

Die These von den **Zählzeichen als Vor- beziehungsweise Frühform der Schrift** ist aus mindestens zwei Gründen gewichtig und aufschlußreich. Zum einen akzentuiert sie schärfer als Thesen vom »weichen« Übergang zwischen Bildern und Zeichen die hohen Abstraktionsschübe, die mit der Schrift emergierten. Abstrakte Frühformen von Zahlen und nicht etwa sinnliche Bilder sind die Geburtshelfer der Schriftlichkeit. Und zweitens wird deutlich, daß die Ökonomie die Mutter aller, nämlich der alphabetischen wie der numerischen Abstraktionen ist. In den Worten von Schmandt-Besserat: »Schreiben ist nicht nur das Resultat bürokratischer Erfordernisse, sondern das Resultat der Erfindung des Zählens in seiner abstrakten Form. Als der gezählte Gegenstand und die Ziffer, die reine Quantität anzeigt, differenziert wurden, waren zwei Arten von Zeichen nötig, die den Unterschied zwischen den eingeritzten Zeichen, die für die Ware selbst standen, und den eingedruckten Zeichen, die abstrakte Zahlen repräsentierten, deutlich machten. [...] So wurden zum Beispiel fünf Krüge Öl durch ein eingeritztes Oval (= Krug Öl) und fünf aufgedruckte keilförmige Zeichen (= 5) wiedergegeben. Innerhalb des Zeichensystems zur Erfassung von Wareneinheiten waren die abstrakten Ziffern, die durch aufgedruckte Keile wiedergegeben wurden, ursprünglich tatsächlich nichts anderes als Einheiten von Getreide (ein Kegel im Token-System), nun mit der neuen abstrakten Bedeutung versehen: 1. [...] Die wichtigste neue Erkenntnis ist, daß Zählen nicht, wie vorher angenommen, dem Schreiben untergeordnet war, sondern daß im Gegenteil das Schreiben aus dem Zählen hervorging. Die Token waren der erste Code, um ökonomische Daten zu erfassen, und auf diese Weise bilden sie die unmittelbare Grundlage für die Erfindung des Schreibens.«[1]

Solche Token können als Vorform der eigentlichen Keilschrift gelten. Die **sumerische Keilschrift** (die frühestens auf **3400 bis 3200 v. Chr.**, spätestens auf die Zeit um 2450 v. Chr. datiert wird) war eine Wortschrift mit rund 600 rudimentären Zeichen. Mit spitzen Stiften wurden ihre Zeichen in weichen Ton geritzt. Der Inhalt der ältesten überlieferten Schrifttafeln ist zumeist von überwältigender Nüchternheit: Es handelt sich um Eigentumsverträge, Steuerbescheide und staatliche Dokumente. Etwa 350 Jahre nach den sumerischen Keilschriften (also frühestens um **3200 bis 3000 v. Chr.**) entwickelt sich die teilphonetische Schrift der **ägyptischen Hieroglyphen**. Sie weist so viele Unterschiede von der sumerischen Keilschrift auf, daß eine direkte Beeinflussung unwahrscheinlich ist. Die jeweiligen Lautäußerungen werden hier rebusartig repräsentiert. Die ersten überlieferten Dokumente haben auch hier einen bemerkenswert klaren ökonomischen Bezug: Es handelt sich um Quittungen über erfolgte Zahlungen.

Weiter östlich, nämlich im oberen Indus-Tal (also in Westindien, nahe dem heutigen Pakistan), kam es um 2500 v. Chr. ebenfalls zur Ausbildung eines rudimentären Schriftsystems. Auch hier dienen die ersten überlieferten Zeugnisse ökonomischen Zwecken: Es handelt sich zumeist um Eigentumsurkunden und testamentarische Verfügungen. Die **chinesische Schrift** schließlich entwickelte sich **zwischen 1500 und 1200 v. Chr. während der Shang-Dynastie**. Als Schreibmaterial dienten hier die weiche Unterseite von Muscheln,

1 Ibid., pp. 7-11

weiche Tierknochen und später Keramik. Erste Schriftzeugnisse gelten neben ökonomisch-steuerlichen Angelegenheiten auch mantischen Zwecken wie Orakeln. Ökonomie und Religion bilden schon früh Überlagerungen – Wie sollte es, da es doch beiden um Testamentarisches geht, anders sein?

In **Griechenland** kommt es schließlich im **9. Jahrhundert v. Chr.** zum ersten vollständig ausgebildeten **phonetischen Alphabet mit 24 Buchstaben** (Konsonanten und Vokalen). Eines der frühsten Denkmäler phonetischer Schrift ist die um 800 v. Chr. geformte und beschriebene Dipylon-Kanne aus Athen. Im siebten vorchristlichen Jahrhundert entstand dann das lateinische Alphabet; auf dem Schwarzen Forumstein des Forum Romanum ist eine um 600 entstandene noch linksläufige Inschrift mit den neuen und für uns bis heute gültigen Buchstaben zu lesen. Bestechend an der phonetischen Schrift ist der Purismus dieser namenlosen[1] Erfindung. Sie verzichtet auf Mischungen zwischen Laut-, Sinn- und Wortzeichen. Statt dessen setzt sie mit großer Entschiedenheit auf das Prinzip der Phonogramme: Stimmliche Lautwerte werden in ihre kleinsten Einheiten (Phoneme) zerlegt und codifiziert. Wer schreibt, setzt abstrakte Zeichen für Laute, wer liest, verwandelt diese Zeichen in Laute zurück. Beide Akte, der des Schreibens wie der des Lesens, wurden über lange Zeiten hinweg laut vollzogen. Man konnte hören, daß jemand etwas notierte und dechiffrierte. Das griechische Wort für lesen – *anagignosko* – bedeutet denn auch nichts anderes als »wiedererkennen«. Lesend wiedererkannt aber wird in der phonetischen Schrift eben nicht, was konzeptionell gemeint wurde, als jemand Zeichen auf dauerhaftes Material auftrug, nicht, was vor des Lesers geistigem Auge stehen sollte, sondern was erklingen würde, wenn statt des Schriftbildes ein Sprecher anwesend wäre. Die Vorteile des Verfahrens liegen buchstäblich zutage: Worte wie

1 Platon hat keinen irdischen Menschen, sondern den Gott Theut als Erfinder der phonetischen Schrift vorgestellt (s. unten).

»nichts«, »kaum« oder »nein« lassen sich geschwind aussprechen und phonetisch notieren; wie ihre pictographische Wiedergabe aussehen würde, übersteigt die Phantasie.

Die Vorzüge phonetischer Schriftsysteme sind deutlich – fast überdeutlich. Und ebendeshalb lohnt ein knapper systematischer Vergleich zwischen einigen grundsätzlichen Möglichkeiten der Verschriftlichung. Die **phonographischen Schriftzeichen** sind analytisch, nicht synthetisch. Sie stellen keinen Wort-, sondern einen Lautbezug her. Alphabetschriften wandeln Stimmelemente, Laute, Phoneme in Schriftzeichen. Einzelne Alphabetzeichen beziehungsweise Buchstaben stehen für einzelne Laute. Die Vorteile dieses Verfahrens sind unübersehbar. Es ist einfach und vergleichsweise schnell erlernbar. Man muß eben nicht Tausende von Zeichen mühsam einüben, sondern kommt mit etwa 24 Buchstaben aus. Und das Erlernen phonographischer Codifizierungsverfahren ist zugleich – der grüne Heinrich erfährt dies leibhaftig – ein Crashkurs in Abstraktion. Phonographische Schriften sind nämlich buchstäblich abstrakt: ihre Zeichen sehen von dem ab, was sie bezeichnen. Sie abstrahieren ganz entschieden, indem sie den sinnlich wahrnehmbaren *flatus vocis* zum Ausgangspunkt eines Verfahrens wählen, das Sinn codifiziert. Buchstaben sind Zeichen, die funktional auf (für sich sinnlose) Laut-Zeichen und eben nicht auf Sachen, Sachverhalte oder Konzepte zugreifen.

Logographische Schriften beruhen hingegen auf einem suggestiven Anti-Abstraktions-Prinzip: Anhalts- und Ausgangspunkt für die Verschriftlichung ist hier das Wort beziehungsweise das Konzept. Das bis heute beste und reinste Beispiel für Logographie ist die chinesische Schrift. Sie kennt über 70 000 Zeichen, von denen etwa 10 000 wirklich eingesetzt und davon wiederum 3000 häufig gebraucht werden. Diesen vieltausend Zeichen, die naturgemäß vielfach schwerer zu erlernen sind als 24 frei kombinierbare Buchstaben, ist nicht anzusehen, wie sie auszusprechen sind. Wohl aber, welche Worte, Begriffe, Aktivitäten, Sachverhalte etc. sie verschriftlichen. Wer chinesische Zeichen kennt, weiß, welche Worte (und nicht: welche Laute) gemeint sind. Deshalb haben auch logographische Schriften unüberseh- und unüberhörbare Vorteile. Sie ermöglichen Sprechern unterschiedlichster Dialekte, ja sogar ganz differenter Sprachen Formen der schriftlichen Verständigung. Auch wenn man die Zeichen etwa für Reis, Haus, Liebe und Schwimmen ganz unterschiedlich ausspricht, lassen sie sich doch einheitlich verschriftlichen. Viele schütteln erstaunt den Kopf über die Kompliziertheit der chinesischen oder japanischen Schrift. Japaner und Chinesen sind umgekehrt darüber erstaunt, daß phonographische Kulturen auch dann, wenn sie sich verschriftlichen, so babylonisch sind: Wie kann man im Englischen, Französischen und Deutschen nur so unterschiedliche Schriftzeichen wie *tree, arbre* und *Baum* für ein und dasselbe Konzept haben! Hätten wir europaweit »chinesische« Schriftzeichen, so könnten wir jedes englische oder französische Buch lesen. Nicht aber englisch oder französisch sprechen.

Naive Versuche, die chinesische oder japanische Logographie auf Phonographie umzustellen, sind denn auch immer wieder gescheitert. Das hat auch mit den vielen Homophonien zu tun. Ein und dieselbe identisch ausgesprochene Silbe – etwa *sun* – kann im Japanischen über 30 unterschiedliche Bedeutungen haben. Wer heute durch Straßen in Japan geht, wird deshalb gar nicht selten Szenen erleben, in denen miteinander sprechende Japaner eben nicht nur miteinander sprechen, sondern dabei auch Schriftzeichen auf ihren Handflächen andeuten, weil nur so deutlich wird, welches der über 30 Zeichen gemeint ist, die identisch ausgesprochen werden. Im numerischen Bereich machen sich ja aufschlußreicherweise auch phonographische Systeme die Vorteile logographischer Zeichensysteme zu eigen. Zählzeichen, Ziffern funktionieren ganz unabhängig davon, wie sie ausgesprochen werden. Wir können die Ziffernfolge »383:13« in einem finnischen Text lesen und verstehen, selbst wenn wir nicht finnisch gelernt haben. Auch wäre es illusorisch, zu glauben, es gäbe rein phonographische Schriften. Sprachen, die erst spät zu Schriftsprachen wurden, kommen dem Ideal »reiner« Phonographie häufig näher als ältere Schriftsprachen. Das Spanische gilt unter den europäischen Sprachen – wenn man von der um reine Phonographie bemühten Kunstsprache Esperanto absieht – als diejenige, die geschriebene und gesprochene Buchstaben am engsten korreliert. Bei der heute weltweit gültigen Verständigungssprache Englisch aber kann davon ersichtlich die Rede nicht sein. Das macht schon die hübsche Sottise von George Bernard Shaw deutlich, danach man im Englischen das Wort *fish* genausogut auch *ghoti* schreiben könne: mit *gh* wie in *laughter,* mit *o* wie in *women,* mit *ti* wie in *lotion.*

Die Linguistin Trudel Meisenburg hat, weil die meisten phonographisch scheinenden Sprachen so phonographisch nun wiederum auch nicht sind, vorgeschlagen, zwischen »flachen« und »tiefen« Phonographien zu unterscheiden. Flach sind die Schriftsysteme, die (wie das Spanische) dem Ideal einer verläßlichen Zuordnung von Lauten und Buchstaben einigermaßen nahe kommen. Die Vorteile solch flacher Phonographien sind deutlich: Sie sind leicht zu erlernen und zu handhaben. Entwicklungsgeschichtlich sind flache Schriftsysteme meist in Kulturen anzutreffen, die erst spät auf Literalisierung gesetzt haben. Nicht umsonst ist die späte Kunstsprache Esperanto ein extrem flaches Sprachsystem. Bekanntlich ist sie aber nicht sehr erfolgreich. Denn auch tiefe Schriften haben Vorteile. Tief sollen die Phonographien genannt werden, in denen die Schreibung ein hohes Maß an Informationen verschlüsselt. Zwischen *non* (nein) und *nom* (Name) macht das Französische sowenig einen phonetischen Unterschied wie zwischen *champ* (Feld) und *chant* (Lied). Wohl aber macht es einen orthographischen Unterschied. Einen Unterschied, der diachrone Momente in die Synchronie einschleust, der also viel historische Information verpackt – und der viel dazu beigetragen hat, symbolistische oder surrealistische Literatur voll reizvoll überdeterminierter Bedeutung beziehungsweise Sinnlosigkeit zu ermöglichen. *Le non/m du père,* das Nein / der Name des Vaters – *le champ / le chant du langage,* das Feld / der Gesang der Sprache ...

Wie auch immer die Schriftsysteme intern organisiert sind – die mentalen, kulturellen, religiösen, politischen, infrastrukturellen, wissenschaftlichen und ökonomischen Effekte der Erfindung von Schrift überhaupt sind gewaltig.[1] Der Einbruch von Schriftlichkeit in zuvor schriftlose Kontexte sorgt in entscheidendem Maße für den Übergang von »kalten« zu »heißen« Gesellschaften. In seiner Schrift *La pensée sauvage* unterscheidet der französische Ethnologe Claude Lévi-Strauss zwischen »kalten« und »heißen« Gesellschaften. Erstere kennen keine Schrift und sind deshalb evolutionsunwillig. Können sie doch, in oral-mythischer Kontinuität befangen oder geschützt, ihre Jetzt-Zustände nicht mit ihren Ante-Zuständen vergleichen. »Heiße« Gesellschaften sind sich hingegen qua Schrift ihrer Vergangenheit als einer bewußt, die sich nicht ohne weiteres »oral«-mythologisch ummodellieren läßt. Liegt sie doch schwarz auf weiß dokumentiert vor. Ebendeshalb sind Schriftkulturen evolutionsfreudig. Sie sind, ob sie wollen oder nicht, differenzbetont. Sie können, ja, müssen vergleichen: So war's früher, so ist es jetzt – also kann alles ganz anders sein, als es ist. Schrift sorgt gerade durch die ihr eigentümlichen Konservierungsleistungen für Veränderungsbewußtsein und Dynamik. Schrift sorgt aber auch für die Bildung von Großverbänden. So können Gesetze über weite Gebiete Geltung haben – ja, eben überhaupt erst kontrollierbare Gesetze mit allgemeiner Gültigkeit sein. Schon Euripides (er lebte von etwa 480 bis 407 v. Chr.) preist ausdrücklich als Leistung der Schrift, daß die Codifizierung von Gesetzen Demokratie und näherhin die Gleichbehandlung vor dem Gesetz ermöglicht. In seinem Drama *Die Hilfeflehenden* heißt es:

1 Cf. E. A. Havelock: Schriftlichkeit.

Nichts ist dem Volke so verhaßt wie ein Tyrann.
Dort gelten nicht als Höchstes die gemeinsamen
Gesetze; einer schaltet als Gesetzesherr
Ganz unumschränkt; und das ist keine Gleichheit mehr.
Doch wurden die Gesetze schriftlich festgelegt,
Genießt der Arme wie der Reiche gleiches Recht.[1]

Das klingt wie ein vorzeitiger Kommentar zur Kohl-, Kanther-, Koch- und Prinz-zu-Sayn-Wittgenstein-Affaire. Kohl, ersichtlich ein Mann des persönlichen Wortes unter vier Augen und nicht der Schrift, hat ja bekanntlich in aller Naivität zu Protokoll gegeben, ihm läge an persönlichen Vertrauensverhältnissen mehr als an »rein formalen« Kodifizierungen. Nicht nur Tyrannen, auch demokratisch gewählte Politiker hatten nicht erst mit der Erfindung der TV-Direktübertragung oder des Internet Grund, Medieninnovationen wie schriftlich fixierten Gesetzen gründlich zu mißtrauen. Und noch mehr Gründe, diese und andere Medienerfindungen gründlich für sich zu nutzen.

Weitere Effekte der Schriftentwicklung sind immer wieder herausgestellt worden. Wissen kann akkumuliert werden und droht nicht mehr verlorenzugehen; größere Textmengen können erinnert werden; Erinnerungsprozesse können kontrolliert werden; neue lineare Denk- und Erfahrungsweisen (wie die der Zeit) bekommen mit der Linearität der Schrift einen Entwicklungsschub; komplexe Verwaltungssysteme sind überhaupt erst auf der Grundlage von Schriftlichkeit und Kanzleiwesen denkbar; Stadtkulturen kann es nur geben, wenn es Schriftlichkeit gibt; Großverbände können über längere Frist nur zusammengehalten werden, wenn es ein schriftliches Boten- und Kurierwesen gibt; komplexere Formen des Wirtschaftens sind nur auf der Basis von Schrift möglich – auf Münzen und Schuldscheinen muß eben etwas Wertvolles zu lesen stehen. Und ab und an (eine Mainstream-These ist das nicht) ist auch darauf hingewiesen worden, daß

1 Euripides: Die Hilfeflehenden (übers. D. Ebener), p. 286.

es das, was wir selbstbewußte Subjektivität nennen, kaum gäbe, wenn es nicht Schriftlichkeit und andere Medien (wie Geld) gäbe. Kantianer und Transzendentalphilosophen aller Couleur hören zwar die These nicht gerne, daß selbstbewußte Subjekte ein Medieneffekt sind. Aber gute Gründe sprechen für die Angemessenheit dieser These. Kein Geringerer als Hegel hat ihr Ausdruck verliehen. Im Paragraphen 459 seiner *Enzyklopädie* heißt es nicht nur in schöner eurozentrischer Selbstgewißheit, »die Buchstabenschrift [sei] an und für sich die [im Vergleich zur Hieroglyphenschrift, J. H.] intelligentere«, sondern auch medienanalytisch genauer, »daß Lesen- und Schreibenlernen einer Buchstabenschrift für ein nicht genug geschätztes, unendliches Bildungsmittel zu achten ist, indem es den Geist von dem sinnlich Konkreten zu der Aufmerksamkeit auf das Formellere, das tönende Wort und dessen abstrakte Elemente, bringt und den Boden der Innerlichkeit im Subjekte zu begründen und rein zu machen ein Wesentliches tut.«[1]

Das sind starke Worte. Besagen sie doch nichts anderes, als daß die phonetische Schrift den Grund und Boden legt, ohne den es die »Innerlichkeit im Subjekte« nicht gäbe. Die Kulturtheoretiker Aleida und Jan Assmann sind in methodisch anderen, nämlich gedächtnisanalytischen Kontexten, zu ähnlichen Schlußfolgerungen gelangt. Sie begreifen die Geburt der individuellen Seele aus dem Geist der phonetischen Alphabetschrift.[2] Denn erst mit der Alphabetschrift wird das menschliche Gedächtnis für individuelle Reaktionen und Erinnerungen frei, gerade weil es diese mit Festgeschriebenem vergleichen und dadurch andere Akzente setzen kann. Was schwarz auf weiß geschrieben steht, gibt den Grund und Boden, von dem man sich als differentes Selbst, als Individuum, absetzen kann. Schon früh also sprechen viele gute kultur- und besonders literaturwissenschaftliche Gründe (entgegen

1 G. W. F. Hegel: Enzyklopädie III, pp. 274 und 276.
2 A. und J. Assmann: Kognition.

allen philosophischen und besonders transzendentaltheoretischen Ursprungsbehauptungen) dafür, »Subjektivität als solche aus historisch wohldefinierten Medientechniken herzuleiten.«[1]

Das in diesem Zusammenhang wohl radikalste Argument stammt von dem in Princeton lehrenden Psychologen Julian Jaynes. Die Analysen seines 1976 erschienenen Buches *The Origin of Consciousness in the Breakdown of the Bicameral Mind* nehmen ihren Ausgang von der Beobachtung, daß in der Homerischen *Ilias*, die zur Zeit des Übergangs von der vorschriftlichen zur alphabetschriftlichen Kultur entstanden ist, das **Phänomen des Stimmenhörens** noch nicht psychiatrisch skandalisiert ist, sondern offenbar vielmehr als eine Art Normalfall gilt. »Die Helden der ›Ilias‹ überlegen nicht, was als nächstes zu tun sei. Sie haben kein Bewußtsein in dem Sinn, wie wir das von uns sagen, und auf gar keinen Fall verfügen sie über die Gabe der Introspektion. Für uns mit unserer Subjektivität ist es unmöglich, nachzuempfinden, wie das ist. Als Agamemnon [...] dem Achilleus seine schöne Gefangene wegnimmt, greift eine Göttin in das goldene Haar des Peleussohns und ermahnt ihn, nicht das Schwert zu zücken gegen Agamemnon (1, 197ff.). Und am düsteren Strand des Meeres steigt dann eine Göttin aus dem grauen Gewässer auf, um bei den schwarzen Schiffen dem Weinenden die Zornestränen zu trocknen. Eine Göttin flößt mit ihrem Geflüster das süße Verlangen nach der alten Heimat ins Herz der Helena (3, 129ff.). Eine Göttin verbirgt den Paris in einer Nebelwolke vor dem Angriff des wütend heranströmenden Menelaos (3, 380ff.). Ein Gott heißt Glaukos die goldene Wehr gegen die eherne tauschen (6, 234ff.).«[2] Eine Aufzählung aller *Ilias*-Szenen, in denen göttliche beziehungsweise dämonische Stimmen den Helden diktieren, was sie zu tun und zu lassen haben, ginge noch beträchtlich weiter.

1 F. Kittler: Eine Mathematik der Endlichkeit, p. 101.
2 J. Jaynes: Der Ursprung des Bewußtseins, p. 94.

Einen Dämon haben beziehungsweise von diesem Dämon besessen sein – so nannten die Griechen, deren Sprache einen Verbmodus zwischen Aktiv und Passiv kennt, der keine andere Bezeichnung trägt als »Medium«, die interne Verfassung der Wesen, die zur Zeit der Entstehung des Homerischen Epos (im 8. Jahrhundert v. Chr.) nie und nimmer auf die Idee gekommen wären, sich als selbstbewußte Subjekte zu beschreiben. Die von F.A. Wolf 1795 (also eben in dem Jahr, in dem Fichte seine *Wissenschaftslehre* betitelte Ich=Ich-Lehre vorlegt) aufgeworfene und bis heute immer erneut diskutierte Frage, ob die *Ilias* und die *Odyssee* von ein und demselben Autor stammen beziehungsweise ob die beiden Werke überhaupt von einem Autor verfaßt seien, ist denn auch so etwas wie die Frage, mit der sich die klassische Philologie konstituiert. Wer heute Stimmen hört, gilt als Fall für den Psychiater. Nicht so bei den Griechen der Homerischen Epen. Sie hören und reagieren auf die Stimmen, die sie fast unablässig begleiten, nicht etwa verfolgen. Um zu pointieren: Was heute je nach Ausprägung als Borderline-Syndrom, als Spaltungsirresein, als Psychose oder als Schizophrenie differentialdiagnostisch rubriziert würde, war in der Zeit, in der Stimmen noch ein Medienmonopol hatten, der Normalfall. In Jaynes' lakonischen Worten: »Die Helden der *Ilias* hatten überhaupt kein Selbst.«[1] Für dieses Phänomen hält Jaynes eine aufschlußreiche Erklärung bereit. Sie knüpft an die ja nicht umstrittene Feststellung an, daß das menschliche Hirn in zwei Hälften zerfällt, die sehr unterschiedliche Aufgaben wahrnehmen. Und diese **beiden Hirnhälften** waren in der Epoche der konkurrenzlosen Primärmedien, also vor der **Erfindung des Schriftmediums**, noch nicht **hinreichend koordiniert.**

»Wir blicken also [bei den Helden der *Ilias*, J.H.] in Fremdheit, Herzlosigkeit, Leere. Zu diesen Helden gewinnen wir kein Verhältnis, indem wir hinter ihren grimmigen Blicken ein Bewußtsein fingieren, wie wir das untereinander

1 Ibid., p. 95.

tun. Die Menschen der ›Ilias‹ kannten keine Subjektivität wie wir; sie wurden ihres Gewahrseins der Welt nicht gewahr, besaßen keinen inneren Raum, wo sie sich selbst hätten beobachten können. Um die Geistesverfassung der Mykener von unserem eigenen, subjektiven Geist zu unterscheiden, werden wir sie als *Zwei-Kammer-Psyche* oder [...] als *bikamerale Psyche* bezeichnen.«[1] Lesen und schreiben sind nun aber, um ein bei Jaynes angelegtes Argument zu radikalisieren, die Akte, die beide Hirnhälften, die sinnlich-wahrnehmende und die abstrakte, zur Koordination bringen. Wer schreibt und liest, chiffriert beziehungsweise dechiffriert Laute in beziehungsweise aus abstrakten Zeichen. Und überbrückt damit den Chorismos (so nannte weniger Platon selbst[2] als vielmehr der Platonismus den Abgrund, der die Ideen vom einzelnen Seienden trennt) zwischen der Reinheit der geistigen Laute und den schwarzen Linien, in denen sie sich materialisieren. Eine von den vielen Paradoxien, in die sich solche Entgegensetzungen wie die von reinem Laut und schmutzigem Schriftzeichen verwikkeln, wird schnell offensichtlich. Aussicht wenn nicht auf Ewigkeit, so doch auf eine beeindruckende Dauer hat die schmutzige Schrift und nicht etwa der flüchtige Laut: *scripta manent, verba volant.* Die Ewigkeit aber ist das Reich, in dem sich das Reine und Ideelle und nicht etwa die zerfallende, entropische Materie zu Hause fühlen sollte.

Das Medium Schrift überbrückt Abgründe. Es ist nicht nur das Medium der Koordination von Interaktionen zwischen *alter* und *ego*. Es stiftet zusammen mit dem zur gleichen Zeit emergierenden Medium Geld allererst die Ho-

1 Ibid., p. 98.

2 Platon erwähnt den Begriff »Chorismos« nur einmal – allerdings in dramatischen Kontexten. In Phaidon 67 d 9 heißt es: »Heißt aber dies nicht Tod, Erlösung und Absonderung der Seele von dem Leibe? – Allerdings, sagte jener. – Und sie zu lösen streben immer am meisten, sagte er, nur allein die wahrhaft Philosophierenden; und eben dies also ist das Geschäft der Philosophen, Befreiung und Absonderung der Seele von dem Leibe (chorismos psyches apo somatos).«

mogenität von *ego* selbst. Wer laut und langsam sprechend niederschreibt, was er da spricht, domestiziert die Stimme, die er hört. Er erfährt, daß es seine Stimme ist, die er da verschriftlicht. So wie auch der, der mit dem Medium Geld umzugehen lernt, einen Crashkurs in Synthesisleistungen durchmacht. Bringt er doch Handgreifliches – diesen Scheffel Korn, dieses Tuch, diesen Krug Wein – mit Abstraktestem – dies hat jenen Wert – unter eine Decke, nämlich unter die Decke der Äquivalenz. Was nicht gleich ist (was schon haben ein Tuch und eine bestimmte Menge Wein gemeinsam?), wird im Medium des Geldes gleich, ja wertidentisch, eben äquivalent gesetzt. Voraussetzung für den Tausch aber ist, daß man etwas als sein Eigentum begreift – so wie man seine eigene Subjektivität als etwas Eigentümliches begreift. Der bei Jaynes nur marginale Hinweis auf das **etwa zeitgleich mit der Schrift** auftauchende **Medium Geld** verdient aus zumindest zwei Gründen nähere Beachtung. Der erste: Jaynes überschätzt denn doch den Einfluß der Schrift. Sie blieb nämlich über lange Zeiträume die Arkantechnik nur weniger. Anders das Medium Münz-Geld. Es taugt auch für Analphabeten. Und es bringt zweitens ersichtlich zusammen, was zusammengehört: abstrakte Werte und handfeste Güter. Geld ist mehr noch als Schrift ein eminentes Medium der Homogenisierung. Es stiftet Intersubjektivität in der Weise, die eigentlich zählt – Käufer und Verkäufer sind im Zeichen von Äquivalenz vereinigt. Und es stiftet damit eben auch das, was wir mit sich selbst homogene Subjektivität nennen können.[1] (Dazu in der *Zweiten Unterbrechung* mehr.)

Schrift und Geld homogenisieren – unterschiedliche Epochen, verschiedenste Güter, differenteste Äußerungen, Vergangenheit und Gegenwart, das Tun und Lassen des einen und des anderen. Sie homogenisieren nun aber in einer Weise, die man als dialektisch im anspruchsvollen Sinne (also als intern paradoxal bis widersprüchlich) charakterisieren kann. Sie bringen nämlich zusammen, indem sie auseinan-

1 Cf. dazu ausführlicher J. Hörisch: Kopf oder Zahl, Kap. III/2.

derbringen. Subjekte werden eben eigentümliche, individuelle, unteilbare, mit sich identische Subjekte, die sich von anderen Subjekten abgrenzen, erst durch die mediale Überwindung der »bikameralen Psyche«, die systematisch dafür sorgt, daß die Stimme des anderen in einem Jemand präsent ist, der sich noch gar nicht im Vollsinn als dieser unverwechselbare Eine, als Individuum, als unteilbares Wesen erfährt. So wie erst der über das Medium Geld Tauschende systematisch erfährt, daß er will, was der andere hat, *et vice versa*: nämlich die Grenze von Mein und Dein überwinden, indem er sie umkehrt und also bestätigt. Das Geld des einen ist per definitionem nicht das Geld des anderen.

So wächst mit den ungeheuren **Medieninnovationen**, die **um 800 v. Chr.** im griechischen Raum die Szene betreten, zusammen, was dadurch zusammengehört, daß es nicht zusammengehört. Um abstrakter zu formulieren: Zu Abstraktionsprozessen gehört grundsätzlich, daß sie Inklusion über Exklusionen schalten. Warenbesitzer, die über das Medium Geld ihre Güter tauschen, erfahren, daß sie über eine »Dies ist mein und also nicht dein«-Logik verbunden sind. Daß sie nichts gemeinsam haben, ist ihre Gemeinsamkeit – Inklusion durch Exklusion. Individuen jenseits der Bikameralität erfahren, daß sie anders sind als andere. Sie haben die andere Stimme beziehungsweise die Stimme des Anderen aus ihrem Ohr exorziert. Aber eben dies haben sie gemeinsam – Inklusion durch Exklusion. Die abstrakt-rationale Zauberformel gilt noch für Formen der Zeiterfahrung im Zeitalter der Medieninnovation, die da Schrift heißt. Der Augenblick des Sprechens ist eben nur ein Augenblick – und nie und nimmer auch der nächste Augenblick. Ihm folgt aber ein nächster, seinerseits sogleich wieder verschwindender Augenblick. Diese und all die übervielen Augenblicke haben sich nichts zu sagen. Sie stimmen nicht überein – und stimmen gerade darin überein, daß sie nicht übereinstimmen, weil sie immer schon vergangen sind: Inklusion durch Exklusion (Husserls Phänomenologie wird sich diesem Problem der homogenen beziehungsweise inhomogenen Zeiterfahrung unter Leitbegriffen wie Protention und Retention widmen). Stimmen versagen vor dem »reißenden Fluß der Zeit« (Hölderlin). Schrift hingegen läßt dieses stete Verschwinden verschwinden. Sie sorgt dafür, daß das Vergehen zu vergehen scheint. So können sich Subjekte, die durch Zeitdistanz getrennt sind, etwas mitteilen. Schrift ist ein eminentes Zeit- und Raum-Überbrückungsmedium.

Brücken können Abgründe überwinden. Und sie können einstürzen. Jede Technik und jede Medientechnik zumal erfindet bekanntlich auch ihren spezifischen Mißbrauch beziehungsweise ihre Katastrophe. Wer Schiffe erfindet, erfindet auch den Untergang der Titanic. Wer Flugzeuge erfindet, erfindet auch den Flugzeugabsturz. Wer Autos erfindet, erfindet auch eine Maschine zur Produktion von mehreren Millionen Verkehrstoten und zig Millionen Verstümmelten. Wer Schrift erfindet, erfindet auch ein Medium zur Fehlinformation und zur Fälschung von Dokumenten. Eine der frühsten, ja wohl die frühste Erwähnung von Schrift beziehungsweise von Vorformen der **Schrift** in der abendländischen Literatur berichtet sogleich von einem **Mißbrauch**. Die Kontexte der Szene sind hochdramatisch, das Werk, das davon berichtet, ist erstrangig: Die *Ilias* handelt von einer Frühform der Schriftlichkeit – und sogleich davon, wie sie postalisch-strategisch eingesetzt werden kann. Anteia, die Frau des tirynthischen Königs Proitos, verzehrt sich in Liebe zum »herrlichen Bellerophontes«, der sich jedoch zu ihrem Kummer nicht von ihr verführen läßt. Aus enttäuschter Liebe kann bekanntlich Haß werden. So auch hier:

> Jetzt auch log sie und redete so zum Könige Proitos:
> Stirb, o Proitos, oder erschlage den Bellerophontes.
> Welcher mich heimlich zu lieben begehrte, wider mein
> Wollen!
> Als er solches vernahm, da packte Zorn den Gebieter.

Zwar vermied er den Mord, denn diesen scheut' er im Herzen,
Aber er sandt' ihn gen Lykia hin, und verderbliche Zeichen
Gab er ihm, Todeswinke, geritzt auf gefaltetem Täflein:
Daß er dem Schwäher den Brief überbrächte, sich selbst zum Verderben.[1]

Ein Motiv, das auch modernen Besuchern von Kinohöhlen vertraut vorkommt: bei Briefüberbringung Mord am Boten, bei Anruf Mord. Die erste Erwähnung des ersten technischen Mediums Schrift in kanonischer abendländischer Literatur beschreibt einen Mißbrauch. Schriftzeichen, die Abwesendes präsent halten, sind noch in solchem Mißbrauch tiefsinnig, die Grundfigur von Abwesenheit ist der Tod. Die »verderblichen Zeichen« sind »Todeswinke« in jedem Wortsinn. Sie haben eine buchstäblich tödliche Wirkung.

Eine symptomatische Stelle, ist sie doch auch ein Beleg dafür, daß das Prestige der jungen Medieninnovation Schrift nicht sonderlich hoch war. Selbst einige Jahrhunderte später gilt Schrift in der ersten großen und ungemein wirkungsmächtigen Kritik an neuer Medientechnik noch als Inbegriff alles neumodisch Üblen. In seinem *Phaidros*-Dialog hat **Platon** ein Schema der **Medienkritik** entwickelt, dessen Grundlinien auch für die Kritik an Medieninnovationen nach der Schrift immer wieder aktivierbar waren. Sokrates berichtet von dem, was er gehört und nicht etwa gelesen hat: »Ich habe also gehört, zu Naukratis in Ägypten sei einer von den dortigen alten Göttern gewesen, dem auch der Vogel, welcher Ibis heißt, geheiligt war, er selbst aber, der Gott, habe Theut geheißen. Dieser habe zuerst Zahl und Rechnung erfunden« – eine aufschlußreiche Nebenbemerkung, ist sie doch ein weiteres Indiz für die logische und chronologische Priorität der ökonomielastigen Token vor den Sprachzeichen –, »dann die Meßkunst und die Sternkunde, ferner das

1 Ilias, VI, 163-170.

Brett- und Würfelspiel, und so auch die Buchstaben. Als König von ganz Ägypten habe damals Thamus geherrscht in der großen Stadt des oberen Landes, welche die Hellenen das ägyptische Theben nennen, den Gott selbst aber Ammon. Zu dem sei Theut gegangen, habe ihm seine Künste gewiesen und begehrt, sie möchten den anderen Ägyptern mitgeteilt werden.«

Auch dieses Motiv ist buchenswert, geht es doch um keine andere Frage als die der legitimen Mediennutzung. Soll die neue Medientechnik überhaupt und wenn ja, dann nur herrschaftlich-exklusiv oder auch von »den anderen Ägyptern« genutzt werden? Der Herrscher fragt nach, »was doch eine jede [Erfindung – von der Zahl bis zum Würfelspiel, J. H.] für Nutzung gewährte, und je nachdem ihm, was Theut darüber vorbrachte, richtig oder unrichtig dünkte, tadelte er oder lobte. [...] Als er aber an die Buchstaben gekommen, habe Theut gesagt: ›Diese Kunst, o König, wird die Ägypter weiser machen und gedächtnisreicher, denn als ein Mittel für den Verstand und das Gedächtnis ist sie erfunden.‹ Jener aber habe erwidert: ›O kunstreichster Theut, einer versteht, was zu den Künsten gehört, ans Licht zu gebären; ein anderer zu beurteilen, wieviel Schaden und Vorteile sie denen bringen, die sie gebrauchen werden.‹« Ein früher Fall von systematischer Technikfolgenabschätzung. Erfinder, so die weise, aber nicht ohne Eigeninteresse vorgetragene Einsicht des Königs, sind, auch und gerade wenn sie Götter sind, in ihre Kinder viel zu verliebt, um absehen zu können, wie pervers diese Kinder werden können, wenn sie groß sind. Mit einiger Regelmäßigkeit werden sie auch ödipal – nämlich vom Wunsch getrieben, ihre Väter zu besiegen, wenn nicht zu töten.

Und so nimmt das Gespräch über die neue Medientechnik nach seiner Hinwendung zur **Diskussion über die Technikfolgen** eine zweite, psychologische Wende. Der König zum göttlichen Erfinder: »So hast auch du jetzt als Vater der Buchstaben aus Liebe das Gegenteil dessen gesagt, was sie bewirken.

Denn diese Erfindung wird der Lernenden Seelen vielmehr Vergessenheit einflößen aus Vernachlässigung des Gedächtnisses, weil sie im Vertrauen auf die Schrift sich nur von außen und unmittelbar erinnern werden. Nicht also für das Gedächtnis, sondern nur für die Erinnerung hast du ein Mittel erfunden. Und von der Weisheit bringst du deinen Lehrlingen nur den Schein bei, nicht die Sache selbst. Denn indem sie nun vieles gehört haben ohne Unterricht, werden sie sich auch vielwissend zu sein dünken, obwohl sie doch unwissend größtenteils sind und schwer zu behandeln, nachdem sie dünkelweise geworden sind statt weise.«[1] Jetzt also kommt die Medienkritik knüppeldick: Medien machen es uns zu leicht; sie lassen uns dekadent werden; wer etwas aufschreibt, ist nur zu faul, sein Erinnerungsvermögen zu trainieren. Schlimmer noch: Wer sich Speichermedien anvertraut, verwechselt das eigentliche Erlebnis mit seiner Reproduktion. Medien bleiben an der Oberfläche, täuschen ihre Nutzer und suggerieren ihnen eine falsche Kompetenz. Und so entfernen uns Medien dünkelhaft von dem, was eigentlich wichtig ist – vom eigentlichen Wissen, vom eigentlichen Leben, vom eigentlichen Gespräch, vom Eigentlichen überhaupt. Medientechnik stellt Simulacren bereit, nicht aber »die Sache selbst«.

Platon bringt seine Medienkritik auf eine kurze, nicht sehr originelle und doch unüberhörbar erfolgreiche Formel: Medien entfremden. Sie entfernen, wie Sokrates resümiert, von den eigentlich seienden Ideen; die toten Schriftzeichen suggerieren fälschlich, sie hätten noch Bezug zu der Bewegung des lebendigen Geistes. »Denn dieses Schlimme hat doch die Schrift, Phaidros, und ist darin ganz eigentlich der Malerei ähnlich: denn auch diese stellt ihre Ausgeburten hin als lebend, wenn man sie aber etwas fragt, so schweigen sie gar ehrwürdig still. Ebenso auch die Schriften. Du könntest glauben, sie sprächen, als verstünden sie etwas, fragst du sie aber lernbegierig über das Gesagte, so enthalten sie doch nur ein

1 Platon: Phaidros, 274c-275a (Übersetzung Schleiermacher/Kurz).

und dasselbe stets. Ist sie aber einmal geschrieben, so schweift auch überall jede Rede gleichermaßen unter denen umher, die sie verstehen, und unter denen, für die sie sich nicht gehört, und versteht nicht, zu wem sie reden soll und zu wem nicht. Und wird sie beleidigt oder unverdienterweise beschimpft, so bedarf sie immer ihres Vaters Hilfe; denn selbst ist sie weder imstande, sich zu schützen, noch sich zu helfen.«[1] Auch hier also eine aufschlußreiche psychologische Wendung des medienkritischen Arguments: Medienprodukte sind unreife Kinder, die sich unverantwortlich verselbständigen. Wer sie nutzt und also nach McLuhan beziehungsweise Platon die zulässige beziehungsweise unzulässige Extension seiner selbst betreibt, wird narzißtisch, wenn nicht größenwahnsinnig. Kein sorgender Vater kann diese gefährliche Selbstüberschätzung mehr sinnreich dirigieren und gegen unsinniges Tun feien. Die perversionsanfälligen Kinder sind bis heute das Sorgenkind jeder Medienpädagogik.

Platons berühmte Schriftkritik im *Phaidros* ist wohl nicht die erste, wohl aber die erste wirkungsmächtige Medienkritik unserer Kulturtradition (in der entschiedenen Geldkritik der *Antigone* des Sophokles findet sie eine strukturelle Parallele). Die Hauptargumente dieser Medienkritik sind schnell zu Topoi geworden. Alexander Nehamas hat einen weiten Bogen geschlagen zwischen Platons Kritik der Dichtung und der berühmten Rede von Newton Minow vor der amerikanischen National Association of Broadcasters aus dem Jahr 1961, in der es über den Bedauernswerten, der einen ganzen Tag lang fernsieht, heißt: »I can assure you that you will observe a vast wasteland. You will see a procession of game shows, violence, audience participation shows, formula comedies about totally unbelievable families, blood and thunder, mayhem, violence, sadism, murder, western badmen, western goodmen, private eyes, gangsters, more violence, and cartoons.«[2] Zweifellos keine schlechte Prognose in den

1 Ibid., p. 275d-e.
2 Zit. bei A. Nehamas: Virtues, p. 285.

vergleichsweise harmlosen Zeiten, in denen »Big Brother« noch nicht millionenfach vor den TV-Monitoren saß. Aber eben auch keine unerhört neue Prognose. Ihre Grundstrukturen reaktivieren vielmehr die Impulse der **platonischen Schrift- und Dichtungskritik**. Denn für Platon steht, wie ein Blick in das berüchtigte zehnte Buch der *Politeia* zeigt, fest, daß die Dichter mit dem neuen Medium Schrift nur Unsinn anstellen. Sie erfinden lügenhafte Geschichten, heischen nach heiklen Effekten, sind auf *sex and crime* fixiert, verführen die Jugend, lassen alte Moralvorstellungen erodieren, geben für Gags jeden Anspruch auf Wahrhaftigkeit preis und sorgen so dafür, daß wir uns zu Tode amüsieren. Und so sieht Nehamas »a parallel between Plato's deep, complex, and suspicious hostility toward Homer and Aeschylus, on the one hand, and the obviously well-deserved contempt with which many today regard much of television programming, on the other hand«.[1]

Dem Medienkritiker Platon ist es wie späteren und heutigen Medienkritikern ergangen. Sie übten und üben sich in hilflosem Antimedialismus. Und sie müssen für die Illustration des Satzes herhalten, daß von den Kritikern jüngster Medientechnologie mit eigentümlicher Regelmäßigkeit immer die guten, alten Medien gelobt werden, die von ihren medienkritischen Ahnen mit ganz ähnlichen Argumenten verworfen wurden. Wer heute das Internet für die Inkarnation apokalyptischen Durcheinanders hält, verweist mitunter auf die segensreichen Wirkungen des öffentlich-rechtlichen Fernsehens und leistet sich einen »nostalgischen Rückblick auf die Flimmer-Kiste«[2], die noch größere Menschenmengen auf ein und dasselbe Programm fixierte. Wer die Vereinsamung des Massenmenschen vor dem TV-Monitor beklagte, lobte das Kino als Ort der Versammlung. Wer das Kino als Medium des Zerfalls bürgerlicher Hochkultur verwarf, verwies

1 Ibid., p. 287.
2 Cf. N. Schindler (ed.): Flimmer-Kiste – Ein nostalgischer Rückblick.

auf das gute Buch. Wer das Buch für ein Werk des Teufels hielt, das protestantische Massen gegen kirchliche Weisheiten aufwiegelt, verwies auf die sinnreiche und hochstehende Arkantechnik des individuellen Kopierens patristisch-scholastischer Schriften. Wer, wie Platon, die Schrift selbst für verderblich hielt, verwies auf die Kraft des gesprochenen Wortes.

Gut sind für solche nicht sonderlich originellen Medienkritiker immer die Medien, die je nach dem Grad ihrer Unfähigkeit, dem Stand der Medienzeit standzuhalten, ein wenig oder gründlich veraltet sind. Das gute zwischenmenschliche Gespräch gilt vielen medienkritischen Köpfen als die Inkarnation des eigentlichen Geistes – vorausgesetzt, es dürfen nur die mitreden, die vom Geist der medienfernen Eigentlichkeit erfüllt sind. Solchen Medienkritikern stehen und standen seit den Anfängen technischer Medien die Medienenthusiasten gegenüber. Zu den seltsam hartnäckigen Paradoxien der Medienkritikgeschichte zählt es, daß die Enthusiasten der guten alten Medien regelmäßig zu den Heroen der Kritik an den jeweils jüngsten Medien werden – und dabei häufig sogar vergessen machen wollen, daß auch sie Medien huldigen. Medienkritiker nehmen, wenn sie etwa im Namen der Rede die Schrift, im Namen des Buches das Fernsehen, im Namen des Telephons das Internet kritisieren, kaum mehr wahr, daß auch sie Medien verteidigen, die zur Zeit, da sie neu waren, ziemlich genau der Kritik ausgesetzt waren, die sie nun üben. Sie verkennen schlicht, daß es kein Dies- und wohl auch kein Jenseits der Medien gibt. Ein frühes Beispiel für solche Medienblindheit ist der Traum von der **Bibliotheca universalis**, der in **Alexandria** halbwegs wahr wurde und der für alle zeitgenössischen Medienplatoniker ein Albtraum war – aber heute eben der Inbegriff von früher Hochkultur ist. Jorge Luis Borges hat diesen Traum in seiner Schrift *Die Bibliothek von Babel* wundersam ausgeträumt. Danach besteht sie aus einer unendlich erweiterbaren Zahl von sechseckigen Galerien, die sämtliche je geschriebenen Titel dieser Welt enthalten.

Die Paradoxien solcher Universalprojekte werden schnell, bei Borges gar schon im Titel deutlich. Wer alle Schriften dieser Welt zusammenträgt, wird merken, daß sie nicht übereinstimmen. Vollständigkeit meint nicht nur in diesem Fall eben auch eine vollständige Dissonanz babylonischen Ausmaßes. Wer in ein Buch aus der Universalbibliothek schaut, um sich so einen Überblick über das Buch der Welt (der Natur, der Geschichte, des Lebens, der Schöpfung etc.[1]) zu verschaffen, wird schnell merken, daß es eines dritten Buches bedarf, um beobachten zu können, worin denn die Übereinstimmung zwischen beiden Büchern besteht. Fromme aller monotheistischen Religionen mögen glauben, daß das Buch der Welt und das Buch der Bücher (die Thora, die Bibel, der Koran) ein und denselben Autor habe. Übereinstimmen würden beide Bücher nur, wenn sie eben nicht zwei, sondern ein Buch wären: das Paradox der absolut genauen Landkarte im Maßstab 1:1 – sie wäre keine Landkarte mehr, sondern das Land selbst. Das Verfahren der auf Einheit abhebenden Differenzbeobachtung läßt sich fortsetzen. Korrespondenzen oder Nicht-Korrespondenzen zu beobachten heißt, Beobachtungen zu beobachten – *ad infinitum.* In seinem Gedicht *Die Welt und die Bücher* hat Goethes Jugendfreund, der bibliomane Theologe und Kulturtheoretiker Herder, Zeilen des Renaissance-Denkers und Galilei-Verteidigers Campanella aufgreifend und umformend und also mit Schrift auf Schrift reagierend, die die Schrift der Welt wiedergeben will, das Unvollständigkeitstheorem der Buchwelt schlagend ausgedrückt:

Die Welt, ein Buch, darinn der ewige
Verstand selbst-eigene Gedanken schrieb,
Ist ein lebendger Tempel, worinn Er
Gesinnungen und Handlung, droben, drunten,
Worinn sein Vorbild Er uns selbst gemahlt.

1 Cf. dazu die klassische Untersuchung von H. Blumenberg: Die Lesbarkeit der Welt.

Les' und betrachte Jeder diese Kunst
Lebendig, göttlich, daß er sagen dürfte:
›Ich bins, der sie vollendet und vollführt.‹
Ach aber unsre Seelen sind an Bücher
Geheftet und an todte Tempel. Diese
Kopieen des Lebendigen, mit viel
Irrthümern abgenommen; sie,
Sie ziehn wir Gottes hohem Lehrstuhl vor.
Deßhalb die Strafen, die von jener Irrung
Uns unvermerkt ereilen. Zänkereien,
Unwissenheit und Schmerz. O kehrt zurück,
Zu eurem Urbild, Menschen, und zum Glück.[1]

Die Übermacht platonisierender Motive wird noch in diesen Zeilen deutlich. »Kopien des Lebendigen, mit viel Irrthümern abgenommen«, werden zu Büchern, die schon durch ihre schiere Vielzahl für »Zänkereien, Unwissenheit und Schmerz« sorgen. Folgt die obligatorische Aufforderung, zum »Urbild« zurückzukehren. Ausgeblendet ist jede Reflexion darauf, daß diese Aufforderung zur Rückkehr in prämediale Urbilder einem Medium, dem des Buchdrucks, anvertraut ist und daß natürlich auch Bilder, denen man das Präfix »Ur-« voranstellt, Bilder und also Medien sind. Und so schwankt Herders intertextuelles Gedicht zwischen einem Medien-Rousseauismus und dem Traum jedes Medienfans, vollständigen Zugriff auf »alle« Medien und dadurch auf das Buch der Welt selbst zu haben.

Borges' Geschichte von den nicht nur vielen, sondern vollständig und scheinbar friedlich versammelten Büchern hat nicht eine, sondern viele realhistorische Vorlagen. Als die **älteste Bibliothek der Weltgeschichte** gilt die **um 650 v. Chr.** eingerichtete und 5000 bis 10 000 Tontafeln (nicht etwa Werke) umfassende Sammlung des Assyrerkönigs Assurbanipal in **Ninive.** Die berühmteste unter den antiken Bibliothe-

1 J. G. Herder: Sämtliche Werke Bd. XXVII, p. 334.

ken ist die bereits erwähnte von **Alexandria**. Ptolemäus I. beauftragte Demetrios von Phaleron (350-280 v. Chr.) mit der Gründung der Institution, die schlicht alle Bücher dieser Welt sammeln sollte. Agenten dieser Bibliothek suchten systematisch den ganzen Mittelmeerraum nach Schriften ab. Schiffe, die Alexandria anliefen, mußten die auf ihnen mitgeführten Bücher abgeben und im Schnellverfahren kopieren lassen. Die Sammlung im Museion von Alexandria war mit ihren 400 000 bis 700 000 Schriftrollen das größte Informationszentrum ihrer Zeit. Buchenswert aber ist diese Bibliothek nicht einmal sosehr wegen der Summe der dort vereinten Schriften, sondern wegen ihrer systematischen Ordnung. Der hellenistische Dichter und Grammatiker Kallimachos von Kyrene ließ um die 120 sogenannte Pinakes, also mit Kommentaren versehene Bestandsverzeichnisse anlegen, die für Übersichtlichkeit sorgen sollten.

272 n. Chr. wurde diese Bibliothek zusammen mit dem Palastviertel von Alexandria durch Truppen des Kaisers Aurelian zerstört. Ein barbarischer Akt[1] in den Augen der gelehrten spätantiken Medien-, also Schriftrollenfans, eine Befreiung von der Last des Alexandrinismus in den Augen derer, die schon früh Zweifel am Wert der bloßen Bücherbildung hegten. »Alexandrinismus«: Das war schon in hellenistischer Zeit ein ambivalentes Wort. Es diente zur je nach Einstellung positiven oder aggressiven Kennzeichnung der Geisteshaltung, die gelehrte Büchersammlungen und nicht das Buch der Welt für den Ort der Wahrheit hält. *Information overload* ist ein Problem, das nicht erst die computer- und internetselige Postmoderne entdeckt hat. Schon die Zerstörung der Bibliothek von Alexandria fand nicht nur Kritiker. Einer hartnäckigen Legende zufolge hat der Kalif Omar im Jahr 640, also in den Frühzeiten der erfolgreichen Islamisierung Alexandria erobert (so weit ist die Legende historisch korrekt) und die schneidende Frage gestellt,

1 Zur Figur des kultur- und schriftfeindlichen Barbaren hat Manfred Schneider eine eindringliche Studie vorgelegt: Der Barbar.

ob denn die in der dortigen Bibliothek versammelten Schriftrollen mit dem Koran übereinstimmten, von dem ja gelte, daß er mit der Schöpfung übereinstimme. Wenn nicht, sollten die demnach falschen und schädlichen Bücher vernichtet werden; wenn sie aber mit den göttlichen Verkündigungen an den Propheten übereinstimmten, sollten sie auch vernichtet werden, denn dann seien sie ja überflüssig. »Der Irrtum gehört den Bibliotheken an, das Wahre dem menschlichen Geiste. Bücher mögen sich durch Bücher vermehren, indessen der Verkehr mit lebendigen Urgesetzen dem Geiste gefällt, der das Einfache zu erfassen weiß, das Verwickelte sich entwirrt und das Dunkle sich aufklärt.« So heißt es nicht etwa in einer Schrift des schriftzerstörerischen Omar, sondern in einem Diktum des alten Goethe aus dem Jahr 1830 an denjenigen, der die lange Liste von Goethes Schriften um einen vielgelesenen Titel erweiterte, an Eckermann.

Solchem Einspruch gegen die frühe Bücher-Medienflut zum Trotz ist »viel Bücher machens kein ende«, wie der weise Salomo (Prediger 12,12) schon lange vor der Vernichtung Alexandrias weiß. Und so wurde auch nach der Zerstörung der antiken Bibliothek schlechthin biblioman weitergeträumt. Medienfreaks sind eben nicht erst eine Erscheinung der Postmoderne.[1] Die **erste halbwegs öffentliche Bibliothek** wurde **1444** (also just zu der Zeit, in der Gutenberg seine Druckerei-Idee zur Produktreife entwickelte) durch **Cosimo de Medici** in **Florenz** gegründet: die Bibliotheca Medicea Laurenziana. Der Idee einer vollständigen Universalbibliothek sind die berühmten Sammlungen des British Museum in London, der Bibliothèque Nationale in Paris und der antikisierenden Library of Congress in Washington verpflichtet. In Deutschland war und ist unter anderem der Preußischen Staatsbibliothek in Berlin die Aufgabe zugeteilt, alle deutschsprachigen Publikationen (und mehr) zu sammeln. Ihr hat Gottfried Benn ein Gedicht mit dem Titel *Staatsbibliothek*

1 Dazu hat Uwe Jochum kluge Studien vorgelegt – u. a. Die Idole der Bibliothekare und: Kleine Bibliotheksgeschichte.

gewidmet, das man in diesen Kontexten, auch wenn man jedem Vollständigkeitswahn zu entsagen bereit ist, einfach nicht unzitiert lassen kann.

Staatsbibliothek, Kaschemme,
Resultatverlies,
Satzbordell, Maremme,
Fieberparadies:
wenn die Katakomben
glühn im Wortvibrier,
und die Hetakomben
sind *ein* weißer Stier –

wenn Vergang der Zeiten,
wenn die Stunde stockt,
weil im Satz der Seiten
eine Silbe lockt,
die den Zweckgewalten,
reinem Lustgewinn
rauscht in Sturzgestalten
löwenhaft den Sinn –:

wenn das Säkulare,
tausendstimmig Blut
auferlebt im Aare
neuer Himmel ruht:
Opfer, Beil und Wunde,
Hades, Mutterhort
für der Schöpfungsstunde
traumbeladenes Wort.[1]

Dem »Vergang der Zeiten« zu wehren ist eines der stärksten Motive, die das Schriftwesen unterhält. Doch auch die Materialien, die die Schrift bewahren, erliegen der Vergängnis.

1 G. Benn: Gedichte, p. 89.

Dabei ist es um die **Materialität der Schrift**[1] noch vergleichsweise gut bestellt. Wer Schriftzeichen in den Rosetta-Stein meißelt, hat Aussichten darauf, noch Jahrtausende später interessierte Leser zu finden. Wer Zeichen (wie in der *Ilias* geschildert) in Ton ritzt, muß seine mantischen Produkte schon sorgfältig dagegen absichern, daß sie zu Bruch werden statt zu einem Buch. Aussicht darauf, daß sein Produkt Epochen überdauert, hat er dennoch. Die in Tonrollen aufbewahrten und dann sorgfältig versteckten berühmten Schriftrollen religiöser Sekten aus Qumran sind für Experten noch zweitausend Jahre nach ihrer Abfassung dechiffrierbar.

Die Regel gilt: Je älter der Stoff ist, dem Schriftzeichen anvertraut werden, desto haltbarer ist er. Auch hier ein seltsames Paradox – messianische Kulturen, die mit ihrem baldigen Ende und dem der Welt sowieso rechneten, konservierten ihre Mitteilungen wenn nicht für die Ewigkeit, so doch für Jahrhunderte und Jahrtausende; Kulturen, die *prima vista* (zu den theologischen Momenten jeder Medientechnologie trägt die *Dritte Unterbrechung* einige Überlegungen vor) profan zu sein scheinen und die im Jahr 2000 ein datentechnisches Problem und eben nicht das Weltende sehen, setzen auf Datenmaterialien und Software, die nicht lange halten. Das berühmte Y2K-Problem (Year Two-Kilo/Jahr-Zweitausend-Problem) hat krass deutlich gemacht, wie klein die Zeithorizonte der Elektronischen Datenverarbeitung sind. Zwei Stellen bei Datumsangaben wegzulassen (also 75 statt 1975 zu schreiben) bedeutete für Software-Ingenieure des Jahres 1975 angesichts knapper Speicherplätze eine beträchtliche Einsparung. Ein Vierteljahrhundert voraus gedacht haben sie nicht, ans Weltende wohl auch nicht. An die Haltbarkeit der Magnetbänder, die ihre Daten speicherten, schon eher. Und die war und ist eben nicht entfernt so groß wie die der frühsten Schreibmaterialien (um von der Haltbarkeit des Ro-

1 Zum Problem der »Materialität der Kommunikation« überhaupt cf. den gleichnamigen, von H. U. Gumbrecht herausgegeben Sammelband.

setta-Stone zu schweigen). Einen sehr haltbaren Stein und – mindestens genauso wichtig – eine »haltbare«, über Hunderte von Kultur- und Epochenschwellen hinaus von wie auch immer permutierten Menschenwesen noch lesbare Schrift brauchte man, wenn man Nachgeborene über die Gefahren informieren wollte, die mit atomarem Abfall verbunden sind. Der hat nämlich eine Halbwertzeit von einigen zehntausend Jahren. Wer aber wird im Jahr 10 000 noch unsere Warnhinweise oder gar englisch, französisch, deutsch, japanisch verfaßten Rosetta-Stone-Gebrauchsanweisungen dechiffrieren können?

Den ersten in größeren Mengen herstellbaren Schreibstoff liefert die **Papyros**-Staude[1], die unter anderem am Nilufer wächst. Seit dem **dritten Jahrtausend v. Chr.** wird diese bis zu vier Meter lange Pflanze in dünne Streifen geschnitten, die gewebeartig, meist rechtwinklig übereinandergelegt, geklopft, gepreßt, mit Muscheln geglättet und an der Sonne getrocknet wurden. Die zusammengeklebten Rollen mit einem Durchschnittsformat von 23 Zentimeter Breite und fünf Meter Länge sind bemerkenswert (nämlich bei guter Konservierung bis heute, also jahrtausendelang) haltbar. Beim Lesen wurden sie von rechts nach links abgewickelt, der auf ihnen fixierte Text war (häufig ohne rechte Worttrennung und Interpunktionszeichen) in Kolumnen geschrieben. Das um 400 v. Chr. entstandene berühmte Marmorrelief *Lesender Jüngling mit Buchrolle* aus dem Museum der Abtei in Grottaferrata führt uns diese frühe Lesepraxis eindringlich vor Augen. Nach beendeter Lektüre mußte die Rolle für den nächsten Leser zurückgespult werden.

Zwischen dem dritten und fünften Jahrhundert n. Chr. wird die Papyros-**Schriftrolle** nach und nach durch den **Kodex** abgelöst. Damit entsteht das erfolgreiche Grunddesign des klassischen Buches mit übereinanderliegenden, später durchnumerierten Seiten – ein herrliches Beispiel für eine bemerkenswert frühe, anspruchsvolle, durchdachte, funktio-

1 Cf. O. Mazal: Geschichte der Buchkultur.

Lesender Jüngling mit Buchrolle, Marmorrelief um 400 v. Chr.

nale und epochenübergreifend gültige Formgebung. **Pergament** ist eine jüngere und – kleine Ausnahme von der Regel, daß die Medienmaterialien, je neuer, je moderner, desto weniger haltbar sind – gar noch dauerhaftere Material-Erfindung. Seit dem 13. Jahrhundert v. Chr. ist die Handwerkskunst bekannt, die darin besteht, die ungegerbte Haut von Kälbern, Ziegen und Schafen zu enthaaren, zu trocknen und zu glätten, um so eine besser als Papyros beschreibbare Oberfläche zu erhalten. Ein aufwendiges, teures und exklusives Verfahren. Dennoch hatte Papyros zumindest bei den Griechen ein höheres Prestige, wie eine aufschlußreiche Passage aus Herodots *Historien* (V 58) erkennen läßt. Die Ionier, so heißt es da, »übernahmen die Buchstaben von den Phöniziern, bildeten sie auch ihrerseits ein wenig um und nannten sie Phoinikeia, was recht und billig war, denn die Phönizier hatten sie ja in Hellas eingeführt. Ebenso nennen die Ionier von alters her die Bücher ›Häute‹, weil sie vor Zeiten in Ermangelung von Byblos [Papyros, J. H.] auf Ziegen- und Schafhäuten schrieben. Noch heute schreiben viele Barbarenvölker auf solchen Häuten.« Die kulturelle Zuordnung ist suggestiv: Die Barbaren nutzen das aufwendige, naturnahe, tierische Material; die Griechen hingegen das technisch aufwendigere und preiswertere Papierprodukt. Aber auch das ist ein Gesetz: Medienprodukte werden nicht erst im Computerzeitalter immer preiswerter. Im mittelalterlichen Europa kam es zu einem ersten Verbilligungsschub für Medienprodukte, als die in **China** schon seit dem ersten Jahrhundert vertraute Technik der **Papierproduktion** mit gewaltiger Verspätung ab 900 n. Chr. auch im Okzident Einzug hielt. Hans Sachs hat anschaulich in Knittelverse gebracht, auf welche Kunst sich »Der Papyrer« versteht.

Technisch versierte Papierproduktion ist eine der medientechnischen Voraussetzungen dafür, daß um 1200 narrative Großformen wie der Tristan-, der Grals- oder der Nibelungenstoff in der Volkssprache gleich mehrfach schriftlich fixiert werden können. Der Mediävist Haiko Wandhoff sieht darin »Phänomene einer historischen Medienimplementierung«; und er charakterisiert diesen Prozeß als Beginn der »Territorialisierung des Imaginären«.[1] Soll heißen: Was schriftlich mehrfach fixiert ist, steht nicht mehr zur Disposition weiterer Phantasietätigkeit. Kein gedächtnisschwacher Rhapsode kann beziehungsweise muß den

1 H. Wandhoff: Der epische Blick, p. 114.

Der Papyrer.

Ich brauch Hadern zu meiner Mül
Dran treibt mirs Rad deß waſſers viel/
Daß mir die zſchnitn Hadern nelt/
Das zeug wirt in waſſer einquelt/
Drauß mach ich Pogn/auff dē filtz bring/
Durch preß das waſſer darauß zwing.
Denn henck ichs auff/laß drucken wern/
Schneweiß vnd glatt/ſo hat mans gern.

F ij Der

Der Papyrer. Holzschnitt von Jost Amman in der Beschreibung aller Stände mit Reimen von Hans Sachs, 1568.

Text mehr ändern. Wohl aber können Philologen des 19. und 20. Jahrhunderts unterschiedliche Handschriften-Varianten edieren. Nicht nur im Hinblick auf exotische Gestalten in hochmittelalterlichen Epen wie den schwarzweiß gefleckten Feirefiz gilt: *ex oriente lux*. Auch der Stoff, auf dem die schwarzweißen Muster fixiert werden, wurde in weiter Ferne zu Europa erstmals hergestellt. Erfunden hat die Papierproduktion der 128 n. Chr. gestorbene hohe kaiserliche Beamte T'sai Lun, dem die zuvor verwendeten Seidenblätter angesichts des hohen Schreibbedarfs am kaiserlichen Hof als zu knapp und teuer erschienen. Er vermischte zerstampfte Pflanzenfasern in Wasser und ließ den Brei auf einem Sieb abtropfen. Die verfilzten Fasern konnten dann als noch bearbeitungsbedürftiges Papier vom Sieb abgehoben werden.

Papiermühlen sind in **Europa** kurz nach der ersten Jahrtausendwende nachweisbar (in Spanien schon **1074**, in Oberitalien dann am Ende des 13. Jahrhunderts). Daß Don Quijote in der berühmtesten seiner anachronistischen Aventiuren gegen eine Windmühle kämpft, hat tiefen Sinn. Er, der sich in das Gewebe lügenhafter Rittergeschichten verstrickt hat, will die Technologie niedermachen, die solche Geschichten massenproduzierbar macht. Auf den Hinweis Sancho Pansas, die immerhin dreißig Windmühlen seien keine Riesen, sondern eben Windmühlen, »und das könne nur verkennen, wer selbst Windmühlen im Kopf habe«, antwortet Don Quijote: »Schweig, Sancho. [...] Denn die Dinge des Krieges, mehr als andere, sind fortwährendem Wechsel unterworfen; zumal ich meine, und gewiß verhält's sich so, daß jener weise Fristón, der mir das Zimmer und die Bücher entführte, diese Riesen in Windmühlen verwandelt hat, um mir den Ruhm ihrer Besiegung zu entziehen.«[1] Don Quijote mag Riesen besiegen, die Windmühlen besiegen ihn. Bereiten sie doch der Exklusivität ritterlicher Heldentaten ein maschinelles Ende, indem sie sie massenproduzieren und dadurch entwerten.

1 M. de Cervantes: Don Quijote, p. 68 (8. Kap.).

Papiermühlen[1] sorgten lange vor Gutenbergs Erfindung für einen weiteren entscheidenden Preisverfall auf dem zuvor exklusiv teuren Mediensektor: Papier war billiger als Seide beziehungsweise Pergament, massenhaft hergestelltes Papier naturgemäß nochmals billiger. Haltbarer allerdings als die Materialien, die es ablöst, ist Papier bekanntlich nicht. Seine Haltbarkeit zählt nicht wie beim Stein nach Ewigkeiten oder wie bei Papyros und Pergament nach Jahrtausenden, sondern allenfalls nach wenigen Jahrhunderten. Man muß nicht regelmäßiger Besucher von Bibliotheken mit alten Beständen wie Wolfenbüttel oder Sankt Gallen sein, um zu wissen, wie schnell Papier vergilbt, zerfasert und zerfällt. Wer die vor 30 Jahren erst erschienenen Bände der Reihe *rororo-aktuell* noch nicht weggeworfen hat, kann in dieser Hinsicht immer noch mitreden. *Die Andere Bibliothek* wirbt zu Recht mit der Haltbarkeit des für sie verwendeten Papiers. Ihre Bände werden erst vergleichsweise spät Kandidaten für das 1997 von der Deutschen Forschungsgemeinschaft gestartete Unternehmen einer »Retrospektiven Digitalisierung von Bibliotheksbeständen«. Aufgabe dieses Projekts ist es, ganze Bibliotheken durch digitale Erfassung ihrer Buchstabenmassen vor dem Verfall ihrer papiernen Materialien zu bewahren. Bevor sie von Zerfall bedroht werden, muß es diese Büchermassen aber erst einmal geben. Technisch möglich werden Büchermassen mit der so schlichten wie ingeniösen Erfindung Gutenbergs. Ausgerechnet Bücher und also Geistesprodukte sind das erste industrielle Massenprodukt überhaupt.

1 Sie spielen auch in neueren Romanen eine bedeutende Rolle, cf. etwa Pynchons Roman: Gravity's Rainbow, oder jüngst John von Düffels Roman: Vom Wasser.

5. Buchdruck

Vom 5. bis zum 31. Oktober 1454 fand in Frankfurt am Main ein Reichstag statt. An ihm nahm auch der Kanzleisekretär von Kaiser Friedrich III. teil. Enea Silvio Piccolomini (1405 bis 1464) hatte seit 1442 dieses hohe Koordinations-Amt inne. Als professioneller Schreiber, Versender und Verwalter wichtigster Schriftstücke hat er offenbar sehr frühzeitig von Gutenbergs Erfindung gehört und sie sogleich als das eingeschätzt, was sie denn auch war: eine Medienrevolution mit kaum überschaubaren Effekten. Erhalten ist sein erst spät aufgefundener Brief vom 12. März 1455 aus Wien an den spanischen Kardinal Juan de Cavajal nach Rom, in dem es in Erinnerung an den Frankfurter Aufenthalt heißt:

»Über jenen zu Frankfurt gesehenen erstaunlichen Mann ist mir nichts Falsches geschrieben worden. Vollständige Bibeln habe ich nicht gesehen, vielmehr einige Quinternen mit verschiedenen Büchern (nämlich der Heiligen Schrift) in höchst sauberer und korrekter Schrift ausgeführt, nirgendwo nachgemacht; deine Gnade würde sie mühelos und ohne Brille lesen können. Von mehreren Gewährsmännern erfuhr ich, daß 158 Bände fertiggestellt seien; einige versicherten sogar, es handle sich um 180. Über die Zahl bin ich nicht ganz sicher; an der Vollendung der Bände zweifle ich nicht, wenn man (diesen) Leuten Glauben schenken kann. Hätt ich deinen Wunsch gekannt, dann hätte ich ohne Zweifel einen Band (für dich) gekauft. Einige Quinternen sind hier zum Kaiser gebracht worden. Ich werde versuchen, wenn es sich machen läßt, eine noch käufliche Bibel hierher schaffen zu lassen und sie für dich bezahlen. Ich fürchte aber, es wird nicht gehen, sowohl wegen der langen Wegstrecke als auch, weil, wie man berichtet, noch vor der Vollendung der Bände habe es (für sie schon) bereitstehende Käufer gegeben. Daß deine Gnade aber in so hohem Maße gewünscht hat, Gewißheit über die Sache zu erlangen, schließe ich aus der Tatsache, daß du mir dieses durch einen Kurier mitgeteilt hast, der schneller als Pegasus ist. Doch nun genug des Scherzens.«[1]

An diesen Zeilen ist vieles buchenswert. Sie bezeugen erstens ein hellwaches Bewußtsein von der verbesserungswürdigen Medieninfrastruktur ihrer Zeit. Der Schreiber beklagt die Langsamkeit der Kommunikation, von der sich die Pegasus-gleiche Anstrengung des Kuriers so signifikant abhebt, und die Unsicherheit der kommunizierten Inhalte – da Schrift noch hochexklusiv ist, ist man ständig auf ergänzende Vermutungen, Berichte und Gerüchte angewiesen. Als Mann vom Fach schätzt der Sekretär zweitens die hohe ästhetische Qualität von Gutenbergs Produkt; anders als viele Handkopien kann selbst ein alter Kardinal das bedruckte Papier ohne Brille lesen. Piccolomini bestätigt damit die primäre Erwartung, die Gutenberg über die Käufer seines Medienprodukts hegte: daß sie nämlich an der hohen Produktqualität interessiert sind, die handschriftliche Unikate nicht liefern können. Besonders schöne Schriften und nicht etwa preiswerte Massenware zu produzieren – das war Gutenbergs erstrangiges Ziel. Technik übertrifft Handwerk. Die Hochschätzung des Handwerks gegenüber der technisch produzierten Massenware gehört (wie neben der *Anderen Bibliothek* der *Manufactum*-Katalog der guten alten Dinge schlagend anzeigt) der späten Moderne an. Der Briefschreiber bestätigt drittens, daß die Nachfrage nach dem neuen Produkt außerordentlich hoch ist. Gelingt es ihm doch nicht sofort, eine der ja immerhin hundertfach produzierten Bibeln zu ergattern. Piccolominis Brief belegt darüber hinaus, daß der Wiener und ein spanischer Kardinal sich von der Buchdruck-Innovation unverzüglich und mit gespannter Aufmerksamkeit unterrichten ließen (Piccolomini hat ja offenbar schon vor 1455 über Gutenberg berichtet und beantwortet nun Rückfragen des Kardinals). Last not least: den Brief hat nicht irgendein untergeordneter Kanzlist geschrieben. Enea Silvio Piccolomini wird 1458 zum Papst gewählt

1 Zit. bei A. Kapr: Johannes Gutenberg, p. 168 sq.

und nimmt den Namen Pius II. an. Die Kombination von aufgeschlossener Medienmoderne und Festhalten an Traditionen hat sich unter den Bischöfen von Rom nicht erst im Telepapst Johannes Paul II. inkarniert.

Daß man die Auswirkungen von Gutenbergs Erfindung nicht überschätzen kann, hat sich also nicht erst mit Marshall McLuhan herumgesprochen. Die **Erfindung des Buchdrucks** galt schon den Zeitgenossen als Sensation. Sie wurde nicht nur in Kirchenkreisen mit höchster Aufmerksamkeit registriert. Dabei handelt es sich um eine in jeder Weise naheliegende Erfindung. Denn auch die herrlich einfache Idee, durch den Einsatz unterschiedlich kombinierbarer, weil beweglicher Metall-Lettern den mechanisierten Druck mit hohen Auflagen zu erreichen, hat ihre Vorgeschichte. Schon lange vor 1400 gab es (zuerst wiederum in China) den Holzschnitt, und ziemlich genau in den Jahren, in denen Gutenberg in Mainz seinen entscheidenden Schritt tut, entstehen auch die ersten Kupferstiche. Die Medieninnovation des Buchdrucks lag also in der Luft. Daß sie dennoch schon bei ihrer Entstehung als spektakulär eingeschätzt wurde, hat mehrere Gründe. Nicht der geringste unter ihnen ist, daß Gutenberg ein guter PR-Manager *avant la lettre* war. Sein Name war und ist berühmt. Bei Gutenbergs Erfindung handelt es sich kaum um die erste Erfindung von Medientechnologie im Übergang vom Handwerk zur maschinellen Produktion. Wohl aber um die erste, die eindeutig und namentlich dem Typus des Erfinders zugeschrieben werden kann, der alsbald zu einem prototypischen Sozialcharakter der Neuzeit wird. Mit Gutenbergs Erfindung (um 1450) beziehungsweise mit dem wirkungsmächtigsten Nutzer dieser Erfindung, dem Reformator Luther (1517), lassen die meisten Historiker die Neuzeit denn auch beginnen. Und nicht – um suggestive, aber kaum je diskutierte Alternativen zu nennen – mit der **Erfindung des Spiegels** (gegen **Ende des 13. Jahrhunderts** kommt man auf die Idee, Glas mit Blei zu hinterlegen) oder mit der Medien-Erfindung, die kurz vor

Der Schrifftgiesser.

Ich geuß die Schrifft zu der Druckrey
Gemacht auß Wißmat/Zin vnd Bley/
Die kan ich auch gerecht justiern/
Die Buchstaben zusammn ordniern
Lateinisch vnd Teutscher Geschrifft
Was auch die Griechisch Sprach antrifft
Mit Versalen/ Puncten vnd Zügn
Daß sie zu der Truckrey sich fügen.
E iij Der

Der Schriftgießer. Holzschnitt von Jost Amman in der Beschreibung aller Stände mit Reimen von Hans Sachs, 1568.

Gutenbergs Erfindung die Zeit in der Tat neu strukturiert: mit der mechanischen Uhr. Sie stellt ja (anders als der Spiegel, von dem man nur über sophistische Umwege sagen kann, daß er Daten mißt, speichert und überträgt) ersichtlich Informationstechnologie pur dar.

Daß mechanische Uhren der Koordination von Interaktionen dienen, wichtigste Informationen vermitteln, Orientierungen im genuinen Sinnmedium der Zeit ermöglichen, somit Hauptkriterien der Definition von Medien erfüllen und überdies technologisch eher komplexer und anspruchsvoller sind als Setzkasten und Druckerpresse, ist schnell einsichtig. Hans Sachs hat in seinen Versen zu den Holzschnitten von Jost Amman, die 1568 in Frankfurt erschienen und den einzelnen Ständen huldigen, wie es später der dritte Akt von Wagners *Meistersingern* tut, beiden Handwerkskünsten – der Uhrmacherkunst und der Schriftgießerkunst – auf die Finger geschaut.

Hans Sachs und Jost Amman stellen beide Innovationen, die des Buchdrucks und die der Uhrmacherkunst, noch eng nebeneinander. Dennoch ist die Erfindung der mechanischen Uhr anders als Gutenbergs Innovation nicht als *das* umstürzende, ganze Epochenzäsuren markierende Ereignis gebucht worden. Neben dem Umstand, daß der oder die Erfinder der mechanischen Uhr nicht namentlich bekannt und also nicht tauglich für moderne Mythenbildung sind, dürfte ein weiterer nicht zu unterschätzender Grund für die höhere Prominenz des Buchdrucks in der Möglichkeit liegen, das Produkt privat zu erwerben. Mechanische Uhren sind anders als Bücher über lange Zeit dafür schlicht zu groß und zu teuer. Die **Erfindung der mechanischen Uhr** fällt in den **Beginn des 14. Jahrhunderts**; Standuhren bleiben und sind heute wiederum ein Luxusgut; **Taschenuhren** sind erst **ab 1880**, **Armbanduhren** erst **ab 1920** verbreitet. Wer die Uhrzeit wissen will, muß also jahrhundertelang in der Regel einen Blick auf die Kirchturm- oder Rathausuhr werfen. Mit einem

Der Vhrmacher.

Ich mache die reyſenden Vhr/
Gerecht vnd Glatt nach der Menſur/
Von hellem glaß vnd kleim Vhrſant/
Gut/daß ſie haben langen beſtandt/
Mach auch darzu Hültzen Geheuß/
Dareyn ich ſie fleiſſig beſchleuß/
Ferb die gheuß Grůn/Graw/rot vñ blaw
Drinn man die Stund vnd vierteil hab.

S iij Der

Der Uhrmacher. Holzschnitt von Jost Amman in der Beschreibung aller Stände mit Reimen von Hans Sachs, 1568.

Wort: Selbst ein wohlhabender Mensch wie Goethe lebte gewiß nicht bücherlos, aber zumindest auf Reisen noch uhrenlos.

Die Erfindung der Uhr ist anonym, nicht einmal Ort und genauer Zeitpunkt dieser Erfindung sind zu ermitteln. Hier also gilt (wiederum anders als bei Gutenberg) noch das Klischee vom wenn nicht finsteren, so doch dunklen Mittelalter, in dem sich präzise Spuren verlieren. Berühmt, datier- und lokalisierbar ist erst die astronomische Monumentaluhr im Querschiff des Straßburger Münsters, die ab 1354 ihren Dienst tut und schnell Aufmerksamkeit findet. Den entscheidenden Durchbruch beim Projekt einer Mechanisierung von Zeitmessung bringt die Erfindung der Hemmung, die als Regelungsmechanismus den Gleichlauf des Uhrwerks erst ermöglicht. Sie macht der Ägide der Sonnen-, Sand- und Wasseruhren ein Ende, die zuvor ihr ungenaues Zeitregiment ausübten,[1] aber verläßlich für emblematischen Tiefsinn auf Stilleben sorgten. Deutlicher könnte die Umstellung einer Orientierung an Natur, Elementen und Kosmos auf artifizielle Mechaniken nicht ausfallen. In seiner einsichtsreichen Studie *Die Entdeckung der Zukunft* hat der Historiker Lucian Hölscher die handfeste Neustrukturierung der Zeiterfahrung beschrieben, die sich mit der Möglichkeit mechanisch-verläßlicher Zeitmessung im Übergang zur Neuzeit herausbildet. Erstmals wird – wie ein vergleichender Rückblick auf hochmittelalterliche Epen zeigt – so etwas wie eine äußerliche Homogenisierung von Zeiterfahrung überhaupt möglich. Auffallend ist in diesen Epen »der scheinbare Sprung zwischen verschiedenen Zeiträumen, in denen ein und derselbe Mensch damals je nach dem sozialen (beziehungsweise mythologischen) Umfeld, in dem er sich bewegte, leben konnte. So bewegte sich Parzival in der Dichtung Wolframs von Eschenbach bald in einer heidnischen Vorzeit, bald in einer christlich geprägten Gegenwart. Die für uns selbstverständliche Einheit von Raum und Zeit zer-

1 Cf. G. Dohrn-van Rossum: Geschichte der Stunde.

bröckelt in der Erzählung gewissermaßen unter den Augen des neuzeitlichen Lesers.«[1]

Homogenisierung von Gegenwart macht Zukunftserwartung erst möglich. Mit der Präzisierung der Zeitmessung – mehr als nur aphoristisch gesprochen: mit besserer Hardware – treten alsbald auch die tradierten Software-Mängel deutlicher in Erscheinung. Absehbar wird zu Beginn der Neuzeit, daß mit dem Kalender etwas nicht stimmt und zukünftig immer krasser nicht stimmen wird. Das von Kaiser Konstantin einberufene Konzil von Nicäa hatte im Jahr 325 einen allgemeinverbindlichen Kalender festgelegt, der den cäsarischen verbessern sollte. Die Konzilsväter lebten überwiegend noch in der Naherwartung des bevorstehenden Weltendes. Und so berücksichtigten sie die schon damals wissenschaftlich präziser bekannte Jahreslänge nicht richtig, als sie beschlossen, regelmäßig auf drei Jahre mit 365 Tagen ein Jahr mit 366 Tagen folgen zu lassen. Die Differenz zum Sonnenjahr beträgt dann jährlich gerade mal elf Minuten. Scheinbar eine *quantité négligeable*. Doch diese Differenz zwischen Kalender- und Sonnenjahr addiert sich in 128 Jahren auf einen Tag und nach 1200 Jahren auf immerhin zehn Tage. Das harmlos scheinende Problem, daß der Jahreskalender um lumpige 11 Minuten langsamer war als das Sonnenjahr, brachte langsam, aber sicher das Kirchenjahr und damit die temporal-logische und lebensweltliche Hauptorientierung der christlichen Welt durcheinander. Kein Geringerer als Roger Bacon hat dieses Problem für das Jahr 1267 demonstriert. Der Frühlingsvollmond fiel damals auf den 9. April und Ostern demzufolge auf den 10. April. Der Kalender aber wies erst den 17. April als Ostersonntag aus. Und so wurde während der Karwoche nicht gefastet, sondern geschlemmt, während man in der dem Auferstehensjubel gewidmeten Osterwoche fastete.

Die ingeniöse **Kalenderreform von Papst Gregor XIII. im Jahr 1582** machte – Aug in Aug mit den Möglichkeiten präziserer,

1 L. Hölscher: Zukunft, p. 22.

mechanischer Zeitmessung – reinen Tisch. Zehn Tage waren überzählig, wenn Kalender- und Sonnenjahr wieder richtig getaktet sein sollten. Und so fielen sie einfach aus. Auf den 4. Oktober 1582 ließ Gregor unmittelbar den 15. Oktober folgen. Man kann sich die damit zusammenhängenden Irritationen im sogenannten einfachen und eben auch im nicht ganz so einfachen Volk auch heute noch leicht vorstellen. Wo sind, wo bleiben, was geschieht an und was geschieht mit zehn Tagen, die vorgesehen waren und die es dann einfach nicht gibt? Um die Frühlings-Tagundnachtgleiche mit dem astronomischen Frühlingsbeginn auch künftig in Übereinstimmung zu bringen, wurde überdies beschlossen, alle vollen Jahrhunderte, deren Zahl nicht ohne Rest durch 400 teilbar war (also 1700, 1800, 1900), als Schaltjahre ausfallen zu lassen. Erst nach weiteren 3000 Jahren ergibt sich dann eine Abweichung von einem Tag zwischen Gottes kosmologischem Regelwerk und menschlichem Orientierungsbedürfnis. Die Gregorianische Kalenderreform löste flugs einen Kulturkampf aus. Denn sie fiel in Zeiten, in denen (nicht zuletzt dank der Erfindung Gutenbergs und deren intensiver Nutzung durch den manischen Schreiber und Medienfan Luther) die Kirche ihrem Namen, eine katholische, also allumfassende zu sein, nicht mehr entsprach. Und so gab es lange Zeit unterschiedliche Zeiten und doppelte Kalenderbuchführung in katholischen und protestantischen Regionen. Erst um 1700 setzte sich der Wille durch, nach einheitlichen Kalendern zu leben. Die orthodoxe Kirche hält bekanntlich bis heute am alten Kalender fest.[1] Neuzeitliche Kulturkämpfe sind (wie unter anderem ein Blick auf die französischen Revolutionäre mit ihrem neuen Dezimalkalendersystem und den schönen neuen Monatsnamen wie Fructidor oder auf die heutige islamistische Kritik am Weltzeit-Imperialismus der christlichen Zeitrechnung belegt) fast immer auch Kalenderkämpfe.

1 Cf. J. Hamel: Die Kalenderreform.

Der konfessionelle Kulturkampf des 16. und 17. Jahrhunderts um die temporale und kalendarische Oberhoheit ist in zahlreichen Schriften und Flugblättern gut dokumentiert. Und so treffen die beiden neuen Medientechniken der frühen Neuzeit aufeinander: Schriften kämpfen um die rechte Zeit- und Kalender-Software. Auch Kalender und mit ihnen die Möglichkeit zur systematisierten beziehungsweise bürokratisierten Lebensführung konnten eben erst nach Gutenberg zur Massenware werden. Sie wurden übrigens früh zu einem der erfolgreichsten Produkte des Druckergewerbes. Das berühmteste Produkt unter den frühen Drucken (Inkunabeln – von lateinisch *incunabula,* Windeln – nennt man die »Wiegendrucke«, die bis 1500 entstanden) aber ist selbstredend die Gutenberg-Bibel von 1454. Der kurz vor 1400 als Sohn des Kaufmanns Friele Gensfleisch, der den Hof zum Gutenberg in Mainz bewohnte, geborene Johannes Gensfleisch zum Gutenberg ist ab 1434 nachweislich in Straßburg tätig. Dort experimentiert er erstmals mit dem Typenguß und mit beweglichen Lettern. Und ebendies ist der schlichte und tiefgreifende Grundeinfall: analytisch zu verfahren, auseinanderzunehmen, was zusammengehört, zu begreifen, daß die Küche des Geistes mit Lettern kocht, daß alles, was sich schreiben läßt, aus 24 Zeichen kombinierbar ist. Vor dem Hintergrund der tradierten Geist-Buchstaben-Topik haftet diesem Verfahren ein ruchloses Moment an. »Denn der Buchstaben tödtet / aber der Geist machet lebendig« – wie es in 2. Kor. 3,7 wirkungsmächtig heißt. In Luthers Bibelausgabe letzter Hand von 1545 ist dieser Vers drucktechnisch hervorgehoben. Gutenberg aber ist ein Buchstaben- und nicht etwa ein Geist-Fetischist. Denn der Geist läßt sich nicht als solcher, sondern eben allenfalls über den Buchstabenumweg schalten und drucken. Auch er ist eine Type und verdankt sich einem Anschlag.

Gutenbergs Technik ist schnell geschildert. Er setzt sich von den Versuchen einiger Zeitgenossen ab, Bücher so zu drucken, wie man Kupferstiche herstellt: indem man ganze Seiten zusammenhängend etwa auf Holztafeln ritzt und diese dann auf Papier preßt. Unter anderem hat der Holländer Laurenz Janzsoon Coster (oder Küster), bei dem Gutenberg nach einer 1588 vom Leydener Gelehrten Hadrianus Junius in die Welt gesetzten Legende Geselle gewesen sein soll, solche Versuche angestellt. Gutenberg hingegen experimentiert schon in seiner Straßburger Zeit, offensichtlich um Geheimhaltung bedacht, mit dem Verfahren, einzelne Buchstaben in Blei oder andere Metalle zu gießen und dann zu Druckseiten zusammenzusetzen. Um 1445 verfügt er nachweislich über ein Handgießgerät, das die »Massenproduktion« von Bleitypen ermöglicht. Der erste verläßlich überlieferte Bleisatzdruck ist das um 1445 gedruckte sogenannte Mainzer Fragment – ein Ausschnitt aus einer in der Mitte des 14. Jahrhunderts in Thüringen entstandenen versifizierten Dichtung über das Jüngste Gericht. Es folgen die Mainzer Ablaßbriefe, die Schulgrammatik des Donatus, ein astrologisches Blatt der Planetenkonstellationen und andere, zum Teil in der Datierung umstrittene Produkte. Und dann eben das Produkt, das tatsächlich Anlaß zum Staunen genug bietet: die berühmte lateinische **Gutenberg-Bibel von 1454**. Wenn man bedenkt, wie jung die Drucktechnologie damals noch war, dann ist es tatsächlich schwer, zu begreifen, daß sie so schnell eine so vorzügliche, ausgereifte und zugleich »massenhaft« produzierte Edelware auf den Markt gebracht hat.

Gutenbergs Bibel hat einen Umfang von 1282 Seiten mit je zweiundvierzig Zeilen, macht 3,5 Millionen Buchstaben. Um sie zu produzieren, brauchten Gutenbergs Mitarbeiter 100 000 Drucktypen, 230 760 Arbeitsgänge, 48 000 Papierbögen à 16 Seiten, die Häute von 3200 Tieren und zwei Jahre Herstellungszeit. Das maschinell hergestellte Produkt wurde anschließend handwerklich aufwendig veredelt. Illuminatoren und Rubrikatoren sorgten mit Handarbeit für die Ausgestaltung der Initialen und die vielen mit roter Tinte markierten Satzanfänge. Zustande kam so, was allen Biblio-

Die Gutenberg-Bibel.

philen bis heute als das schönste Buch der Welt gilt. Gutenberg hatte damit sein Ziel erreicht. Und das war nicht etwa, billige Massendrucke auf den Markt zu bringen. Er orientierte sich vielmehr am Ideal der Kalligraphie; er wollte »mit den Prachtwerken der Manuskriptkultur konkurrieren«[1]

1 E. Schön: Verlust der Sinnlichkeit, p. 36.

Ruth Tesmar: ›Johannes Gutenberg‹ aus der Folge »Symposion«, 1999/2000.

und den immer liederlicher ihr Handwerk ausübenden Kopisten zeigen, was im Hinblick auf Design, Ausstattung und Benutzerfreundlichkeit Sache ist. Klasse, nicht Masse war Ziel desjenigen, der gerade dadurch zum Erfinder des ersten industriellen Massenartikels wurde. »Die Druckerpresse war das erste Fließband.«[1] Und das stellte vorzügliche Qualitätsprodukte her.

Als eines der ersten Fließbandprodukte wurde die Gutenberg-Bibel von 1454 in der enormen Auflage von knapp 200 Exemplaren hergestellt. Und zwar in zwei Preisklassen: ein um 150 Exemplare umfassender Papierdruck und 35 Drucke auf Pergament. Davon sind 36 beziehungsweise 12 bis heute erhalten – freilich nicht alle vollständig. Nur vier der Pergament-Exemplare haben den Zahn der Zeit ohne größere Einbußen überstanden. Sie schmücken heute die Bestände der Göttinger Universitätsbibliothek, der British Library in London, der Library of Congress in Washington und der Bibliothèque Nationale in Paris. Mitten in Manhattan, nämlich in der Morgan Library, ist eines der sehr gut erhaltenen und wunderbar illustrierten und rubrizierten Papierexemplare zu bewundern. Sowohl der Pergament- als auch der Papierdruck waren um 1454 jeweils etwa 75 Prozent preiswerter als eine kalligraphisch hergestellte Bibelhandschrift. Ein auch für wohlhabende Privathaushalte kaum finanzierbares Luxusprodukt – das eben nicht mehr handgeschriebene Buch – wird erstaunlich schnell zum Massenkonsumartikel. Das Gesetz vom schnellen Fall der Preisrate für neues Mediengerät gilt bis heute, wie ein Blick auf die zehn Jahre alten Preislisten für Computer, Handys und Flachbildschirme zeigt. Auch der frühe Preisrutsch für das Buch ist leicht zu erklären, brauchte doch ein Kopist mindestens drei Jahre, um ein einigermaßen gut lesbares integrales Exemplar der Bibel herzustellen. Für die Herstellung seiner Auflage von etwa 200 Exemplaren benötigte Gutenberg knapp drei Jahre, vier bis sechs Setzer und für die eigentliche,

1 D. Kloock: Von der Schrift, p. 149.

kürzere Druckarbeit zwölf Drucker an sechs Pressen plus einige Hilfskräfte.

Doch Gutenberg war eben nicht nur auf vergleichsweise teure Arbeitskraft angewiesen (in der avancierten Medienbranche mußten nicht erst zu Zeiten von Microsoft und SAP bessere Löhne und Gehälter gezahlt werden als etwa im traditionellen Handwerk) – Gutenberg brauchte auch eine Menge Kapital. Allein für das aus Italien eingeführte Papier mußte er etwa 600, für die 3200 Tierhäute um die 400 Gulden auslegen. Und so verschuldete er sich mit einem Kredit von 150 Gulden bei einem Verwandten, der auf den schönen Namen Arnold Gelthus hörte, und für über 1000 Gulden bei seinem kapitalkräftigen Geschäftspartner mit dem faustischen Namen Johann Fust, der für diese hohe Kreditsumme aus nachvollziehbaren Gründen Sicherheiten verlangte und in Form der angeschafften Geräte wie Setzkästen und Drukkerpresse auch erhielt. Es kam, wie häufig bei Investitionen in neue kapitalintensive Technologien, zur handfesten Finanzkrise und zum Prozeß. Gutenbergs Werk war 1454 am Ziel, er selbst aber war 1455 am Ende. Die 2026 Gulden, inklusive Zins, die Gutenberg Fust schuldete und die dem Preis von etwa vier Mainzer Häusern entsprachen, konnte er trotz des offenbar zügigen Absatzes seines Produkts zum Fälligkeitstermin nicht zurückzahlen. Fust übernahm den Betrieb.[1] Gutenberg hat sich jedoch nach diesem Finanzdesaster offenbar wieder in geordnete Verhältnisse bringen können. Er ging erneut nach Straßburg und kam dann nach Mainz zurück, wo er 1468 im für damalige Zeiten hohen Alter von über 70 Jahren starb. Drei Jahre vor seinem Tod wurde er von Adolf von Nassau noch zum »Hofmann« ernannt, der jährlich Kleider- und Nahrungs-Zuwendungen erhält und von Steuer- wie Frondiensten freigestellt ist.

Die **Gutenberg-Medientechnologie**, das also, was man mit einem eher problematischen Begriff »Buchdruckerkunst«

1 Cf. dazu St. Füssel: Gutenberg, p. 15 sq.

nennt und was doch **die erste Massenproduktindustrie** ist, breitet sich schnell in ganz Europa aus. Patentrechte sind ebenso wie Autorenrechte noch unbekannt, die Übernahme der schnell ausgereiften Medientechnologie ist unkompliziert, und an frühen Medienfreaks, die kostenlos Werbung für die umwälzende Innovation machen, fehlt es nicht – tiefsinnige Köpfe wie Nikolaus von Kues zählen ebenso dazu wie die Humanisten, die schnell begreifen, was sie an diesem Medium haben. So gibt es schon zehn bis zwanzig Jahre nach dem ersten Bibeldruck Druckereien in Rom, Venedig, Utrecht, London und Paris. Wer in dieser innovativen Branche arbeitet, hat allen Grund, selbstbewußt zu sein. Der nach Venedig gezogene deutsche Drucker Johann von Speyer hat diesem Selbstbewußtsein in einem Kolophon (griechisch für Ende = Schlußbemerkung zu einem Text, in der Regel mit Angaben über den Drucker, den Ort und das Jahr der Herstellung) zu seiner 1469 erschienenen Ausgabe von Ciceros *Epistolae ad Familiares* einen prägnanten Ausdruck gegeben:

> Jeder Deutsche brachte einst aus Italien ein Buch nach Haus.
> Was sie mitnahmen, zahlt heute ein Deutscher reichlich wieder aus.
> Nämlich Hans von Speyer, den an Künsten keiner übertrifft.
> Er bewies, wie man Bücher besser schreibt: mit eherner Schrift.[1]

Ein auch wegen seiner ökonomischen Begrifflichkeit aufschlußreiches Kolophon. Es entwirft ein humanistisches, auf- und abgeklärtes Bild von Nehmen und Zurückgeben mit Zins und Zinseszins, von interkulturellem Austausch und von der wohl eher halbbewußt mitartikulierten Intuition, dank neuer Technologie werde man nicht nur anders,

1 Zit. bei St. Füssel: l. c., p. 43.

sondern auch Anderes schreiben als bisher. Eine Intuition, die der erste Philosoph, der sich wegen seiner extremen Kurzsichtigkeit eine Schreibmaschine kaufte, gut 400 Jahre später prägnant formulierte: »›Unser Schreibzeug arbeitet mit an unseren Gedanken‹, schrieb Nietzsche. ›Die Technik *ist* in unserer Geschichte‹, sagte Heidegger«, schreibt und sagt und zitiert Friedrich Kittler[1], zitiert seinerseits Hörisch und liest nunmehr der Leser.

Anders und Anderes als bis zum 15. Jahrhundert wurde alsbald geschrieben und gedruckt. Zwar bewährt sich auch in dieser Hinsicht der schöne Merksatz von Marshall McLuhan, nach dem der Inhalt neuer Medien zumeist alte Medien sind: Unter den Titeln früher Druckwerke finden sich neben der Bibel viele weitere alte Bekannte – die nun aber eben nicht mehr nur für die bekannt sein können, die exklusiven Zugang zur Kloster- oder Kanzleigelehrsamkeit haben. So erscheinen schon 1469 in Venedig die *Historia Naturalis* des Plinius, 1498 eine mit Holzschnitten illustrierte Horaz-Ausgabe und 1502 die von Sebastian Brant herausgegebenen *Opera Vergilis*. Unter den jüngeren literarischen Produkten der frühen Druckgeschichte sind die Werke Petrarcas, aber auch eines der ersten in deutscher Sprache verfaßten »Volksbücher«, der 1400 geschriebene *Ackermann aus Böhmen* des Johannes von Tepl, ist vertreten. Das eindringliche Streitgespräch zwischen einem sterblichen Menschen und dem unsterblichen Tod, das 1470 bei Albrecht Pfister in Bamberg gedruckt wird, arriviert schnell zu einem frühen Erfolgsbuch. Gedruckt aber werden alsbald nicht nur Bibeln, antike Klassiker und tiefsinnige Volksbücher, Grammatiken und Lehrbücher, sondern auch Titel, die Hirten aller Art Sorge bereiten: Flugblätter, Moritaten, weltliche Kalender, aufrührerische Reden und Theologica mit Sprengsätzen wie die aus der manischen Schreibmanufaktur Martin Luthers.

Kein Wunder, daß schon früh alle bekannten Topoi der platonischen Schriftkritik gegen das neue Medium Druck

1 F. Kittler: Grammophon, Film, Typewriter, p. 293.

in Stellung gebracht werden. Drei Stimmen nur,[1] die trotz der von ihnen geäußerten **Kritik an der Drucktechnologie** Wert darauf legten, gedruckt und verbreitet zu werden. Am 22. März 1485 wendet sich der Bischof von Gutenbergs Heimatstadt Mainz dagegen, daß »gewisse Menschen, verführt durch die Gier nach eitlem Ruhm und Geld, diese Kunst mißbrauchen«. Mißbrauch heißt im Fall dieses frühen Zensuredikts erst mal nur eins: daß theologisches Arkanwissen etwa über die »Ordnung der Heiligen Messe« durch Übersetzung ins Deutsche »nicht ohne Schande für die Religion durch die Hand des Volkes« wandert. Die Angst vor denen, die den theologischen Code knacken, ist offenbar verbreitet. Papst Leo X. möchte ihr – zweites Beispiel – im Jahr 1515, also zwei Jahre vor Luthers Thesenanschlag, wehren, indem er in einer Bulle Übersetzungen biblischer oder theologischer Texte in die Volkssprache schlicht verbietet, da diese »Glaubensirrtümer sowie verderbliche, der christlichen Religion widersprechende Lehren und gegen das Ansehen hochgestellter Würdenträger gerichtete Dinge enthalten«. Und das nicht etwa, weil die Übersetzungen tendenziös oder gar falsch wären, sondern schlicht deshalb, weil die Texte dann eben nicht mehr in Kirchenlatein vorliegen. Das Medium aber ist die Botschaft: Wenn heilige Texte in englisch, deutsch oder französisch vorliegen und dem gar nicht so gemeinen, weil ja immerhin lesefähigen Volk zugänglich sind, werden sie entweiht. Bemerkenswert ist auch die Klarheit, mit der der Papst auf den Prestigeverlust hinweist, den ganze Berufsgruppen im Gefolge von Medieninnovationen erleiden: »hochgestellte Würdenträger« sind – Luther wird die befürchtete Probe aufs Exempel im großen Maßstab machen – nicht mehr ganz so hochgestellt und nicht mehr ganz so würdig, wenn es massenhaft Texte in deutscher Sprache zu lesen gibt. Der Buchdruck inflationiert heilige Schriften, die dadurch aufhören, heilig zu sein.

Selbst Titel, die wie der gleichfalls 1515 erschienene Trak-

1 Zit. bei St. Füssel: l. c., p. 73 sqq.

tat des Abtes Johannes Trithemius *De laude scriptorum* (drittes Beispiel) die Schriften zu loben versprechen, können eine Einschränkung machen. Gelobt werden ein gutes halbes Jahrhundert nach Gutenbergs Erfindung eben nur die Handschriften, nicht die Drucke (eines der vielen Beispiele dafür, daß die Kritiker der jeweils neuesten Medientechnik die zuvor gleichfalls verfemte ältere Medientechnik dann zu loben beginnen, wenn sie Konkurrenz bekommt). Denn die gedruckten Massenprodukte sind, so das aufschlußreiche Argument des Abtes, auf Effekte in der Gegenwart aus und nicht so sehr daran interessiert, gültiges Wissen zu tradieren. Man wisse ja nicht einmal, wie lange so ein Buch halte. Nach dieser spannenden Frage kommt das übliche Lob des Alten: »Wer dem Buchdruck zuliebe die Tätigkeit des Handschreibens aufgibt, ist kein echter Freund des handschriftlich Tradierten; da er höchstens den Blick auf die Gegenwart richtet, sich aber keine Mühe gibt, die Nachfahren zu erbauen [...] Mit geschriebenen Büchern nämlich lassen sich gedruckte niemals auf die gleiche Stufe stellen. Denn um die Rechtschreibung und sonstige Ausstattung der Bücher kümmern sich die Drucker gewöhnlich nicht. Wer aber abschreibt, verwendet darauf große Mühe.« Individuelles Handwerk, das liebevoll Unikate hervorbringt, versus flüchtiges Massenprodukt: Das ist bis heute ein beliebtes und gängiges Kritikschema. Am Buch als dem Inbegriff des kulturell Wertvollen wurde es früh erprobt.

Hinter dem nicht sonderlich originellen kulturkritischen Oppositions-Schema liebevolles Handwerk versus liebloses industrielles Massenprodukt versteckt sich eine medienanalytische Einsicht: daß zu den Effekten des Buchdrucks eine weitgehende Entkoppelung von Kommunikation und Interaktion gehört.[1] Handschrift und Handwerk teilen uns über die bloße Botschaft hinaus noch etwas mit. In ihnen ist ein Moment der Face-to-face-Kommunikation des Gesprächs

1 Cf. u. a. die Studie von M. Giesecke: Buchdruck.

aufbewahrt; man wird, Handschriften lesend, gewissermaßen daran erinnert, daß ein sprechendes Wesen hinter den schwarzen Lettern steht oder zumindest stand. Wer Handschriften liest, liest Subtexte mit – aha, als er dieses hinschmierte, war der Schreiber nervös, warum muß gerade hier ein Tintenfleck sein (eine Frage, die Goethes Roman *Die Wahlverwandtschaften* ausdrücklich stellt), soso, das hat der Verfasser durchgestrichen. Kritische Ausgaben großer Werke leben von der Vergegenwärtigung solcher Textspuren (in Variantenapparaten oder – seit der wunderbaren Frankfurter Ausgabe der Werke Hölderlins ist dies das überzeugendere und medientechnologisch fortgeschrittenere Modell – in Facsimiles). Autoren, die heute mit Computerhilfe schreiben und sich also nicht mehr im Reich der Bleistifte, Federn, Füller und Reiseschreibmaschinen bewegen, haben keine Aussicht mehr darauf, daß ihre Werke in Kritischen Ausgaben überleben.[1]

Die Handschrift ist im Reich der Lettern, was die Mimik im Reich der Face-to-face-Kommunikation ist. In seinem Roman *Women in love* hat D. H. Lawrence eine klassische Formulierung gefunden, um nicht nur die Funktion von Gesten und Mimik im Gespräch herauszustellen, sondern Worte selbst auf ihre gestischen Qualitäten hin zu befragen: »She listened, making out what he said. She knew, as well as he knew, that words themselves do not convey meaning, that they are but a gesture we make, a dumb show like any other. And she seemed to feel his gesture through her blood, and she drew back, even though her desire sent her forward.«[2] Ebendies meint der Begriff Interaktion: Der eine und der andere, *ego et alter* kommunizieren, indem sie immer auch interagieren – sich anlächeln, unterbrechen, versprechen oder auch mal die Fäuste sprechen lassen, dabei immer aber auch

1 Denkbar wäre natürlich, daß Dr. Dr. Rainald Goetz darauf besteht, sämtliche Zwischenstufen seiner Werke zu speichern, um sie späteren Philologen auf einer CD-ROM präsentieren zu können.

2 D. H. Lawrence: Women in love, p. 208.

Worte so einsetzen, daß sie mehr sind als »nur« Bedeutungsträger.

Einem Buch fehlt diese gestische Dimension. Es kann seinen Leser nicht eigentlich körperlich behelligen. Sein Autor ist in aller Regel abwesend (es sei denn, er will sich zum Beispiel an einem böswilligen Rezensenten rächen, indem er ihm mit dem mißverstandenen Buch den Schädel spaltet). Interaktion hat bei Prozessen der Buchlektüre selbst in den verdünnten Spurenelementen, als die man Manuskripte und Handschriften begreifen kann, nicht mehr statt. Die Begrifflichkeit des Buchwesens will das aufschlußreicherweise vergessen machen. Sie ist körpermetaphorisch durch und durch. Werke werden noch heute als *corpora* bezeichnet, schon die römische Literatur denkt Bücher als Kinder ihrer Autoren *(libri sunt liberi)*. Bücher haben Kapitel (von lateinisch *caput,* Haupt), gestützt werden ihre Aussagen von Fußnoten, und wenn wir sie ins Regal zurückstellen, so wenden sie uns den Buch-Rücken zu.[1] Anthropomorphe Euphemismen, die vergessen machen wollen, daß das spezifisch neuzeitliche Massenmedienprodukt Buch Interaktion und Kommunikation im großen Maßstab entkoppelt und auch dadurch für eine neue Sachlichkeit sorgt. Ein romantischer Kulturkonservativer hat das nicht als erster erkannt, aber wohl am entschiedensten auf den Punkt gebracht. In seinen 1812 in Wien gehaltenen *Zwölf Reden über die Beredsamkeit* beklagt Adam Müller, daß die Poesie ihren »weiblich« sensiblen Interaktionscharakter verliert, wenn sie sich an die sachlich-männliche Drucktechnik verkauft. »Der Poesie und ihrem weiblichen Wesen ist das häusliche Wesen der Abschrift viel angemessener als der Druck für alle Welt, die nicht lesen kann und die es doch für eine Gewissenspflicht hält, grade über das am strengsten zu urteilen, was sie am wenigsten versteht.«[2]

1 Horst Wenzels schöne Studie »Hören und Sehen« hat die Buchkörpermetaphorik eingehend untersucht.

2 A. Müller: Zwölf Reden, p. 415.

Mit der »segensreichen, aber auch verderblichen Erfindung [...] der Buchdruckerkunst« ist es – so Adam Müller – »wie mit den Geldverhältnissen: wo man sich erreichen konnte, da vergalt man einander mit der Kraft der Hände und mit Diensten, man zahlte dem Gegenwärtigen und Zeitgenossen mit der Person: nur für die Entfernten, für die Abwesenden, für die Zukunft bediente man sich des Goldes und Silbers. – Gold und Silber verhält sich zur lebendigen Tat grade wie die Schrift sich zu dem lebendigen Wort verhält.«[1] Entfremdung, Interaktionsunterbrechung und Abstraktion nehmen seit der »Mitte des sechzehnten Jahrhunderts, wo diese große Verwandlung vor sich ging«, unaufhaltsam zu. Für einen klugen kulturkonservativen Kopf wie Adam Müller ist es aber zugleich unübersehbar, daß immer auch Gegeneffekte Platz greifen. Der durch die »Buchdruckerkunst« enorm gesteigerten Sachlichkeit steht als Komplementäreffekt die Massenproduktion hochsensibler Individuen beziehungsweise Autoren gegenüber, die unter ebendieser Versachlichungs- beziehungsweise Verdinglichungstendenz leiden und diesem Leiden beredt Ausdruck verleihen. Das mediale Massenprodukt Buch sorgt also auch – nur scheinbar paradox – für das schiere Gegenteil subjektferner Sachlichkeit. In einer Kultur, die auf handschriftliche Textkopien angewiesen ist, ist Intertextualität kein postmodernes Modewort, sondern eine Forderung des Tages. Man bezieht sich eben automatisch auf eine Vorlage, von der man abhängt. Wer Bücher setzt, tut etwas, was dreihundert Jahre nach Erfindung des Buchdrucks zum Lieblingsbegriff des Subjektfetischisten Fichte avanciert, der zwar einen Essay *Über Geist und Buchstab in der Philosophie* schrieb, dem es allerdings extrem fern lag, seine Philosopheme auf ihre medientheoretischen Implikationen hin zu befragen. Ein transzendentalphilosophisch nobilitiertes Ich zeichnet sich dadurch aus, daß es etwas »setzt«. Alle Subjekte haben wenn nicht denselben Beruf, so doch dieselbe

1 Ibid., p. 327.

Berufung – sie werden Setzer. Mit Ong zu reden: »Die handschriftliche Kultur betrachtete die Intertextualität als selbstverständlich [...] Eine buchdruckende Kultur befleißigt sich per se einer anderen Denkweise. Ihr entstammt auch die romantische Lehre von der ›Originalität‹ und ›Kreativität‹.«[1]

Das weiß schon Adam Müller. In seinen *Reden* heißt es: »Es gab in der Zeit vor und auch noch lange nach der Erfindung der Buchdruckerkunst eine sehr fleißige Gattung von Menschen, welche dem mühseligen und höchst verdienstlichen Geschäft des Abschreibens und Revidierens und Korrigierens ihr Leben bestimmten. Dieses heilige, würdige Geschäft der Erhaltung der tiefsinnigsten Spur, der Pflege und Verwaltung des erheblichsten Nachlasses, welche ein Jahrhundert dem andern zurückließ; ein Geschäft, welches keinem andern ähnlichen Dienst bei den Heiligtümern der Menschheit an Bedeutung nachstand – kam durch die Buchdruckerkunst in Abnahme, fiel in Verachtung: und es kam über diesen ehrenwerten Stand der hoffärtige Geist der eigenen, originalen Autorschaft.«[2] Zwischen dem Setzen eines Buches und der Lieblingsaktivität Jenenser Schulphilosophen, für die der Begriff »setzen« (Sätze wie »das Ich setzt sich selbst« werden immer wieder in die Werkstatt von Setzern gegeben) Fetischqualität gewinnt, bestehen mehr Zusammenhänge, als der philosophischen Schulweisheit träumt. Mit der Desk-top-Publishing-Technologie ist die Grenze zwischen Setzern und Autoren endgültig gefallen – doch auch die setzungsmächtige Subjektivität ist im postmodernen, also im Multimediazeitalter gewaltig im Kurs gefallen.

Anders als Fichte war den Pariser Revolutionären der Zusammenhang zwischen der Buchsetzertechnik und der Emanzipation des Subjekts von seiner Tradition, *hypokeimenon* = etwas zu sein, das unter-liegt beziehungsweise Untertan ist, transparent. In der revolutionären Zeitschrift *La*

1 W. Ong: 1987, p. 133.
2 L.c., p. 416.

feuille villagoise, die ihre Aufgabe darin sah, die französische Landbevölkerung auf die Höhe der Ereignisse in der Metropole zu bringen, heißt es am 4. November 1790 in schönster Katechismus-Form: »Demande: Pourquoi les droits de l'homme ont-ils été si tard connus et si tard redemandés? Réponse: Parce que le peuple ne savait pas lire. Il ne pouvait pas s'instruire par lui-meme et il se laissait séduire par les autres. Demande: Quel est donc le plus grand service que les villageois puissent rendre à leurs enfants? Réponse: De leur apprendre à examiner tout ce qu'on leur dit avant de le croire.«[1] Wer der Aufforderung des Blattes für Dorfbewohner folgt und lesend prüft, was ihm als beglaubigungswürdig vorgesetzt wird, wird sich bald eigene Ideen in den Kopf setzen und von der Leser- auf die Autor-Seite wechseln wollen. Er kann dann sogar auf die Idee kommen, man könne Geschichte nicht nur erleiden, sondern selbst schreiben beziehungsweise machen.

Daß die Massenprodukttechnik Buchdruck auch unvergleichliche und unteilbare Individuen massenproduziert, haben nicht erst systemtheoretisch orientierte Medienhistoriker der späten Moderne, sondern vor Adam Müller und vor den französischen Revolutionären auch schon aufmerksame Zeitgenossen des frühen Buchdrucks voll Sorge bemerkt. Bereits kurz nach der Erfindung des Buchdrucks bildet sich die spezifische Buchlektüre-Variante des platonischen Topos der Medienkritik heraus: Buchlektüre vereinsamt. Dadurch produziert sie massenhaft Subjekte beziehungsweise Individuen. Und **Lesesucht** macht verrückt. So heißt es in dem Erziehungsbuch des Stefano Guazzo mit dem schönen Titel *La Civile Conversatione* aus dem Jahr 1576: »Es ist ein großer Fehler anzunehmen, daß Wissen eher im einsamen Umgang mit Büchern zu erwerben ist, als im Umgang mit kundigen Menschen [...] Hinzu kommt, daß der Geist eines einsamen Menschen stumpf und träge wird, wenn er niemanden hat, der ihn stimuliert, herausfordert und mit ihm diskutiert.

1 Zit. bei M. Lyons: Le Triomphe du Livre, p. 26.

Oder aber er wird überheblich und aufgeblasen, weil er aufgehört hat, sich mit anderen zu messen.«[1] Daß man diese Kritik auch umkehren kann, wird schnell von klugen Köpfen vermerkt. Es kann ja äußerst angenehm sein, ein schlaues Buch lesen zu können, ohne seinen unangenehm riechenden und auch sonst wenig sympathischen Verfasser am Hals zu haben. Und von wegen Einsamkeit – nie zuvor konnte man (wir sind noch mehr als vier Jahrhunderte von der Erfindung des Internet entfernt) mit so vielen Geistern so angenehm distanziert kommunizieren wie nach Gutenbergs Erfindung. Noch mit denen, die am weitesten weg sind, mit den Toten, läßt sich, so sie denn Bücher hinterlassen haben, vergleichsweise komfortabel in lesenden Kontakt treten, wie ein Sonett des spanischen Dichters Francisco de Quevedo (1580-1645) eindrucksvoll ausführt:

Geborgen friedlich hier an ödem Ort,
Von guten Büchern nur umgeben,
In Zwiesprach mit den Toten still zu leben,
Lausche ich lesend auf erstorbnes Wort.

Oft unverstanden, liegt doch fort und fort
Das Buch bereit, mir Trost und Rat zu geben,
Mit schweigender Musik mich zu umschweben,
Und weist dem Traume hier sein waches Dort.

Die großen Seelen, die der Tod verbannt,
Und die verblaßt sind in der Jahre Dunst,
Erstehn befreit, mein Freund, durch Buchdrucks Kunst.

Die Stunden fliehn und eilen unverwandt, –
Die besten nur, dem Studium zugewandt
Zu unsrer Läutrung, spenden volle Gunst.[2]

1 Zit. bei A. Assmann: Aspekte, p. 11 sq.
2 In: G. Britting: Lyrik des Abendlands, p. 246 (übers. Karl Voßler).

Nicht alle Lesestunden sind so spendabel. »Gute Bücher« müssen es schon sein, wenn der geistige Verkehr mit dem Totenreich lohnend sein soll. Es gibt aber nicht nur die sirrende Erfahrung intensiver Steigerung des Lebens durch Lesen, sondern auch die Erfahrung öder Lesezeit, die Lebenszeit stiehlt. Gerade Vielleser leiden mitunter darunter, daß der Zauber frühen Leseglücks durch Inflationierung verlorengehen kann: So, wie man als Jugendlicher gelesen hat, mit roten Ohren, erregt angesichts der Fülle des Unerhörten, das auf einen einströmt, liest man im Zeitalter »gereifter Männlichkeit« (Max Weber) nicht mehr. Der alt gewordene englische Dichter mit dem hinreißenden Namen William Wordsworth (1770-1850) hat dafür ein aussagekräftiges Bild gefunden: das leer gewordene Theater.

I am sad
At thought of rapture now for ever flown;
Almost to tears I sometimes could be sad
To think of, to read over, many a page,
Poems withal of name, which at that time
Did never fail to entrance me, and are now
Dead in my eyes, dead as a theatre
Fresh emptied of spectators.

Die Kommunikation noch mit den Toten versus die Einsamkeit des Lesers beziehungsweise die Einsamkeit des Buches, das erregbare Adressaten so wenig erreicht und deshalb eine so heikle Angelegenheit ist wie eine publikumslose Theateraufführung: Es ist, wie schnell deutlich wird, schwierig, für die eigentümliche Gemengelage aus Massenmedialität und Vereinzelung eine verbindliche Formel zu finden. Zügig bildet sich deshalb auch der Sachverhalt, später dann der zugehörige Begriff heraus, der ohne Massenmedien kaum sinnvoll ist: »Durch das Medium des Drucks verschränken sich die älteren Begriffe von Einsamkeit und Geselligkeit zu einem neuen Begriff, dem der Öffentlichkeit.«[1] Das Phänomen, das da auf den Namen »Massenmedien« getauft wird, muß nicht bedeuten, daß Massen wie im antiken Theater, in der spätmittelalterlichen Kathedrale oder direktdemokratisch auf Appenzeller Dorfplätzen zusammenströmen, um vereint der zentralen Verkündigung des Sinns beizuwohnen. Auch Millionen einzelner Leser, Rundfunk-Hörer oder Fern-Seher können ein Massenpublikum bilden. Der anhaltende Zauber des Kinos beruht auch darauf, daß sich der handgreifliche Sinn des Wortes Masse in der Kinohöhle noch bewahrt hat.

Damit das Buch zum öffentlich zugänglichen Massenprodukt werden konnte, war die Errichtung einer ihm gemäßen Infrastruktur vonnöten. Soll heißen: Ohne Massen-Alphabetisierung kann es kultur- und mediengemäß kein Massenpublikum für Bücher geben. Mit der **Alphabetisierungsrate** aber sah es zu Gutenbergs Zeiten in Deutschland, und nicht nur in Deutschland, düster aus. Von den rund 13 Millionen Deutschen um 1500 waren etwa 1,5 Millionen »Stadt«-Bewohner (die größten Städte hatten damals allenfalls 20 000 Einwohner, als Stadt galt schon eine Ansammlung von zwei- bis dreitausend Bürgern). Unter ihnen waren kaum mehr als 75 000 aktive Leser;[2] schwer zu schätzen, wie viele darüber hinaus ihren Namen zu schreiben oder Rathausanschläge mühsam zu entziffern in der Lage waren. Hundert Jahre später gab es in den vielen deutschen Staaten unter den rund 20 Millionen Einwohnern um die 50 000 akademisch gebildete regelmäßige und 500 000 weitere Gelegenheitsleser. Fast 200 Jahre später, also zu Zeiten, da Goethe den Bestseller *Werther* schrieb, dürften in deutschen Landen um die 15 Prozent der Bevölkerung lesefähig, nicht aber wirklich regelmäßige Leser gewesen sein. Dann aber geht es, dem vielfach nachgeahmten Beispiel der preußischen Schulpflicht sei Dank, rapide bergauf: Um 1800 sind es 25 Prozent, um 1830 immerhin

1 A. Assmann: Aspekte, p. 10 sq.
2 Cf. zum Folgenden u. a. die Studien von E. Schön und R. Engelsing.

40 Prozent, um 1875 schließlich 75 Prozent und um 1900 endlich mehr als 90 Prozent der erwachsenen Bevölkerung in Deutschland, die lesen und schreiben können.

Solch ein Massenpublikum will bedient und mit Stoff versorgt werden. Die von Gutenberg entwickelte Drucktechnik schreitet dementsprechend voran und bewältigt immer größere Nachfragemengen. Die technischen Meilensteine in der Geschichte des Drucks sind schnell genannt. Die **Einführung des Flach- und Steindrucks** durch **Senefelder** fällt präzis in die klassische Zeit gesteigerter Buchnachfrage – nämlich ins Jahr **1799**. Sie ermöglicht Grauton- und bald auch Farbdrucke in hoher Auflage. Ebenfalls 1799 erfindet **Louis Robert** die **Langsiebpapiermaschine**, die für die Mechanisierung der Papierproduktion und für einen rapiden Preisverfall auf dem Papiersektor sorgt. Die Erfindung der **Schnellpresse** beziehungsweise der Zylinderdruckmaschine durch den nach England ausgewanderten Friedrich Koenig fällt ins Jahr **1812**. Sie macht den kontinuierlich-automatisierten Druck im großen Maßstab möglich und ihren Erfinder, der nach seiner Rückkehr nach Deutschland 1818 in Würzburg die Schnellpressenfabrik Koenig und Bauer gründet, zu einem reichen Mann. **1860** folgt die Entwicklung des Holzzellstoffs, das sogenannte **Zelluloseverfahren**, mit dessen Hilfe man auf Lumpen und anderen Textilstoff als Beigabe zum Papiermaterial ganz verzichten kann. Die Erfindung der **Rotationsmaschine** gelingt **1863** in den USA; die Erfindung der **Setzmaschine** läßt nicht lange auf sich warten, sie ist **1872** überfällig. Nun können statt der rund 2000 pro Stunde per Hand konfigurierbaren Buchstaben, die ein trainierter Setzer schafft, 7000 Drucktypen maschinell gesetzt werden. Geschwindigkeit ist keine Hexerei, wie wenig später (**1884**) **Mergenthalers Linotype** (Zeilensetzmaschine) zeigt, die den Setzer-Output nochmals erheblich steigert. Die Erfindung der **Autotypie** im Jahr **1883** macht es überdies möglich, Photos in Rasterpunkte zu zerlegen und in Zeitungen abzudrucken.

Solche drucktechnischen Beschleunigungen sind im Zeitalter der Druckerschwärze und schon zuvor im »tintenklecksenden Säkulum«, wie der Schreibprofi Schiller schon sein 18. Jahrhundert lieblos charakterisiert (*Die Räuber* I/2), auch nötig, um dem Buch und zunehmend eben auch der Zeitung ihren massenmedialen Status zu sichern. Zwangsalphabetisierung, weitgehende Mechanisierung und Maschinisierung der Druckertechnik und die »Erfindung des Autors« (Michel Foucault) gehen Hand in Hand und sorgen für die klassische Ausgestaltung dessen, was man später die Gutenberg-Galaxis nennen wird. Gut dreihundert Jahre nach Gutenbergs Erfindung kündigt Goethes Verleger Göschen im zweiten Band des *Deutschen Museums* (Julius bis Dezember 1786) die erste Werkausgabe seines Starautors an, indem er einen Brief Goethes an ihn wiedergibt und dann fortfährt:

»Da diese ausführliche Erklärung des Herrn Verfassers – welche zugleich das sicherste Certificat über die Aechtheit und meinen rechtmäßigen Besitz dieser Ausgabe ist – mich aller übrigen Erläuterung über die innere Einrichtung überhebt, so will ich blos das noch hinzufügen, was ich als Verleger dem Publiko dabey zu sagen habe [...] Ich ersuche alle Liebhaber der Goetheschen Muse, welchen dieses Avertissement zu Geschichte [!] komt, entweder sich bei mir unmittelbar, oder bei den Buchhandlungen ihres Orts, oder in Ermangelung derselben, bei den löblichen Postämtern wegen der Subskription zu melden. Die Herren Buchhändler und die löblichen Postämter bitte ich die Subskription anzunehmen, und verspreche erstern von der Subskription den völligen Rabatt, welchen ich Ihnen von meinen übrigen Verlagsartikeln, die nicht auf Subskription gedruckt sind, gebe, und leztern eine nahmhafte Vergütung für ihre Bemühung. Leipzig, im Monat Julius 1786. / Georg Joachim Göschen.«[1]

Deutlich wird in dieser Ankündigung, was sich gegenüber Gutenbergs Zeiten verändert hat. Das Produkt Buch ist langsam reif geworden. Es gibt Begleitmedien wie literarische Zeitschriften, es gibt Buchhändler, es gibt einen funktio-

1 Zit. im Marbacher Magazin: Vom Schreiben 6, p. 160 sq.

nierenden Buchmarkt mit neuen Finanzierungswegen (zum Beispiel die Subskription), und es gibt ein Zustell- und Liefersystem (die »löblichen Postämter« erwähnt und umschmeichelt der Verleger gleich zweimal), kurzum: es gibt eine druckzentrierte Medien-Infrastruktur mit Schulen, Universitäten, Verlagen, Postämtern und Großschriftstellern, die allerdings, um wirklich Großschriftsteller zu werden, noch darauf drängen müssen, ein wirksames Copyright in die Welt zu setzen. Der Jurist und Kaufmannssohn Goethe – ein honorarbewußter Schrecken aller Verleger[1] – hat am Erfolg dieses Projekts entscheidenden Anteil.

So entsteht ein später klassisch genanntes Lesepublikum, das um 1800 freilich kaum je als klassisch gebildetes, sondern häufiger gut kulturkritisch als mediengeiles beobachtet wird. Gerade ein Jahr vor Göschens Werbung, die erste Gesamtausgabe des noch jungen Goethe zu erwerben, warnt der bekannte Pädagoge Joachim Heinrich Campe davor, sich durch zuviel Lektüre zu Tode zu amüsieren: »Das unmäßige und zwecklose Lesen macht zuvörderst fremd und gleichgültig gegen alles, was keine Beziehung auf Literatur und Bücherideen hat; also auch gegen die gewöhnlichen Gegenstände und Attribute des häuslichen Lebens; also auch gegen das frohe Gefühl der Kleinen um uns her [...] Hierzu gesellt sich nicht selten eine träge Unlust zu jedem anderen hausväterlichen und hausmütterlichen Geschäfte [...] Hat man endlich gar durch öfters anhaltendes Stillsitzen, und durch einseitige Beschäftigung Seelenkräfte bei unnatürlicher körperlicher Ruhe, erst vollends seine Säfte verdickt, seine Nerven geschwächt und zur Ungebühr reizbar gemacht: dann fahre wohl, häusliche Glückseligkeit.«[2] Nicht erst das Fernsehen läßt die Kindheit und die Kinder vor den Augen der Eltern verschwinden.

Campe steht mit dieser Kritik nicht allein auf weiter Flur.

1 Cf. S. Unseld: Goethe und seine Verleger.
2 Zit in: J. Paus-Haase et al., p. 13.

Aus der großen Schar der **Medien-, das heißt Buchkritiker zur Goethezeit** sei Karl Benjamin Preusker (1786-1871) zitiert. Er gilt als Vater der Volksbibliotheken, nach ihm ist die Medaille benannt, mit der (laut § 2 des Preis-Statuts) die Deutsche Literaturkonferenz seit 1996 »eine Person oder Institution [auszeichnet], die auf dem Gebiet der Literatur, des Verlagswesens, des Buchhandels, der Öffentlichen Bibliotheken oder der Kulturpolitik tätig ist und den Kulturauftrag des Öffentlichen Bibliothekswesens wirkungsvoll fördert.« Preusker war ab 1828 Direktor der von ihm gegründeten öffentlichen »Stadt«-Bibliothek im sächsischen Großenhain, und als solcher fühlte er sich für das mentale Wohl seiner Mitbürger, der jüngeren zumal, verantwortlich. Aus seiner Feder stammt ein Traktat mit dem schönen Titel *Über gewerbliche, sowie allgemeine Fortbildung des Bürgerstandes überhaupt, und über Gründung und Einrichtung von Sonntagsschulen und anderen Fortbildungsanstalten, für die jüngere gewerbetreibende Generation insbesondere, als dringendes Erforderniß der Zeit.* Der Bibliothekar weigerte sich, dem Drängen des Publikums nachzugeben und »abgeschmackte Romane und Spukgeschichten« mit öffentlichen Mitteln anzuschaffen. Vielmehr forderte Preusker angesichts des Unrats, der da in Gestalt einer Bücherschwemme drohte, eine »thätige Cultur-Polizei«.[1] Der *locus classicus* für die Forderung nach einer Kultur- und Lesepolizei entstammt schon der Zeit vor Gutenberg. Es ist die Geschichte zweier Lesender, die ein Problem nicht haben – das der Einsamkeit. Aber eben das wird dann ihr Problem. Sie sind im emphatischsten Sinne zweieinig, sie werden, durch gemeinsames Lesen stimuliert, ein Fleisch.

Im fünften Gesang der Hölle erzählt Dantes *Divina Commedia* (Dante schrieb sie in den letzten zehn Jahren seines von 1265 bis 1321 währenden Lebens) von den schrecklich-schönen Folgen, die das Lesen für das Leben haben kann.

1 K. B. Preusker: Über ... Fortbildung, p. 4 (zit. in U. Jochum: Kleine Bibliotheksgeschichte, p. 152).

Paolo und Francesca, das lesende Paar katexochen, berichten, wie bös es enden kann, wenn man »der Kurzweil wegen« sich der Lektüre hingibt und sich zu sehr amüsiert.

Wir lasen eines Tags der Kurzweil wegen,
Welch Liebesnetz den Lanzelot gebunden;
Allein wir zwei und ohne Arg zu hegen.
Oft hatten unsere Augen sich gefunden
Beim Lesen und wir fühlten uns erbleichen.
Doch eine Stelle hat uns überwunden.
Als wir gelesen, wie vom Mund, dem weichen,
Ersehntes Lächeln küßt solch hoher Streiter –
Da trieb es, bebend mir den Mund zu reichen,
Auch den hier, der nun ewig mein Begleiter:
Galeotto war das Buch und ders gedichtet.
An diesem Tage lasen wir nicht weiter ...[1]

Quel giorno più non vi leggemmo avante. Lesen, leben, lieben sind Worte, die einander nicht nur phonetisch nahe verwandt sind. Was Buchstaben, die zu stimulierenden Worten konfigurieren, anstellen können und was man mit Buchstaben anstellen kann, führt ein virtuoses Anagramm-Gedicht von Unica Zürn vor Augen. Es spielt auf Dantes klassische Zeichen an und reflektiert zugleich die eigentümliche, weil abstrakte Materialität der Buchstaben, die solch hohe und tiefe Gefühle freisetzen können:

Ich weiß nicht, wie man die Liebe macht
Wie ich weiß, ›macht‹ man die Liebe nicht.
Sie weint bei einem Wachslicht im Dach.
Ach, sie wächst im Lichten, im Winde bei
Nacht. Sie wacht im weichen Bilde, im Eis
Des Niemals, im Bitten: Wache. Wie ich. Ich
Weiß, wie ich macht man die Liebe nicht.[2]

1 Dante: Divina Commedia, p. 82.
2 U. Zürn: GA Bd. 1, p. 69.

Wie man die Liebe macht und das Leben bewältigt, weiß niemand a priori. Menschen sind eben instinktentbundene Mängelwesen. Als solche sind sie noch in der Sphäre des vermeintlich Allerpersönlichsten auf das angewiesen, was der Systemtheoretiker Niklas Luhmann mit der ihm eigenen heiligen Nüchternheit als *Codierung von Intimität* und Kulturwissenschaftler auf den Spuren des Diskursanalytikers Foucault als »diskursive Präformation einer nur scheinbaren Naturwüchsigkeit«[1] namhaft gemacht haben. Subjekte brauchen Medien, die ihnen wenn nicht vorschreiben, so doch mit unterschiedlichen Graden an Suggestivität und Autorität vorschlagen, wie man leibt und lebt, liest und liebt. Um von Gebrauchsanweisungen dafür, wie man kocht und die Messe gestaltet, Lehrpläne aufstellt und Gesetze erläßt, Steuern einzieht und Kinder erzieht, Auto fährt und Fernsehgeräte bedient, zu schweigen. Geschriebenes beziehungsweise Gedrucktes macht Vorschriften (die man beachten, so und anders interpretieren, ignorieren, bekämpfen oder verschärfen kann) – das ist seine primäre Funktion. Und Gedrucktes hat in dieser Hinsicht über lange Jahrhunderte, nämlich von 1450 bis etwa 1850, also bis zur Erfindung der neuen audiovisuellen Medien, die da Photo- und Phonographie heißen, eine mediale Quasi-Monopolstellung. Es gibt eben keine wirksame Konkurrenz – außer die der alten oralen Medien wie Gespräch, Gottesdienst und Theater, die aber ihrerseits auf Schrift angewiesen sind. Ein Priester braucht ein Meßbuch, ein Schauspieler ein Textbuch. Das unausgesetzte Murmeln der Mündlichkeit begleitet das papierne Zeitalter und kompensiert damit den produktiven Mangel alles Gedruckten: daß es im großen Maßstab Interaktion und Information entkoppelt.

Lektüre macht einsam. Keiner hat das so eingängig in Verse gefaßt wie der große Leser Rilke. Er hat in seinen 1907 erschienenen *Neuen Gedichten* zwei Gedichte aufein-

1 M. Winkgens: Sex und Diskurs, p. 31.

ander folgen lassen. Das erste trägt den Titel *Der Einsame*, das unmittelbar folgende heißt *Der Leser*:

WER kennt ihn, diesen, welcher sein Gesicht
wegsenkte aus dem Sein zu einem zweiten,
das nur das schnelle Wenden voller Seiten
manchmal gewaltsam unterbricht?

Selbst seine Mutter wäre nicht gewiß,
ob *er* es ist, der da mit seinem Schatten
Getränktes liest. Und wir, die Stunden hatten,
was wissen wir, wieviel ihm hinschwand, bis

er mühsam aufsah: alles auf sich hebend,
was unten in dem Buche sich verhielt,
mit Augen, welche, statt zu nehmen, gebend
anstießen an die fertig-volle Welt:
wie stille Kinder, die allein gespielt,
auf einmal das Vorhandene erfahren;
doch seine Züge, die geordnet waren,
blieben für immer umgestellt.[1]

An diesen bedeutenden Zeilen ist zumindest dreierlei buchenswert. Sie begreifen erstens den Leseprozeß als einen Prozeß entschiedener Vereinzelung. Lesen produziert Indivi duen, unteilbare Subjekte, die sich von anderen Subjekten, etwa Müttern, abkoppeln. Sie entziehen sich unmittelbarer Kontrolle und provozieren ebendamit ein ausgeklügeltes System von Kontrollen und Lenkungsversuchen, die von »cultur polizeylichen« Aktivitäten über Kanonbildungen und Lehrplangestaltung bis zu SWR-Bestenlisten unterschiedliche Gestalt gewinnen. Die Lektüre unter der Bettdecke ist nicht ohne Grund ein Standardmotiv in Büchern und Filmen über adoleszentes Leseverhalten im Gutenbergzeitalter. Doch auch reifere Herren können lesend individuieren-

1 R. M. Rilke: SW 1, p. 63 sq.

de Vereinzelungs-, wenn nicht Vereinsamungserfahrungen machen. Hans Sachs im dritten Aufzug von Wagners *Meistersingern* ist ein Prototyp dieser Erfahrung. Er hat sich im lutherischen Medienzentrum Nürnberg vom Gruppendruck der Zunft abgekoppelt, liest in einer Weltchronik und kommt zu dem Schluß, daß alles Wahn sei. Lesend läßt er sich zum Selberdenken animieren. Und wird zum Metaphysiker katexochen – wie Rilkes jugendlicher Leser. Rilkes Zeilen machen nämlich zweitens mehr als ein halbes Jahrhundert vor McLuhan darauf aufmerksam, daß das Medium die Botschaft ist. Welchen Titel der Jugendliche liest, erfahren wir nicht. Wir erfahren, von einem Leser lesend, nur, daß er liest und daß er ebendadurch vom Sein dessen, was um ihn herum der Fall ist, abgelenkt und durch die Kraft der Buchstaben auf ein »zweites Sein« fokussiert wird.

Das zweite Sein aber ist der alte Titel für das Thema des metaphysischen Projekts schlechthin. Es will nämlich hinter dieser ersten sinnlichen Welt noch eine zweite Welt des Sinns ausfindig machen. Wenn dieser Leser, in die Tiefendimensionen des Sinn verheißenden Buches versenkt, aufblickt, so stößt sein Blick an die »fertig-volle Welt«, die sich seinen Sinnen darbietet. Und so kommt es zu Anstößlichkeiten: Die sinnlich wahrnehmbare fertig-volle Welt wird mit einer – um Nietzsches so spitze wie präzise Übersetzung des Begriffs Metaphysik ins Deutsche zu bemühen – »Hinterwelt« ergänzt, vollendet oder eben konfrontiert. Mit einer weiteren, tieferen, untergründigen Realitätsversion, die ihr der Leser »gibt«. Aus dem »es gibt das Seiende« der fertig-vollen Welt wird die projektive Gabe des Lesers, der sich mit Hilfe von Sinn versprechenden Büchern seinen Reim auf Sein und Zeit macht. Um Geben und Nehmen ist es bekanntlich seltsam bestellt. Es gibt dies und jenes, Sein und Zeit, Sinn und Sinne, Liebe und Tod – es gibt, es gibt, es gibt – wer gibt denn da? Gibt da jemand eine Runde vom Feinsten aus, ohne seinerseits einvernehmlich auf einnehmende Gegengaben zu spekulieren? Wer gibt, der nimmt;

wer Sinnangebote macht, nimmt sinnlichen Gewißheiten ihre Suggestivität.

Die Systemtheorie Luhmanns hat solchen tiefsinnigen Überlegungen zur Logik der Gabe und des Nehmens, wie sie die Hegel-Heidegger-Derrida-Linie der neueren Philosophiegeschichte liebt, eine nüchterne Fassung gegeben. Wer ästhetisch dem, was der Fall ist, eins draufgibt und also einen Schelm auf den anderen setzt, nimmt Selbstverständlichkeiten ihre Selbstverständlichkeit. Die Auf-Gabe von (zumal sogenannter schöner) Literatur hat die Systemtheorie denn auch darin gesehen, geläufige Versionen der fertig-vollen Welt mit Alternativversionen zu versehen und also für semantischen Überfluß zu sorgen. Semantischer Überfluß aber ist alles andere als überflüssig. Er ist vielmehr eine funktionale Notwendigkeit für komplexe Gesellschaften mit hoher Veränderungsdynamik. Rilkes Leser ist – dritte Einsicht, die das Gedicht gewährt – nach der Lektüre eines Bruchteils des schrecklich-schönen Überflusses, den die massenproduzierten, viel zu vielen Bücher nun einmal darstellen, nicht etwa gefestigt, sondern verstört. Seine zuvor geordneten Züge bleiben »für immer umgestellt«. Kein Wunder. Wer liest, gewinnt eine so abstrakte wie weitreichende Einsicht: Alles könnte auch ganz anders sein. Man kann, man könnte, wie Romane und Reiseberichte, philosophische Abhandlungen und pornographische Traktate, Flugblätter und Dramen suggestiv nahelegen, auch ganz anders leben und tauschen, reden und denken, lieben und essen, als man es bislang gewohnt war. Lesen sorgt für systematische Irritationen. Man kann es natürlich auch positiv ausdrücken: Lesen sorgt für systematische Komplexitätssteigerungen, indem es alles, was der Fall ist, als kontingent erfährt. Könnte es doch anders sein. Was der Fall ist, könnte alsbald im freien Fall sein.

Rilkes eindringliche Zeilen liefern also einen keineswegs exquisit-singulären, sondern einen phänomenologisch haltbaren Befund. Lesen sorgt für Um- und Neu-Einstellungen, und die sind bekanntlich riskant. Noch riskanter ist es in Gesellschaften und Kulturen mit enormer Dynamik allerdings, sich nicht umzustellen – und auch diese Einsicht wird man alsbald in Büchern finden. Ein schlichtes Lob der Lektüre von Büchern, die ihre Existenz der schlichten Technik verdanken, Buchstaben umzustellen, wird man in Büchern nur selten finden. Bücher irritieren, wie Leser, von Lektüre lesend, erfahren können, immens. Sie bringen auf dumme Gedanken und verführen nicht nur Paolo und Francesca, sondern auch Augustinus und Don Quijote, Madame Bovary und Lady Murasaki, Anna Karenina und Bastian Balthasar Bux (in Michael Endes *Unendlicher Geschichte*), Ezra Pound und den Marx-Leser Lenin zu gefährlichen Spielen. *Tolle, lege* – wenn das dämonische Wort, man solle Worte lesen, wie im klassischen Fall des Augustinus ein offenes Ohr findet, so kann das erhebliche Konsequenzen haben. Und nicht immer sind sie so segensreich wie im Fall des in seinem Mailänder Garten auf und ab wandelnden Augustinus, der die *tolle, lege!* sagende Stimme eines Kindes hört, die Bibel aufschlägt und sogleich die Stelle findet, die nur für ihn geschrieben zu sein scheint (Römer 13,13). Der große Leser und Schreiber Augustinus träumt fortan vom himmlischen Lesen. Worin das Glück der Engel besteht, hat er genau zu wissen geglaubt – darin, daß »ihre Lesetafel nicht geschlossen [wird], ihr Buch nicht zusammengerollt, denn Du, Gott, bist ihnen Tafel und Buch, und bist es auf immer und ewig.«[1]

Doch nicht nur Gott, auch der Teufel läßt fleißig schreiben und uns häufig ein verführerisches *tolle, lege!* zurufen. Häufig sind die Adressaten dieses Zurufs Frauen. Daß sie dann Bücher aufschlagen und dadurch ihr Leben mit gelesenem Leben vergleichen können, hat böse Folgen. So bei Madame Bovary und bei Anna Karenina, von der es in Tolstois Roman heißt:

»In derselben besorgten Stimmung, in der sie sich den gan-

1 Augustinus: Confessiones, p. 781.

zen Tag über befunden hatte, richtete sich Anna nun vergnügt und eifrig im Eisenbahnwagen ein; mit ihren kleinen geschickten Händen öffnete und schloß sie die rote Reisetasche, holte ein kleines Kissen heraus, legte es sich auf die Knie, wickelte sich die Beine sorgfältig ein und setzte sich bequem hin [...] Anna gab den Damen ein paar kurze Antworten, aber da das Gespräch ihr wenig Interessantes verhieß, bat sie Annuschka, die Reiselaterne hervorzuholen, befestigte sie an der Armlehne ihres Sitzes und nahm aus ihrer Reisetasche ein Papiermesser und einen englischen Roman.« Folgen Ablenkungen wie der Blick nach draußen ins Schneetreiben, auf den Schaffner etc. »Und nun begann Anna zu lesen und das Gelesene zu verstehen [...] Anna las und verstand; es machte ihr aber kein Vergnügen zu lesen und das Leben anderer Leute im Spiegel vor sich zu sehen. Sie wollte selbst nur zu sehr leben [...] Aber es war nichts zu machen, und sie zwang sich zum Lesen und drehte das glatte Messerchen in ihren Händen.«[1]

Medienkonsum aller Art ist so riskant, wie Messer es selbst und gerade dann sind, wenn die Diminutivbildung »Messerchen« diese Gefährlichkeit vergessen machen will. Medienkonsum ist riskant und – unvermeidbar. Es gibt kein Dies- und kein Jenseits von Medien. Nicht alle Lektüreprozesse laufen so dramatisch ab wie beim reuigen Libertin *avant la lettre* Augustinus, bei der Ehebrecherin Anna Karenina, bei Rilkes Leser oder beim jungen Sartre (tolle, lege: *Les Mots*). Jeder Leseakt ist anders. Dennoch hat auch das Lesen eine Struktur-Geschichte.[2] Eine Geschichte übrigens, zu der schon sehr früh die Beobachtung von Lesestörungen beziehungsweise der Verlust der bereits erworbenen Lesefähigkeit zählt. Die Entdeckung der Alexie fällt schon ins Jahr 30 v. Chr. Valerius Maximus beobachtet einen Mann, der durch einen Axtschlag eine schwere Kopfverletzung erlitten hatte, sich vergleichsweise gut davon erholt, aber sei-

1 L. Tolstoi: Anna Karenina, p. 155 sq.
2 Cf. u. a. A. Manguel: History of Reading.

ne Fähigkeit, Buchstaben zu identifizieren, für immer verloren hat. Der Mann hat Pech. Denn er erfüllt somit nach Ansicht vieler Bücher-Humanisten nicht mehr die Basisbedingung humaner Existenz. Diese liegt nämlich, so Walter Rüegg noch 1975, im Lesen. *Lesen als Bedingung humaner Existenz* ist der Essay überschrieben, in dem es heißt: »Im Gegensatz zum zeitgebundenen Charakter mündlicher Kommunikation und zum zeitvernichtenden Charakter programmierter Informationsträger vermittelt das Lesen zeitlose, das heißt in ihrem objektiven Gehalt zu verstehende, und überzeitliche, das heißt in ihrer intersubjektiven geschichtlichen Wirkung zu interpretierende, Kommunikation. Nachfolge Christi konnte sich im zeitgebundenen Aufbruch durch das mündliche Wort und das persönliche Vorbild und kann sich im zeitlosen Anspruch durch den Inhalt des Evangeliums vollziehen. Ein zeitvernichtendes Medium, wie zum Beispiel ein Dokumentarfilm über das Leben Jesu oder eine Schallplatte mit Worten Jesu, muß die Vergangenheit zur fremden Kuriosität reduzieren.«[1]

Zu einer der gereiztesten Debatten im Lager derer, die heute noch lesen, kam es, als Peter Sloterdijk auf die schwer bestreitbare Tatsache hinwies, daß der Humanismus ein Medieneffekt ist. Seine 1999 auf Schloß Elmau vorgetragene Rede *Regeln für den Menschenpark* begann mit einem Hinweis auf das gerade von Humanisten zumeist Invisibilisierte am Humanismus: »Bücher, so hat der Dichter Jean Paul einmal bemerkt, sind dickere Briefe an Freunde. Mit diesem Satz hat er Wesen und Funktion des Humanismus quintessentiell und anmutig beim Namen genannt: Er ist freundschaftsstiftende Telekommunikation im Medium der Schrift. Was von den Tagen Ciceros an *humanitas* heißt, gehört im engsten und im weitesten Sinne zu den Folgen der Alphabetisierung.«[2] Diese effektsicher an den Anfang seiner Rede pla-

1 W. Rüegg: Lesen, p. 189 sq.
2 P. Sloterdijk: Regeln, p. 4.

zierte These hat die erregte und gewaltig ausschweifende Debatte um Sloterdijks anthropotechnische Überlegungen instinktsicher tabuisiert. Aus schnell nachvollziehbaren Gründen, macht sie doch schlagend darauf aufmerksam, daß Anthropotechniken, also heftige Modellierungen an dem, was den Menschen ausmachen soll, deutlich älter sind als die neuere Gentechnologie. Buchdruck, Alphabetisierung und Lesekultur zählen zu den machtvollsten unter den bisherigen Anthropotechniken. Deutlich wird das natürlich erst in dem Maße, in dem es medientechnische Alternativen zur Schrift- und Buchkultur gibt. Lesen wurde in den letzten beiden Jahrzehnten, da es in eine neumediale Krise gerät, zu einem Modethema – verwiesen sei unter anderem nur auf das *Handbuch Lesen*, den Sammelband *Die Welt des Lesens* und den Sammelband des Forschungsschwerpunktes der Deutschen Forschungsgemeinschaft »Lesesozialisation in der Mediengesellschaft« unter dem Titel *Lesen im Wandel*.

Die **Geschichte des Lesens** kann es nicht geben. Möglich sind eigentlich nur Lesegeschichten. Wie etwa die, die Mechthild Raabe anhand der Ausleihbücher der Herzog August Bibliothek in Wolfenbüttel für die Zeit zwischen 1714 und 1799 rekonstruiert hat. So sind wir präzise darüber unterrichtet, wer wann welche Bücher aus der besten und größten unter den deutschsprachigen Bibliotheken, zu deren Direktoren Lessing zählte, entlieh – ob, wie gründlich und unter welchen Perspektiven sie gelesen wurden, entzieht sich der Kenntnis. Der bibliomane Herzog August hatte in seinem Testament verfügt: »Unsere Bibliothek allhier in Wolfenbüttel haben wir mit großer Sorge, schweren Kosten und Mühen nicht allein zusammengetragen, sondern auch mit vielfältiger, unglaublicher Arbeit in eine solche gute Ordnung und Disposition gebracht, daß dergleichen in ganz Europa wenig zu finden.«[1] Sie sollte nach dem letzten Willen des Herzogs nach seinem Tod (der ins Jahr 1666 fiel) öffentlich zugänglich werden. So geschah's. Bis heute ist die Biblio-

1 Zit. bei M. Raabe, p. XXVII.

thek von Wolfenbüttel eine Wallfahrtsstätte vieler Gelehrter. Aber nicht nur Gelehrte, auch Mademoiselle Brandes, nach Mechthild Raabes Recherchen »vermutlich Tochter des Kanzleiadvokaten Johann Just Brandes«, hat die Bibliothek intensiv genutzt. Am 28. April 1768 überkam sie der große Lesehunger. Sie entlieh nicht weniger als 18 Titel. Leider wissen wir nicht, wer ihr beim Transport von Büchern wie *Eine alte Liebesgeschichte*, *Sylvanus: Das Muttersöhnchen*, *Les milles et une nuits* oder *Le journaliste amusant* behilflich war. Ihr Zeitgenosse Leutnant August Haase entlieh bei vier Bibliotheksbesuchen im Mai 1767 unter anderem *Der philosophierende Soldat*, Youngs *Nachtgedanken* und *Das Reich der Natur und Sitten*. Als einer der Intensivnutzer der Bibliothek muß der Konrektor der Großen Schule in Wolfenbüttel, Christian August Salig (1692-1738), gelten. Er entlieh zwischen dem 18. Oktober 1717 und dem 18. August 1737 Hunderte von Bänden, viele davon, um für eigene Werke zu recherchieren und der Welt der Bücher selbst weitere Titel hinzuzufügen – also für seine Arbeit an den sechs Bänden *Historie der Augspurgischen Confession* und der *Historie des Tridentiner Conzils*.

Bürgerliche Lesemuster in der zweiten Hälfte des 18. Jahrhunderts in Wolfenbüttel. Eine Geschichte des Lesens[1] hat sie als Sonderfall unter lauter Sonderfällen in fahrlässig grobe Schemata einzuordnen. Im Hellenismus (also im 4. und 3. Jahrhundert v. Chr.) entwickelte sich wohl erstmals so etwas wie eine individuelle Lesekultur. Vieles spricht dafür, daß vorher Schriftzeichen zumeist nur als Memorierhilfe dienten. Üblich blieb wie im Hellenismus auch in der römischen Kultur das laute, langsame Lesen. Ab dem 13. Jahrhundert beginnt wohl zuerst an den neugegründeten Universitäten Paris und Oxford die Praxis des individuierten, leisen Lesens. Es hat unter anderem den Vorteil, daß kein

1 Cf. dazu u. a. die Arbeiten von E. Schön und paradigmatisch für Lesesituationen und Lektüreorte im Frankreich des 18. und 19. Jahrhunderts F. Nies: Bahn und Bett und Blütenduft.

Kommilitone und kein Mönchsbruder mehr unmittelbar kontrollieren kann, was sein *alter ego* liest. Nicht zu unterschätzende handgreifliche Hilfen für die langsame Verbreitung der Lesepraxis liefern die **Erfindung der Brille im 13. Jahrhundert** (belegt ist ihre Verwendung zuerst im nördlichen Italien) und die etwa in derselben Epoche beginnende Mode, Lesepulte aufzustellen, auf denen die sperrigen Folianten einsichtiger vor den lesebegierigen Augen lagen als auf flachen Holztischen. Bis ins hohe Mittelalter hinein war Latinität die Lesevoraussetzung schlechthin. Und so konnten nur ausnahmsweise Personen außerhalb des geistlichen Standes lesen. Erst im 16. Jahrhundert (genannt wird immer Thomasius, der offensiv deutschsprachig lehrte und publizierte) wird es in Europa langsam üblich, auch in der Landessprache zu publizieren. Der Buchdruck sorgt für neue Leserschichten. Dennoch bleibt es auch in dieser Zeit zumeist noch bei einer heute seltsam anmutenden Lerntechnik: Man lernt erst lesen, dann schreiben. Weil man das später Gelernte zuerst wieder vergißt, gibt es noch in der frühen Neuzeit relativ viele, die wohl lesen, nicht aber schreiben können. So wie es mittelalterliche Kopisten gegeben haben soll, die wohl wunderbar (ab)schreiben, nicht aber lesen konnten.

Mit dem Renaissance-Humanismus kommt es dann zu einer Kulturrevolution, die Lesen- und Schreibenkönnen als zwei Seiten einer Medaille begreift und das Alphabetisierungsmonopol der Kleriker, Ministerialen und Kanzlisten bricht. Juristen, Kaufleute und Akademiker gewinnen zunehmend wenn nicht Mitsprache- und Mitbestimmungs-, so doch Mitlese- und Mitschreiberechte. Die berühmten **Universitätsgründungen** in **Prag 1348**, in **Wien 1365** und in **Heidelberg 1386** machen Schule. Sie sorgen mit dafür, daß Alphabetisierung zu einem Privileg der Städter wird, die dann arrogant auf den illiteraten Dörfler herabgucken können. Beibehalten aber wird auch im lesenden Stadtbürgertum ein altvertrauter Lesegestus, nämlich das lebenslange intensive Lesen ganz weniger Bücher. Bei den insgesamt lesefreudigeren Protestanten heißt das: Immer wieder gelesen werden die Bibel, Predigtsammlungen und Erbauungsbücher; bei den Katholiken überwiegen anfänglich Heiligen-Vitae, Andachtsbücher oder Titel wie die *Nachfolge Christi* des Thomas von Kempen. Diese Wiederholungslektüre ist zugleich exemplarische Lektüre. Man liest mit dem ausdrücklichen Willen, dem Buch eine auf das eigene Leben applizierbare Moral abzugewinnen. Goethe mußte mit Erstaunen, ja, Entsetzen feststellen, daß dieser tradierte Lektüregestus noch für einige Leser seines *Werther* Gültigkeit besaß. An die Stelle der Imitatio Christi trat mitunter die Imitatio Wertheri (der ja seinerseits eine eigentümliche Imitatio Christi betreibt) – was handfest heißt: Es gab unter *Werther*-Lesern vermehrt Selbstmorde. Und so richtet sich Goethe ausdrücklich gegen »das alte Vorurteil [...], entspringend aus der Würde eines gedruckten Buchs, daß es nämlich einen didaktischen Zweck haben müsse.«[1]

Von dieser Maxime muß sich ein Publikum verabschieden, das sich zunehmend dem zuwendet, was man *les belles lettres,* die Belletristik, die schöne Literatur nennt. Im 18. Jahrhundert ist europaweit ein deutlicher Rückgang der religiösen Titel zugunsten der belletristischen zu verbuchen. Und es entsteht das, was vielen Zeitgenossen als »Lesewut« erscheint. Von der Schreibwut ist sie kaum zu trennen. Friedrich Kittler hat diesen Konnex eindringlich analysiert: »Nicht allein technische Innovationen wie die Erfindung der Endlospapier-Produktion, nicht allein soziale Wandlungen wie der viel bemühte Aufstieg des Bürgertums, sondern Mutationen der Diskurspraxis selber haben zur ungeheuren Proliferation des Buchwesens um 1800 geführt. Daß ausgerechnet die Belletristik an die statistische Spitze der Verlagsproduktion rückte, bliebe im Rückgang auf technische und soziale Kausalitäten ein Zufall. Dieses Aufrücken ist aber ein einzigartiges Ereignis, dessen Geschichte die belletristischen Texte selber geschrieben haben. Die Deutsche Dichtung ist so ver-

1 J. W. Goethe: Dichtung und Wahrheit, HA 9, p. 590.

faßt, daß sie – über inhaltliche und philosophische Meinungsverschiedenheiten hinaus – ihre Leserschaft zur Proliferation von Dichtung programmiert.«[1] Nicht umsonst ist die klassisch-romantische Belletristik (ob *Wahlverwandtschaften* oder *Heinrich von Ofterdingen*, ob *Der goldne Topf* oder *Wilhelm Meisters Wanderjahre*) eine, die programmatisch vom Schreiben schreibt und zu lesen gibt, wie gelesen werden muß, damit weiter geschrieben werden könne. *Il faut que le discours se fasse.*

Geschichtsschreiber des Lesens charakterisieren den Wechsel des leitenden Lesehabitus zwischen **1700** und **1800** als **Übergang von der intensiven zur extensiven Lektüre.**[2] Der Typus des Viellesers, des Medienfreaks, entsteht. Dem Hang, viel, ja, alles zu lesen, kann auch die Verbots- und Zensurpraxis des 18. Jahrhunderts nicht dauerhaft wehren. Die Paradoxie, daß gerade Verbote für geschärfte Leselust sorgen, wird schnell erkannt. Auf das, was verboten und knapp ist, ist man bekanntlich besonders scharf. Die **Geschichte der clandestinen Lektüre** im vorrevolutionären Frankreich der Jahre 1769 bis 1789 hat Robert Darnton erschlossen. In diesen 20 Jahren sind in Frankreich nicht weniger als 720 verbotene Bücher nachweisbar. Zu ihnen zählen die Werke der enzyklopädischen Aufklärer ebenso wie pornographische Werke – und auch die Schnittmenge wie zum Beispiel *Thérèse philosophe*[3] (Aufklärung ist nicht ohne Grund ein Leitbegriff der sexuellen Initiation und der Philo-Sophie, was nichts anderes heißt als: des Begehrens nach Wissen). Die Revolution von 1789 ist in einem präzisen Sinne Effekt einer Medienrevolution. Sie wird von Lesern, Rednern und Autoren gemacht, die wollen, daß aus clandestiner öffentlich zugängliche Literatur werden kann.

Alles soll publik beziehungsweise publiziert werden kön-

1 F. Kittler: Aufschreibesysteme, p. 115 sq.

2 Cf. P. Engelsing: Analphabetentum. Die Epochenschwelle zwischen intensiver Lektüre nur weniger, aber immer erneut gelesener Titel zur extensiven Lektüre liegt um 1750.

3 Dazu R. Darnton: Corpus, p. 194 sqq.

nen – das ist der kategorische Imperativ von 1789. *Devenir écrivain* (Autor werden) avanciert zur regulativen Idee jedes auch nur einigermaßen ehrgeizigen Kopfes. *Devenir écrivain* aber heißt, wie unter anderem die aufmerksamen frühromantischen deutschen Beobachter des Geschehens auf der anderen Rheinseite erkennen: zum Autor des eigenen Lebens, der eigenen Geschichte, ja, der Gesellschaft und der Geschichte überhaupt werden zu wollen. In Friedrich Schlegels Worten aus dem an seine Geliebte Dorothea gerichteten Essay *Über die Philosophie* (1799): »Dir wäre ein Gespräch vielleicht lieber. Aber ich bin nun einmal ganz und gar Autor. Die Schrift hat für mich ich weiß nicht welchen geheimen Zauber vielleicht durch die Dämmerung von Ewigkeit, welche sie umschwebt. [...] Fast möchte ich [...] sagen: Leben sei Schreiben; die einzige Bestimmung des Menschen sei, die Gedanken der Gottheit mit dem Griffel des bildenden Geistes in die Tafeln der Natur zu graben.«[1] Die vom jungen Schlegel bewunderte Französische Revolution und die Napoleonische Politik legen, in großem Maßstab Volks- und Eliteschulen gründend, die infrastrukturellen Voraussetzungen dafür, daß das 19. Jahrhundert zum *l'âge du papier*[2] wird, das Autoren *en masse* hervorbringt, die ihre Aufgabe darin sehen, zu ihrem Leben, zur Gesellschaft und schließlich auch zur Natur in ein Verhältnis zu treten, das dem von Autor und Werk entspricht. Zum papiernen Zeitalter tragen natürlich nicht nur die Bücher, sondern vor allem auch die Zeitungen und Zeitschriften bei (siehe das nächste Kapitel).

Das 19. Jahrhundert, das Goldene Zeitalter des Bildungsbürgertums beziehungsweise das papierne Zeitalter: *tempi passati.* Schon in der Mitte des 19. Jahrhunderts verliert mit der **Erfindung der Photographie (1838)** und der **Phonographie (ab 1850)** der Druck seine mediale Monopolstellung. Und

1 F. Schlegel: Über die Philosophie, p. 42.
2 So hat die Untersuchung von M. Lyons das 19. Jahrhundert charakterisiert: Le Triomphe du livre.

just in time zur anstehenden Jahrhundertwende (nämlich 1895) erfinden zwei Brüder mit dem schönen lichten Namen Lumière das Kino. Unter solcher Konkurrenz schwindet die Ägide des papiernen Zeitalters. Machen wir einen Tigersprung in die jüngere Vergangenheit: Nach der Langzeitstudie *Massenkommunikation* von ARD und ZDF ging die tägliche Lektürezeit von Jugendlichen zwischen 15 und 17 Jahren allein zwischen 1980 und 1994 von 56 Minuten auf 24 Minuten zurück. Man kann aber auch in diesem Fall anders rechnen. Wer die vor dem Internetmonitor verbrachte Zeit von Jugendlichen des Jahres 2000 zumindest teilweise als Lesezeit verbuchen wollte, käme natürlich zu atemberaubenden Steigerungsraten im Hinblick auf die Leselust. Auch in Hinsicht auf das Jenseits der Gutenberg-Galaxis gilt der Trost McLuhans: Es bleibt immer ein Diesseits. Nicht etwa das Diesseits der Medienlosigkeit, sondern das Diesseits der alten Medien. Neue Medien haben alten Medien noch nie ein irreversibles Ende bereitet. Der Stellenwert des auf Papier Gedruckten ist heute – banale und schwer zu bestreitende Einsicht – selbstredend ein anderer als im papiernen Zeitalter des Gutenberg-Medienmonopols. Ein kluger Poet hat die tröstende Einsicht in die Dauerhaftigkeit der Innovation Gutenbergs in hübsche Verse gebannt. Pünktlich zur letzten (oder je nach Rechnung: vorletzten) Frankfurter Buchmesse des zweiten Jahrtausends (1999) erschien in einer Tageszeitung Robert Gernhardts Gedicht *Das Buch*:

Ums Buch ist mir nicht bange.
Das Buch hält sich noch lange.

Man kann es bei sich tragen
Und überall aufschlagen.

Sofort und ohne Warten
Kann dann das Lesen starten.

Im Sitzen, Liegen, Knien –
Ganz ohne Batterien.

Beim Fliegen, Fahren, Gehen –
Ein Buch bleibt niemals stehen.

Beim Essen, Kochen, Würzen –
Ein Buch kann nicht abstürzen.

Die meisten andren Medien
Tun sich von selbst erledigen.

Kaum sind sie eingeschaltet,
Heißt's schon: Die sind veraltet!

Und nicht mehr kompatibel –
Marsch in den Abfallkübel

Zu Bändern, Filmen, Platten,
Die wir einst gerne hatten

Und die nur noch ein Dreck sind.
Weil die Geräte weg sind

Und niemals wiederkehren,
Gibt's nicht zu sehn, zu hören.

Es sei denn, man ist klüger
Und hält sich gleich an Bücher,

Die noch in hundert Jahren
Das sind, was sie stets waren:

Schön lesbar und beguckbar,
So stehn sie unverruckbar

In Schränken und Regalen
Und die Benutzer strahlen:

Hab'n die sich gut gehalten!
Das Buch wird nicht veralten.[1]

1 In: NZZ vom 13. Oktober 1999, p. 33.

6. Presse/Post

»Das Buch wird nicht veralten.« Robert Gernhardts Merkvers gilt in materieller und ideeller Hinsicht. Feste Buchstaben auf nicht allzu säurehaltigem Papier haben deutlich länger Bestand als Pixel auf den Monitoren, die man auch Flimmerkisten nennen kann. Die Disketten und Festplatten, die diese Pixel grundieren, halten hingegen kaum so lange wie die Gutenberg-Bibel. Was auf den meisten CDs, Disketten und Festplatten gespeichert wird, hat aber auch in ideeller Hinsicht keinen Anspruch auf Ewigkeit beziehungsweise will diesen Anspruch gar nicht erst erheben. Aktiennotierungen oder Sonderangebote im E-Commerce des Internet sind nicht für die Ewigkeit bestimmt. Wohl aber Bücher. Das Buch der Bücher, die unsterblichen Verse, die klassischen Dramen und die ewigen Werke haben kein Verfallsdatum. Es gehört zur Aura des Buches, daß es Moden und Zeitenwechsel überdauert.[1] Nichts aber ist – einem jüngeren und im Internet-Zeitalter doch schon wieder gealterten Ondit zufolge – älter als die Tageszeitung von gestern. Sie entstammt zwar grundsätzlich derselben Medientechnologie wie das ewige Buch, scheint aber einer gänzlich anderen Zeitordnung zuzugehören.

Daß – medientechnologisch gesehen – die flüchtige Tageszeitung und das unvergängliche Buch derselben Formation zugehören, wurde im 19. Jahrhundert schlagend deutlich. Viele der bedeutendsten Prosawerke sind zuerst als **Fortsetzungsromane in Tageszeitungen und Zeitschriften** erschienen. Zu ihnen zählt neben vielen Balzac- und Fontane-Romanen auch Henry James' Novelle *The Aspern Papers*. Sie wurde zuerst zwischen März und Mai 1888 im *Atlantic Monthly* veröffentlicht. Erzählt wird von der uralten Miss Bordereau, die völlig vergessen und vereinsamt in einem verfallenen Palazzo in Venedig lebt und, wie junge Bewunderer des be-

1 Dazu H. Blumenberg: Die Lesbarkeit der Welt.

rühmten Schriftstellers Aspern herausfinden, im Besitz von nachgelassenen Papieren des seit Jahrzehnten Verstorbenen ist. »It was a revelation to us that self-effacement on such a scale had been possible in the latter half of the nineteenth century – the age of news-papers and telegrams and photographs and interviewers.«[1] Im Zeitalter von Tageszeitungen, Telegrammen, photographischen Schnappschüssen und rasenden Reportern droht die Auslöschung des kulturellen Gedächtnisses an die hohen und höchsten kulturellen Werte. Schnelligkeit und Kurzzeitaktualität versus ewige Werte und Hochkultur: so scheint das Schema der Novelle gestrickt zu sein. Hochkulturellen und hochmoralischen Werten aber ist der junge Mann nicht verpflichtet, der sich auf den Weg nach Venedig macht und keine Mittel scheut, um an die Papiere zu kommen, die von der uralten Dame mißtrauisch gehütet werden. Er verspricht gar der Nichte der alten Dame, Miss Tita, die Ehe, um an sein Ziel zu gelangen. Doch die durchschaut in letzter Minute, wem die eigentliche Begierde des Bibliomanen gilt, und verbrennt nach dem Tod der Tante die hinterlassenen Briefe und Manuskripte.

Erschienen ist diese Geschichte von den ewigen und dann doch wiederum nicht ganz so dauerhaften Werken in einem monatlich, also mit mittlerer Frequenz erscheinenden Publikationsorgan. Der Inhalt neuer Medien, so einer der Merksätze McLuhans, sind zumeist alte Medien. Zeitschriften und vor allem Tageszeitungen sind die neuzeitlichen Massenmedien, die sich fröhlich zu ihrem parasitären Status bekennen. Sie zersetzen systematisch alle Ewigkeitswerte. Denn sie leben von der Sensation und also vom schnellen Altern der Neuigkeit, von der sie berichten. Indem sie von stets Neuem berichten, bringen sie sich systematisch um ihre Qualität, eine Neuigkeit darzustellen. Nichts ist älter als die Tageszeitung von gestern ... Niklas Luhmann hat pointiert herausgestellt, vor welchem Problem Druckerzeugnisse stehen, die nicht mehr ewige Werte und ewiges Wissen,

1 H. James: The Aspern Papers, p. 13.

sondern Informationen über schwankende Tagesaktualitäten vermitteln wollen: »Die wohl wichtigste Besonderheit des Codes Information/Nichtinformation liegt in dessen Verhältnis zur Zeit. Informationen lassen sich nicht wiederholen; sie werden, sobald sie Ereignisse werden, zur Nichtinformation. Eine Nachricht, die ein zweites Mal gebracht wird, behält zwar ihren Sinn, verliert aber ihren Informationswert. Wenn Information als Codewort benutzt wird, heißt das also, daß die Operationen des Systems ständig und zwangsläufig Information verwandeln. Das Kreuzen der Grenze vom Wert zum Gegenwert geschieht automatisch mit der bloßen Autopoiesis des Systems. Das System führt ständig den eigenen Output, nämlich Bekanntheit von Sachverhalten, in das System wieder ein, und zwar auf der Negativseite des Codes, als Nichtinformation; und es zwingt sich dadurch selbst, ständig für neue Information zu sorgen. Mit anderen Worten: Das System veraltet sich selber.«[1] Ebendarum liebt das Informationssystem mit geradezu fetischistischer Inbrunst Institutionen, die unablässig Neues produzieren – etwa die Bundesliga und die Börse.

Gedrucktes gehört aber, je nachdem, ob es in Buch- oder Zeitungsform erscheint, nicht nur gänzlich unterschiedlichen Zeit-, Wert- und Code-Ordnungen an (ewig versus tagesaktuell / tradiert, verläßlich, irreversibel versus neu, unsicher, reversibel / genuine Wahrheit der Fiktion versus Information). Gedrucktes – ob ein großes Werk der Weltliteratur oder eine toilettenpapiertaugliche Tageszeitung – hat bei allen Differenzen eben auch diese Gemeinsamkeit: gedruckt zu sein. Leser müssen vor allem bei der Lektüre von Zeitungen, die Informationen und Werbung und Unterhaltung und Horoskope und Fortsetzungsromane enthalten, irritiert bemerken, daß Druckerzeugnisse trotz aller unterschiedlichen Leit-Orientierungen demselben medientechnologischen Komplex zugehören. Also tun Ausdifferenzierungen not. Daß die Dichter lügen, konnten Gebildete seit

1 N. Luhmann: Realität der Massenmedien, p. 41 sq.

Hesiod und Platon zwar grundsätzlich wissen. Aber sie konnten das auch vergessen. Dem Theologen Gotthard Heidegger (1666-1711) schien es im Jahre 1698 angesichts der sich abzeichnenden Konjunktur für die *belles lettres* jedenfalls nötig, an die alte Einsicht zu erinnern, die da lautet: »Wer Romans list / der list Lügen.« So heißt es lapidar in seinem vielgelesenen, noch von Bodmer und Breitinger diskutierten Werk *Mythoscopia Romantica oder Discours von den so benannten Romanen.*

Nicht alle lesesüchtigen Zeitgenossen wollten an diese schlichte Einsicht erinnert werden. Und sie wurde denn auch in den folgenden Jahrzehnten zugunsten hoch gereizter Theorien von der ästhetischen Erziehung des Menschengeschlechts gerne und offenbar mit gutem Gewissen vergessen. Denn die Gutenberg-Galaxis brachte auf ihrem Höhepunkt zwischen 1750 und 1850 den Typus des Medienprominenten, des Großschriftstellers, des klassischen Autors mit Copyright-Rechten hervor. Wer ein berühmter Autor ist, hat Autorität. Er kann die Korrelationen zwischen den Worten und den Sachverhalten so stimmig fügen, daß es alsbald nicht an klassisch-romantischen Theorien über die genuine und überlegene Wahrheit des sprachlichen Kunstwerkes mangelt. Im Extremfall – und der heißt Goethe – konnte ein solcher autoritativer Autor gar in Idealkonkurrenz zum tradierten Gott treten: Goethe, der Ergänzungs- oder Alternativgott der Kunstreligion. Daß der mit dem Namen Goethe Gesegnete zu den wenigen zählte, die um 1800 durchaus wußten, welch handwerkliche und eben nicht kryptotheologische Dimensionen dem Letterngewerbe überhaupt eigen sind, hat sich unter den verehrungswilligen Zeitgenossen kaum herumgesprochen.

Eine Ausnahme ist Herder. Ihm ist eine klassische Formulierung des (produktiven) Medien-Dilemmas zu verdanken, vor dem ein Dichter steht, der heißen Empfindungen mit schwarzen Lettern beikommen muß. Der Dichter, so heißt es in Herders *Fragmenten über die neuere deutsche*

Literatur, »soll *Empfindungen* ausdrücken: Empfindungen durch eine gemalte Sprache in Büchern ist schwer, ja an sich unmöglich. Im Auge, im Antlitz, durch den Ton, durch die Zeichensprache des Körpers – so spricht die *Empfindung* eigentlich, und überläßt den toten *Gedanken* das Gebiet der toten Sprache. Nun, armer Dichter! und du sollst deine Empfindungen aufs Blut malen, sie durch einen Kanal schwarzen Safts hinströmen, du sollst schreiben, daß man es *fühlt*, und du sollst dem *wahren Ausdrucke* der Empfindung entsagen; du sollst nicht dein Papier mit Tränen benetzen, daß die Tinte zerfließt, du sollst deine ganze lebendige Seele in tote Buchstaben hinmalen, und parlieren, statt *auszudrücken.*«[1] Schreibt die Empfindung, so schreibt, ach, schon die Empfindung nicht mehr.

Schöne und traurige Formulierungen: »durch einen Kanal schwarzen Safts« strömen sowohl die heißen Empfindungen als auch die kühlen Informationen. In dem Maße, wie sich während und nach der Goethezeit rein drucktechnisch Genre-Überlagerungen ergaben, also Belletristik in Tageszeitungen erschien, stellte sich scharf das Problem der Ausdifferenzierung von Information und Unterhaltung. *Aut prodesse aut delectare volunt poetae* heißt es in kanonischer Formulierung schon bei Horaz: Die Dichter wollen ebensowohl unterhalten wie belehren. Solche poetischen Universalkompetenzen werden Aug in Aug mit profanen Druckerzeugnissen, die nicht schön sein wollen, dafür aber schrill über den schlechten Zustand der Welt belehren, kreditunwürdig. Es wird allenfalls zulässig, bei hochkultureller Unterhaltung (also etwa bei Shakespeare- und Goethedramen) nicht auszuschließen, daß sie sowohl unterhalten als auch des Tiefsinns fähig sind. Für Informationen aber sind auch diese Werke nicht (mehr) zuständig. So wie man nicht ernsthaft von Zeitungsmeldungen erwartet, daß sie auf der Höhe des Tiefsinns von *Hamlet* oder *Faust* prozedieren.

1 J. G. Herder: Fragmente, p. 403.

Das Zauberwort zur Erklärung solcher Prozesse lautet bekanntlich »Ausdifferenzierung«. »An einer Schlüsselfigur wie Daniel Defoe kann man ablesen, daß der moderne Roman aus dem modernen Journalismus entsteht; und zwar auf Grund der Notwendigkeit, im Blick auf gedruckte Publikationen Tatsachen und Fiktionen zu unterscheiden. Die Druckpresse verändert die Art und Weise, in der die Welt einem Publikum glaubwürdig präsentiert werden kann, und zwar über die Behauptung von Tatsachen oder von tatsächlich aufgefundenen (aber als Fiktion erkennbaren) Schriftzeugnissen bis schließlich durch reine, unverschleierte fiktionale Erzählungen, die aber genug Wiedererkennbares enthalten, um als imaginierte Realität gelten zu können. Die Unterscheidung von (als Fakten prüfbaren) Nachrichten oder Berichten und hinreichend realitätsnahen fiktionalen Erzählungen kommt demnach überhaupt erst auf Grund der Technologie zustande, die es ermöglicht, Druckerzeugnisse herzustellen.«[1] Die Ausdifferenzierung von Faktum und Fiktum wird unvermeidbar, wenn beide einander so naherücken wie in den Spalten einer Zeitung.

Daß man mit Gutenbergs Technologie nicht nur ewige Werke wie Bibeln, sondern auch Mitteilungsorgane für flüchtige Neuigkeiten produzieren kann, wurde schnell bemerkt. Massenprodukte tendieren nun einmal zur Profanierung. Der **Straßburger Drucker Johann Carolus** (1574-1634) erwarb **1604** die berühmte Offizin des kurz zuvor verstorbenen Druckers Bernhard Jobin. Nur ein Jahr später hatte er einen Geistesblitz. Er erwirkte vom Magistrat der Stadt die Erlaubnis zur massenhaften Drucklegung seiner bis dahin nur handschriftlich für einen exklusiven Kreis vervielfältigten wöchentlichen Nachrichten. Unter dem schönen Titel *Relation: Aller Fürnemen vnd gedenckwürdigen Historien* erschien in Straßburg fortan wöchentlich die **erste deutschsprachige Zeitung** (der erste zur Gänze erhaltene Jahrgang 1609 ist in der Bibliothek des Klosters Salem einzusehen).

1 N. Luhmann, Realität der Massenmedien, p. 103 sq.

Ihre Informationen bezog sie vor allem aus dem Kommunikationsnetz der Reichspost.

Der Zeitungstitel *Relation* zeigt es an: Hier liegt ein Presseerzeugnis vor, das seine Leser mit allen buchenswerten Ereignissen in Beziehung setzt. Die Berichte über politische Ereignisse wie etwa den Jülisch-Kleveschen Erbfolgestreit begannen mit der Datumszeile und dem Herkunftsort der Nachricht – ein System, das sich bis heute gehalten hat. Johann Carolus legte großen Wert auf die Verläßlichkeit seiner Informationen; er gilt als jemand, der sorgfältig recherchierte, bevor er druckte. Die reitenden Postboten, die er zur Informationsbeschaffung nutzte, haben natürlich ihrerseits schnell weiterberichtet, welche Informationsvorsprünge die Bürger und besonders die Kaufleute der Handelsmetropole Straßburg hatten. Die Idee, Zeitungen zu machen, schlug bald an anderen Orten ein. 1609 kam in Wolfenbüttel der *Aviso* (= Ankündigung oder Nachricht) heraus. 1618 gab es in Frankfurt am Main bereits drei konkurrierende Zeitungen. Die erste täglich erscheinende Zeitung im deutschen Sprachraum (bis auf den heiligen Sonntag – er ist seit der göttlichen Schöpfungswoche ein ereignisloser Tag) erblickte am 1. Juli 1650 in Leipzig das Licht der Welt. Sie wurde von einem Buchhändler und Drucker namens Timotheus Ritzsch produziert und trug den ebenso hübschen wie knappen Titel *Einkommende Zeitungen* – also: eintreffende Nachrichten (aus aller Welt). Die Nachrichten trafen überwiegend per Postkutsche ein. Und die transportierte Menschen und Nachrichten noch mit derselben Geschwindigkeit. Erst die Erfindung der Telegraphie hat dafür gesorgt, daß Nachrichten Menschen uneinholbar abhängen. Und daß Menschen zunehmend davon abhängen, ob Nachrichten schnell und zuverlässig transportiert werden.

Zeitungen waren anfangs ein Luxusgut.[1] Betuchte Kaufleute gehörten zu ihren verläßlichsten Abonnenten. Kein

1 Cf. dazu und zur Geschichte der Zeitungen insgesamt R. Stöber: Deutsche Pressegeschichte.

Wunder – sie waren und sind stärker als andere Berufsgruppen (von Militärs abgesehen) auf verläßliche und schnell eingehende Nachrichten angewiesen. Das neue, dieses Bedürfnis stillende Medium, die regelmäßig (erst wöchentlich, dann dreimal wöchentlich, dann täglich) erscheinende Zeitung, erblickte und stiftete das Licht des Zeitalters, das sich bald gerne selbst als aufgeklärtes oder mit dem Zeitungsleser Kant als Zeitalter der Aufklärung sah. Zu einem preiswerten Produkt wurden Zeitungen erst, als sie sich im großen Maßstab Werbeanzeigen öffneten. Und das ist erst im 19. Jahrhundert der Fall. Vereinzelte **Werbeanzeigen** aber gibt es, seitdem es Zeitungen gibt. Ab 1622 setzt ein erster Boom der neuen Gattung ein.[1] Aufschlußreich ist, daß die Zeichen, die da werben, häufig für Zeichen werben. Buchwerbung führt die Statistik der Produkte an, die frühe Anzeigen der Aufmerksamkeit ihrer Leser empfehlen; Werbung für andere Drucksachen wie Kalender und Kanzlei- beziehungsweise später Bürobedarf belegt den zweiten Platz. Und auch der dritthäufigste Werbungstyp gilt Zeichen – genauer: Lotterielosen. Profaner, aber auch eindringlicher als durch die im 17. Jahrhundert einsetzende Lotteriemode könnte breiten Kreisen nicht deutlich gemacht werden, was es heißt, Zeitgenosse der Neuzeit zu sein: Man muß die Erfahrung machen, daß alles zur Disposition steht. Die beginnende Neuzeit verschreibt sich psychodynamisch einem Trainingsprogramm für profane (also nicht mehr ausschließlich auf den Willen Gottes oder das Rad der Fortuna verweisende) Kontingenzbewältigung. Zeitungen, Lotterielose und Werbeanzeigen sind wesentliche Bestandteile dieses Programms. Ihre Botschaft: Alles könnte auch anders sein, als es ist. Der Erbfolgekrieg könnte anders ausgehen, das Los ein hoher Gewinn und keine Niete sein, man könnte dies, aber eben auch anderes kaufen.

Die Diktion früher Werbeanzeigen ist aus heutiger Sicht bemerkenswert sachlich. Anzeigen reagieren schon damals

1 Cf. dazu S. Bendel: Werbeanzeigen.

auf das Problem der Über-Fülle an Waren: »es gibt mich« heißt ihre Botschaft; »schenke meiner Existenz deine geschätzte Aufmerksamkeit« ist ihre Bitte. Bald gibt es – jedenfalls nach dem nicht sehr originellen Urteil damaliger Medienkritiker – auch eine problematische Überfülle an Zeitschriften und Zeitungen. Für tiefsinnige und denkende Köpfe wie Schopenhauer, Kierkegaard und Karl Kraus, die das Unglück hatten, im papiernen Zeitalter des 19. beziehungsweise des frühen 20. Jahrhunderts leben zu müssen, wird die Tagespresse zum bevorzugten Haß-Objekt. Zeitungen sind zwar nicht das **erste Massenmedium** (gute Gründe – siehe die folgende *Zweite Unterbrechung* – sprechen dafür, das Abendmahl und das Geld als die ersten beiden Massen- und Leitmedien zu begreifen), Zeitungen werden aber als das erste Massenmedium im heute noch gängigen Sinne des Wortes beobachtet und kritisiert. Den durchschlagenden Erfolg des Massenmediums Zeitung haben solche Einwände nicht verhindern können. Medienkritik war, ist und bleibt ein hilfloses Geschäft – wenn sie sich fundamentalistisch gegen Medien als solche wendet. Und so bildet sich in dem Maße, in dem deutlich wird, daß Massenmedien evolutionäre Errungenschaften sind, die nicht mehr ernsthaft zur Disposition stehen, ein defensives, nicht sonderlich originelles, aber darum auch nicht schon falsches Schema der Medienkritik heraus. Es lautet: Neue Medien (wie die Schrift, das Buch, die Presse, der Film, das Radio, das Fernsehen, das Internet) sind zwar schlecht (die schrift-, buch-, zeitungs-, fernseh-, computer-, internetfreie Epoche war wenn keine selige, so doch eine bessere Epoche), aber sie sind nun einmal da. Und siehe da: Es gibt gute und schlechte Schriften, Bücher, Zeitungen, Filme, Radio- beziehungsweise TV-Sendungen und Internet-Inhalte.

Das ist banal und stimmt. Hugenbergs Blätter haben, um von der NS-Presse zu schweigen, Unheil unter den Zeitgenossen der Weimarer Republik angerichtet; man kann seine knapp bemessene Lebenszeit sicherlich besser als mit der

Lektüre der Bild-Zeitung verbringen; andere Blätter haben sich hingegen unsterbliche Verdienste erworben – in der Aufklärung von Machenschaften, der Beendigung von Kriegen und der Sensibilisierung für zum Beispiel ökologische Probleme. Aufschlußreicher als die Feststellung, daß es gute und schlechte Zeitungen und Zeitschriften gibt und daß die Zuordnung dieser Prädikate von der jeweiligen Beobachterperspektive abhängt, ist die Analyse des Funktionswandels von Zeitungen und Zeitschriften im komplexer werdenden Mediensystem. Zeitungen hatten vor dem Siegeszug des Radios (und wenig später der Wochenschau im Kino) für ein sich bildendes städtisches, später auch provinzielles Massenpublikum eine Monopolstellung im Hinblick auf die Verbreitung von Informationen. Ihnen konnte kein anderes Medium Konkurrenz machen – wohl aber eine andere Zeitung. An der französischen Presse nach 1789 läßt sich das damit zusammenhängende Problem illustrieren. Es gab laizistische und katholische, republikanische und royalistische, linke und rechte Varianten der Beobachtung, Einschätzung und Besetzung politischer, ökonomischer und kultureller Sachverhalte. Ein Publikum mußte lernen, daß es unterschiedliche Realitätsversionen etwa im Hinblick auf die Revolution von 1848, die Pariser Kommune, die ideologische Einschätzung Jeanne d'Arcs oder den Fall Dreyfus gab.

Unterschiedliche Realitätsversionen akzeptieren und also auf die hübsche Idee verzichten zu müssen, es gebe eine oder gar *die* Wahrheit, ist eine prototypisch neuzeitlich-moderne Zumutung (gegen die Zeitungen mit dem schönen Titel »Die Wahrheit«, *Prawda*, anrennen und die die Tageszeitung, die keinen anderen Namen trägt als eben diesen: *taz*, mit der Rubrik »Die Wahrheit« postmodern ironisiert). Massenmedien nötigen, wenn sie denn einigermaßen unzensiert und in Konkurrenz zueinander zu Wort kommen können, geradewegs zur Einübung in die Unmöglichkeit, diese Zumutung zu vermeiden. 1740 hat der aufgeklärte preußische König Friedrich II. für einige wenige Monate den Berliner Blättern die uneingeschränkte **Pressefreiheit** gewährt. Die Proklamation der Pressefreiheit gehörte knapp 50 Jahre später zu den ersten Beschlüssen der revolutionären französischen Nationalversammlung. Zwei Jahre später (also 1791) wird die Pressefreiheit in der Verfassung der USA garantiert (ein nachträglicher Zusatz, die US-Verfassung stammt ja aus dem Jahr 1776). Das **papierne Zeitalter des 19. Jahrhunderts** fällt dahinter zurück. Die Karlsbader Beschlüsse von 1819 beschränken die Pressefreiheit erheblich; sie werden erst 1848 wieder aufgehoben. Auch die Bismarcksche Reichsverfassung läßt einschneidende Zensurmöglichkeiten zu. 1878 werden aufgrund des Sozialistengesetzes mit einem Schlag 42 Tageszeitungen verboten. Nach diesen Erfahrungen und angesichts der scharfen Pressezensur während des Ersten Weltkriegs erheben die Verfassung der Weimarer Republik von 1919 wie das 1949 verkündete Grundgesetz die Pressefreiheit in den Rang der Grund- und Menschenrechte.

Mit der **Massenpresse** bildet sich ab 1789 einigermaßen dezidiert heraus, was man »öffentliche Meinung« nennt.[1] Der Brisanz dieses Phänomens wird man sich – gerade angesichts der Revolution von 1789 – schnell bewußt. Ein nur auf den ersten Blick harmloses Beispiel: In dem 1797 in der Zeitschrift *Lyceum* erschienenen Aufsatz über Lessing verwendet der junge Friedrich Schlegel bereits diesen Begriff, um sogleich seine Abgründe zu reflektieren. »Die Macht einer öffentlichen und alten Meinung zeigt ihren Einfluß auch auf solche Männer, welche selbständig urteilen könnten; der Strom zieht auch sie mit fort, oft ohne daß sie es nur gewahr werden. Oder wenn sie sich widersetzen, so geraten sie dann in das andere Extrem, alles unbedingt zu verwerfen.«[2] Schlegel kennt auch schon den Begriff der »herrschenden Mei-

1 Cf. dazu unter vielen anderen Studien die klassische von J. Habermas: Strukturwandel der Öffentlichkeit (zur Begriffsgeschichte § 28) und die antiklassische von O. Negt/A. Kluge: Öffentlichkeit und Erfahrung.

2 F. Schlegel: Lessing, p. 102.

nung«, den er noch bevorzugt in ästhetischer Hinsicht verwendet. Der freche Frühromantiker aber legt die Analogielust nahe: Nicht nur über Geschmack, auch über Politik, Philosophien, Methoden, Lebensformen und Wissenschaften läßt sich streiten. »Herrschende Meinungen« sind auf allen Gebieten dazu da, beeinflußt, gestürzt und neu gebildet zu werden. Fest steht jedenfalls, daß die »herrschende Meinung« nicht länger feststeht, wenn ihr die **öffentliche Meinungsbildung** (die Friedrich Schlegel mit seinem Essay gerade mit zu prägen unternimmt) in die Quere kommt. Und fest steht schon um 1800, daß die öffentliche Meinung eine »Macht« ist. Daß von heute auf morgen jeder und jede das Recht in Anspruch nimmt, informiert zu werden, um dann mitreden und mitentscheiden zu dürfen, ob Lessing bislang unterschätzt wurde oder ob man zum Beispiel einen König von Gottes Gnaden guillotinieren darf, dies schockiert die einen, die anderen stimmt es euphorisch.

Die Genese, Funktion, Formbarkeit und Macht der **öffentlichen Meinung** wird schon im 19. Jahrhundert zu einem Lieblingsthema von Staatsrechtlern, Politologen und Kulturanalytikern und im 20. Jahrhundert von Soziologen, Demoskopen und Kommunikationswissenschaftlern. Die öffentliche Meinung stellt im Zeitalter der Massenmedien, darüber ist man sich seltsam einig, nichts Geringeres dar als die vierte Gewalt (nach Legislative, Exekutive und Jurisdiktion). Es genügt, daran zu erinnern, daß Goethe Geheimrat war, um die Brisanz dieses Sachverhalts zu erschließen. Ob die Trennung von geheim und öffentlich überhaupt noch angezeigt ist, wird zu einem politischen Lieblingsthema der Goethezeit. Freimaurerbünde bieten sich in dieser Hinsicht als Diskussionsobjekt an. Denn sie fokussieren das Problematische an der tradierten Trennung von geheim und öffentlich, indem sie im Namen öffentlicher Emanzipationsinteressen auf Geheimhaltung bestehen und damit die alten Hüter von Geheimnissen (wie den Geheimrat Goethe, der wohl aus Protokoll- und vor allem Kontrollgründen dem Weimarer

Freimaurerbund beitrat) gehörig nerven. Noch die Presse des 19. Jahrhunderts hat Respekt vor Staatsgeheimnissen. Die klassische Massenpresse will wohl kommentieren, Meinung bilden und öffentlich wirken, kennt aber noch nicht den Typus des investigativen Journalismus.

Systematisch Geheimnisse zu enthüllen und zu veröffentlichen – das wird zur Aufgabe der Presse erst in den Jahren, als neue Medien jenseits der Gutenberg-Galaxis emergieren. Der Klassiker unter den Kriegsberichterstattern, William Howard Russell (1820-1907), der für die Londoner *Times* unter anderem vom Krimkrieg, vom Amerikanischen Bürgerkrieg und von der Schlacht bei Königgrätz berichtete,[1] geriet auf seine mittleren Tage in eine tiefe Krise – weil sein Blatt ihn 1870 während des Deutsch-Französischen Krieges drängte, sich endlich des Mediums Telegraphie zu bedienen und wie das Konkurrenzblatt mit dem sprechenden Namen *Daily News* »Blitznachrichten« zu liefern. Russell aber wollte nicht. Ihm schien gründliche Hintergrundinformation eine dreiwöchige Verspätung wert zu sein. Wer keine Angst vor spekulationsbereiter Mediengeschichte hat, wird tiefe medienstrukturale Zusammenhänge zwischen der **Erfindung des Kinos** im Jahr **1895** und der durch **Emile Zolas** investigativen Essay *J'accuse* ... im Jahre **1898** ausgelösten **Dreyfus-Affaire** erkennen. Was der Fall ist, kann photographisch und neuerdings auch filmisch dokumentiert werden. Welche Wirklichkeitsversion im Fall ist – ob es also zum Beispiel tatsächlich stimmt, daß der Jude Dreyfus französische Staatsgeheimnisse verraten hat, oder ob hinter dieser Behauptung ein antisemitischer Komplott steht – das muß und kann investigativer Journalismus klären. Die alte Medientechnik der analytischen Kombination von Buchstaben findet angesichts der neuen audiovisuellen Medientechniken eine neue Aufgabe. Schneller als eine Direktübertragung im Fernsehen kann keine drucktechnologisch noch so hochgerüstete Tagespresse sein. Und also verlegt sich das alte

1 Cf. W. H. Russell: Meine sieben Kriege.

Gutenbergmedium mehr und mehr auf Hintergrundberichterstattung. Anspruchsvolle Bücher gehen auf Sinnsuche und wollen ergründen, wie die Hinterwelt strukturiert ist; anspruchsvolle Zeitungen und Zeitschriften liefern Hintergrundberichte, die dem schönen Sinnenschein systematisch mißtrauen.

Die Großereignisse des **investigativen Presse-Journalismus** sind mittlerweile Mythen geworden. Die Dreyfus-Affaire in Frankreich, die Spiegel-Strauß-Affaire in Deutschland oder die Watergate-Affaire in den USA: drei von mehreren Beispielen für die aufklärerischen Leistungen des langsamen und alten Mediums Druck, die ins kollektive Gedächtnis eingewandert sind. Den Leistungen der *New York Times* hat Uwe Johnsons wunderbar langsamer und episch breiter Roman *Jahrestage* gehuldigt. An der Beendigung des Vietnamkriegs hat dieses Blatt, das auch im entfalteten TV-Zeitalter vorführte, was es konkret heißt, wenn nicht die öffentliche Meinung, so doch die Meinung von Multiplikatoren und Entscheidungsträgern zu prägen, entscheidenden Anteil. Der Herausgeber des Blattes hat die vierte Gewalt, über die er mit verfügte, selbstbewußt verteidigt. Mr. Sulzberger wird von Präsident Kennedy zum Gespräch ins Weiße Haus gebeten. »Kennedy: ›Wie bewerten Sie die Arbeit Ihres jungen Korrespondenten (Halberstam) in Saigon?‹ / Sulzberger: ›Wir sind sehr zufrieden mit ihm.‹ / Kennedy: ›Denken Sie nicht, daß er etwas zu engagiert über die Vorgänge in Vietnam berichtet?‹ / Sulzberger: ›Nein, das glauben wir eigentlich nicht.‹ / Kennedy: ›Sie denken nicht etwa darüber nach, ihn möglicherweise nach Paris oder nach Rom zu versetzen?‹ / ›Nein.‹«[1] Am 13. Juni 1971 beginnt das Weltblatt mit einer Artikelserie, die unter einem eher unscheinbaren Titel steht: *Vietnam Archive: Pentagon Study Traces 3 Decades of Growing U.S. Involvement*. Die Veröffentlichung der Pentagon-Papiere markiert den Anfang vom Ende eines Krie-

1 S.W. Elfenbein: The New York Times, p. 27. (Die aufschlußreiche Studie erwähnt Uwe Johnsons Roman seltsamerweise nicht.)

ges, der gegen die sich deutlich ändernde öffentliche Meinung in den USA nicht zu führen ist. Daß die TV-Bilder über den schmutzigen Krieg zur Veränderung des Meinungsklimas das Ihre beigetragen haben, hat das stolze Traditionsblatt nie bestritten. Und daß auch Militärs ihre Konsequenzen aus der Einsicht in die Funktionsweisen der vierten Gewalt zu ziehen wissen, hat die – um zurückhaltend zu formulieren – restriktive Informationspolitik der westlichen Mächte im Irak- und im Kosovokrieg gezeigt.

Die Stärke von Blättern wie der *New York Times* ist das Revers ihrer Schwäche: Mit den **neuen Übertragungsmedien Radio und Fernsehen** können sie im Hinblick auf Geschwindigkeit und Verläßlichkeit nicht mithalten. Eine offenbar authentische Anekdote um den früheren NYT-Chef illustriert das drastisch. »Punch« Sulzberger, ein Nachfahre des Gründers, wurde nach dem frühen Tod von Orvil Dryfoos (der im Sulzberger-Clan zwar »nur« den Rang eines Schwiegersohns innehatte, aber aus naheliegenden Gründen »Punch« bei der Vergabe der Leitungsposition vorgezogen wurde) 1961 von der Besitzerfamilie zum Chef der NYT bestimmt. Bei seiner späten Berufung galt er als heikler Fall. Kein Wunder: Während seiner Lehrjahre war er durch peinliche Fehlleistungen aufgefallen. So war er am 11. Juni 1955 »privat« beim Autorennen in Le Mans und also Augenzeuge, als es zu einem der spektakulärsten Unfälle in der Geschichte des Autorennens kam und mehrere Zuschauer von einem Rennwagen getötet wurden. Er hielt es nicht für nötig, das Pariser Büro der NYT oder in New York anzurufen. Zurück in New York, unterlief ihm ein weiterer denkwürdiger Fauxpas. Er berichtete von einem großen Bankett und faßte die Worte des Hauptredners zusammen. Durch einen Gang zum Telefon hatte er allerdings die Ansage über eine kurzfristige Änderung der Rednerliste verpaßt; Name und Ansprache wurden so vertauscht. Am nächsten Tag war eine peinliche Korrektur fällig.

Gerade dieser wenig ingeniöse Reporter Punch Sulzberger war es dann aber, der der NYT ihre investigative Richtung gab. Er machte seine persönliche Schwäche, die erkennbar mit einer Schwäche des alten Mediums Zeitung in der Epoche neuer, schneller und zuverlässiger Medien zusammenfiel, zu seiner medialen Stärke und propagierte einen neuen Journalistentyp. Gemäß dem Motto: Autorennen und Ansprachen dokumentieren können Film und Fernsehen besser – wir recherchieren. Seitdem hat nicht nur dieses Blatt den Ehrgeiz, Agenda-setting zu treiben: »Die *New York Times* ist eine Art Vorwarnung für das, was dann am Abend auf den Bildschirmen erscheinen wird.«[1] Harry Pross, einer der *grand old men* des deutschen Qualitätsjournalismus, hat in seinem kundigen Rückblick auf die Geschichte der *Deutschen Presse im 20. Jahrhundert* dafür plädiert, gerade im Zeitalter des Internet auf die Stärke der Presse zu setzen, und das heißt: sie als langsames, gründliches Recherchemedium zu begreifen.[2] Wenn Gedrucktes hingegen mit neuen Medien mithalten will, gerät es in Turbulenzen. Zeitschriften wie der *Stern*, die noch mit der Bilderflut der TV-Kanäle konkurrieren wollen, haben es heute schwer. Die Illustrierte hatte ihre hohe Zeit nicht etwa in der Epoche vor Film und Fernsehen, sondern in der Periode, als das Fernsehen wohl den Hunger nach Bildern nährte, aber technisch noch nicht in der Lage war, ihn mit anspruchsvoller Kost zu stillen. Das hat der *Stern* in beeindruckender Weise geleistet. Unsterblich blamiert aber hat er sich bezeichnenderweise, als er mit der Publikation von Buchstaben und Handschriften Aufsehen erregen wollte und »Hitlers Tagebücher« zu publizieren glaubte. Schon auf der Titelseite leistete sich die Zeitschrift einen kapitalen Buchstabenfehler. Hitlers vermeintliche Tagebücher waren mit seinen Initialen geschmückt. Die waren natürlich in deutscher Frakturschrift gehalten. Und da in Fraktur das F leicht mit dem A verwechselt werden kann,

1 M. Rice: Four Nations, Four Newspapers, p. XXV.
2 H. Pross: Zeitungsreport.

prangte auf dem Titelblatt FH statt AH. Ein kapitaler Lese- beziehungsweise Setzfehler.

Illustrierte sollen und müssen eben ihrem Namen Ehre machen. Und das heißt: Ihre Hauptaufgabe bestand darin, zu Zeiten, in denen das Fernsehen noch Schneegestöber lieferte, den Hunger nach brillanten Bildern zu stillen. Wer statt grober Schwarzweißpunkte visuelle Kunst präsentiert haben wollte, mußte etwa zum 1936 gegründeten klassischen *Life Magazine* greifen. Für die virtuose Photo-Dokumentationskunst dieses Blattes gibt es im Zeitalter hochauflösender Farb-TV-Monitore keinen rechten Platz mehr. *Life* wurde deshalb im Mai 2000 endgültig eingestellt (nachdem die wöchentlich erscheinende Illustrierte 1972 schon einmal eingeschlafen und 1978 als Monatsillustrierte wieder zum Leben erweckt worden war). Was bleibt, stiften die Photos. Das legendäre Magazin lieferte viele Bilder, die ins kollektive Gedächtnis eingewandert sind: Soldat küßt Mädchen, Vietcong wird vom Polizeichef auf offener Straße erschossen, der salutierende kleine Kennedysohn am Sarg seines Vaters.

Neue Medien lassen alte Medien zwar kaum je untergehen. Aber sie nötigen sie zu Identitäts- und Funktionswechseln. Aus der wöchentlich erscheinenden Massen-Illustrierten mit den Photos, über die alle sprechen, wird ein monatlich erscheinendes Special-interest-Magazin für Freunde der alten Reportagekunst. Und auch das Bild des Reporters selbst ändert sich nicht nur mit dem Stand der Medien, die er beschickt, sondern ebenso mit dem Stand der Medientechnik, die er in den Händen hält, um aufzuzeichnen, was der Fall ist. Ob Feder oder Bleistift, ob Kugelschreiber oder Reiseschreibmaschine, ob Tonband oder Kamera, ob Videogerät oder Palmtop: das Schreib- und Aufzeichnungsgerät prägt die Botschaft zumindest mit. Kein Wunder, daß den Gerätschaften, die Sinn machen und / oder Sinnliches registrieren, häufig geradezu der Status von Fetischen eingeräumt wird. Am deutlichsten ist das wohl in Thomas Manns souveränem Medien-Roman *Der Zauberberg* der Fall. Den

»versilberten Crayon mit einem Ring, den man aufwärts schieben mußte, damit der rotgefärbte Stift aus der Metallhülle wachse«,[1] den sich Hans Castorp in erotisch aufgeladener Silvesterstimmung von einer Frau leiht, die keinen anderen Namen als Madame Chauchat (Heiße Katze) trägt, um mit verbundenen Augen ein Schwein zu malen, ist ein besonders komplexes Beispiel dafür. Mit den Fetischqualitäten von Aufzeichnungsgeräten spielt auch der bis heute wohl bedeutendste Film über Zeitungsmacher – *Citizen Kane*. In seinem Mittelpunkt: ein Schlitten mit dem rätselhaften Markennamen »Rosebud« und all die Schreib- und Aufzeichnungsgeräte, die den Lebensweg dessen begleiten, der hinter das Geheimnis dieses frühen kühlen Gleitens und Verschwindens kommen will.

Eine Geschichte aller Schreib- und Aufzeichnungsgeräte vom Meißel über den Ton-Griffel, den Gänsekiel, die Kreide, den Bleistift, den Füller, die Schreibmaschine und den Ballpen bis hin zum Computer und Palmtop würde den Rahmen dieses Buches sprengen. Wie sich die Aura, das Image und die Technik des Schreibens je nach der Art der Gerätes, das man in den Fingern hält, ändert, läßt stellvertretend ein Blick auf die Geschichte des **Kugelschreibers** erkennen. Noch heute gilt er vielen Gebildeten als ein Inbegriff des kulturellen Niedergangs, dem man mit dem Erwerb teurer Füllfederhalter wehren muß und kann. »Können Sie mir bitte einmal Ihren Füller leihen?« Die Frage nach der temporären Überlassung dieses Objekts ist heikler als die nach anderen Gegenständen. Ein Taschenmesser, einen Hammer oder eine Luftpumpe wird jeder hinlänglich höfliche Mensch jedem, der eines solchen Requisits akut bedürftig ist, zur Verfügung stellen. Einen Füller aber – so das alte Ondit – verleiht man nicht. Denn Füllfederhalter sind quasisymbiotische Bestandteile zumindest der bildungsbürgerlichen Persönlichkeit, über deren Charakter (und das Wort »Charakter« stammt aus dem Griechischen und bedeutet

1 Th. Mann: Zauberberg, p. 173, cf. J. Hörisch: Gott, Geld und Glück, p. 206 ff.

erst einmal nichts anderes als »eingeritztes Zeichen« – der Charakter ist ein Graffito) die unverwechselbare Handschrift, eben die Charakterschrift Auskunft gibt. Was einem genuin zugehört, gibt man sowenig aus der Hand wie die bessere Hälfte seiner selbst. Nicht umsonst kennt der Satz vom Füller, der in keine fremden Hände kommen darf, eine obszöne Variante: Füller und Frauen verleiht man nicht. Goethes *Wahlverwandtschaften* lassen Eduard und Ottilie einander ihre Liebe gestehen, nachdem Ottilie sich als perfekte Kopistin von Eduards Charakterschrift erwiesen hat.

»Kannst du mir mal deinen Kugelschreiber leihen?« Kein Problem, die Frage ist fast schon zu höflich. Kugelschreiber sind so geringwertig, so massenhaft, so profan, daß man sie nicht leiht, sondern schuld- und entschuldigungslos an sich nimmt, vulgo: klaut – wenn der transkommunistische Akt der Ansichnahme eines Kulis denn überhaupt noch als Diebstahl registriert wird. Zu den sichersten Anzeichen des irreversiblen ökonomischen Niedergangs, aber auch der kulturellen Mediokrität des Ostblocks gehörte es, daß man dort als westlicher Tourist (wenn man dieses dumme Spiel denn mitspielen wollte) noch auf dankbare Mienen traf, wenn man Kugelschreiber oder eben auch bloße Kuliminen unters kommunistische Volk warf, dessen Einzelglieder tatsächlich stolz waren, wenn sie einen Kuli ihr eigen nannten. Kuli – das Wort ist von schneidender Doppeldeutigkeit. Seit dem 19. Jahrhundert, also lange bevor es Kugelschreiber gibt, ist es im Deutschen als Ausdruck geläufig, der den ehrlosen Lastträger und Lohnarbeiter kennzeichnet (aus dem gleichlautenden Hindu-Wort Kuli, das ins Englische übernommen wurde).

Der Kugelschreiber ist der Inbegriff des Massenartikels. Und der Masse in ihrer formiertesten Gestalt – dem Militär – ist er entstehungsgeschichtlich verbunden. Erfunden wurde der Kuli kurz vor dem Zweiten Weltkrieg. Die aus Ungarn stammenden und nach Argentinien emigrierten Brüder **Laszlo und Georg Biró** meldeten am **27. Dezember 1938** in den

USA ein Patent für den »**Fountain Pen for Pulpy Ink**« an. Das Nachfolgepatent für den ausgereiften »Ball Point« folgte knapp zwei Jahre später am 14. Oktober 1941. Seine frühe Karriere machte der Kugelschreiber in der britischen Luftwaffe. Die Brüder Biró hatten der Royal Air Force ihre Erfindung zum Testen unter ernstesten Bedingungen angeboten. Und die Piloten der RAF waren begeistert. Sie konnten auch unter den weiß Gott erschwerten Bedingungen des Zweiten Weltkriegs deutlich zuverlässiger und schneller als mit Füllern oder mit Bleistiften (man stelle sich vor: im Kampfflugzeug einen Füller laden oder einen Bleistift spitzen) ihre Kampf- und Treffer-Aufzeichnungen machen. Das Gerät hatte seine Feuertaufe bestanden und wieder einmal die Vermutung belegt, daß der Krieg der Vater fast aller Mediendinge ist.

Nach dem Ende des Zweiten Weltkriegs trat der allzeit dienstbare, nämlich schreibbereite Kuli seinen zivilen Siegeszug an. Das New Yorker Kaufhaus Gimbel's bot ihn 1945 zum respektablen Preis von 8,50 Dollar an. Doch schon bald wurde der Kuli zum Billigprodukt. Der französische Baron Bich entwickelte bereits in den fünfziger Jahren eine Plastik-Variante – den Bic. Schnell austauschbare Minen gab es schon seit 1948. Ob Fountain Pen, Bic oder Kuli: das billige Ex-und-hopp-Schreibding mit der gar nicht so einfachen Technik (eine bewegliche Präzisionskugel aus Wolframkarbid am Minenende muß gleichmäßig die zufließende Farbpaste verteilen) machte dem bemerkenswert langen Monopol von Schreibfedern ein Ende. Kielfedern oder Rohrfedern zum Beschreiben von Pergament oder Papier gibt es spätestens seit dem 5. Jahrhundert. Der Gänsekiel hatte über ein Jahrtausend lang die Quasi-Monopolstellung auf dem Schreibgerätemarkt.

Das ist mittlerweile vorbei. Seit Nietzsche wissen wir, daß »unser Schreibzeug mitarbeitet an unseren Gedanken«. Im späten europäischen 20. Jahrhundert darf jeder mitreden, mitbestimmen und eben auch mitschreiben. Keiner ist mehr

Kuli, jeder hat viele Kulis und andere Schreibmöglichkeiten. Wer wählen kann, womit er schreibt, hat die Qual der Wahl. Wer sich um einen gutdotierten Posten bewirbt, sollte bei der Abfassung seines handschriftlichen Lebenslaufes nach wie vor zum Füllfederhalter greifen. Wer sich wie Hans Castorp auf dem Zauberberg eine schöne Frau und ein Schreibgerät ausleihen will, um mit verbundenen Augen ein Schwein zu zeichnen, sollte nicht fragen: Kannst du mir mal 'nen Kuli leihen, sondern: Kannst du mir mal deinen Crayon leihen? Wer eine soeben erhaltene Kreditkarte unterschreibt, darf das nicht mit einem Bleistift tun. Der Kuli ist heute das Schreibinstrument, das die Unterschriften leistet, die eigentlich zählen. Wenn mitbestimmungsberechtigte Individuen massenproduziert sind, wenn die Unterschrift und das Wahlkreuz eines jeden zählt, wenn jeder ein Konto und einen Paß hat, wenn man jederzeit damit rechnen muß, irgendein Schriftstück unterschreiben zu sollen, wenn das Wort »Einschreibung« zum kulturwissenschaftlichen Modewort avancieren soll – dann ist ein Massenschreibgerät vonnöten, das alle Kulturkritiker so verachten wie der imperialistische Europäer den asiatischen Lastenträger: der Kuli.

Der Kuli ist über lange Zeit und zum Teil bis heute das Schreibgerät, mit dem Journalisten bevorzugt arbeiten. Auf Schönschreiben kommt es ihnen, die ja keine schöne Literatur, sondern harte Informationen zügig beziehungsweise flüssig (und nicht verfließend) aufzeichnen wollen, weniger an. Wichtig aber ist die schnelle Übertragung von Informationen. Journalisten und Zeitungen sind gut, dann und nur dann wenn sie zwei Ansprüche zugleich erfüllen, die nur schwer zu vereinen sind: Verläßlichkeit und Schnelligkeit. Dieses Anforderungsprofil teilen sie mit den Post- und Zustellungssystemen, auf die das Nachrichtenwesen angewiesen ist. Schon dem bereits erwähnten Gründer der ersten deutschsprachigen Zeitung, dem Straßburger Drucker Johann Carolus, war deutlich, daß es Zeitungen (»Neuigkeiten«) nur geben kann, wenn es ein funktionierendes Postwesen gibt, das Zeitungen/Neuigkeiten zustellt. Und also kooperierte er von Anfang an mit dem Kommunikationsnetz der Reichspost. Sie war sein bevorzugter Informationslieferant, und sie wurde für die neugierigen Leser außerhalb Straßburgs zum Zustellungsmedium.

Neuigkeiten brauchen Boten. Ohne Boten keine Botschaften. Kaum eine weitere Geschichte läßt sich so übersichtlich schreiben wie die des Post-, Zustellungs- und Botschaftenwesens. Sie zerfällt schlicht in zwei Epochen. Nämlich in die, in der Botschaften so schnell und verläßlich waren wie die menschlichen Boten, die sie zu Fuß, auf Booten, auf Pferderücken oder in der legendären Postkutsche transportierten; und in die Epoche, in der Menschen mit der Geschwindigkeit der Botschaften, die sie verschicken, schlechthin nicht mehr mithalten können. Mit anderen Worten: Die **Geschichte der Übertragungsmedien** teilt sich in die Epoche, da Körper beziehungsweise Materie und Botschaften beziehungsweise Informationen noch aneinandergekoppelt waren, und die Epoche, da sich der Geist vom »Erdenrest zu tragen peinlich« emanzipiert – oder, um weniger gnostisch zu formulieren, die Epoche der körperlosen Übertragung von Information durch Drähte oder Funksignale. Kein Überschallflugzeug und auch keine Rakete kann Menschen so schnell von A nach B bringen, wie Botschaften mit Hilfe von Telegraphie, Telephonie, Faxtechnologie oder Internet an ihren Bestimmungsort gelangen können. Von solchem Zauber der schnellsten Überwindung des Raumes, der Absender von Adressaten trennt, träumen schon frühe postalische Versuche. Rauchzeichen, Signallinien, Brieftauben und selbst die einem reißenden Fluß anvertraute Flaschenpost sind einige der an schlechtem Wetter, Hintergrundrauschen und Zufälligkeiten aller Art scheiternden dromologischen Versuche, die behäbige Geschwindigkeit nachrichtentechnisch zu überbieten, mit der Menschen von A nach B gelangen können. »Dromologie« (von griechisch *dromos*, Wettlauf) – so hat Paul Virilio die Disziplin getauft, die den Wettlauf zwischen Menschen und Botschaften kulturhistorisch und medientechnologisch analysiert. Antiquierte Menschen haben diesen Wettlauf inzwischen verloren – und, wenn sie diese Niederlage akzeptieren, viel gewonnen. Sie müssen sich, seitdem der Traum von der Botschaft, die jeden noch so schnellen Menschen abhängt, technisch realisierbar wurde, nicht mehr so abhetzen wie der sprichwörtliche, im Ziel beim Aussprechen der Botschaft »Wir haben gewonnen« tot zusammenbrechende Marathonläufer.

Die »prometheische Scham«[1], von der Günther Anders gesprochen hat, um zu charakterisieren, wie Menschen darauf reagieren, wenn sie feststellen müssen, daß die von ihnen geschaffenen Produkte ihnen uneinholbar überlegen sind, hat ihren psychodynamischen Positivpol: den prometheischen Stolz. Auf keinem zweiten Techniksektor ist diese eigentümliche Doppelung von Scham und Stolz so offensichtlich wie auf dem der Zustellungs- und Übertragungstechnik. Man kann mit Goethe formulieren: »Am Ende hängen wir doch ab von Kreaturen, die wir machten« oder mit Cyberspace-Freaks darüber euphorisch werden, daß menschliche Botschaften so göttlich zeitlos transportiert werden, wie es zuvor nur olympischen Göttern, die Hermes hießen, oder Engeln, die ja keinen anderen Namen als ebendiesen haben: Angelos (Bote), vorbehalten war. Und so markiert die Revolution des Übertragungswesens im 19. Jahrhundert eine dramatische Wende in der gesamten Mediengeschichte. Im heißen Zentrum von Medieninnovationen stehen seit dem 19. Jahrhundert nicht mehr die Speichermedien, sondern die Übertragungsmedien. Frühe Mediengeschichte ist vor allem Geschichte der Speichermedien Schrift und Buch; die neue Mediengeschichte ist vor allem Geschichte der Übertragungsmedien. Daß Festplatten immer größere Datenmengen speichern können, ist gewissermaßen das langweiligere Datum. Daß es das Internet gibt, das die magisch schnelle Über-

1 G. Anders: Antiquiertheit, p. 21 sqq.

tragung (und Bearbeitung) größter Datenmengen aller Art (Zahlen, Buchstaben, Bilder) zwischen allen möglichen Absendern/Empfängern ermöglicht, ist das aufregendere Medienereignis.

Die postalische Sphäre ist tatsächlich von dromologischer Dramatik. Und sie wurde erst spät entdramatisiert – als sich nämlich der Wettlauf von Materie und Information eindeutig entschied und es zur Entkoppelung der jahrtausendealten Verbindung von Verkehrs- und Kommunikationsnetz kam: »Noch zur Goethezeit und weit darüber hinaus bis tief ins 19. Jahrhundert hinein war, von marginalen technischen Sonderfällen abgesehen, vom literarischen Briefwechsel über kaufmännische Bestellungs- und Verrechnungsvorgänge bis hin zum militärischen Befehl jeder raumüberwindende kommunikative Akt an Boten, an die Kutsche und dann an die Eisenbahn gebunden. Demgegenüber ist nun in den elektronischen Kommunikationsnetzen, die sich von den Verkehrsnetzen abgelöst haben, die Kommunikation vom Faktor Zeit in der Raumüberwindung nahezu unabhängig geworden. Man darf die Vermutung riskieren, daß die technische Ablösung der Kommunikationsnetze von den Verkehrsnetzen kulturrevolutionäre Auswirkungen haben wird, die in ihren Dimensionen den Wirkungen des Übergangs zur drucktechnischen Herstellung von Büchern nicht nachstehen.«[1]

Die Geschichte der unterschiedlichen Koppelungen und Entkoppelungen von Körper und Botschaft, von Materie und Information ist bei aller binär-strukturalen Übersichtlichkeit doch etappenreich. Berühmt ist einer der frühesten Berichte schneller Nachrichtenübermittlung. Er entstammt dem im Jahr **458 v. Chr.** erstaufgeführten Drama *Agamemnon* des Aischylos. Dort wird gleich anfangs geschildert, wie Klytaimnestra in Argos auf dem Peloponnes über eine **Stafette von Feuersignalen** weniger erfährt als eine Vorahnung davon erhält, daß das ferne Troja endlich von den Griechen besiegt

1 H. Lübbe: Selbstbestimmung, p. 258.

wurde. Gewißheit bringt erst der später eintreffende Herold. Die so überaus wichtige Nachricht ist so unwegbar wie unwägbar.[1] Die dreifach übermittelte (durch die Feuerpost, durch den Herold und zuvor schon durch den Wächter erspürte) Nachricht vom Sieg gelangte jedenfalls vergleichsweise schnell ins ferne Griechenland. Klytaimnestra ist, so als wollte sie alle späteren dummen Witze über das Nichtverhältnis von Frauen zur Technik frühzeitig konterkarieren, an den Einzelheiten der Nachrichtentechnik auffallend interessiert. Auf die Fragen des Chores, wie zuverlässig denn die Siegesbotschaft sei, antwortet sie ausführlich und technisch versiert:

Chorführer: und wirklich? hast du sicheren beweis dafür?
Klytaimnestra: gewiss, ich hab' ihn, wenn mich nicht ein gott berückt.
[...]
Chorführer: wie lang' ist's her, dass Ilios gefallen ist?
Klytaimnestra: in dieser nacht, die uns das heutge licht gebar.
Chorführer: und welcher bote hätte solche schnelligkeit?
Klytaimnestra: Hephaistos, der vom Ida helles licht gesandt;
von warte wanderte zu warte, berg zu berg
die fackelpost bis her zu uns. der Ida gab
sie an den Hermesberg von Lemnos, und von ihm
empfieng der Athos das signal, Zeus' lieblingssitz.
[...] fern hinüber ward
bis zum Euipos, wo auf dem Messapion
der posten stand, des feuers kommen angezeigt.
sein feuer gab die antwort. dürres heidekraut
zu haufen angezündet trug die meldung fort.
und weiter ging sie, hurtig, unermüdet.
[...]

1 Cf. die so material- wie geistreiche Untersuchung von B. Siegert: Relais (hier p. 10).

so waren meine fackelläufer ausgestellt.
von hand zu hand gegeben kam die post zum ziel,
doch sieghaft ist des ersten, ist des letzten lauf.
dies die gewähr für meine zeitung. mein gemahl
hat so von Troia diese botschaft mir gesandt.[1]

Geschwindigkeit ist keine Hexerei. Wohl aber ist diese Geschwindigkeit im frühantiken Griechenland noch extrem erklärungsbedürftig – »und welcher bote hätte solche schnelligkeit?« Wie lange es dauerte, bis ein menschlicher Körper, der zu ebendiesem Sieg Entscheidendes beigetragen hatte, wieder an seinem Ausgangsort angelangt war – dieses Problem gab den Stoff zum bedeutendsten Epos unserer Kulturtradition. Man kann, ohne sich dabei postmodern überanstrengen zu müssen, die *Odyssee* medienhistorisch lesen: als Geschichte der langsamen Körper, die vom schnellen Nachrichtenfluß und davon träumen, so schnell wie Nachrichten zu werden.

Die Sicht muß gut gewesen sein, als Klytaimnestra die frohe Feuer-Botschaft vom Sieg der Ihren erhielt. Allen Indizien zufolge ist Aischylos ein phantasiebegabter Dramatiker gewesen, der ansatzweise vorhandene Experimente mit einer Fackelpost ins Große fortgeschrieben hat. Von einer funktionierenden Fackelpost der alten Griechen ist jedenfalls nichts überliefert. Der klassische Fall der Nachrichtenübermittlung war damals und bleibt über gut zwei Jahrtausende hinweg das Botenwesen – zu Fuß, zu Wasser, zu Pferde, zur Kutsche. Das römische Reich hat es – *rebus sic stantibus* – zu einer beeindruckenden Perfektion entwickelt. Die Straßen-, Brücken-, Hafen- und Aquädukt-Infrastruktur, die das römische Reich errichtete, ist häufig bewundert worden. Das damals entworfene Straßennetz ist bis heute in seiner Grundstruktur erhalten und kanalisiert zu verblüffend großen Tei-

1 Aischylos: Agamemnon, übers. U. Wilamowitz-Moellendorff, p. 21 sq. (v. 273 sqq.).

len noch jetzt die europäischen Verkehrsströme. Die gepflasterten und also gegen klimatische Unbilden vergleichsweise gut gewappneten Straßen waren mit Meilensteinen und Itinerarien versehen, die eine verläßliche Orientierung ermöglichten. Ihren vorrangigen Zweck kannte früher jeder Cäsar- und kennt heute jeder Asterix-Leser. Sie ermöglichten schnelle und präzise Truppenbewegungen.

Das römische Straßennetz war denn auch die Voraussetzung für den berühmten **cursus publicus**, der in und nach der Augusteischen Kaiserzeit seine größte Reife erreichte. Es handelte sich um ein staatliches Transportnetz für Regierungsbeamte und -nachrichten. Gegen öffentliche Nutzung war es – seinem Namen *cursus publicus* zum Trotz – immun, bis spätrömische Dekadenz zunehmend für Möglichkeiten sorgte, auch privat und kaufmännisch Relevantes zu befördern. Ein offensichtlich überhandnehmender Mißbrauch, der schließlich unter Theodosius und Honorius mit der Todesstrafe bewehrt wurde. Die Effektivität und Verläßlichkeit dieses römischen Straßen- und Poststationssystems muß enorm gewesen sein. Sein Verfall ist häufig beklagt worden. Nach dem Zerfall des römischen Reiches gibt es jedenfalls über ein Jahrtausend hinweg in Europa kein staatlich organisiertes und kontrolliertes Postsystem mehr. Klöster, Kanzleien, Höfe, Bischöfe und Kaufleute sind wieder auf ihre jeweiligen, gegeneinander indifferenten bis abgeschirmten und nicht sonderlich effektiven Botendienste angewiesen, deren Unsicherheit sprichwörtlich ist. Botschaften erreichen unter solchen Umständen nicht immer ihren Bestimmungsort.

Daß ihre Briefe nicht dort ankommen, wo sie hingehören, ist denn auch die immer wieder lebhaft formulierte Sorge im umfangreichen und – angesichts dieser Sorge – erstaunlich gut überlieferten Briefwechsel zwischen den Eheleuten Margherita und Francesco Datini aus dem 14. Jahrhundert. Sie ist eine selbstbewußte Frau in den dreißiger Jahren, er ein bereits über sechzig Jahre alter und offenbar recht erfolgreicher toskanischer Kaufmann aus Prato, der häufig auf Geschäftsreisen in (aus heutiger Sicht) nicht allzu ferne Städte wie Florenz und Pisa ist. Die Briefe zwischen den Eheleuten wurden, worauf die Schreiber gerne scherzhaft zu sprechen kommen, zusammen mit Geflügel, Wein, Wäsche und anderen Waren auf dem Rücken von Mauleseln hin- und hertransportiert. Sie berichten über das Alltagsleben eines Mannes, der seine Tage vor allem mit Geschäftskorrespondenz verbringt und deshalb von seiner jungen Frau dafür gelobt werden will, daß er noch Zeit zum Schreiben von Privatbriefen findet. »Ich fühlte mich gestern aber nicht recht wohl, weil ich in den beiden letzten Tagen so viel geschrieben habe, ohne auch nur ein Auge zugetan zu haben, weder bei Nacht noch bei Tag. Und dabei habe ich in diesen zwei Tagen nur einen Laib Brot gegessen.«[1] An seine schöne junge Frau aber hat er, wie die Briefe beweisen (sollen), stets gedacht. Sie enden fast regelmäßig mit dem Wunsch, der reisende Ehemann möge dort sein, wo jetzt schon sein Brief ist: bei der geliebten Frau.

Berühmter als diese Briefe aus dem Alltagsleben toskanischer Bürger des 14. Jahrhunderts sind die Briefe der Liselotte von der Pfalz, die gegen ihren Willen an den französischen Hof verheiratet wurde. Das **höfische Botensystem**, dem diese Briefe anvertraut wurden, war wohl sicherer als das der toskanischen Kaufleute. Daß ihre Klatsch- und Klagebriefe abgefangen würden, war jedoch eine ständige und berechtigte Sorge der adeligen Heimatvertriebenen. So schreibt sie am 21. Juli 1682 aus Versailles in die geliebte Kurpfalz: »In einer stund werden wir in eine opéra gehen, so man in der reitschule spielen soll. In etlichen tagen wird madame la Dauphine wohl eine andere musik machen, denn sie ist nun bei die fünf wochen in ihrem neunten monat und erwartet alle stund die niederkunft. Ich bin nicht in denen sorgen, denn es ist nun vier jahr und mehr, daß man mich ganz züchtig läßt leben; dieses sage ich jetzt Euer Liebden,

1 Zit. bei I. Origo: Im Namen Gottes und des Geschäfts, p. 9.

weilen ich glaube, daß ich hier eine sichere gelegenheit habe, denn auf der post würde ich es nicht wagen, so doll zeug hervorzubringen als in diesem brief stehet. Allerweil schlägt es sieben, und weilen ich Carllutz ein paar wort schreiben will, als werden mir Euer Liebden erlauben, zu schließen.«[1] Anders als die toskanische Ehefrau erhält die seit vier Jahren unbehelligt von Nachstellungen ihres Gatten lebende Liselotte keine Liebesbriefe; sie schreibt Briefe der Sehnsucht nach einem anderen Leben und einem anderen Verkehrssystem.

Ansätze eines verläßlichen Nachrichtenwesens gibt es erst in den Jahrzehnten nach Gutenbergs ingeniöser Erfindung. **Maximilian**, der Kaiser des Heiligen Römischen Reiches deutscher Nation, ordnet **1496** die **Einrichtung einer Feldpost** an, die – wie der *cursus publicus* zu Zeiten des Römischen Reiches – vorrangig militärischen Belangen dient. Doch das schon aus antiken Zeiten vertraute Phänomen stellt sich erneut ein: Korruption oder, um den nachrichtendienstlichen Ausdruck zu verwenden, Interzeption (also Abhören und Mitbenutzen von vorhandenen Übermittlungskanälen). Die Versuchung, gegen Geldzahlung auch private oder kaufmännische Schriftstücke mitzutransportieren, ist unwiderstehlich. Und es geschieht, was im alten Rom noch ausgeschlossen war: die gebührenpflichtige Privatnutzung der Feldpost des Territorialherren wird legitimiert. Das anfänglich exklusiv den kaiserlichen, königlichen und fürstlichen Kanzleien (die Kirche unterhält noch lange ein eigenes Botenwesen) reservierte Kommunikationssystem mit den 15 bis 20 Kilometer voneinander entfernten Poststationen zum Pferde- und Reiterwechsel konnte alsbald auch von Privatkunden in Anspruch genommen werden.

Unzählige Gasthöfe mit dem Namen *Zur Post*, unsterbliche Lieder wie *Hoch auf dem gelben Wagen* und unvergeßliche Westernfilme mit Postkutschenszenen zeugen von der mentalen Durchschlagskraft dieser klassischen Zustellungs-Infrastruktur. In seinen Gedichtzyklus *Die Winter-*

1 Liselotte von der Pfalz: Briefe, p. 55.

reise hat Wilhelm Müller ein bemerkenswert schlichtes Gedicht integriert, das den Titel trägt: *Die Post*. Bemerkenswert ist es auch deshalb, weil es medienhistorisch darüber Aufschluß gibt, daß sensible Geister lange vor McLuhan zu begreifen beginnen, daß das Medium die Botschaft ist. Auch der ersehnte, aber nicht erlangte Brief ist eine Botschaft. Man kann schon zu Müllers und Schuberts Zeiten wissen, daß man nicht mehr nicht kommunizieren kann. Wohl aber kann man noch mit genau der Geschwindigkeit, mit der Briefe transportiert werden, »einmal hinübersehn«, wie es dort zugeht, wo Briefe geschrieben werden – oder eben nicht. Verliebte Körper und Botschaften gehören noch ein und demselben Postsystem und ein und derselben Zeitordnung an.

Von der Straße her ein Posthorn klingt.
Was hat es, daß es so hoch aufspringt,
Mein Herz?

Die Post bringt keinen Brief für dich:
Was drängst du denn so wunderlich,
Mein Herz?

Nun ja, die Post kömmt aus der Stadt,
Wo ich ein liebes Liebchen hatt',
Mein Herz!

Willst wohl einmal hinüberseh'n
Und fragen, wie es dort mag geh'n,
Mein Herz?

Der Transport von Liebesbriefen und Geschäftskorrespondenz besorgt derselbe Schwager. Menschenleiber, die sich keine eigene Kutsche und keinen Kutscher leisten können, transportiert er gleich mit. Für regelmäßige Großkunden gibt es früh ein Rabattsystem. Die Fugger waren solche frühen Großkunden des **Postsystems der Taxis**. Die aus der Lombardei stammende Familie Taxis erhält im Jahre **1600** vom kaiserlichen Statthalter in den Niederlanden, Kardinalherzog Albrecht VII., das Privileg, Privatbriefe gegen Portozahlung zu transportieren. Seit 1500 war die Familie bereits in der Kommunikationsbranche tätig. Damals wurde Franz von Taxis von Maximilian I. mit der Organisation des Postwegs von Wien nach Brüssel beauftragt. Die Familie hatte also schon hundert Jahre Berufserfahrung vorzuweisen, als sie erfolgreich vorschlug, Dienerin zweieiniger Herren zu werden: des Reiches und seiner Untertanen. Es dauerte bis **1867**, um aus Thurn und Taxis wieder gewöhnliche Untertanen werden zu lassen. Am 1. Juli dieses Jahres tritt der finanziell lukrative **Postabtretungsvertrag** zwischen dem Hause Thurn und Taxis und dem preußischen Staat in Kraft.

Doch schon lange zuvor sorgten der Staat und seine Untertanen beziehungsweise seine Sub-jekte für eine anhaltende Konjunktur des Post- und Nachrichtenwesens. Die Taxis wurden bekanntlich schnell zu einer der reichsten Familien Deutschlands. In der Medien- und IT-Branche verdient man nicht erst zu Zeiten von Microsoft und SAP recht ordentlich. Anfangs wurde beim Briefempfänger, der bei der Poststation die an ihn adressierte Sendung abholen mußte, kassiert. Die Erfindung der **Franko-Briefmarke**, mit der der Absender zahlt, erfolgt in England im Jahre **1840**. Wie denn das 19. Jahrhundert überhaupt das Jahrhundert der Standardisierung ist. Aus den nach innen gefalteten und sodann versiegelten Briefen werden Papiere, die man in Briefumschläge mit Normgröße zu stecken hat. Die Versuchung, diese Briefe zu öffnen, ist groß. Alle bürgerlichen Verfassungsentwürfe des 19. Jahrhunderts kennen denn auch ein ausgestaltetes Medienrecht: zwischen Petersburg und Madrid, Stockholm und Neapel werden in unterschiedlichsten Abstufungen die Pressefreiheit und das Briefgeheimnis garantiert.

Das **Briefgeheimnis** zu brechen – daran sind, wie nicht nur Edgar Allan Poes Meistererzählung *The Purloined Letter* weiß, viele interessiert. Geheimpolizeien, Militärs und miteinander konkurrierende Firmen bemühen sich darum, Schriftstücke nicht (nur) dort ankommen zu lassen, wohin ihr Absender sie schicken möchte. Vor allem ein Berufsstand verlegt sich darauf, keinen Respekt vor Briefgeheimnissen zu haben: die Schriftsteller. Briefromane werden seit dem Riesenerfolg von Goethes *Werther* zur beliebtesten Prosa-Gattung. In Goethes spätem Roman *Wilhelm Meisters Wanderjahre* (er ist 1828 erschienen) scheint der Autor, der diesem Boom einen so entscheidenden Impetus gegeben hatte, mit einem gewissen Sarkasmus auf das zurückzublicken, was er da angerichtet hat. Im Zentrum des Romans steht die rätselhafte Gestalt der Makarie. Sie fühlt sich den fernen Sternen nahe – und allen fernen und doch so nahen Menschen, die den Roman bevölkern. Denn sie ist nichts anderes als die Zentrale eines Postsystems, dessen Gründe und Abgründe Wilhelm Meister zu durchschauen lernt. Der Abgrund ist schnell genannt: statt »Inhalten« kommuniziert man Kommunikation. »In der Sphäre, in der ich mich gegenwärtig befinde«, so schreibt Wilhelm an seine Frau Nathalie, mit der er im gesamten Roman ausschließlich brieflich verkehrt, »bringt man beinahe soviel Zeit zu, seinen Verwandten und Freunden dasjenige mitzuteilen, womit man sich beschäftigt, als man Zeit sich zu beschäftigen selbst hatte.«[1]

Den kommunikativen Lüsten der Zeitgenossen und den Kommunikationsbedürfnissen des expandierenden Wirtschaftssystems im papiernen 19. Jahrhundert ist die Post nur noch gewachsen, wenn sie sich als integrierter Medienverband organisiert. Das geschieht am **1. Juli 1875.** Nach dem Ende des Deutsch-Französischen Krieges kommt es zur **Gründung des Weltpostvereins.** Er reagiert ersichtlich auf die gewaltige Expansion des Handels und des internationalen Geldverkehrs. Wenn Geld zum grenzüberschreitenden und konvertiblen Medium wird, muß die kommunikative Infrastruktur dieser Dynamik standhalten. Nietzsche hat mit der

1 J.W. Goethe: Wanderjahre, p. 339.

ihm eigenen Aufmerksamkeit für den Stand der Mediendinge das Ereignis der postalischen Weltvereinigung kommentiert. In einem Brief an seine Schwester vom 8. Juli 1875 heißt es (mit einwöchiger Verspätung, die Briefpost ist eben noch nachtragend): »Heute ist der Tag, wo der Postvertrag aller Länder in Kraft tritt, mit derselben Briefmarke, die ich heute Dir zuwende, könnte ich Amerika, Spanien, das asiatische Rußland usw. erreichen.«[1] Die Formulierung »alle Länder« ist ein wenig euphemistisch. Die Welt ist 1875 (und übrigens auch im Jahr 2001) noch nicht ein einziger Medienverbund. Einige Teile der Welt sind postalisch nicht ohne Umwege zu erreichen (und auch heute gibt es in Favelas und in klimatischen beziehungsweise infrastrukturellen Wüsten keinen Internetanschluß). Doch der Sog, diesem Verbund beizutreten, war und ist groß. 1876 treten Britisch-Indien, 1877 unter anderem Japan, Brasilien und Persien dem Weltpostverein bei.

Das Zeitalter erfährt und beschreibt sich als ein Zeitalter explodierender Kommunikationsbedürfnisse. Die wohl witzigste Analyse des wahnwitzig beschleunigten Briefverkehrs im endenden 19. Jahrhundert stammt aus der Feder Gottfried Kellers. Seine 1865 zuerst erschienene Novelle *Die mißbrauchten Liebesbriefe* erzählt von einem Kaufmann namens Victor, genannt Viggi, der mehr sein will als bloß Kaufmann. Er fühlt sich zum Schriftsteller berufen. Schriftsteller brauchen Musen, um produktiv zu sein. Und so verlangt er von seiner Frau Gritli, zu einer, zu seiner Muse zu werden, die seine poetische Produktivität in den Zeiten seiner geschäftlich bedingten Abwesenheit vom heimischen Herd mit leidenschaftlichen Briefen stimuliert. Daneben aber behält die Prosa der Verhältnisse ihre Rechte. Dem hochgestimmten Musen-Verkehr sind Postscripta beigefügt, die den ökonomischen Banalitäten gelten. »Der junge Müller an der Berggasse«, so heißt es in einem Postscriptum zum musischen Erguß, »hat mich um 40 Francs angepumpt in Ge-

1 Zit. nach B. Siegert: Relais, p. 151.

genwart von anderen Reisenden und ganz en passant, so daß ich es in der Eile nicht abschlagen konnte. Da ich weiß, daß seine Eltern noch eine Partie Ölsamen haben, so soll unser Commis gleich hingehen und den Ölsamen kaufen und auf Rechnung setzen. Es muß aber gleich geschehen, ehe sie wissen, daß der Junge mir Geld schuldig ist, sonst bekommen wir weder Ölsamen noch Geld.«[1] Auch Keller erklärt die schwindelerregende Steigerungsrate des Briefverkehrs zwischen den Eheleuten, dem bald kein sexueller Verkehr mehr entspricht, aus der Koppelung von öffentlicher, ökonomischer, kultureller und privater Nutzung eines Kanals.

Gritli fühlt sich den postalischen Überfällen ihres Gatten nicht gewachsen. Und so verfällt sie auf eine List. Sie weiß, daß ihr Nachbar, der schüchterne Lehrer Wilhelm, in sie verliebt ist. Das beutet sie, ihr schlechtes Gewissen überwindend, aus. Gritli schreibt die Briefe ihres Mannes an sie ab, ändert das Nötigste und adressiert sie an den Nachbarn. Die Post kann schnell arbeiten; es genügt, die mißbrauchten Liebesbriefe in die Hecke zu stecken, die die Nachbarn voneinander trennt. Genau in den Jahren, in denen Keller seine Novelle verfaßt, experimentiert **Werner Siemens** in Berlin mit der **Rohrpost**, die Briefe so schnell expediert, wie sie zwischen Wilhelm und Gritli hin- und herfliegen. Die erste Rohrpostlinie wird **1865** in Betrieb genommen. Sie verbindet das Haupttelegraphenamt mit dem Telegraphenamt der Börse, und sie hätte, wäre sie damals schon in der Schweiz funktionsfähig gewesen, dem Kaufmann Viggi Gelegenheit gegeben, seine Außenstände schneller einzutreiben. Gritlis verliebter Nachbar braucht keine Rohrpost. Er ist der Angebeteten nahe. Dennoch kann und darf er mit ihr vorerst nur brieflich verkehren. Und das tut er ausgiebig. Er antwortet postwendend und feurig dazu; Gritli kopiert und modifiziert auch diesen Brief, um ihn ihrem poetisch passionierten Gatten zu schicken. Für diese List muß sie gründlich büßen. Denn Viggi ist von den Schreibtalenten und den leiden-

1 G. Keller: Liebesbriefe, p. 379.

schaftlichen Gefühlen seiner Frau so überrascht wie begeistert; er antwortet seinerseits postwendend, und so kommt ein Briefwechsel zustande, der schnell ein ganzes Buch füllen könnte. »Daher wurde aufs Neue geschrieben und geschrieben, daß die Federn flogen. Gritli wurde bleich und angegriffen, denn sie mußte schreiben wie ein Kanzlist.«[1]

Natürlich fliegt der Schwindel auf. Viggi durchschaut die Tiefenstruktur der Kommunikationsverhältnisse. Aus dem dilettierenden Musensohn wird im Augenblick seines tiefsten Falls fast ein souveräner Medienanalytiker: »Eine Buhlerin mit glattem Gesicht und hohlem Kopfe, zu dumm, ihre Schande in Worte zu setzen, zu unwissend, um den Buhlen mit dem kleinsten Liebesbrieflein kitzeln zu können, und doch schlau genug zum himmelschreiendsten Betrug, den die Sonne je gesehen! Sie nimmt die treuen, ehrlichen Ergüsse, die Briefe des Gatten, verrenkt das Geschlecht und verdreht die Namen und traktiert damit, prunkend mit gestohlenen Federn, den betörten Genossen ihrer Sünde! So entlockt sie ihm ähnliche Ergüsse, die in sündiger Glut brennen, schwelgt darin, ihre Armut zehrt wie ein Vampyr am fremden Reichtum; doch nicht genug! Sie dreht dem Geschlechte abermals das Genick um, verwechselt abermals die Namen und betrügt mit tückischer Seele den arglosen Gemahl mit den neuen erschlichenen Liebesbriefen [...] So äffen sich zwei unbekannte Männer.«[2] Was Viggi hier diagnostiziert, ist nichts anderes als die Geburt der Sekretärin aus dem Geist männlicher Hyperkommunikation, die sich nicht entscheiden kann und muß, ob ihr eigentliches Begehren der Geld- oder der Selbstvermehrung gilt.

Eine Frau als Schaltstelle im Korrespondenzirrsinn zweier Männer, die nicht mehr wie ein Kanzlist und noch nicht wie eine Sekretärin schreibt. Denn die **Schreibmaschine** harrt in den Jahren, in denen Keller an diesem herrlichen Text (der übrigens auch die literarische Überproduktion verlacht)

1 Ibid., p. 389 sq.
2 Ibid., p. 392 sq.

schrieb, noch ihrer Erfindung. Die berühmte **Remington No.1** erblickt erst ein Jahrzehnt später (**1874**) und weit weg von der Schweiz, nämlich in den USA, das Licht der Büros. Ein Literat gehört zu den ersten Käufern. Mark Twain liefert mit *Tom Sawyer* das erste maschinengeschriebene Manuskript der Literaturgeschichte in einem Verlagsbüro ab. Mit der Erfindung und dem zügigen Erfolg des Typewriters ändern sich, wie Friedrich Kittler suggestiv gezeigt hat, ganze Geschlechterordnungen. Die Vorstellung, Goethe hätte um 1800 in Weimar eine Sekretärin gehabt, wäre abwegig; Goethe hatte einen Schreiber. Die Vorstellung, ein Chef (oder in Zeiten der Frauenemanzipation auch eine Chefin), in welcher Branche auch immer, habe einen Sekretär, würde wohl noch heute als pervers qualifiziert.

Aus der systematisch das »Geschlecht verrenkenden« Gritli macht ihr liebloser Mann eine Sekretärin *avant la lettre*. Viele Autoren haben es ihm nachgetan (das ist das obsessive Thema von Klaus Theweleits monumentalen Studien[1]). Kellers wunderbare Novelle endet bei klaren Verhältnissen. Gritli läßt sich von dem maniakalischen Kaufmann, Schriftsteller und Musensucher scheiden und heiratet nach einem langen Moratorium den Schulmeister. Die beiden produzieren, einem alten Motivschema entsprechend, Kinder statt Bücher: *aut liberi aut libri*. Und sie bleiben der Mündlichkeit verpflichtet. Sie sind eben bekennende Schweizer. Der Kaufmann, der auf der Höhe seiner Schreib-Delirien von wunderbaren Autorennamen und davon träumte, den Briefwechsel unter dem hermaphroditischen Titel »Kurtalwilno – Briefe zweier Zeitgenossen« zu publizieren, bleibt hingegen unfruchtbar. Er ist ein hilfloser Medienfreak, der mit seinen Liebesbriefen, mit seiner Geschäftskorrespondenz und mit seinen schriftstellerischen Versuchen systematisch zur Überlastung des einen Korrespondenz- und Zustellungssystems beiträgt, das damals monopolförmig zur Verfügung steht

1 K. Theweleit: Buch der Könige.

und von seiner Überwindung träumt. Die berühmte Formulierung von Marx, daß der Stand der Produktivkräfte die Produktionsverhältnisse sprenge – im Hinblick auf die Medieninfrastruktur trifft sie eher zu als im Hinblick auf die fabrikmäßige Produktion handfester Waren. Hätte Kellers manischer Schreiber Viggi ein paar Jahrzehnte später gelebt, so hätte er eine Sekretärin Geschäftsbriefe in eine Schreibmaschine tippen lassen, seiner fernen Frau per Telephon seine Anweisungen in Geldangelegenheiten durchgegeben, seiner Muse einen handschriftlichen Brief zukommen lassen können und seine literarischen Ambitionen weiterhin dadurch befriedigt, daß er Manuskripte an Verlage schickt und literarische Zeitschriften aus dem Briefkasten holt.

Zeitgenosse einer solchen Ausdifferenzierung des Mediensystems zu werden war Viggi noch versagt. Ein halbes Jahrhundert nach Kellers Novelle aber wird ein Roman zu Papier gebracht, der ähnlich aufmerksam die neusten Medienverhältnisse beobachtet. Franz Kafka schreibt mit dem *Schloß* einen wunderbaren Medienroman, der ein sehr genaues Wissen davon hat, daß es auch dann, wenn Nachrichten nicht mehr nur klassisch-postalisch, also schriftlich transportiert werden können, problematische Überlagerungen von privater und behördlicher Kommunikation gibt:

»Und was das Telephon betrifft: Sehen Sie, bei mir, der ich wahrlich genug mit den Behörden zu tun habe, gibt es kein Telephon. In Wirtsstuben u. dgl. da mag es gute Dienste leisten, so etwa wie ein Musikautomat, mehr ist es auch nicht. Haben Sie schon einmal hier telephoniert, ja? Nun also, dann werden Sie mich vielleicht verstehn. Im Schloß funktioniert das Telephon offenbar ausgezeichnet, wie man mir erzählt hat, wird dort ununterbrochen telephoniert, was natürlich das Arbeiten sehr beschleunigt. Dieses ununterbrochene Telephonieren hören wir in den hiesigen Telephonen als Rauschen und Gesang, das haben Sie gewiß auch gehört. Nun ist aber dieses Rauschen und dieser Gesang das einzig Richtige und Vertrauenswerte, was uns die hiesigen Telephone übermitteln, alles andere ist trügerisch. Es gibt keine bestimmte telephonische Verbindung mit dem Schloß, keine Zentralstelle, welche unsere Anrufe weiterleitet; wenn man von hier aus im Schloß anruft, läutet es dort bei allen Apparaten der untersten Abteilungen oder vielmehr, es würde bei allen läuten, wenn nicht, wie ich bestimmt weiß, bei fast allen dieses Läutwerk abgestellt wäre. Hier und da aber hat ein übermüdeter Beamter das Bedürfnis, sich ein wenig zu zerstreuen – besonders am Abend oder bei Nacht –, und schaltet das Läutwerk ein; dann bekommen wir Antwort, allerdings eine Antwort, die nichts ist als Scherz. Ich begreife auch nicht, wie selbst ein Fremder glauben kann, daß, wenn er zum Beispiel Sordini anruft, es auch wirklich Sordini ist, der ihm antwortet.«[1]

Ob Botschaften – kaiserliche oder göttliche, militärische oder zivile, private oder öffentliche – ihr Ziel erreichen: Diese Frage bezeichnet diesseits aller psychoanalytischen, existentialistischen, theologischen etc. Lesemöglichkeiten das eigentliche Problemzentrum von Kafkas Werk. Grandios spielt es in der soeben zitierten Passage mit den Effekten, die das Rauschen verantwortet, das jede Kommunikation begleitet. Das schöne Wort »Läutewerk« (in der Druckfassung) ist gleichklingend mit dem Wort »Leutewerk« – es rauscht, und es erzeugt den Rausch, den sich Literatur anders als Kommunikation, die auf Effektivität bedacht ist, leisten kann. Zu den Werken medientechnisch beschwingter Leute gehört es, nach dem Ende des papiernen Zeitalters, das zugleich das Ende des Zeitalters der klassischen Post ist, Läutewerke in die Welt zu setzen. Kafkas Werk läutet im hellwachen Kontakt mit neuen Medien und zugleich im Innersten des alten Schreibsystems Leute wach. Seine Botschaft: Im späten 19. Jahrhundert wird es möglich, die Gutenberg-Galaxis zu verlassen. Mit der Erfindung von Phonographie und Telephon, von Photographie und Film wird das Medienmonopol der Schrift und des Drucks ge-

1 F. Kafka: Das Schloß, p. 115 sq.

sprengt. Und auch die Post geht künftig ungleich schneller ab als in den Zeiten, in denen Nachrichten noch so nachtragend langsam waren wie Menschen beziehungsweise Leute.

Zweite Unterbrechung: DIE MEDIEN HINTER DEN MEDIEN – Hostie, Münze, CD-ROM

Am Anfang war die Post. Am Ende wird die Post gewesen sein. Um Postprobleme geht es dazwischen auch in dem brasilianischen Film *Central Station* (Regie: Walter Salles, 1998). Erzählt oder vielmehr audiovisuell vor Augen gestellt wird den postmodernen Besuchern der Kinohöhle in diesem Film eine schlichte Geschichte, die auch deshalb Aufmerksamkeit verdient, weil er verschiedene Etappen der Mediengeschichte übereinanderblendet. Die arbeitslose ehemalige Lehrerin Dolores verdient sich ein paar Dollar, indem sie auf dem Hauptbahnhof in Rio für Analphabeten Briefe schreibt, diese manchmal tatsächlich auch frankiert und zur Post bringt. In der Regel aber nimmt sie das Geschriebene mit nach Hause, um die komischen bis obszönen Zeilen mit ihrer Freundin zu genießen. Diese Briefe werden ihren Bestimmungsort nie erreichen. Noch gefährdeter als Briefe aber sind in der lateinamerikanischen Großstadt die antiquierten Menschen. Und so wird Dolores eines Tages Augenzeugin, wie eine von ihrem etwa zehn Jahre alten Kind begleitete Mutter von einem Auto überfahren wird. Das ihr zulaufende Kind behandelt die Schreiberin anfangs wie die Briefe – als mögliche Geldquelle. Sie will es an Kinderhändler verkaufen, hat dann aber plötzlich Erbarmen und macht sich mit dem Jungen auf die Vatersuche. Die beiden kommen während dieser Suche in einen obskuren Wallfahrtsort, der von verelendeten, analphabetischen Heilssuchern überschwemmt ist. Die inzwischen völlig mittellose Lehrerin hat allen Grund, am Sinn ihres humanistischen Sinneswandels zu zweifeln. Doch der Junge weiß Rat: Dolores schreibt erneut für die heilsuchenden Analphabeten Briefe – diesmal an Heilige und die Muttergottes höchstselbst. Ein glänzendes Geschäft. Und natürlich erreicht auch der Junge (fast) sein Ziel. Fast: Ein Brief, ein Medium, stellt ihm in Aussicht, sendet ihm die frohe Botschaft, verheißt ihm, bald seinen Vater zu sehen.

Die Muttergottes, ein Vater, ein Kind, eine Ersatzmutter, ein nicht sehr verläßlicher, aber doch fast alle zufriedenstellender, da zusammenbringender und auseinanderhaltender Briefverkehr: das ist der Stoff, aus dem der Film gewebt ist. Es geht aber darin nicht nur um hohe Motive und Werte wie Vatersuche, Seelenheil und Humanismus, sondern auch um die Infrastruktur- und Transportmöglichkeiten, die Menschen und Botschaften weiterbringen: um Autos, um Züge, um Busse, um Telephone und die Post. Und es geht, darüber hinaus beziehungsweise hinter diese phänomenale Ebene zurück, um die Medien, die noch die elenderen Ecken der sogenannten christlich-abendländischen Welt strukturieren: um die Hostien, die die Heilsuchenden am Wallfahrtsort sich spenden lassen, um Dollar, um Post und Telephone, kurzum: um die Medien, die kaum zu vermeiden sind, um die Medien, die noch hinter den offensichtlichen Medien dafür sorgen, daß Leute einen Rahmen finden, der ihnen basale Orientierungen ermöglicht. Die Frage, »was Menschen eigentlich zusammenhält«, haben sich viele und hat sich in dieser soeben zitierten Fassung auch Goethe gestellt. Es ist keine andere Frage als die nach der Fassung, die vielen Leuten so vorgegeben ist, daß sie mit- und aneinander nicht aus der Fassung geraten.

In *Wilhelm Meisters Wanderjahren* heißt es lakonisch an bedeutender Stelle: »So wendete sich das Gespräch, wie natürlich, zuletzt auf das, was Menschen eigentlich zusammenhält: auf Religion und Sitte.« Nur eine Seite weiter lesen wir über die Medien-Infrastruktur, die in der idealen oder aber albtraumhaften pädagogischen Provinz errichtet werden soll: »Der größte Respekt wird allen eingeprägt für die Zeit als für die höchste Gabe Gottes und der Natur und die aufmerksamste Begleiterin des Daseins. Die Uhren sind bei uns vervielfältigt und deuten sämtlich mit Zeiger und Schlag die Viertelstunden an, und um solche Zeichen möglichst zu vervielfältigen geben die in unserm Lande errichteten Telegraphen, wenn sie sonst nicht beschäftigt sind, den Lauf der Stunden bei Tag und bei Nacht an, und zwar durch eine sehr geistreiche Vorrichtung«[1] – von deren Technik der Leser leider nichts erfährt. Von Religion und Sitte zum Telegraphen: Goethes Altersroman, der mit einer Wiederholung der Maria- und Josephsgeschichte beginnt, spannt einen weiten und doch klaren Bogen. Dieser Bogen führt von Religion und Sitte über monetäre Fragestellungen wie der nach dem Inhalt des Schatzkästchens, das Wilhelms Sohn Felix findet, zu medientechnischen Fragestellungen wie der nach der Funktion von Telegraphen.

Wer die Frage danach stellt, »was Menschen eigentlich zusammenhält«, wird, ob er Goethe heißt oder postmoderne Filme dreht, mit einiger Regelmäßigkeit auf den Dreitakt von Religion, Wirtschaft und Medien stoßen. Der Grund dafür ist schnell genannt. Religion und Wirtschaft entstammen nämlich die Medien, die schlechthin nicht vermeidbar und die wohl ebendeshalb nicht immer schon als Medien durchschaubar sind. Bekanntlich gibt es – wie der Gang des vorliegenden Buches zeigt – zunehmend mehr Medien. Handschriften entstehen auch dann, wenn es Schreibmaschinen gibt; Bücher werden gelesen auch in Zeiten, da man ins Kino gehen kann; Kinos koexistieren mit dem Fernsehen. »Ausdifferenzierung« lautet das Zauberwort, das auch die Mediengeschichte wenn nicht erklärt, so doch bezeichnet. Eben weil dies so ist, lohnt die Unterscheidung zwischen den vielen Medien, mit denen man die Qual der Wahl hat (Sie, liebe Leserin, lieber Leser, könnten gerade jetzt auch fernsehen, Radio hören oder durchs Internet surfen), und den Medien, die man auch in auffallend oder verdächtig liberalen Zeiten nicht vermeiden kann.

Wer ein Buch, eine Zeitung oder einen Brief lesen will,

1 J. W. Goethe: Wanderjahre, p. 686 sq.

kann das nicht einfach so tun. Er muß, wie nicht nur Gottfried Keller in seinem Roman *Der grüne Heinrich* demonstriert hat, erhebliche Alphabetisierungs-Initiationen durchmachen, um Zugang zu diesen Medien zu bekommen. Auch die Nutzung des Internet ist an erhebliche und komplizierte Voraussetzungen gebunden – man braucht ein Stromnetz, hochkomplexe Geräte, Telephonkabel und vieles andere mehr. Dennoch wäre es eine unhaltbare Illusion, denen, die nicht lesen und schreiben können, oder denen, die heute keine E-Mail-Adresse haben, ein Leben diesseits der Medien zuzusprechen.

Das gibt es nicht, weil es kein Dies- und wohl auch kein Jenseits von Medien gibt. Geboten aber ist die Unterscheidung zwischen Medien, die schlechthin teilnahmepflichtig sind, und solchen, die zur Disposition stehen. Der Film *Central Station* und Goethes *Wanderjahre*-Roman sind zwei von sehr vielen Werken, die es nahelegen, diese Unterscheidung ernst zu nehmen. Dolores braucht Dollar – so die Initialszene des Films. Geld ist ein Medium, das man wohl kritisieren, nicht aber vermeiden kann. Und Geld erhält die schreibselige Lehrerin, weil sie eine Kommunikation mit den fernsten Mächten verspricht und unterhält. Der Film läßt sich die Pointe nicht entgehen, die vollendete Kommunikation zu zeigen: Vollendet ist Kommunikation, wenn sie zur Kommunion wird. Der Sohn ist mit dem Vater, die Irdischen sind mit den Himmelsheiligen vereint.

Auf ingeniöse Weise bringt die arbeitslose Lehrerin die drei Leitmedien zusammen, die (jedenfalls in der sogenannten abendländisch-christlichen Tradition) versprechen, die Welt und die Menschen eigentlich zusammenzuhalten: das Abendmahl, das Geld und die neuen elektronischen Medien. Gemeinsam ist diesen drei Medien mehr, als dem ersten Blick schwant. Sie sind die strengen tiefenstrukturalen Leitmedien hinter der schönen und neuzeitlich rasant zunehmenden Vielfalt der phänomenalen Medienwelt. Um in abenteuerlicher Telegrammstil-Verkürzung anzudeuten, was in gründlicher Darstellung vorliegt[1]: Abendmahl, Geld und elektronische Medien sind die aufeinanderfolgenden und einander überformenden, mittlerweile vergleichsweise friedlich koexistierenden Leitmedien unserer (und zunehmend wohl auch der Welt-)Kultur. Gemeinsam ist ihnen vieles und in erster Linie, daß sie onto-semiologische Leistungen erbringen. Was nichts anderes meint, als daß sie systematisch die Logik des Seins (Ontologie) und die des Sinns beziehungsweise der Zeichen (Semiologie) aufeinander beziehen. Abendmahl, Geld und elektronische Medien ermöglichen Zugänge zu der knappen Ressource Sinn. Daß Sein und Dasein sinnvoll sind, wird im Sakrament von Brot und Wein versprochen. Riskant und reizvoll verspricht es, mehr als nur ein Versprechen zu sein: der Erlöser ist in den eucharistischen Elementen real gegenwärtig, Zeichen sind mehr als nur Zeichen, Kommunion ist das Ziel von Kommunikation. Das Abendmahl schaltet somit eine substantialistische Ontosemiologie: Sein und Zeichen fallen zusammen.

Seine Erosion erleidet das erste Massen- und Leitmedium Abendmahl in dem Maße, wie sich Geld als neuzeitlich-modernes Massenmedium durchzusetzen beginnt. In den nüchternen Worten von Niklas Luhmann: »Das Geld scheint [zu Beginn der Neuzeit, J. H.] auf dem Weg zu sein, das Medium schlechthin zu werden.«[2] Geld ist bekanntlich kein substantieller Wert an sich. Die Münze hat zwar mit der Hostie vieles gemeinsam: unter anderem das Design, den Umstand, nicht von jedem emittiert werden zu dürfen, und die die gesamte Geldsphäre fundierende theologische Begrifflichkeit (man ist Schuldner und Gläubiger, nimmt einen Kredit auf, leistet einen Offenbarungseid und geht zur Handels-Messe usw.). Die Korrelationen zwischen den realen Gütern (beziehungsweise Dienstleistungen) und den Zeichen, die da Mün-

1 Cf. die Bücher des Verf.: Brot und Wein – Die Poesie des Abendmahls, Kopf oder Zahl – Die Poesie des Geldes und: Ende der Vorstellung – Die Poesie der Medien.

2 N. Luhmann: Die Gesellschaft der Gesellschaft, p. 723.

zen und Scheine heißen, sind hingegen nicht länger substantiell, sondern funktional. Geld informiert nicht über die Fülle von Gottes Gnade, sondern funktional über Knappheiten an Gütern und Dienstleistungen. Die Korrelationen, die es herstellt, sind solche zwischen Wertzeichen und »realen« Werten. Ab und an, zum Beispiel in fetischistischen Geldüberschätzungen, die diese Wertzeichen für Werte an sich halten, bricht so etwas wie die alte eucharistische Realpräsenzsemantik noch in die Geldsphäre hinein. Ansonsten aber gilt auch hier das Losungswort »Ausdifferenzierung«: Glaube ist Glaube, Geld ist Geld, Zeichen sind Zeichen. Allerdings muß Geld beglaubigt werden, um funktionieren zu können. Auch die alten Leitmedien werden – das vorliegende Buch hat diese McLuhan-Formel schon häufig bemühen müssen – durch neue nicht verdrängt. Man kann auch in der entfalteten Geldgesellschaft weiterhin in die Kirche gehen. Man muß es aber nicht mehr. Wohl aber muß man, wenn man nicht auf schreckliche Weise exkommuniziert werden will, mit dem Medium Geld umgehen.

Abendmahl und Geld erfüllen und übererfüllen sämtliche Kriterien, die man sinnvollerweise für Medien aufstellen kann (vgl. die *Erste Unterbrechung*). Um nur einige der wichtigsten zu nennen: Sie sind Speichermedien (das Abendmahl ist ein Erinnerungsmahl, Geld hat eine Wertaufbewahrungsfunktion), sie sind Übertragungsmedien (einer göttlichen Botschaft beziehungsweise eines Eigentumswechsels), und sie sind Datenbearbeitungsmedien (man kann das Abendmahl unterschiedlich, etwa katholisch, lutherisch und calvinistisch umcodieren; und man kann eine Währung in eine andere konvertieren). Beide frühen verbindlichen Massenmedien koordinieren Interaktion, sie versammeln Interagierende (in Kirchen oder Bürogebäuden), sie motivieren Menschen, zu tun, was sie ansonsten nicht täten (zum Beispiel arbeiten) – jeder weitere Kommentar ist in dieser Hinsicht überflüssig. Beide Leitmedien verstärken Unwahrscheinlichkeit (nämlich die, daß Gott einen Sohn hat, dessen

Mutter Jungfrau ist und der sich uns zum Verzehr anbietet, um uns zu erlösen; beziehungsweise die, daß einer dem anderen seine Güter überläßt). Beide Leitmedien leisten Körperextensionen (das Abendmahl die extreme, den gestorbenen und himmelsfern wieder auferstandenen Jesus Christus unter uns anwesend sein zu lassen; beziehungsweise das Geld die funktionalere, daß man qua Geldzahlungen in fernen Wirtschaftsprozessen präsent sein kann, oder die selten bedachte, doch erstaunliche, daß auch ein irdischer Verstorbener sein Neues Testament hinterlassen und über sein Vermögen verfügen darf). Beide Massenmedien beruhen auf Beglaubigungsstrategien und sind von großer Verbindlichkeit. Dafür versprechen sie Ungeheures: Korrelationen von Sein und Sinn.

Spätestens nach dem Zweiten Weltkrieg tritt nun ein neues Massen- und Leitmedium zu den beiden älteren Leitmedien hinzu: die elektronischen Medien (Radio und Fernsehen voran, in den letzten Jahren kommt mit Rasanz das Internet auf die Bühne der Mediengeschichte). Das neue Massen- und Leitmedium hat mit den klassischen gemeinsam, daß es nicht eigentlich vermeidbar ist (man macht sich ja auch juristisch verdächtig, wenn man keine Radio- und TV-Gebühren zahlt). Die neuen AV-Medien und das Internet zumal überformen denn auch deutlich die alte Geld-Ökonomie (und auch die Präsentationsformen von Religion – man denke an den TV-Papst oder die islamische Revolution des Ayatollah Telechomeini, der in Paris Tonbänder besprach und sie dann vielfach kopiert in den Iran sandte). So wie das Aufkommen der Münzwirtschaft nicht nur die theologische Grundbegrifflichkeit in sich aufsaugte, sondern umgekehrt auch das Design von Brot und Wein ummodellierte (aus gebrochenem Brot wurden münzförmige Hostien), so verliert das Geld heute seine klassische Münz- und seine neoklassische Papiergestalt, um zu *electronic cash* zu werden. Traditionelle Cash-Zahlungen sind langsam out, und Geldströme werden als die Informationsströme durchschaubar, die sie immer schon waren. Buchgeld wird zu *electronic money*.

Im Interesse der Pointierung, die ihren zweifelhaften Reiz (aber ein Reiz ist es immerhin) daraus zieht, komplexeste Prozesse auf die kurze Schnur einer These zu bringen, ließe sich sagen: Gemeinsam ist den drei ontosemiologischen Leitmedien (neben den schon genannten Aspekten), daß sie der regulativen Idee des Stromes beziehungsweise des Kreislaufes verpflichtet sind. Der Weinstock und die Reben, das für uns vergossene Blut des Erlösers, die Mutter Kirche und ihre Kinder – dies sind die korporativen Bilder, die das erste Massenmedium bereitstellt. Orientiert ist es an der Vorstellung vom Rebensaft beziehungsweise vom Blut beziehungsweise vom Wort, das mehr ist als nur ein bloßes Zeichen, vom Wort, das Fleisch geworden ist und die Institution Kirche und die Gläubigen zusammenhält. Abgelöst wird die religiöse Vorstellung von den Blutkreisläufen durch die von den Geldströmen, die Volkswirtschaften so zusammenhalten wie der Blutkreislauf den Körper. Geldströme sind kälter als Blutströme, aber auch funktionaler. Die elektrischen Informationsströme sind noch »cooler« als die Geldströme, deren unablässiges Fließen sie mitbetreuen (sind doch die Summen, die heute eigentlich zählen, Monitorgeldsummen).

Dauer im Wechsel, dauerhafter Wechsel: die Übergänge von einem zum nächsten ontosemiologischen Leitmedium sind immer auch, nie aber nur Untergänge des alten Mediums. An Brot und Wein glauben kann man auch noch in Zeiten der monetären Säkularisierung von Gesellschaften und Kulturen – man muß es aber nicht mehr, wenn man denn nicht Leib und Leben und Seelenheil riskieren will. Und daß Geld auch in Zeiten des Internet ein machtvolles Medium ist, bedarf keiner ausführlichen Begründung. Geld aber hat in der entfalteten Informationsgesellschaft seine Phänomenologie und seinen Verbindlichkeitsgrad gewechselt. So kann man, wie seit Beginn der Neuzeit zwischen verschiedenen Konfessionen, heute vergleichsweise leichthändig zwischen verschiedenen Währungen hin- und herkonvertieren (vgl. das Schlußkapitel dieses Buches). Konversion ist nicht umsonst ein Schlüsselwort der religiösen, monetären und medialen Sphäre. Auffallend ist beim Vergleich der internen und externen Verfassung der drei großen ontosemiologischen Leitmedien, daß sie zunehmend darauf verzichten, überhaupt so etwas wie Zustimmungspflichtigkeit einzuklagen.

Eine katholische Kirche – mehrere Konfessionen – Freigabe der Verpflichtung, überhaupt zu glauben; eine Währung mit hocherschwerten Konversionsmöglichkeiten – viele Währungen; ein ARD-Programm – viele durch kein noch so intensives Zapping mehr zusammengehaltene Programme – Point-to-point-Kommunikation des Internet: eine Antwort auf Goethes Frage, was die Menschen noch zusammenhält, wird zunehmend schwieriger. Oder leichter: man kann zahlen, womit man will – Hauptsache, man kann zahlen; man kann sehen, hören und kommunizieren, was man will – Hauptsache, man kommuniziert. Dem Romantiker Adam Müller war diese neumediale Sprengung inhaltlicher Kriterien noch hochsuspekt. Ihm ist wie anderen vor und nach ihm die Affinität von Gottes-, Geld- und Mediendingen aufgefallen – und auf die Nerven gefallen. Die Medien Geld und Druck, so die Hoffnung des Konservativen, haben sich durch Mißbrauch »in unsrer ausschweifenden Zeit« diskreditiert. Diese Diskreditierung erinnert daran, daß Medien doch bloße »Hilfsmittel« substantieller Botschaften sein sollen. Und doch schwant dem politischen Romantiker, daß dies eben nicht mehr so ist: Medien und Leitmedien zumal sind Botschaften und nicht etwa Dienerinnen von Botschaften. In den *Reden über die Beredsamkeit* heißt es: »Der Wunderglaube an die edlen Metalle und an die Presse, der noch vor zwanzig Jahren die Gemüter dergestalt beherrschte, daß er allen andern Wunderglauben der früheren Welt abgelöst zu haben schien, ist zu Ende: kein Montecuccoli der Nachwelt wird sagen dürfen, das erste Requisit des Krieges ist Geld, das zweite Geld, das dritte Geld; kein Friedrich der Nachwelt wird sagen dürfen, wer den letzten Taler in der Tasche behalte, werde siegen; kein Voltaire der Nachwelt wird ohne irgendeine große Tat eine Weltherrschaft über die Meinungen bloß mit der Buchdruckerkunst durchzusetzen unternehmen. Buchdruckerkunst und Metallgeld haben ihre Macht verloren durch den Mißbrauch: mächtig sind diese wie alle anderen Hilfsmittel der Menschheit nur durch das Maß und die Schranken, in welchen sie gebraucht werden, mächtig nur neben den andern Dingen, welche sie in unsrer ausschweifenden Zeit zu verdrängen unternommen haben.«[1]

Müller macht sich und anderen Mut. Und doch weiß er, daß »Maß und Schranken« in der Geld- und Mediengesellschaft verlorengehen. Denn sie ist von einem internen Expansionsdrang getrieben, der nicht erst und nicht nur Adam Müller angst und bange werden ließ. Expansionslüstern ist zumal das Joint-venture zwischen dem ontosemiologischen Leit- und Massenmedium Geld und den neuen Medien. Und dies, obwohl (oder eben weil) die strukturale Differenz zwischen Geld und Informationen/Mitteilungen/Nachrichten auf der Hand liegt: Mitteilungen teilt man mit anderen; die Mitteilung, die *ego alter* macht, geht *ego* nicht verloren, muß, ja, kann aber nicht einmal vollständig auf die andere Seite wechseln. Wohl aber ist das Geld von *ego* per definitionem nicht das Geld von *alter* – es sei denn, es wechselt die Seite. Geld ist in diesem sehr präzisen Sinne das erste digitale Massenmedium. Seine Funktionalität ist schwer zu überbieten. Denn seine Kommunikationsleistungen sind so dürftig wie klar und effektiv: Dies ist jetzt nicht mehr mein, sondern dein. Bildung, Wissen und Informationsstände sind hingegen so eindeutig nicht transferierbar. Auch in Zeiten des Internet ist der Nürnberger Trichter keine konstruierbare und funktionierende Maschine. Das hat schon Georg Simmels gedankenreiche, im Jahre 1900 erschienene *Philosophie des Geldes* erkannt, in der es heißt: »Jesus konnte dem reichen Jüngling wohl sagen: Schenke deinen Besitz den Armen,

1 A. Müller: Beredsamkeit, p. 414 sq.

aber nicht: Gib deine Bildung den Niederen. Es gibt keinen Vorzug, der dem Tieferstehenden so unheimlich erschiene, dem gegenüber er sich so innerlich zurückgesetzt und wehrlos fühlte, wie der Vorzug der Bildung; weshalb denn Bestrebungen, die auf die praktische Gleichheit ausgingen, so oft und in so vielen Variationen die intellektuelle Bildung perhorreszieren: von Buddha, den Zynikern, dem Christentum in gewissen seiner Erscheinungen an bis zu Robespierres: *nous n'avons pas besoin de savants*. Wozu das sehr Wesentliche kommt, daß die Fixierung der Erkenntnisse durch Sprache und Schrift – abstrakt betrachtet, ein Träger ihres kommunistischen Wesens – eine Anhäufung und namentliche Verdichtung derselben ermöglicht, die die Kluft zwischen Hoch und Niedrig in dieser Hinsicht sich stetig erweitern läßt.«[1]

Das Problem, Informations- und Geldtransfers zusammenzubringen, zeichnet sich – wie sollte es anders sein? – in dem Maße ab, wie sich die Geld- in eine elektronische Massenmediengesellschaft hinübermoduliert. Das Übergangsstadium zwischen der klassisch-modernen Geld- und der postmodernen Informationsgesellschaft hat ein eigentümliches Zwittermedium hervorgebracht: die **Kreditkarte**. »Papa! What's money?« Diese Frage stellt Paul seinem Vater in Charles Dickens' Novelle *Dombey and Son*. Tiefe Weisheit der Fragen von Kindern, die, wenn sie solche Fragen stellen und sachgerechte Antworten bekommen, aufhören, Kinder und tiefsinnig zu sein. Erwachsen sein heißt, technische Antworten auf metaphysische Fragen zu geben. Seit einem halben Jahrhundert kann und muß man die Frage »what's money?« anders als mit dem Hinweis auf Münzen, Schecks und Geld- oder Wechselscheine beantworten. Denn im Jahr **1950** stand ein Geschäftsmann aus New York vor einer stilistisch-moralisch-strafrechtlichen Frage, die er finanztechnisch beantwortete. Er hatte sich blamiert, und zwar auf die für ihn peinlichste Weise.

1 G. Simmel: Geld, p. 493.

Frank McNamara hatte im Herzen des Kapitalismus, in Manhattan, Geschäftsfreunde zum Essen eingeladen. Der Abend soll angeregt verlaufen sein. Geschäftsabschlüsse winken, ein Deal ist perfekt. Doch dann kommt die liquide Sekunde der illiquiden Wahrheit. McNamara will zahlen und muß feststellen, daß er seinen immer prallen Geldbeutel nicht bei sich hat. Die Geschäftsfreunde anzupumpen, die er doch eingeladen hat – unmöglich. Not aber macht bekanntlich erfinderisch. Der blamierte Gast kennt den Ober, gibt ihm seine Adresse und unterschreibt eine Zahlungsverpflichtung, der er schon am nächsten Tag nachkommt.

Doch es kommt noch etwas anderes nach – eine Idee, die sich technisch leicht schalten läßt. Frank McNamara will sich nie wieder durch Begehung der in Brechts Oper *Aufstieg und Fall der Stadt Mahagonny* schon gut zwei Jahrzehnte zuvor herausgestellten eigentlichen Todsünde im Zeitalter des Kapitalismus unmöglich machen: kein Geld zu haben, illiquide zu sein. Und so erfindet er eine weißrote, damals noch brieftaschengroße Pappkarte, auf der zweierlei verzeichnet ist: die Namen von einem Dutzend Restaurants in Manhattan, die potenten Kunden gerne Kredit gewähren, und der gute Name dessen, der Kredit verdient.

Aus der Erfahrung der Illiquidität wird eine liquide Geschäftsidee. Zusammen mit einem Warenhausbesitzer und einem Rechtsanwalt gründet McNamara noch im selben Jahr 1950 die erste Kreditkartengesellschaft, deren Name an die Urszene ihrer Entstehung erinnert: Diners Club. Die Idee, erst einmal mit seinem guten Namen und ein wenig später dann doch »richtig« zu zahlen, erst Informationen fließen zu lassen und sie dann monetär zu beglaubigen beziehungsweise zu decken, setzt sich alsbald durch. Noch in den fünfziger Jahren erreicht die Kreditkarte die europäische Seite des Atlantik. Anfangs gilt sie als Privileg weniger wirklich reicher Leute, die unbefragt kreditfähig sind. Heute ist die Kreditkarte massenkonsumdemokratisch entwertet – sind doch 700 Millionen der kleinen Plastikhelfer weltweit im Einsatz. Prestigeobjekte sind die Kreditkarten also kaum mehr zu nennen, auch wenn die sie emittierenden Banken das mit Namen wie Gold- oder Platin-Karten suggerieren. Fetische im engsten und präzisesten Wortsinne aber sind sie gewiß: nämlich Dinge, denen, so klein und unscheinbar sie sein mögen, die unbedingte Kraft magischer Zeichen zukommt, im Reich der Dinge Erstaunliches zu bewirken und zu bewegen – daß sie unser werden.

Auf dem Weg von der Münzökonomie zur *cashless society* markiert McNamaras schlichte Idee eine bedeutende Etappe. Auch deshalb, weil die Kreditkarte deutlich macht, daß die Grenze zwischen Geld und Information porös wird – beziehungsweise immer nur eine scheinbare Grenze war. Geld informierte und informiert über die Knappheit der Güter beziehungsweise Dienstleistungen und über die Liquidität des Käufers. Aber es schien in seiner klassischen Münzgestalt doch auch ein absoluter »Wert an sich« zu sein. Sinnfällig wurde das daran, daß Münzgeld im schlichtesten Sinne digital ist, weil es dem Code haben/nicht haben untersteht: Das Geld des einen ist eben nicht das Geld des anderen. Mit dem Kredit, den die Kreditkarte verleiht, ist das auf eine funktional diffuse Weise anders. Ihr Besitzer hat das Geld, das er nicht hat. Vorausgesetzt, er macht bedeutende Mitteilungen (über seine Identität, Anschrift, Bankverbindung etc.) – »Zahlen Sie einfach mit Ihrem guten Namen«. Geld geht, je immaterieller es wird, als bedeutender Sonderfall im allgemeinen Mediensystem auf.

Man kann die Kreditkarte aber nicht nur als Zwischenstufe auf dem Weg zur gemischten Geld-Informations-Gesellschaft sehen. Sondern auch als Rückkehr zu frühesten Formen des Geldes. Denn vieles spricht dafür, daß Kredit (und Zins) chronologisch und logisch früher sind als (Tausch-) Geld. Am Anfang war die Schuld. Und Schuld verlangt nach Entschuldung. Keiner hat die religiösen, kulturellen, stilistischen, medialen und funktionalen Möglichkeiten, mit diesem Problem umzugehen, so zynisch klar gesehen wie Oscar

Wilde. Er wußte nicht nur, daß die Beschwörungsformel vom Schönen, Wahren und Guten nicht ausschließt, daß der Klaviervirtuose ein ebenso virtuoser Wechselfälscher sein kann. Von ihm stammt auch die tiefe Einsicht in die elementare Grundstruktur dessen, was wir Zivilisation nennen: »The basis of civilization is unlimited credit.«

DIESSEITS DER ZEICHEN

7. **PHOTOGRAPHIE:** Wahrnehmung eines galoppierenden Pferdes – Erfindung der Photographie – Die Photographie als »Pencil of Nature« – Vorgeschichte der Photographie: Camera obscura und Laterna magica – Abbilder, Ebenbilder, Balzacs Photo-Paranoia – Augenblick und objektiver Blick – Farbphotos, Röntgenphotographie – Spiritismus

8. **PHONO- UND TELEGRAPHIE:** Ein Plattenspieler auf dem Zauberberg – Erfindung des Grammophons – His Master's Voice: Schallplatten – Die Stimme aus der Ferne: das Telephon – Ströme von Worten, elektrische Ströme – Das Fräulein vom Amt – Bombenpost und Telegraphie – Medienindustrie: die Verkabelung der Welt

9. **FILM:** Victor Hugo fährt mit der Eisenbahn – Erfindung der Kinematographie – Vorgeschichte des Films: Panoramen – Filmindustrie – Der Film wird bunt und lernt sprechen – Die Ufa und der Nazi-Film – Film als »Kunst, die anders ist«

DRITTE UNTERBRECHUNG: Mediengenealogien – Der Krieg, die Wirtschaft, die Religion

7. Photographie

Eine berühmte deutsche Erzählung aus den ersten Jahren des 20. Jahrhunderts läßt einen jungen und sensiblen Bewohner der alt gewordenen Gutenberg-Galaxis auf einen robusten Freund des vergleichsweise neuen Mediums (Chrono-)Photographie treffen. Das Gespräch zwischen den Freunden kreist auch um die Vorzüge ihres jeweiligen Lieblingsmediums. »›Ich habe jetzt etwas Wundervolles gelesen, etwas Prachtvolles …‹, sagte er. Sie gingen und aßen gemeinsam aus einer Tüte Fruchtbonbons, die sie bei Krämer Iwersen in der Mühlenstraße für zehn Pfennige erstanden hatten. ›Du mußt es lesen, Hans, es ist nämlich *Don Carlos* von Schiller … Ich leihe es dir, wenn du willst …‹ / ›Ach nein‹, sagte Hans Hansen, ›das laß nur, Tonio, das paßt nicht für mich. Ich bleibe bei meinen Pferdebüchern, weißt du. Famose Abbildungen sind darin, sage ich dir. Wenn du mal bei mir bist, zeige ich sie dir. Es sind Augenblicksphotographien, und man sieht die Gäule im Trab und im Galopp und im Sprunge, in allen Stellungen, die man in Wirklichkeit gar nicht zu sehen bekommt, weil es zu schnell geht …‹ / ›In allen Stellungen?‹ sagte Tonio höflich. ›Ja, das ist fein. Was aber *Don Carlos* betrifft, so geht das über alle Begriffe. Es sind Stellen darin, du sollst sehen, die so schön sind, daß es einen Ruck gibt, daß es gleichsam knallt …‹ / ›Knallt es?‹ fragte Hans Hansen … ›Wieso?‹«[1]

Natürlich knallt es in Thomas Manns 1903 erschienener Erzählung *Tonio Kröger* nicht – wie sollte es in einem Buch anders als »gleichsam« knallen? Und anderes als Buchstaben würde Hans Hansen auch nicht zu sehen bekommen, wenn er denn Schillers Drama läse – »du sollst sehen«. Sehen will Tonios lebenstüchtiger Freund in der Tat. Deshalb greift er zu einem Buch, in dem Photographien wiedergegeben sind, die noch das sichtbar machen, was »man in Wirklich-

1 Th. Mann: Tonio Kröger, p. 279.

Galoppierendes Pferd. Aus einem Bildertrommelstreifen, nach den Reihenaufnahmen von Muybridge.

keit gar nicht zu sehen bekommt«. Die Photos, die Pferde »in allen Stellungen« zeigen – »in allen Stellungen?« fragt Tonio interessiert nach –, waren berühmt und weit verbreitet. Statt für berühmte Stellen aus der Weltliteratur interessiert sich Hans für Stellungen in Augenblicksphotographien. Der schon zuvor durch großformatige Landschaftsaufnahmen über die Szene hinaus bekannt gewordene, aus England nach Kalifornien ausgewanderte Photograph **Eadweard Muybridge** (er lebte von 1830 bis 1904) machte 1873/74 seine **Serien-Aufnahmen** des trabenden Pferdes Occident, das dem kalifornischen Ex-Governor Leland Stanford gehörte. **1878** folgten dann die spektakulären Aufnahmen eines galoppierenden Pferdes mit 12 und später mit 24 in kurzem Abstand nacheinander fest installierten Kameras. Diese Aufnahmen lösten ein altes und vieldiskutiertes Problem: ob nämlich ein galoppierendes Pferd eine Zeitlang mit allen Beinen in der Luft sei oder eben nicht. Mit unbewaffnetem Auge läßt sich die Frage nicht entscheiden, kann doch das Auge immer nur einen Punkt im Wahrnehmungsfeld und nicht etwa vier Punkte zugleich fokussieren. Seit der Serienphotographie weiß man: Galoppsprünge sind tatsächlich Sprünge; für einen Augenblick treffen alle Beine eines galoppierenden Pferdes unter seinem Bauch zusammen. Auf den meisten Pferde-Gemälden vor der Photographie wurden hingegen die Galoppsprünge zumeist so dargestellt, daß ein Pferd gänzlich vom Boden abhebt, wenn die Vorderbeine nach vorne und die Hinterbeine nach hinten ausgreifen. Daß dem nicht so ist, ließ sich ohne Objektiv nicht objektiv beobachten.

Selbst ein so genauer Kupferstecher wie Dürer irrt also,

wenn er seinen um 1496 entstandenen *Kleinen Kurier* – er ist durch das um seinen Oberschenkel gewundene helle Tuch als jemand ausgewiesen, den das Kurierrecht schützt, wenn er feindliche Linien streift – auf ein Pferd bannt, das galoppiert und doch mit beiden Beinen auf dem Boden verharrt: eine unmögliche Stellung.

Muybridge veröffentlichte seine Serienphotos, die schon eine Frühform des Films darstellen, zusammen mit einem Vortrag, der unter dem schönen Titel stand *The Romance and Realities of Animal Locomotion*. Die Botschaft: Man darf seinen Augen nicht trauen. Es sei denn, man bewaffnet sie mit einer Kamera, die falscher Romantik mißtraut und statt dessen auf die nüchterne Wiedergabe von Realität setzt. Eine Gegenüberstellung, die der romantisch-sensible Tonio Kröger und der realistisch gesinnte Hans Hansen nachvollziehen. Muybridges Vortrag und seine als sensationell empfundenen Photos passen noch zwischen dieselben Zeitschriften- beziehungsweise Buchdeckel. Die Erfindung der Photographie ist (jedenfalls auf dem Feld der Speichermedien – im Hinblick auf Übertragungsmedien käme der Telegraphie der Vorrang zu) die erste große medientechnische Erfindung nach der Gutenbergs. Ziemlich genau vier Jahrhunderte liegen zwischen beiden Daten. Beide, der Druck und die Photographie, sind noch demselben papiernen Zeitalter zuzurechnen. Doch der photographische Prozeß, dessen Endresultat sich auf Papier findet, fängt buchstäblich an, die Monopolstellung des Papiers als tragendes Basismedium chemisch aufzulösen. Zu den vielen und nicht einmal zu den wichtigsten Effekten dieser Auflösung der Gutenberg-Galaxis zählt, daß das alte Medium Literatur – das der bildenden Kunst sowieso – sich neu verorten muß.

Einer von vielen, die dieses Problem sehen, ist der Schriftsteller Paul Heyse. Am 14. Januar 1881 schreibt er an den Freund Gottfried Keller: »Ich habe längst erwartet, daß einer der modernen Experimental-Ästhetiker eine Abhandlung

Albrecht Dürer: Der kleine Kurier, um 1496.

schreiben würde über den Einfluß der Photographie auf unsere Kunst und Literatur, da ich in derselben die Erzeugerin und Amme unseres heutigen Realismus erblicke.«

»Experimentalästhetiker« ist ein schönes Wort. Anders als Ästhetiker der philosophischen Tradition zwischen Platon und Kant fragen Experimentalästhetiker nicht nach dem Zusammenhang zwischen dem Guten, Wahren und Schönen, sondern experimentieren mit den Möglichkeiten und Grenzen der menschlichen Wahrnehmungsfähigkeit (das griechische Wort *aisthesis* heißt nichts anderes als »Wahrnehmung«). Sie finden heraus, welche Frequenzen ein gesundes jugendliches Ohr hören und ein älteres nicht mehr hören kann, welche optischen Verzögerungseffekte die Retina aufweist und was man mit Hilfe von Photos, ansonsten aber eben nicht wahrnehmen kann (zum Beispiel wie es sich mit dem Galopp eines Pferdes eigentlich verhält).

Viele unter den Schriftstellern vor und um 1900 haben sich übrigens auf die Seite der Experimentalästhetiker geschlagen. Amateurphotographen unter den Schriftstellern vor und um 1900 waren unter anderem Adalbert Stifter (dessen Frau das hübsche Wort »Votographü«[1] schreibt und von dem der bedeutende Literaturhistoriker Gervinus sagt: »Stifter versteht die Natur auf Papier zu daguerrotypieren«[2]), Emile Zola, Lewis Carroll, August Strindberg, John M. Synge, Anton Tschechow, Samuel Butler, Arthur Conan Doyle und George Bernard Shaw. Nicht alle unter ihnen haben sich (wie das Beispiel des auf Photographien mignon- und lolitahafter Mädchen spezialisierten Autors von *Alice in Wonderland*, Lewis Carroll, zeigt[3]) dem Realismus verschrieben; einige haben vielmehr den Schluß gezogen, daß die unterschiedliche Kombination von 24 Buchstaben selbst bei größter Anstrengung nie zu so realistischen Resultaten führen kann wie der Druck auf den Auslöser. Gerade die dezidiert antirealistische Literatur der Moderne (um von der modernen bildenden Kunst seit dem Impressionismus zu schweigen) ist ein Effekt der Erfindung der Photographie, die sich auf treuliche Wiedergabe des Realen besser versteht, als das Buchstabengitter es je vermöchte. Naturalistisch »treu« wie

1 Zit. bei U. Roedl: Stifter, p. 121.
2 Zit. bei M. Enzinger: Stifter, p. 14.
3 Cf. M. Wetzel: Mignon, p. 19 sqq.

eine Photographie kann selbst Literatur aus der Feder von Gerhard Hauptmann oder Arno Holz nie und nimmer sein.

»Unnachahmliche Treue« – so schön und so paradox charakterisiert ein großer alter Mann der Gutenberg-Galaxis die Leistung einer neuen Medientechnik, die alsbald auch nur halbwache Zeitgenossen als revolutionär erkennen. »Unnachahmliche Treue« kennzeichnet die **Photographie** beziehungsweise die **1838** das Licht der Welt erblickende **Daguerrotypie**[1] – eben weil sie es versteht, das, was ist, so präzise nachzuahmen, wie Gemälde und Zeichnungen es niemals vermögen. Der siebzigjährige Alexander von Humboldt ist zu Beginn des Jahres 1839 in Paris. Als auswärtiges Mitglied der dortigen Académie des Sciences wird er, noch bevor Louis Jacques Mandé Daguerre (1787-1851) seine Medien-Erfindung in einem medienstrategisch glänzend geplanten Coup der Öffentlichkeit vorstellt, um eine Expertise über die Daguerrotypie gebeten. Humboldts Urteil ist eindeutig: Es handelt sich um eine Medien-Revolution. Im alten Medium des Briefverkehrs läßt er seine Ein- und Hochschätzung des neuen Mediums die wichtigen Zeitgenossen, mit denen er im Korrespondenzverhältnis steht, wissen. Der philosophierende Arzt und Entdecker des Unbewußten, Carl Gustav Carus, der Chemiker und (einer der) **Erfinder der Negativphotographie William Henry Fox Talbot** (1800-1877) sowie der preußische König Friedrich Wilhelm IV. erhalten Briefe aus der Hand der vielgereisten Weltautorität, in denen zu lesen steht, was zuvor und als erste (am 7. Januar 1839) schon die Herzogin Friederike von Anhalt-Dessau erfuhr: Die neue Technik zeigt »Gegenstände, die sich selbst in unnachahmlicher Treue mahlen; Licht, gezwungen durch chemische Kunst, in wenigen Minuten, bleibende Spuren zu lassen, die Contouren bis auf die zartesten Theile scharf zu umgrenzen, ja diesen ganzen Zauber (freilich einen farblo-

1 Die folgende Darstellung ist Bernhard Stieglers Mannheimer Habilitationsschrift »Worte des Lichts – Schattenbilder – Literatur und Photographie im 19. Jahrhundert« (1999) verpflichtet.

sen) bei heiterem, sonnenklaren Tage unserer nördlichen Zone in 8 bis 10 Minuten, bei Egyptischer Durchsichtigkeit der Luft und tropischer Lichtfülle wahrscheinlich in 2 bis 3 Minuten hervorgerufen zu sehen, das spricht freilich unaufhaltsam den Verstand und die Einbildungskraft an. Aber leider! Wissen Herr Arago und ich, die wir der Akademie Bericht erstattet, keine Sylbe mehr, als in der ersten Nummer (Janvier 1839) des *Compte rendu de l'Institut* steht: niemand in der Pariser Welt, als der Erfinder, weiss mehr als wir davon. Daguerre zeigt die Producte, unter Glas und in Rahmen gefasste Bilder, 8-20 Zoll lange Darstellungen, von bräunlich grauem (Biester) Tone, an Feinheit aber, die Wolken und näheren Vegetationen (Baumschlag mit zitternden, bewegten Blättern) abgerechnet, den schönsten Stahlstichen gleich.«[1]

An Humboldts Zeilen ist vieles bemerkenswert. Erstens: die Sensation ist, daß sich »die Gegenstände selbst malen«, und zwar in »unnachahmlicher Treue«. Keine Menschenhand pfuscht, von künstlerischem Gestaltungswillen getrieben, dazwischen, wenn Licht auf Papier gebannt wird. Die Photographie ist ein subjektloses Medium. Dieses objektivistische Pathos prägt viele der frühen Stellungnahmen. In den klaren Worten des Helmholtz-Schülers Peter Henry Emerson: »The photographer does not make his picture – A MACHINE DOES IT ALL FOR HIM.«[2] Zweitens: diese Maschine »zwingt« das Licht mit Hilfe chemischer Mittel, »bleibende Spuren« zu hinterlassen. Die Photographie sorgt für das, wovon man zuvor nur faustisch träumen konnte: der Augenblick – er mag ein schöner oder schrecklicher sein – kann endlich verweilen. Drittens: das Medium ist entwicklungsfähig. Schon einem seiner ersten Kommentatoren schwant, daß der technische »Zauber« bald auch ein farbenfroher sein wird. Viertens: die Photographie ermöglicht neue Einblicke und Wahrnehmungen des Fernen (Wolken) wie des Nahen (bewegte Blätter). Ein Photo gibt zu

1 Zit. in E. Koppen: Literatur und Photographie, p. 37 sq.
2 P. H. Emerson: The Death of Naturalistic Photography, p. 56.

Alexander von Humboldt, 1847. Photographie von Hermann Biow.

sehen und zu analysieren, was sich ohne medientechnischen Aufwand der Wahrnehmung entzöge. In den schönen synästhetischen Worten Humboldts: Das optische Medium der Photographie »spricht unaufhaltsam den Verstand und die Einbildungskraft an«, eben weil ein Wahrnehmungsaugenblick aufgehalten, aufbewahrt, auf Dauer gestellt wird. Der Augenblick des Augen-Blicks währt seitdem länger als ein(en) Augenblick.

Der Rang von Daguerres Erfindung war den Zeitgenossen durchaus und schlagend bewußt. Sie lag in der Luft, sie war fällig und überfällig. Um den Ruhm, der **Erfinder der Photographie** zu sein, wurde denn auch alsbald gestritten. Der reiche britische Privatgelehrte und Tüftler Henry Fox Talbot reicht, kaum daß er von Daguerres Patent gehört hat, beim Königlichen Patentamt in London eine Schrift ein, die seine **Prioritätsrechte** beim erfolgreichen Versuch einer »Fixierung der mit der Camera obscura erzeugten Bilder und ihrer nachhaltigen Erhaltung« begründen soll. In Frankreich machen gleich mehrere Daguerre die Erstlingsrechte streitig. So das renommierte Mitglied der Akademie der Wissenschaften **François Arago** und – *post mortem* – **Nicéphore Nièpce** (1765-1833), der seit 1829 vertraglich geregelt mit Daguerre zusammenarbeitete und auf dessen Beitrag gleich mehrere Zeitgenossen hinweisen. Er hat die letzten zwanzig Jahre seines Lebens photographischen Experimenten geweiht. Angesichts dieser und weiterer Konkurrenten um die Vaterrechte an der Photographie entsinnt sich Daguerre des Hintersinnes seines Namens (französisch *guerre*, Krieg). Er argumentiert kämpferisch und legt, auf das alte Gutenbergmedium zurückgreifend, 1839 ein Handbuch seiner Erfindung vor, das schon mit seinem Titel und den Attributen, die dem Autorennamen beigefügt sind, autoritativen Eindruck machen will: *Histoire et description du procédé du Daguerréotype et du Diorama, par Daguerre, peintre, inventeur du Diorama, officier de la Légion-d'Honneur, membre des plusieurs Académies, etc.* steht auf dem Titelblatt zu lesen. Daguerres Verfahren ist – der Begriff Diorama deutet es an – ein Positivverfahren, das Unikate ergibt. Eine mit Jodsilber legierte Kupferplatte wird durch das Licht, das durch ein Kameraobjektiv fällt (und das in den ersten Jahren noch minutenlang – so sind zuerst nur Stilleben, Landschaftsaufnahmen und ähnliches möglich), belichtet, wodurch das Jodsilber auf Silber reduziert wird und sich, wenn das Produkt weiter mit aufgedampftem Quecksilber traktiert wird, deutliche Schattierungen einstellen. Um das Ergebnis vor weiter einfallenden Lichtstrahlen zu konservieren, ist die Fixierung des Photos mit Kochsalzlösung erforderlich. Die Ergebnisse sind deutlich brillanter als die des Negativverfahrens, das Talbot praktiziert. Aber auch Talbots Technik hat unübersehbare Vorteile: Die Belichtungszeiten bemessen sich nicht, wie bei Daguerre, nach Minuten, sondern nach Sekunden, und man kann von einem Negativ beliebig viele Abzüge machen. Das Kunstwerk, wenn denn eine Photographie eines ist, tritt ins Zeitalter seiner technischen Reproduzierbarkeit ein.

Eine – wie schnell ersichtlich – weitreichende Erfindung. Dennoch gab es unter den Zeitgenossen Einschätzungsschwierigkeiten und Fragen wie die, ob die Erfindung der Photographie wichtiger sei als die des Buchdrucks. Angeführt sei nur ein Dokument aus dem noch kurzen Abstand von anderthalb Jahrzehnten, das die Frage weise entscheidet. »Wichtiger« sei wohl die Erfindung des Buchdrucks gewesen, »merkwürdiger« aber sei die der Photographie, weil sie die Leistungen des Menschen überbiete. Wilhelm Horn, der Herausgeber des *Photographischen Journals*, schreibt 1854: »Die photographische Bildnerei ist nicht die wichtigste, unstreitig aber die merkwürdigste Erfindung, welche jemals gemacht wurde, sie ist die Nachbildung des wunderbarsten Werkes unseres Schöpfers: des Sehvermögens und zugleich eine Druckerpresse für die geheimnisvollen flüchtigen Bilder, durch welche alle Gegenstände in der Schöpfung sich uns auf sehr weite Distanzen bemerkbar zu machen imstande sind.«[1] Mit dieser Einschätzung steht Horn nicht alleine da. Zahlreiche Zeitgenossen betonen den automatischen Charakter des neuen Mediums, das den Menschen zum schieren Auslöser macht. Aus dem Maler wird der Knipser – von dem sich dann das impressionistische, kubistische, expressionistische etc. Malergenie um so deutlicher absetzen kann. Als »vom Himmel gefallene Abdrücke« beziehungsweise als »ein durch die Sonnenstrahlen hervorgebrachtes Bild« charakterisiert das *Kunstblatt* vom 24. September 1839 die Daguerrotypie. »Wer hätte geglaubt, daß es dem Menschen möglich werden könnte, den Strahl der Sonne dienstbar zu machen, und gewissermaßen als Crayon zu benutzen?« fragt die *Allgemeine Theater-Zeitung* aus Wien am 29. August 1839. Und als »von der Natur selbst gezeichnete Bilder« will Josef Berres in einem Bericht von 1841 in *Dingler's Polytechnischem Journal* die Erfindung verständlich machen. Durch den Titel des Buches von William Henry Fox Talbot wird die Wendung »von der Natur selbst gezeichnet« dann zur wohl populärsten Weise, sich den Zauber der Photographie verständlich zu machen: *The Pencil of Nature* (1844 ist der erste Band erschienen). Das Wort Photo-Graphie (es wird in Deutschland erstmals am 25. Februar 1839 in der *Vossischen Zeitung* gebraucht) ist eben von hoher Präzision. Photographie = die Graphie des Lichts, die Lichtschrift, das Licht, das sich selbst schreibt, mehr noch: dokumentiert.

Diese subjektlose Nüchternheit schließt Pathos nicht aus. Talbot hat seinem Buch ein Zitat aus Vergils *Georgica* als Motto vorangestellt (auch der Dollar-Bill sind ja Vergil-Verse beigegeben – der antike Bukoliker ist offenbar der eigentliche Dichter der Moderne): »*Juvat ire jugis qua nulla priorum / Castaliam molli devertitur orbita clivo* – Gern wandle ich auf den Höhen, wo kein Früherer mir den Weg geebnet hat, der sanft hinabführt, zum Kastilischen Weisheits-

1 In: Photographisches Journal Bd. I/Nr. 12/1854, p. 97 sq.

quell.« Psychologisch aufschlußreiche Verse: Talbot reklamiert nochmals sein Erstlingsrecht; kein Früherer hat ihm den Weg geebnet, der über die Höhen technischer Erfindung in die Tiefenregionen der Naturweisheit führt. Nicht krass deutlich, aber immerhin angedeutet wird in modern aufpolierten antiken Versen wie diesen, daß die Photographie vor Zurechnungsprobleme stellt. Vor Zurechnungsprobleme der Art, ob nun tatsächlich die Natur sich selbst aufzeichnet, also ein vergleichsweise authentischer Zugang zum Realen und eine verläßliche Speicherung des Realen möglich wird, oder aber, ob das, was wir Wirklichkeit nennen, sich in bloße Lichtstrahlen auflöst. Die Photographie als Medium der Rettung von Wirklichkeit oder aber als Medium der (chemischen) Auflösung von Wirklichkeit – *to be or not to be,* das ist auch in medientechnologischer Hinsicht bis zu den heutigen Modediskussionen um die Techniken der Simulation die Frage.

Der Sehsinn gilt vielen als das wertvollste Sinnesorgan des Menschen. Vor die schreckliche Alternative gestellt, entweder blind oder stumm oder taub zu werden, würden die weitaus meisten von uns sich wohl gegen die Blindheit entscheiden. Die Blendung ist denn auch seit den mythischen Zeiten des Teiresias und des Ödipus eine der Strafen, die den größten Schrecken erregen. Dies wohl auch deshalb, weil die Blendung etwa des Ödipus oder des Teiresias deutlich die Kastration symbolisiert. Beide mythischen Gestalten haben sexuelle Tabus überschritten und müssen dafür durch Blendung/Kastration büßen: Ödipus hat das Inzesttabu verletzt und hätte fast mit seiner Mutter ein Kind gezeugt; Teiresias hingegen hat das Tabu, sexuelle Lust zu bezeugen, verletzt. Zeugen und bezeugen – das ist auch die Grenze, an der entlang die Leistungen der Photographie diskutiert werden. Fraglich und fragwürdig ist, ob sie treulich und unabhängig vom trügerischen, da lügefähigen Medium Sprache bezeugt, was der Fall ist, oder ob sie vielmehr eine Schein-Realität *sui generis* erzeugt. Daß diesseits aller sprachlichen Zeichen eine technische Speicherung optischer Eindrücke möglich wird, ist denn auch ein Datum, das viele Zeitgenossen Daguerres erregt und das noch heute im Zeitalter des audiovisuellen Overkills einen postmodernen Medientheoretiker wie Jean Baudrillard zu faszinieren vermag: »Das Schweigen der Fotos. Eine seiner wertvollsten Eigenschaften, im Unterschied zum Film und zum Fernsehen, denen man immer das Schweigen aufzwingen muß, ohne daß es gelingt. Das Schweigen des Fotos, das keinen Kommentar braucht (oder bräuchte!).«[1]

Photos sprechen für sich. Sie brauchen als solche keinen Kommentar. Problematisch werden sie erst, wenn sie mit Legenden versehen werden. Photos können nicht lügen, lügenhaft sind allein ihre Unterschriften. In einer Kultur, die zunehmend unter dem Imperativ »Kommuniziere!« steht, sind Photos so etwas wie befremdliche zenbuddhistische Verheißungen der Stille. Ihre Botschaft: Alles ist, wie es ist – nämlich so, wie es erscheint. »Ich lerne sehen« lautet denn auch der Satz, der gleich am Anfang einer Prosa ständig wiederholt wird, die in der Hauptstadt der Photo- und der Kinematographie spielt und die einen bemerkenswerten Titel trägt: *Die Aufzeichnungen des Malte Laurids Brigge* (erschienen 1910). Aufzeichnungen und nicht etwa Roman – so lautet die Gattungsbezeichnung dieser Prosa, die sich so produktiv-paradox am Kunststück versucht, so zu schreiben, wie es in einem Medienumfeld angezeigt ist, in dem nicht mehr alle Informationen und Mitteilungen über Buchstabengitter geschaltet oder von Künstlerhand gestaltet werden müssen – so zu schreiben, als könne man diesseits der Zeichen, die Sinn machen, Sinnesdaten aufzeichnen. Rilkes Diagnose der Medienlage könnte entschiedener nicht sein. Er läßt Malte Laurids Brigge zu Beginn des 20. Jahrhunderts, das zu einem Jahrhundert unerhörter Medieninnovationen werden sollte, folgende Diagnose der Gemengelage von Sinn und Sinnes-Aufzeichnungen aufzeichnen: »Die Zeit der an-

1 J. Baudrillard: Illusion, p. 292.

deren Auslegung wird anbrechen, und es wird kein Wort auf dem anderen bleiben, und jeder Sinn wird wie Wolken sich auflösen und wie Wasser niedergehen. Bei aller Furcht bin ich schließlich doch wie einer, der vor etwas Großem steht, und ich erinnere mich, daß es früher oft ähnlich in mir war, eh ich zu schreiben begann. Aber diesmal werde ich geschrieben werden.«[1] Mit der Erfindung der Photographie wird es medientechnologisch möglich, diesseits der Zeichen aufzuzeichnen, was der Fall ist.

Schon ein Vierteljahrhundert nach Daguerres, Talbots, Nièpces etc. Erfindung ist ein *Historischer Abriss der Photographie* fällig. Ein gewisser Anton Martin hat ihn vorgelegt und sich dabei, dem sachlichen Titel seines Werkes zum Trotz, zu lyrischen Ausrufen hinreißen lassen:

Wie staunenswerth hat doch der Menschengeist
Des Lichtes wunderbare Kraft benutzt!
Nun ist kein Augenblick vergänglich mehr!
Nun gibt es von Natur und Mensch und Allem
Nicht blos ein nachgeahmtes *Abbild* nur;
Du hast von allen Wesen, allen Dingen
Fortan ein *Ebenbild*, du hast sie selbst![2]

Zu »nachgeahmten Abbildern« war ein begabter Maler oder Kupferstecher lange vor Daguerre fähig. Die schon im **10. Jahrhundert** von dem arabischen Optiker **Ibn Al Haitham** erfundene **Camera obscura** hat die Versuche, Reales realistisch abzubilden, entschieden vorangebracht. Ihr Prinzip ist einfach. Wenn durch ein kleines Loch Licht in eine abgedunkelte Kammer fällt, so werden die Konturen der Außenwelt auf der gegenüberliegenden Wand auf den Kopf gestellt und spiegelbildlich verkehrt abgebildet. Eine geübte Hand kann diese Konturen dann souverän nachzeichnen und für die richtigen Verhältnisse von unten und oben, links und rechts

1 R. M. Rilke: Aufzeichnungen, p. 756.
2 A. Martin: Abriss, p. 14.

sorgen. Ein Sachverhalt, der bis hin zu Marx' berühmtem Satz, in der Philosophie Hegels erschienen die Verhältnisse »wie bei einer Camera obscura« auf den Kopf gestellt und man müsse sie wieder auf die Füße stellen, zur Leitmetapher all derer taugt, die zu wissen glauben, wie es sich eigentlich verhält.

Im 13. Jahrhundert wird die Camera obscura in Künstler- und Technikerkreisen populär; **Leonardo da Vinci** hat um **1500** mit ihrer Hilfe eindrucksvolle Bilder gezeichnet und ihr eine dankbare Abhandlung gewidmet. **Giovanni Battista** kommt dann **1558** auf die leicht realisierbare Idee, die Lichtöffnung mit einem konvexen Brennglas zu versehen, das die einfallenden Lichtstrahlen bündelt und schärfere Konturen ergibt. So erblickt das **Kameraobjektiv** das Licht der Welt; noch Fox Talbot hat 1833 am Comer See seine berühmten naturgetreuen Landschafts-Skizzen mit einer Camera obscura verfertigt, die von **William Hyde Wollaston** durch Einsatz eines prismatischen Objektivs zur sogenannten **Camera lucida** weiterentwickelt worden war. Das Prinzip der Camera obscura läßt sich, wie der polyhistorische Jesuitengelehrte **Athanasius Kircher 1646** entdeckte, auch umkehren. Wenn man Konturen auf einer transparenten Fläche wie Glas mit Hilfe einer Lichtquelle durch eine Linse projiziert, lassen sich Bilder auf Lein- und anderen Wänden wiedergeben. Die so entwickelte **Laterna magica** fasziniert schnell die Zeitgenossen und bleibt bis zur Geburt der Photo- und Kinematographie eine willkommene Sensation nicht nur, aber vor allem auf Jahrmärkten. In seiner Abhandlung *Ars magna lucis et umbrae* von 1671 hat Kircher sowohl die Camera obscura als auch die Laterna magica ausführlich vorgestellt und dabei einen entscheidenden Schritt voraus getan: er entwickelt ältere Vorschläge, nicht bei der Camara obscura immobilis stehenzubleiben, sondern eine Camera obscura portabilis zu bauen, zur Projektreife.

Transportable Lichtmagien wurden schnell zu Jahrmarktsattraktionen – und zunehmend auch für Schriftsteller zu fas-

Camera obscura immobilis.

zinierenden Objekten. Marcel Proust war zeitlebens von der Laterna magica gebannt. Zu den Autoren, die noch in der Epoche der Photographie von den Effekten der Laterna magica fasziniert sind, gehört auch Fontane. Er läßt unter Verweis auf die Effekte der Laterna magica die Seelenvorgänge seiner Protagonistin Effi Briest deutlich in Erscheinung treten. Effi ist nach den düsteren Anfangsjahren ihrer Ehe in der preußischen Provinz erleichtert. Mit dem Umzug nach Berlin beginnt ein neuer Lebensabschnitt, der der jungen schönen Frau von Instetten mehr zusagt als das langweilige Leben in Kessin. Sie wird gar von der Kaiserin »in die Zahl der Ehrendamen eingereiht«. Und so verblassen die eher unangenehmen Erinnerungen an die Kessiner Affaire mit Crampas: »Es war einmal gewesen, aber weit, weit weg, wie auf einem andern Stern, und alles löste sich wie ein Nebelbild und wurde Traum.« »Nebelbild« – das ist nicht nur ein naturseliges Wort, sondern auch ein Terminus technicus. Meyers Konversationslexikon von 1877 vermerkt (Band 10, p. 616) dazu: »Die Nebelbilder (Dissolving views) werden hervorgebracht durch zwei nebeneinander gestellte Zauberlaternen (Nebelbildapparat), von denen jede ein anderes Bild auf demselben Schirm entwerfen würde. Ist das Linsenrohr der einen L. m. [Laterna magica, J. H.] verschlossen, so ist nur das Bild der andern sichtbar; wird nun durch einen einfachen Mechanismus die Mündung der ersten L. m. allmählich aufgedeckt und die der zweiten in demselben Maß verschlossen, so verschwindet das vorhandene Bild allmählich, so daß sich das eine Bild in das andere zu verwandeln scheint.«[1] Lange vor der Photographie entwickelt, verweist die Laterna magica prototypisch auf die Möglichkeit, kunstvolle Bildeffekte technisch zu erzeugen und Wirklichkeit zu konstruieren. Verwandlungen, Überlagerungen, Hinübermodulationen, Verschiebungen, Verdrängungen, Projektionen – mit neuen Medientechnologien ist man weder die Psychologie noch die Theologie los.

Der technophile Jesuit Athanasius Kircher hat viele Zeitgenossen und spätere Leser fasziniert. Das hat mehrere Gründe, darunter wohl auch diesen: An seinem Werk läßt sich ablesen, daß es zu Beginn der Neuzeit zu einer medientechnologisch unterschiedlichen Orientierung der religiösen Milieus kommt. Gutenberg wird zum Medienheros der bildkritischen und bildungsbeflissenen Protestanten, viele Katholiken hingegen suchen nach Möglichkeiten, ihrer bilderfreundlicheren Konfession medientechnisch Sukkurs zu leisten. »Nicht umsonst rühmte eine Florentiner Chronik es Leone Battista Alberti, dem ersten Theoretiker der Linearperspektive, nach, er habe seine Erfindung gleichzeitig mit Gutenbergs Erfindung der beweglichen Lettern gemacht. Ohne Camera obscura und Laterna magica wäre es kaum möglich gewesen, den seit Gutenberg von aller Kopistenindividualität befreiten Texten auch noch von aller Malerindividualität befreite technische Zeichnungen beizugeben. Diese Kopplung zwischen Buchdruck und Wissenschaft, reformatorischer Schriftreligion und ästhetisch-technischer Reproduzierbarkeit ließ sich aber auch gegen ihre Erfinder wenden. Kein katholischer Orden hat Luthers sola scriptura erfolgreicher subvertiert als jene Jesuiten, die mit Loyola das

1 Cf. W.-R. Wagner: Fontanes »Effi Briest«.

multisensorische Halluzinieren, mit Kircher die Laterna magica und mit Pozzo das linearperspektivische Himmelsellipsoid propagierten.«[1] Die alten theologischen Streitereien um die Zulässigkeit von (sei es Ab-, sei es Eben-)Bildern werden durch medientechnologische Fortschritte nicht erledigt – wie heute jeder photographie- und videowütige Tourist in Regionen, die noch das religiöse Bilderverbot respektieren, handfest erfahren kann.

Photographien sind – wie Anton Martins schöne Zeilen herausstellen wollen – mehr als nur Abbilder, sie sind »Ebenbilder«: »Du hast von allen Wesen, allen Dingen / Fortan ein *Ebenbild*, du hast sie selbst!« Eine eindringliche Steigerung vom Abbild über das Ebenbild zur Suggestion, in der Photographie »sie selbst«, nämlich nicht weniger als »alle Wesen und alle Dinge« selbst zu haben. Noch Walter Benjamin wird in seinem bedeutenden Essay *Kleine Geschichte der Photographie* formulieren, »die exakteste Technik [könne] ihren Hervorbringungen einen magischen Wert geben, wie für uns ihn ein gemaltes Bild nie mehr besitzen kann. Aller Kunstfertigkeit des Photographen und aller Planmäßigkeit in der Haltung seines Modells zum Trotz fühlt der Beschauer unwiderstehlich den Zwang, in solchem Bild das winzige Fünkchen Zufall, Hier und Jetzt, zu suchen, mit dem die Wirklichkeit den Bildcharakter gleichsam durchgesengt hat, die unscheinbare Stelle zu finden, in welcher, im Sosein jener längstvergangenen Minute das Künftige noch heut und so beredt nistet, daß wir, rückblickend, es entdecken können. Es ist ja eine andere Natur, welche zur Kamera als welche zum Auge spricht; anders vor allem so, daß an die Stelle eines vom Menschen mit Bewußtsein durchwirkten Raums ein unbewußt durchwirkter tritt.«[2]

Das Kameraobjektiv bringt Subjekte, die sich noch in kantischer Tradition verstehen wollen, in Turbulenzen. Bemer-

1 F. Kittler: Eine Mathematik der Endlichkeit, p. 106 sq.
2 W. Benjamin: Photographie, p. 371.

kenswert übrigens, daß dem frühen lyrisch beseelten Photographie-Fan Anton Martin wie dem tiefsinnigen Essayisten Walter Benjamin angesichts der neuen Medientechnik die alte metaphysische Grund-Differenz zwischen den Dingen und den Wesen schwindet. Exakteste Medientechnik sorgt noch dafür, daß die Natur selbst sich eine neue Verfassung gibt. Zu dieser frühen Photographie-Euphorie, nach der »die Wirklichkeit den Bildcharakter gleichsam durchgesengt« und die traditionsreiche Grenze von Dingen und Wesen sprengt, gibt es paranoische Varianten. Rodolpe Toepffer vergleicht 1841 in einem Essay mit dem Titel *De la plaque Daguerre* den Pariser Pont Neuf mit seinem photographischen Ebenbild und bezeichnet dieses Ebenbild dann als »Sosie daguerréotypé«. Eine riskante Charakterisierung. Ist der nicht zuletzt durch Molières *Amphitryon* populäre Sosias doch jemand, der durch den Gott Merkur so gedoubelt wird, daß ihn dieses Double schier in den Wahnsinn treibt. Wer von wem das Ebenbild ist – Sosias von Merkur, Merkur von Sosias, die berühmte Brücke vom Photo, das Photo von der Brücke –, oszilliert eigentümlich. Die Paradoxie ist unübersehbar: Mit der Möglichkeit, diesseits der Schriftzeichen Reales wiederzugeben, wächst auch die Angst vor der Derealisierung. Sein und Schein, Abbild und Ebenbild, Wirkliches und Unwirkliches sind eben schwerer zu unterscheiden, wenn Medientechniken zur Verfügung stehen, die so perfekt sind, daß sie bis zur Ununterscheidbarkeit registrieren können, was der Fall ist beziehungsweise war. Wo Rettung ist, wächst die Gefahr. Die Gefahr, die auch als Verheißung verbucht werden kann: daß an die Stelle eingespielter und vermeintlich verläßlich orientierender Oppositionspaare (wie Zeit/Ewigkeit, Mensch/Gott, Signifikant/Signifikat, Basis/Überbau oder eben auch Sinn/Sinne oder Sein/Sinn) ein Möbiusband tritt. Ein Band somit, das dafür sorgt, daß aus zwei einander gegenüberliegenden und scharf voneinander geschiedenen Seiten eine einheitliche (nicht orientierbare) Fläche wird.

Von keinem anderen als dem realistischen Epiker Balzac wird verläßlich berichtet, daß er die handfeste Angst hatte, durch photographische Prozesse sein eigenes Ebenbild zu werden und sich selbst dadurch zu verlieren. Er würde, so die Balzacsche Medienparanoia, wenn er denn wiederholt dem Daguerre-Prozeß unterworfen würde, in seiner körperlichen Existenz Schicht für Schicht abgetragen und ins Photo einwandern. Der berühmte Portrait- und Stadtphotograph Nadar berichtet: »Nach Balzac besteht jeder lebende Körper aus unendlich vielen ›Spektren‹, die in winzig kleinen Schuppen oder Blättchen schichtenförmig übereinanderliegen und ihn von allen Seiten einhüllen. Da es dem Menschen immer unmöglich sein wird, etwas zu erschaffen – das heißt, aus der bloßen Erscheinung, dem Ungreifbaren, einen festen Körper zu bilden, aus *nichts etwas* zu machen – muß bei der Daguerreschen Photographie eine Schicht des abzubildenden Körpers erfaßt, abgelöst und auf die Platte gebannt werden. Daraus folgte, daß jeder Körper bei jeder photographischen Aufnahme eine seiner Spektralschichten, das heißt einen Teil seines elementaren Wesens einbüßte.«[1] So zauberhaft kann Realismus beziehungsweise Naturalismus sein. Mit neuen Medientechnologien ist man weder die Psychologie noch die Theologie, noch die Frage los, wie es sich eigentlich mit Dingen, Personen und Wesen verhält.

Aber diese Fragen lassen sich nun anders stellen und entscheiden. Wie konstruktiv, destruktiv oder dekonstruktiv die visuelle menschliche Wahrnehmungsfähigkeit ist – diese Frage stand schon vor der Erfindung Daguerres zur »experimentalästhetischen« Entscheidung an. Ein Beispiel unter anderen dafür ist die **Erfindung des Stereoskops**. Es wurde **zwischen 1830 und 1832** von **Charles Wheatstone** entwickelt und just im legendären Medieninnovationsjahr 1838 in seiner Schrift *Beiträge zur Physiologie der Gesichtswahrnehmung* dem Publikum vorgestellt. Es handelt sich dabei um eine Art

1 Nadar: Als ich Photograph war, p. 23.

Fernglas, das allerdings seinem Namen Ehre macht: Stereoskop meint (lange bevor das Wort »Stereophonie« auf offene Ohren trifft), daß man durch zwei Sehschlitze auf zwei im rechten Winkel zueinander stehende Spiegel blickt, so daß jedes Auge für sich ein Bild gewahrt – die hirngesteuerte Leistung, den Zweiaugenblick zu einem Blickfeld zu synthetisieren, also ausfällt. Wissenschaft ist auch in diesem Fall buchstäblich analytisch; sie bringt auseinander, was zusammengehört, wenn sie eine Antwort auf die alte Frage sucht, wie aus den differenten Wahrnehmungen zweier Augen ein einheitliches Bild wird. »Mittels dieser Apparatur versuchte Wheatstone, die binokulare menschliche Wahrnehmung technisch zu imitieren und so für physiologische Untersuchungen analysierbar zu machen.«[1] Das Stereoskop wurde erstaunlicherweise zu einem Verkaufserfolg – heute würde man sagen: zu einem verbreiteten Partygag in besseren, wissenschaftlich aufgeklärten Kreisen. Zeitgenossen des frühen 19. Jahrhunderts konnten mit seiner Hilfe testen, wie sich das Zusammenspiel von Medientechnik und menschlicher Wahrnehmungsfähigkeit gestaltet. Ein Ergebnis solchen Austestens der Grenze zwischen dem, was Wahrnehmungssubjekte sehen, und was es »objektiv« – durchs Objektiv, durchs Stereoskop – zu sehen gibt, ist legendär geworden. »Die Abhängigkeit des stereoskopischen Effekts von der menschlichen Wahrnehmung zeigt schlagend eine Anekdote über die Demonstration des Apparats durch Abbé Moigno. Dieser hatte ungeahnte Schwierigkeiten, seine Wissenschaftler-Kollegen von der neuen Qualität der Bilder zu überzeugen, und dies aus naheliegenden Gründen: Arago hat einen Sehfehler und sieht 4 Bilder, Savart nur ein Auge, Becquerel ist fast blind, Pouillet schielte und Biot glaubte an die Korpuskel-Theorie und wollte daher nichts erkennen.«[2]

Ein Beispiel unter vielen, die um das Problem kreisen, das mit dem Beginn der Ägide realistischer Medien gegeben ist:

1 B. Stiegler: l. c., p. 47.
2 Ibid., p. 48.

Gerade wenn es gelingt, im Diesseits von Sinn produzierenden Zeichen Aufzeichnungen zu machen und einfach nur wahrzunehmen, was für die Sinnesorgane der Fall ist, ist es um so irritierender, feststellen zu müssen, daß diese durchs Objektiv vermittelten Aufzeichnungen so objektiv wiederum nicht sind. Gerade in dem Maße, wie »realistische« Medientechnologien ihren Siegeszug antreten, wird deutlich, daß man etwas so oder eben anders sehen und sodann mit Zeichen beziehungsweise mit Legenden versehen kann. Die Einsicht in die Interpretationsbedürftigkeit des Realen ist das paradox produktive Revers der »objektiven« Speicherbarkeit des Realen. Auch ein so sachlich orientierter Theoretiker wie der zu seiner Zeit populäre und heute noch als Namenspatron zahlreicher naturwissenschaftlicher Gymnasien bekannte Empirist **Hermann von Helmholtz** (1821-1894) weiß, daß uns die Photographie nicht in das Reich jenseits der Zeichen zu geleiten vermag. Er formuliert in deutlicher Anknüpfung an Kants Theorem von den zwei Stämmen aller Erkenntnis und in wissenschaftsgeschichtlich aufschlußreicher Vorwegnahme der Konjunktur des Zeichenbegriffs im 20. Jahrhundert: »Die Sinnesempfindungen sind für unser Bewusstsein Zeichen, deren Bedeutung verstehen zu lernen unserem Verstande überlassen ist.«[1]

Die Frage, wie verläßlich das Sehen ist, wird eins mit der Frage, wie verläßlich die Photographie ist. Einer schlichten und weitreichenden Einsicht der Phänomenologie und der Systemtheorie zufolge hat jede Fokussierung ihr Revers: Wer etwas einblendet, blendet anderes aus, wer etwas sichtbar macht, invisibilisiert anderes, wer etwas beobachtet, beobachtet sein Beobachten nicht. Walter Benjamin hat dieses Problem in aller Schärfe gesehen, als er in seinem Photographie-Essay ein bedeutendes Wort von Bertolt Brecht zitierte: »Die Lage, sagt Brecht, wird dadurch so kompliziert, daß weniger denn je eine einfache ›Wiedergabe der Realität‹ etwas über die Realität aussagt. Eine Photographie der Krupp-

1 Helmholtz: Handbuch der physiologischen Optik, p. 797.

werke oder der A. E. G. ergibt beinahe nichts über diese Institute. Die eigentliche Realität ist in die Funktionale gerutscht.«[1] Wer das schöne alte Spiel »Ich sehe was, was du nicht siehst« nach der Erfindung der Photographie weiterspielen will, wird anderes sehen und nichtsehen als zuvor. Er wird anders sehen. Auch eine so unmittelbar scheinende Größe wie die visuelle Wahrnehmungsfähigkeit hat, wie man seit der Erfindung der Photographie neu sehen kann, eine Geschichte und einen bestimmenden Rahmen.

Ein Unterschied zwischen dem Augen-Blick und dem »objektiven« Blick des Kameraobjektivs fiel schon den frühen Zeitgenossen der Photographie auf. Das menschliche Auge fokussiert bekanntlich nur einen Punkt des Sehfeldes scharf. Der Rest ist ein mehr oder weniger verschwimmender »Horizont«, auf dessen Einzelpunkte sich das gesunde Auge allerdings schnell einstellen kann. Das Photo kann indessen Tiefenschärfe haben. Und dann entspricht es eben gerade nicht dem Auge. Unter den frühen Photographie- und Optik-Theoretikern hat der Helmholtz-Schüler Peter Henry Emerson diesen Aspekt wohl am schärfsten fokussiert, als er die Häresie der Photographie gegenüber der Tradition des kreatürlichen Sehens herausstellte: »the great ›heresy‹ is sharpness«.[2] Emerson verlangte von einem gelungenen Photo deshalb *fuziness:* es sollte ein zentrales Motiv scharf herausstellen und die Kontexte verschwimmen lassen. Die Pointe liegt nahe: eigentlich objektiv (im Sinne von Wiedergabe dessen, was zwei menschliche Augen sehen) ist nicht die Photographie, sondern die impressionistische Malerei, die darauf reagiert, daß Malerei so naturalistisch wie Photographie nie und nimmer sein kann. Selbst dann nicht, wenn sie den »Ursprung der Welt« so antimetaphysisch und hypernaturalistisch malt, wie Courbets berüchtigtes (später in den Besitz des Psychoanalytikers Jacques Lacan gelangtes) Bild es tut.

Aktaufnahmen und pornographische Photos gehören

1 W. Benjamin: Photographie, p. 383 sq.
2 P. H. Emerson: Naturalistic Photography, p. 159.

schon bald nach Erfindung der Photographie zu ihren bevorzugten Motiven. Auch jenseits aller Erotica ist die Photographie dem Entdecken, Entschleiern und Bloßstellen verschrieben. Das von Walter Benjamin später so genannte »Optisch Unbewußte«[1] – wie zum Beispiel der Galopp eines Pferdes – wird erst durch die Photographie der bewußten Wahrnehmung zugeführt. »Die Photographie mit ihren Hilfsmitteln: Zeitlupen, Vergrößerungen erschließt sie [die dem unbewaffneten Auge nicht wahrnehmbaren Situationen, J. H.] ihm [dem Menschen]. Von diesem Optisch-Unbewußten erfährt er erst durch sie, wie von dem Triebhaft-Unbewußten durch die Psychoanalyse.« Ein Argument, dessen erster Teil schon den allerfrühsten Zeitgenossen der Daguerreschen Erfindung geläufig ist. Wer Photos mit der Lupe betrachtet, entdeckt dort »unendlich viele Feinheiten und Nüanzirungen, welche dem unbewaffneten Auge in der Wirklichkeit entschlüpfen«, wie das schon mehrfach zitierte *Kunstblatt* in seinem initialen Daguerrotypie-Bericht vom 24. September 1839 schreibt.

Die Lust, dank medientechnischer Hochrüstung wahrzunehmen, was wahrzunehmen dem menschlichen Auge ansonsten verwehrt ist, treibt auch die optischen Erfindungen nach Daguerre voran. Humboldts allgemein geteilter Traum von der **Farbphotographie** wird erst spät Wirklichkeit. **J. C. Maxwell** experimentiert wie andere auch seit den sechziger Jahren des 19. Jahrhunderts auf diesem Feld und kommt doch nicht recht über Kolorierungen hinaus. Erst **1935** wird mit dem **Kodachrome-Dreischichtenfilm** die Farbphotographie massenindustriell machbar. Zum preiswerten Massenartikel war der Photoapparat damals schon geworden – der Firma mit dem buchstäblich nichtssagenden Namen Kodak, hinter dem sich keine Abkürzung und kein Sinn, sondern die bloße Willkür ihres Gründers Eastman verbirgt, sei Dank. **1888** hatte **George Eastman** (1854-1932) die nur 25 Dollar

1 W. Benjamin: l. c.

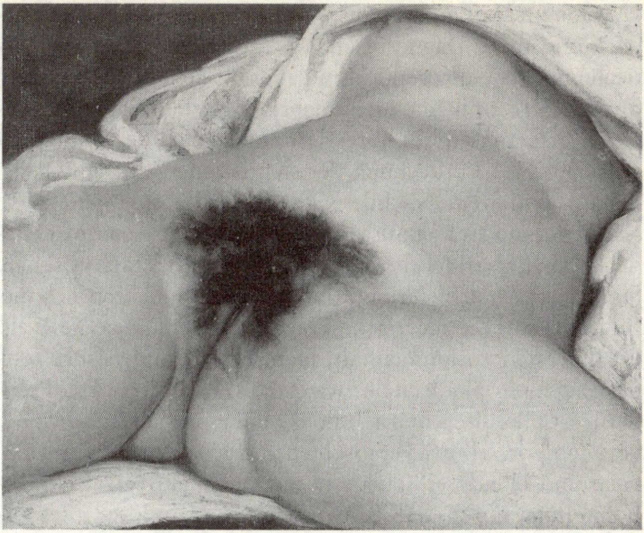

Gustave Courbet: L'origine du monde.

kostende **Boxkamera** mit Rollfilm aus Zelluloid entwickelt, die der ehrwürdigen Photoplatte bald den Garaus macht. Und er hatte – wichtiger Schritt für den Durchbruch zur Massenphotographie – einen preiswerten, weil standardisierten Photo-Entwicklungs- und Abzugsservice angeboten: ein Traumgeschäft, das seinen Preis nicht verhehlt – aus dem Dunkelkammer-Handwerk der Photo-Entwicklung wird eine Industrie. Seitdem gibt es Familienphotoalben und Urlaubsphotos zuhauf. Der Knipser betritt die Bühne der Mediengeschichte. Eastmans Werbeslogan ist legendär geworden: »You press the button – we do the rest.« Anspruchsvolle Amateurphotographen konnten sich ab **1929** von solchen Profanisierungen absetzen und zur zweiäugigen **Rolleiflex** (6 x 6 cm-Format) beziehungsweise ab **1936** zur einäugigen Kleinbild-Spiegelreflexkamera **Exakta** greifen. Sofortbilder lieferte ab **1947** das **Polaroidverfahren** (ab 1963 sogar in Farbe). Und seit 1994 macht die Digitaltechnik der alten chemischen Photographie den Prozeß.

Medientechnologisch anspruchsvoller als solche Fortentwicklungen der Daguerreschen Erfindung und kulturanalytisch ungleich aufregender sind aber die Neuentwicklungen optischer Technik, die nicht mehr nur an der Welt des Sichtbaren orientiert und interessiert sind. Nach der photographischen Neu-Entdeckung der sichtbaren Welt kommt die der unsichtbaren. Nachdem durch die Photographie physisch-profane Geheimnisse wie das des Pferdegalopps entdeckt sind, harren die Geheimnisse des metaphysischen Sinns ihrer Entschleierung. Und tatsächlich mehren sich die Indizien, daß die faustische Frage nach dem, was die Welt im Innersten zusammenhält, nicht nur metaphysisch, sondern auch physikalisch beantwortet werden kann. Der Preis dafür ist allerdings beträchtlich: Man muß sich weitgehend von der Vorstellung verabschieden, Physik habe es mit Festem und Handgreiflichem zu tun. Vielmehr setzt sich die Vorstellung durch, daß Schwingungen es sind, die alles zusammenhalten. Heinrich Rudolf **Hertz** (1857 bis 1894) entdeckt **1887** die **elektromagnetischen Wellen** und bestätigt dadurch die Maxwellsche Lichttheorie (die Entdeckung wird aber weniger für die Fortentwicklung optischer als vielmehr für die akustischer Medien von Wichtigkeit sein); Johann Wilhelm **Hittdorf** (1824 bis 1914) entdeckt die **Kathodenstrahlen;** Henri **Becquerel** (1852 bis 1908) im Jahr 1896 die **Radioaktivität** von Uran; und Wilhelm Conrad **Röntgen** (1845 bis 1923) ein Jahr zuvor die X-Strahlen, die bald nach ihm, dem ersten Nobelpreisträger für Physik (1901), benannt sind.

Die Röntgenphotographie läßt Balzacs Paranoia im Rückblick nicht ganz unplausibel erscheinen. Wer sich röntgen läßt, riskiert (jedenfalls in der Frühphase dieser Technik) gesundheitlichen Abbau. Auch Paranoiker werden eben manchmal wirklich verfolgt. Der Erfinder der technischen Introspektion aber wird nicht verfolgt, sondern gefeiert und 1896 gar von Kaiser Wilhelm II. empfangen. Ihm berichtet der Wissenschaftler, »wie er mißtrauisch geworden sei gegen sein eigenes Wahrnehmungsvermögen, gegen seine eigenen Sinne, und wie er sich schließlich gesagt habe: das menschliche Auge kann sich täuschen, die photographische Platte aber täuscht sich nicht.«[1] Auch dann nicht, wenn sie nicht mehr nur die Oberfläche der Dinge (zu denen bevorzugt auch Menschenleiber gehören), sondern Inneres und Verborgenes wiedergibt. Röntgens objektivistischer Rhetorik zum Trotz ist es kein Wunder, daß die Emphase der Sachlichkeit, die mit der frühen Photographie zum Durchbruch kam, bald an ihre Grenze kommt. Daß hinter der sichtbaren Welt noch eine weitere, eigentliche Wirklichkeit ihrer Entdeckung harrt, ist die alte Gewißheit aller Metaphysiker. Ihnen springt um 1900 die Medientechnik bei, die Unsichtbares sichtbar macht. Selbst die Erfindung eines so sachlichen Forschers wie Röntgen kann unterschiedlich bewertet werden und wird auch durchaus für Zwecke eingesetzt, die man nicht unbedingt als nüchterne charakterisieren kann. Metaphysiker, die keine philosophische Berührungsangst vor Medientechnik haben, werden um 1900 vermehrt **Spiritisten.**

Wer um 1900 das Wort »Medium« verwendet, tut dies mit hoher Wahrscheinlichkeit in spritistischen Kontexten (die Alternativen wären exquisit: Man könnte mit »Medium« um die vorletzte Jahrhundertwende auch einen Verbmodus im Altgriechischen zwischen Aktiv und Passiv oder die guten alten Elemente oder eine Qualitätsstufe von Stoffen meinen). Mit »Medium« ist in der meistverwendeten Bedeutung des Wortes um 1900 ein (zumeist weiblicher) Mensch gemeint, der Botschaften aus metaphysischen Hinterwelten empfängt und darüber vergißt, daß er ein kantisches Subjekt sein soll. Weltweit renommierte Spiritistinnen wie **Helene Petrowna Blavatsky** (sie lebte von 1831 bis 1891, gründete **1875** die **Theosophische Gesellschaft** und publizierte 1877 das vielgelesene Buch *Isis entschleiert*) oder Camille Flammarion arbeiten mit der Vermutung, daß es gelingen kann,

1 Bericht der Kieler Neuesten Nachrichten vom 4. 2. 1896, zit. nach O. Glasser: Röntgen, p. 85.

das Unsichtbare sichtbar und das Unhörbare, nämlich das Schweigen der Toten, hörbar zu machen. Ihre theosophischen Schüler haben keine Schwierigkeiten mit den neuen Schwingungs- und Strahlungstheorien; Röntgen wird einer ihrer unfreiwilligen Heroen. »Jedes Medium ist auf entscheidende Weise mit Gespenstern verbunden.«[1]

In seinem 1924 erschienenen Roman *Der Zauberberg* hat Thomas Mann die Konstellation von spiritistischen und technischen Medien ingeniös beschrieben.[2] Der junge Ingenieur Hans Castorp führt nicht etwa ein Photo, sondern ein Röntgenphoto von Madame Chauchat in seiner Brusttasche mit sich. Und er nimmt an einer spiritistischen Sitzung teil, die nicht zuletzt deshalb so suggestiv funktioniert, weil ihre Organisatoren keine Berührungsangst vor Projektoren und Grammophonen haben. Der Plattenspieler läuft unaufhörlich während der gespenstischen Totenbeschwörungen. Und als Gerät, das die Grenze, welche das Leben vom Tod scheidet, technisch überschreitet, hat das dem Spiritismus-Kapitel des Romans vorangehende Kapitel das Grammophon charakterisiert. Lebewesen erblicken das Licht der Welt und schreien. Wer sich schreien oder sprechen hört, weiß, daß er nicht tot ist. »Kommt, reden wir zusammen, / wer redet, ist nicht tot« wird Gottfried Benn später dichten. Die erklingende Rede gilt von jeher als Inkarnation des Lebens – nein: als Inbegriff des Lebens, ist sie doch fleischlos. Die lebendige Rede versus die tote Schrift: das ist ein an Suggestivität

1 A. Ronell: Trauma-TV, p. 264.

2 Cf. dazu ausführlich J. Hörisch: Brot und Wein, Kap. 14: Sakramente der Medientechnik auf dem Zauberberg. Auch Rudyard Kiplings Erzählung »Wireless« (1898) widmet sich der Schnittstelle von spiritistischen und technischen Medien. Über Antennen auf dem Dach einer Apotheke werden Fragmente eines Keats-Gedichtes aus dem Jenseits empfangen. Für eine Konjunktur medientechnisch induzierter Geschichten aus dem Jenseits sorgt dann 1901 H. G. Wells' Roman »Die ersten Menschen auf dem Mond«. Zwei Männer fliegen auf den Mond, kämpfen dort mit den Seleniten, einer kehrt zur Erde zurück und empfängt von seinem auf dem Mond verbliebenen Kameraden seltsam zerstückelte Funksprüche. Dechiffrieren kann er nur die Buchstaben »uless« – stehen sie für »useless«, für »you-less« oder für anderes?

schwerlich zu überbietendes Schema. Medien, die den toten Buchstaben hinter sich lassen, arbeiten an der Destruktion dieses Schemas. Die Röntgenphotographie gewährt mir, wie der Ingenieur Hans Castorp schaudernd erfährt, Einblicke in mein *futurum exactum:* ich werde ein Gerippe sein, ich werde gelebt haben. Die Phonographie gewährt uns hingegen Zugänge zu Stimmen und Klängen, die »eigentlich« schon lange verklungen sind. Daß Medien Absenz-Überbrücker sind, daß Medien in all ihrer Technik Dimensionen haben, die sie zauberbergtauglich machen, demonstriert die Phonographie mit schwer zu überbietender Eindringlichkeit. Verfliegende Töne, Stimmen, Klänge verfliegen immer wieder, in alle Ewigkeit. Verklingende Stimmen werden, so als wollten sie den alten Satz *verba volant* und ihre sterblichen Produzenten verhöhnen, unsterblich.

8. Phono- und Telegraphie

Ob die Photographie oder die Phonographie die bedeutendere Erfindung sei – das ist schon im 19. Jahrhundert eine vieldiskutierte Modefrage. Thomas Mann, bekanntlich ein Mann des Wortes, hat sie mit seltsam unironischer Eindeutigkeit beantwortet: Die Aufzeichnung von Schallwellen ist »nach Klasse, Rang und Wert« ungleich bedeutender als die der Lichtwellen. Neudeutsch formuliert: Phonographie toppt Photographie. In den schönen Worten, die das Kapitel *Fülle des Wohllauts* aus dem *Zauberberg* einleiten:

»Welche Errungenschaft und Neueinführung des Hauses ›Berghof‹ war es, die unsern langjährigen Freund vom Kartentick erlöste und ihn einer anderen, edleren, wenn auch im Grunde nicht weniger seltsamen Leidenschaft in die Arme führte? Wir sind im Begriffe, es zu erzählen, erfüllt von den geheimen Reizen des Gegenstandes und aufrichtig begierig, sie mitzuteilen. / Es handelte sich um eine Vermehrung der Unterhaltungsgeräte des Hauptgesellschaftsraumes, aus nie rastender Fürsorge ersonnen und beschlossen im Verwaltungsgremium des Hauses, beschafft mit einem Kostenaufwand, den wir nicht berechnen wollen, den wir aber großzügig müssen nennen dürfen, von der Oberleitung dieses unbedingt zu empfehlenden Instituts. Ein sinnreiches Spielzeug also von der Art des stereoskopischen Guckkastens, des fernrohrförmigen Kaleidoskops und der kinematographischen Trommel? Allerdings – und auch wieder durchaus nicht. Denn erstens war das keine optische Veranstaltung, die man eines Abends [...] im Klaviersalon aufgebaut fand, sondern eine akustische; und ferner waren jene leichten Attraktionen nach Klasse, Rang und Wert überhaupt nicht mit ihr zu vergleichen. Das war kein kindliches und einförmiges Gaukelwerk, dessen man überdrüssig war und das man nicht mehr anrührte, sobald man auch nur drei Wochen auf dem Buckel hatte. Es war ein strömendes Füllhorn heiteren und seelenschweren künstlerischen Genusses. Es war ein Musikapparat. Es war ein Grammophon.«[1]

Die Passage ist kaum interpretationsbedürftig. Die »optischen Veranstaltungen« sind amüsant und in ihren Reizen schnell erschöpft – »leichte Attraktionen« eben. Die »akustische« Maschine hingegen, der Musikapparat, das Grammophon, ist von schwer zu überbietender Bedeutsamkeit. »Die Sänger und Sängerinnen, die er hörte, er sah sie nicht, ihre Menschlichkeit weilte in Amerika, in Mailand, in Wien, in Sankt Petersburg, – sie mochten dort immerhin weilen, denn was er von ihnen hatte, war ihr Bestes, war ihre Stimme, und er schätzte diese Reinigung oder Abstraktion, die sinnlich genug blieb, um ihm, unter Ausschaltung aller Nachteile zu großer persönlicher Nähe [...] eine gute menschliche Kontrolle zu gestatten.«[2] Die Pointe von Thomas Manns schönen Ausführungen ist klar und läßt sich leicht in stilistisch weniger schöne Theoriesprache übersetzen. Faszinierend ist die Phonographie, weil sie das traditionelle Zentrum der Sinnproduktion selbst, die Stimme, »sinnlich genug« reproduzierbar macht. Mit der Phonographie wird die Sphäre der Bedeutsamkeit und des Sinns, der »Reinigung« und der »Abstraktion« (etwa von Tinte und Blei) sinnlich aufzeichenbar und damit einer »guten menschlichen Kontrolle« unterworfen. Was auch heißt: die Phonographie ermöglicht »die Ausschaltung aller Nachteile zu großer persönlicher Nähe«, in Theoriesprache also: sie ermöglicht Interaktionsunterbrechung im Innersten der Kommunikation, der Stimme. Daß sie überdies eine ungeheure, zeitlich wie räumlich zu verstehende, Distanzüberwindung leistet, versteht sich gewissermaßen schon von selbst. Thomas Manns Roman aber besteht darauf, über dieser Selbstverständlichkeit die Ungeheuerlichkeit nicht zu vergessen, daß das Grammophon die Stimmen Verstorbener lebendig hält. Immer wieder wird der »musikalische Apparat« deshalb als »Schrein«

1 Th. Mann: Zauberberg, p. 893 sq.
2 Ibid., p. 903.

apostrophiert. Ein Schrein ist er, weil sich in ihm, der Apparatur zur Aufzeichnung sinnlicher Tonwellen, zugleich Sinn inkarniert. Mit der Erfindung der Phonographie ist Technik endgültig nicht mehr nur körperliche Prothesen-, sondern eben auch Sinn-Technik, Logistik. *Le logiciel* sagen sprachstolze Franzosen, die Amerikanismen vermeiden wollen und sollen, für »Software«.

Das Grammophon gelangt kurz vor dem Beginn des Ersten Weltkriegs auf den Zauberberg. Es ist noch ein teures bis exklusives Gerät mit einer vergleichsweise kurzen Vorgeschichte. In den Jahren um **1857** (ästhetisch seltsam produktive Jahre, in denen Wagner den Klangfarbenzauber des *Tristan* komponiert und die klassischen Werke der Moderne, *Madame Bovary* und *Les Fleurs du Mal*, erscheinen – Flaute herrscht allerdings, wenn man vom *Grünen Heinrich* absieht, auf dem Feld der deutschsprachigen Literatur) experimentiert **Edouard Léon Scott de Martinville** (1817-1879) mit einem Gerät, das er auf den schönen Namen »**Phonautograph**« tauft. Was nichts anderes meint als dies: ein Ton soll sich selbst aufzeichnen; Phonographie ist die Autobiographie von Schall und Ton. Die Bezeichnung ist präzise. Der Phonautograph zeichnet nämlich mittels eines Schweineborsten-Stiftes, der mit einer Membran verbunden ist, die Schallwellen registriert, die akustischen Wellenlinien auf einem rußgeschwärzten Papierzylinder auf. Das Ding funktioniert tatsächlich, hat allerdings keine große Haltbarkeit und leistet wohl beim Aufzeichnen, nicht aber beim Abspielen ordentliche Dienste – Lautsprecher sind noch nicht erfunden. Am 25. März 1857 erhält es ein französisches Patent, 1859 sorgt es bei einer Vorführung bei der Pariser Académie des Sciences für ein gewisses Aufsehen. Doch Léon Scott ist mit seinem noch nicht produktreifen Techno-Traum von der Tonaufzeichnung sowenig allein wie zwanzig Jahre zuvor Daguerre bei der Entwicklung der Photographie. Auch das Grammophon hat viele Väter, die sich stärker noch als die

Väter der Photographie um die Vorrechte an ihrem Kind streiten.

Am 8. Februar **1877** meldet **Thomas Alva Edison** (1847-1931) – der Prototypus des rasenden Erfinders, dem Walt Disney mit der Comicfigur des Daniel Düsentrieb ein ausbaufähiges Denkmal gesetzt hat – seinen »**Embossy-Telegraphen**« zum Patent an. Der Name ist ein wenig irreführend, doch produktiv irreführend auch: die Apparatur sorgt dafür, daß telegraphierte Nachrichten gefrieren, eingestanzt werden beziehungsweise eine dauerhafte Prägung erhalten (das etwa meint das englische Verb *emboss*). Das Gerät ist faktisch das, was man später **Grammophon** nennen wird, wurde aber – *nomen est omen* – entwickelt, um ein Problem der Telegraphie-Technik zu lösen: das der Impulsverstärkung bei Nachrichtenübermittlung auf langen Strecken. Edison hat eine Art auditiven Zwischenspeicher entwickelt. Wenige Wochen später meldet im fernen Paris unter ausdrücklicher Berufung auf Scotts Patentschrift und bei eingestandener Konkurrenz zu Edison (der gerne auf beiden Seiten des Atlantik von sich reden macht und ein PR-Genie von Graden ist) ein mit Verlaine und Manet befreundeter Dichter und Wissenschaftler, **Charles Cros** (1842-1888), seinerseits ein Patent an. Der schöne Name seines Geräts lautet »**Parléophone**«. Es handelt sich dabei um eine Apparatur, die die Schallschwingungen mit Hilfe eines Stiftes auf eine Wachswalze ritzt und diese Engramme dann auch wieder in Töne zurückverwandeln kann. Die Beschreibung ist präzise, das Gerät aber funktioniert nicht recht. Anders am Jahresende, genauer am 6. Dezember 1877, der Phonograph Edisons. Die Worte des Kinderliedes *Mary has a little lamb,* die Edison der Vorweihnachtssaison gemäß auf die dünne Zinnfolie der mit zwei Membranen (je eine für Aufnahme und Wiedergabe) versehenen Kurbelwalze singt, sind tatsächlich wieder vernehmbar.

Die Walze aber erweist sich nicht als ein optimales Gebilde zur Registrierung von Schallwellen. Und so kommt auch ein deutscher Tüftler bei dem Versuch zum Zuge, einer der Väter der Phonographie zu werden. Am 26. September **1887** meldet der 1870 in die USA emigrierte **Emil Berliner** (1851-1929) ein Gerät, das endlich auch den überfälligen Namen »**Grammophon**« trägt, in Washington zum Patent an. »Grammophon« heißt nichts anderes als dies: die *Phoné,* die Stimme, wird zur *Grammé,* zur Einschreibung, zur Schrift. Berliner sorgt auch dafür, daß das unförmige Walzendesign aus dem Reich der Tonaufzeichnung verschwindet und statt dessen das klassische Scheibendesign seinen Einzug hält. Ob Münzen oder Hostien, ob Schallplatten oder CD-ROMs: die Welt der Medientechnik hat nicht Kugel-, sondern Scheibengestalt. Ihr technischer Vorteil liegt auf der Hand: Scheibenförmige Kopien lassen sich deutlich leichter pressen, stapeln und archivieren als dosenförmige Walzen. Auf dem Markt aber setzt sich erst einmal der ein Jahr später vorgestellte »Improved Phonograph« Edisons durch. Die Walzen-Geräte »Class M« bzw. »Class E« haben einen batteriegetriebenen Elektromotor beziehungsweise die Möglichkeit zum Anschluß an eine Lichtleitung. Und so kann Thomas Alva Edison seine beiden Erfindungen zusammen vermarkten – die **1879** zeitgleich mit, aber unabhängig von Joseph Wilson Swan erfundene **Glühbirne**, und den Phonographen. Beide Apparat-Varianten sorgen auf der Pariser Weltausstellung von 1889 für Aufsehen und werden zuerst in kleiner Serie, bald aber massenhaft produziert. Die 1895 marktreife Luxusvariante mit dem Namen »Triumph« kostet stolze 100 Dollar und ist stromunabhängig, denn sie wird von einem Federaufzug angetrieben. Der Prototyp des beweglichen Mediengeräts sorgt dafür, daß beim Frühstück im Grünen nun wirklich die pastorale oder laszive Musik erklingen kann, die man sonst nur halluzinierte.

Wozu die Phonographietechnik denn nützlich sei, wurde der rastlose Erfinder von vielen seiner Zeitgenossen gefragt. Edisons Antwort – er hat sie 1878 in einem Essay mit dem Titel *Das Grammophon und die Zukunft* festgehalten – verdient Aufmerksamkeit, weil sie ein Dokument unter vielen dafür ist, daß neue, frisch erfundene Medientechnik häufig lange Zeit nicht recht weiß, wozu sie eigentlich taugt. Wozu das Grammophon taugt? »Diktieren ohne die Hilfe eines Stenographen« – so die erstplazierte Antwort des Erfinders. Edison denkt weiterhin daran, Analphabeten und Blinde mit Texten zu erfreuen. Was heute erst Konjunktur hat, das **um 1980** in den USA und später auch in Europa Verbreitung findende **Hörbuch**, schwebt dem Erfinder als weitere wichtige Nutzung für seinen Phonographen vor. Noch nicht des Schreibens fähige Enkel könnten ihrer fernen Großmutter einen Weihnachtsgruß zukommen lassen. Ja, die Tonaufzeichnung könnte weitgehend den Briefverkehr ersetzen. Und so phantasiert Edison weiter, um endlich an weit abgeschlagener Stelle einzuräumen, man könne ja irgendwann vielleicht auch einmal Musik aufnehmen. Man kann aus dieser Anekdote und anderen mehr zwar nicht ein Gesetz, wohl aber eine Tendenz gerade der neueren zivilen Medienerfindungen ablesen: Sie resultieren nicht etwa aus Anforderungen von Nutzern, sondern suchen sich vielmehr, wenn sie erst einmal das Licht der Moderne erblickt haben, ihre genuine Nutzung. Es gibt das Grammophon – und erst nach der offenbar obligatorischen Phase anarchischen Ausprobierens von Nutzungsmöglichkeiten stellt sich heraus, daß Leute wie Hans Castorp mehrheitlich befinden, es solle primär der Speicherung von Musik dienen. Es gibt den Anrufbeantworter – und damit die Frage, ob man ihn zur Kommunikationsausweitung oder -verhinderung nutzt. Es gibt die Faxtechnologie – und es dauert eine Weile, um herauszufinden, ob die mit ihrer Hilfe versandten Texte so wie alte Einschreibbriefe behandelt werden dürfen, sollen oder müssen. Es gibt das Internet, das eindeutig für Zwecke wissenschaftlicher Kommunikation geplant war – und es wird noch lange dauern, um herauszufinden, ob es tatsächlich »für alles«, für Bankgeschäfte und rechtsradikale Publikationen, für Big-Brother-Life-Voyeurismus und wissenschaftliche Recherche, für E-Mails und Chat-Foren, für Musikkopien und Photoversand, für Shopping und Zeitunglesen, für Börsenkurse und systematische Desinformation taugt oder ob das Zauberwort Ausdifferenzierung auch beim Internet das vorletzte Wort (denn letzte Worte gibt es nicht) behält.

Gegen Ende des Jahres **1894** kommen Berliners erste **Schallplatten** auf den Markt. Die **Hartgummikörper** von 17 Zentimenter Durchmesser speichern etwa zwei Minuten Musik. Schon 1897 löst **Schellack** das Hartgummi ab. Als geeignete Abspielgeschwindigkeit setzt sich bald die Eichung 78 Drehungen pro Minute durch. Das Geschäft mit den Platten blüht; Berliner gründet in Philadelphia eigene Aufnahmestudios, muß aber bald gegen weltweite Konkurrenz ankämpfen. Wie denn überhaupt Medienerfindungen zunehmend Arbeitsbeschaffungsmaßnahmen für Juristen sind, die sich um Patentvorrechte, Beteiligungen, Abgaben, Persönlichkeitsrechte am Bild etc. streiten. Zu einem bis heute berühmten Markenlogo wird *just in time* zur Jahrhundertwende das Bild *His Master's Voice,* das der Maler Francis James Barraud der britischen Grammophone Company verkauft. Ein treuer Foxterrier hört aus dem Schalltrichter die Stimme seines verstorbenen Herrn. Nicht nur der grammophonsüchtige Hans Castorp will dem Tode keine Herrschaft einräumen über das Leben.

So profan und so tiefsinnig können Reklamelogos für neue Medien sein. Profan ist auch, was die Mediencompany mit und an dem Bild vornimmt. Der auf ihm dargestellte Edison-Phonograph wird flugs durch das Grammophon Berliners, für dessen System man Platten produziert, ersetzt.

Neue Standards für Schallplatten setzen sich ab 1948 durch. In diesem Jahr entwickelt **Peter Goldmark** für die US-Plattenfirma Columbia die LP (**Langspielplatte**) mit 33,3 Umdrehungen pro Minute und 224 bis 300 Rillen pro Inch statt bislang nur 85. Gepreßt wird die LP aus neuem Material – Vinyl statt Schellack heißt die Devise. 1949 folgte von der Konkurrenzfirma RCA-Victor die **Single** mit 45 Umdrehungen pro Minute. Und es folgt ein *war of speeds*. Der Ausgang dieses Krieges kennt zwei Sieger. Die schnelle Single setzt sich für Popmusik durch, die langsame LP für klassische Musik. So technisch lassen sich E- und U-Musik unterscheiden.

His Master's Voice: Die Stimmen verstorbener Herren und Herrscher erlangen bald kultische Dimensionen. Schon 1903 läßt Papst Leo XIII., seinen bevorstehenden Tod ahnend, seine Hirtenworte phonographisch aufzeichnen. Der Stimmenstar **Enrico Caruso** ist ihm ein Jahr voraus. Er kassiert **1902** die unglaubliche Gage von hundert Pfund für **zehn Arien**, die er in einem Mailänder Hotel aufzeichnen läßt und die zu seinem Weltruhm erheblich beitragen – handelt es sich doch um eine der ersten »perfekten« **Grammophon-Aufnahmen**. 1906 ist die Aufnahmetechnik so weit, daß sie Carusos Stimme und dem begleitenden Orchester gewachsen ist. Aufgenommen werden Passagen aus der *Macht des Schicksals*. Mit Caruso erscheint, noch vor dem Filmstar, der Typus des Kultstars mit Fangemeinde auf der Bühne der Mediengeschichte. Der Medienfan Hans Castorp ist in den Jahren vor dem Ersten Weltkrieg mit seiner Begeisterung für die Phonographie nicht allein. Allein in Deutschland werden im Jahr 1906 nicht weniger als 250 000 Grammophone und 1,5 Millionen Schallplatten verkauft. Und der Absatz steigt ständig. Erst die Einführung des Radios sorgt dann im Verbund mit der schlechten ökonomischen Lage nach dem Ersten Weltkrieg weltweit für beachtliche Gewinneinbrüche der Tonträgerindustrie. In den USA brach der Umsatz auf dem Tonträgermarkt nach der Einführung des Rundfunks regelrecht zusammen. Aus der Boombranche mit Umsätzen von weit über 100 Millionen Dollar in der Vorkriegszeit wurde eine Krisenbranche. 1922 betrug der Plattenumsatz nur noch 92 Millionen Dollar, und nach der Weltwirtschaftskrise sank er 1933 auf das Rekordtief von 6 Millionen Dollar.

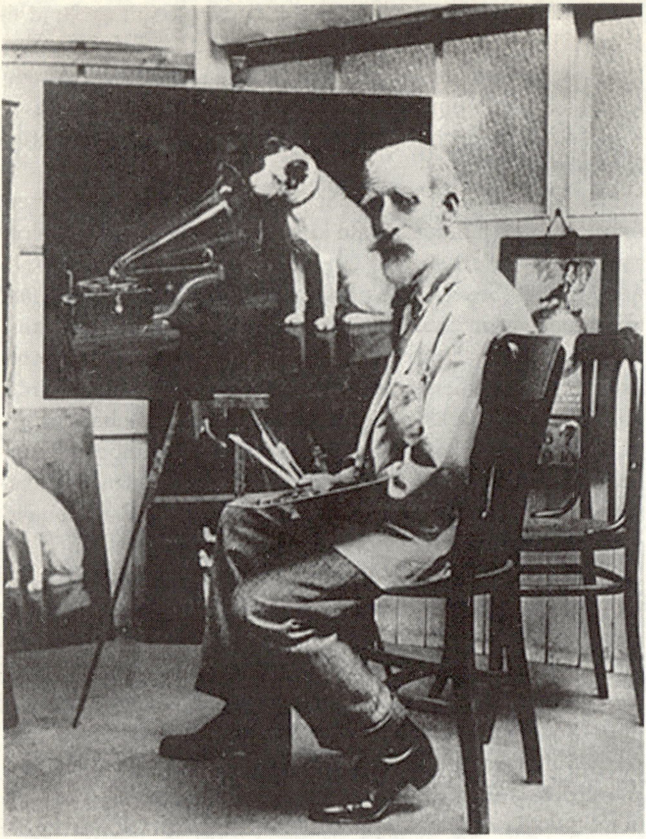

Francis Barraud mit einem seiner Gemälde von »His Master's Voice«.

Nicht ganz so drastisch sah die Entwicklung auf der anderen Seite des Atlantiks aus. Dort setzte sich – siehe das Beispiel Caruso – früher als in den USA der Typus der krisenresistenten Kultplatte durch, der auch Thomas Manns Bildungsroman huldigt. Berühmtheit erlangt 1913 die von den Berliner Philharmonikern unter Arthur Nikisch ungekürzt eingespielte Fünfte Symphonie Beethovens. Ihr ausschweifender Klang findet auf vier Platten Platz, die zusammen beträchtliche 48 Reichsmark kosten. Mit Aufnahmen wie diesen und bald auch mit Einspielungen ganzer Wagner-Opern sind endgültig die für uns heute kaum mehr ausdenkbaren psychischen Notzeiten vorbei, in denen es süchtigen Musikliebhabern wie Charles Baudelaire versagt blieb, hören zu können, was sie hören zu müssen glaubten. Baudelaire hatte in Paris Wagners *Tannhäuser* gehört, war süchtig nach diesen Klängen geworden und konnte sie, ein Medientantalus, doch nicht hören, weil der romantische Klangzauber nach dem Premierenskandal schnell abgesetzt wurde – und weil es in der Mitte des neunzehnten Jahrhunderts noch keine Grammophone gab. Baudelaire soll mit dem Schrei »Ich muß jetzt Tannhäuser hören« durch Paris gelaufen sein. Aber er, der zu früh Geborene, konnte noch kein Café betreten, in dem die von der Firma Wurlitzer **1933** erfundene **Jukebox** stand (der Peter Handke später ein literarisches Denkmal setzte); und er konnte von Tonwiedergabequalität im HiFi-Bereich allenfalls träumen. **1926** wird der eingängige Werbeslogan **HiFi** erfunden – ein sprechender Begriff, der suggestiv die Linie des auf die Stimme seines Herrn hörenden Foxterriers weiterzieht: Treue, höchste Treue ist phono- wie photographisch die Maxime dieser Epoche von Analogtechniken. High-Fidelity-Niveau erreicht **1940** der Walt-Disney-Streifen *Fantasia*, der erstmals erfolgreich die **Stereophonie** erprobt; die Klänge des großen Orchesters werden auf nicht weniger als acht Lichttonspuren gespeichert. Der symbolistische, virtuos Synästhesien herbeischreibende Lyriker Baudelaire wußte von all dem nichts. Keiner hat ihm in der Mitte des 19. Jahrhunderts mit einem profanen **Walkman** (er wird erst **1979** von der Firma Sony auf den Markt gebracht) und einer Kassette »Highlights aus Tannhäuser« das göttliche Geschenk machen können, das er ersehnte.

Die MC (MusicCassette) im Walkman miniaturisiert das

Tonband, dessen Grundform **1928** von **Fritz Pfleumer** zum Patent angemeldet wurde. Ab 1934 wird dieses $^1/_{40}$ Millimeter dünne, mit Stahlpulver beschichtete, dann immer weiter perfektionierte Magnetband von der BASF massenproduziert. **1941** erfinden **Braunmühl und Weber** die **Hochfrequenzmagnetisierung** des Tonbandes, die eine erhebliche Ausweitung des Frequenz- und Dynamikbereichs ermöglichte. Mit dieser HiFi-Medienschnittechnik wird langsam aber sicher eine bemerkenswerte Verkehrung der tradierten Verhältnisse zwischen Aufzeichnung und aufgezeichnetem Ereignis eingeleitet: Seit der Magnetbandaufzeichnung gilt nicht mehr nur das Ideal, nach dem die Aufzeichnung am Live-Konzert gemessen wird. Umgekehrt müssen nun live auftretende Musiker versuchen, mit dem Niveau der vielfach korrigierbaren Aufzeichnung mitzuhalten. Die perfekte Studioaufnahme wird zur Terrorkonkurrenz der Konzertbranche (und der Playback-Trick wird ein häufig eingesetztes Mittel zur Überwindung der peinlichen Differenz zwischen Live-Performance und Studioqualität). Anders als die Schallplatte bleibt das Tonband ein Instrument der Profis und der gehobenen Amateure, die keine Fertigprodukte kaufen, sondern sich ihren Sound selbst zusammenstellen wollen. Dabei sind die Vorteile des Tonbands deutlich: Man kann nach Herzenslust, aber ohne hörbare Verluste schneiden und löschen. Der Nachteil: Tonbänder altern und zerfallen deutlich schneller als Platten. Wer nicht ständig umkopiert, den bestraft das Leben damit, daß unsterbliche Stimmen doch sterben. Um die Haltbarkeit neuer Speichermedien vom Tonband bis zur Diskette, vom säurehaltigen Papier bis zur Festplatte, vom vergilbenden Photo bis zur Videokassette ist es weniger gut bestellt als um die des Rosetta-Stones. Schlechthin alle Medien haben testamentarische Qualitäten, aber nicht alle Testamente überdauern den reißenden Fluß der Zeit. An Ewigkeit sind die neuen Medien schon aus materiallogischen Gründen weniger interessiert als das alte Medium Schrift. Schrift und Buch sind von Ewigkeit zu Ewigkeit auf

Sinn fixiert; die klassischen AudioVisions-Medien Phono- und Photographie sind, *nomen est omen,* auf die Sinne dieser endlichen Welt fokussiert.

Das phonographische Medium, das es so brillant versteht, die flüchtige Stimme zu bannen, taugt nicht nur als ein Objekt der Traumbegierde für Baudelaire und als Kult für den jungen Ingenieur, der auf dem Zauberberg in tiefste Weisheiten um Liebe und Tod eingeweiht werden will – es gibt auch einem Philosophen wie Wittgenstein zu denken. Der Satz 4.014 seines in den Jahren vor 1914 begonnenen und 1921 erschienenen *Tractatus logico-philosophicus* lautet: »Die Grammophonplatte, der musikalische Gedanke, die Notenschrift, die Schallwellen, stehen alle in jener abbildenden internen Beziehung zu einander, die zwischen Sprache und Welt besteht. / Ihnen allen ist der logische Bau gemeinsam. (Wie im Märchen die zwei Jünglinge, ihre zwei Pferde und ihre Lilien. Sie sind alle in gewissem Sinne Eins.)« Sonderlich deutlich sind die Sätze des Denkers, der als Vater der analytischen Philosophie gilt, anderslautenden Gerüchten zum Trotz nicht. Vielmehr suchen sie offenbar die Nähe zum Tiefsinn des Märchens – so wie Hans Castorp die neue Medientechnik nicht als die kühle Alternative von, sondern als Schwellenüberwindungszauber hin zu sakramentalen Weisheiten begreift. Ähnlich Wittgenstein: »In gewissem Sinne« sind sie – die märchenhaften Jünglinge, ihre zwei Pferde und die Lilien – »Eins«. So wie der Wein und das Blut Christi, und so wie das göttliche Wort, das Fleisch ward, bis zum Grenzwert der Identität hin gleich, ja eins sind, so stehen die Grammophonplatte, die Notenschrift, die Schallwellen, ja noch der musikalische Gedanke unter- und zueinander in einer abbildenden, internen Beziehung. Gemeinsam ist ihnen »der logische Bau«. Das den Philosophen auf- und anregende Motiv aber wird allenfalls implizit deutlich: die Grammophonplatte ist, wie andere Medientechnik auch, Immanenztechnik; sie steht in einer »internen« Beziehung zur Welt. Und nicht etwa in einer transzendenten Beziehung zu metaphysischen Sphären. Ein im selben Jahr wie Wittgenstein (und Chaplin und Hitler, nämlich 1889) geborener Philosoph würde in solchen Kontexten von der »Verwindung der Metaphysik« sprechen. Daß diese »Verwindung der Metaphysik« ein Effekt neuer Medientechnik ist, haben so unterschiedliche Köpfe wie Wittgenstein und Heidegger mehr geahnt als ausgesprochen.

Definitiv hinter sich gelassen haben die Metaphysik mitsamt der ihr eigentümlichen Sinn- und Zeichenfixierung die Ton-Avantgardisten des 20. Jahrhunderts, die bewußt auf die Emanzipation des Geräuschs vom Sinn suchenden Klang setzen. Noise statt Musik, Sound statt Komposition, Sinne statt Sinn – so lautet die Maxime schon in Luigi Russolos 1913 erschienenem Manifest *Die Kunst der Geräusche*: »Wir finden viel mehr Befriedigung in der Geräuschkombination von Straßenbahnen, Auspufflärm und lauten Menschenmassen, als, beispielsweise, im Einüben der ›Eroica‹ oder ›Pastorale‹.«[1] Stockhausens These »Alle Geräusche sind Musik«[2] wird noch Jahrzehnte später an diese Traditionslinie der schnell gealterten Avantgarde anknüpfen. Erst durch die damals neuen Aufzeichnungstechnologien, die Straßenlärm und dergleichen einzufangen vermochten, wurde diese Avantgarde als eine, die sich im paradoxen Namen nichtssagender »Geräusche« von der sinnfixierten Tradition liturgischer bis programmatischer Musik emanzipiert, möglich. Daß der Musik und der Malerei neue Materialien zuwachsen (paradigmatisch gesprochen: Motorengeräusche beziehungsweise Kunststoffe), unterscheidet im Rahmen eines modernen Systems der Künste die akustische und die visuelle Kunst einerseits von der Literatur andererseits: letzterer bleibt auch in neumedialen Zeiten nichts anderes übrig, als weiterhin 24 oder 26 Lettern unterschiedlich zu kombinieren. Sie kennt kein neues Material, wohl aber neue Aufzeichnungssysteme. Ob mit dem Griffel, der Feder, dem Blei-

1 Zit. bei Ph. Anz/P. Walder: Techno, p. 12.
2 K. Stockhausen: Kontakte, p. 48.

stift, dem Füller, dem Kugelschreiber, der Schreibmaschine oder dem PC – Schriftsteller sind Literaten. Ihr Geschäft ist es seit zweieinhalbtausend Jahren, eine beschränkte Letternzahl in unabzählbarer Variantenbreite aneinanderzureihen.

Durch die neueste digitale Tonaufzeichnungstechnik, die zugleich eben auch synthetische Tonproduktionstechnik ist, ist die musikalische Avantgarde einer Emanzipation des Noise vom Sinn ihrerseits obsolet geworden. Ein neudeutsches Lied gibt sich und seinen Hörern über den neuesten, das heißt digitalen, Stand der phonographischen Dinge Rechenschaft: »Ich bin der Musikant mit dem Taschenrechner in der Hand. Ich addiere und subtrahiere – Ich kontrolliere und komponiere. Und wenn ich diese Taste drück', spielt er ein kleines Meisterstück.« So heißt es in einem Text einer Band, die 1968 von Studenten der Düsseldorfer Kunstakademie gegründet wurde und sich nach dem Erfolg ihres ersten Albums *Tone Float* in Kraftwerk umbenannte. Ihre Gründer Ralf Hütter und Florian Schneider haben die Prinzipien, nach denen ihre Musik funktioniert, präzise, nämlich mit digitalen Begriffspaaren benannt: »Wir erfinden Geschichten und illustrieren sie mit Musik [...] Unsere Musik ist folgendermaßen strukturiert: rauf/runter; vor/zurück; schnell/langsam; laut/leise; linear/vertikal; weich/hart; verdichtet/geöffnet; schön/häßlich; dumpf/hell.«[1] Digitale Musik kommt ohne Noise und Hintergrundrauschen daher, sie ist »ge- beziehungsweise remastert«, nämlich von Lärm gereinigt – und ebendeshalb weckt sie das Bedürfnis, den technisch ausgetriebenen Lärm wieder einzuführen. Also bevölkert Trashmusik die Hitparaden.

Stille/Krach: Eine Soundwelt von schlagend übersichtlicher beziehungsweise unüberhörbarer Binarität. Ob Wittgenstein seinen Hinweis auf den gemeinsamen »logischen Bau« von Aufzeichnungssystemen aller Art (von Zahlen-

1 Zit. bei Ph. Anz/P. Walder: Techno, p. 22.

systemen und Sätzen bis hin zum Phonographen) und der »Welt« auch noch angesichts digitaler Tonaufzeichnung aufrechterhalten hätte, ist zumindest fraglich. Denn Wittgensteins Denken steht an der Grenze, die die Analog- von der Digitaltechnik scheidet. Kristalline Wahrheitstafeln oder Hintergrundrauschen akzeptierende Sprachspiele – das ist die Frage. Gegen jedes Rauschen entscheiden sich die **Compact Discs.** Sie gibt es seit 1978, allerdings noch nicht zum allgemeinen Gebrauch. Die Laserstrahl-Technologie macht nämlich in diesen Jahren noch Abspielgeräte von enormer Größe erforderlich. Zu Beginn der achtziger Jahre aber kommen die ersten kompakten CD-Abspielgeräte (von Sony und Philipps) auf den Markt. Die großen Firmen haben sich diesmal (anders als bei der Videographie, die mit drei untereinander inkompatiblen Systemen startet) auf einen Standard geeinigt: MIDI (Musical Instrumental Digital Interface) heißt das Zauberwort für die digitale Schnittstelle zwischen allen Komponenten (inklusive des Computers). Mit der CD, die nicht nur die LP verdrängt, setzt sich nach Hostie und Münze eine dritte kleine Scheibe durch, die für »alles« zuständig ist und alles mit allem zusammenbringt.

Im Zeichen einer Scheibe – genauer: einer Wählscheibe – steht auch das klassische Design der Kommunikationstechnologie, die zwar nicht alle mit allen, wohl aber zwei Münder und zwei Ohren zusammenbringt: das Telephon. Die Geschichte der Phonographie ist in einem viel radikaleren Sinne als die der Photographie eine in sich gedoppelte Geschichte von Speicher- und von Übertragungsmedien. Edisons oben erwähnter »Embossy Telegraph« markiert eine der Schnittstellen zwischen diesen beiden Hauptströmen der Phonographiegeschichte. Die Technik der Klang-Speicherung wie die der Stimmen-Übertragung sind eng aneinandergekoppelt. Sie entspringen häufig denselben Erfinderhirnen beziehungsweise denselben Laboratorien. Und sie entfalten einen ähnlichen Zauber. Daß ich mit jemandem sprechen kann, der einige tausend Kilometer weit von mir entfernt ist, ist fast so rätselhaft und faszinierend – um vom pragmatischen Nutzen vorerst zu schweigen – wie der Umstand, daß die Stimme eines ganz Fernen, eines Jenseitigen, eines Verstorbenen erschallt. Medien sind Abwehrzauber gegen Absenzen aller Art. Und das Telephon ist bis heute, also bis ins Handyzeitalter hinein (wie unter anderem der Film *Die Hochzeit meines besten Freundes* zeigt), das populärste unter diesen Abwehrzaubergeräten. Von vielen seiner frühen Zeitgenossen wurde es denn auch als magisches Gerät erfahren. »Ich bin in Cannes«, spricht ein alternder Fan in Peter Turrinis Stück *Die Reise nach Madagascar* ins Telephon, das ihn, den Besitzer eines schlecht laufenden Provinzkinos, mit dem angebeteten Schauspieler, der ihn schamlos ausnutzt, verbindet. »Ich bin im Koma«, schallt die Stimme von Klaus Kinski zurück.

Eine der sachlichsten Schilderungen der Wirkungen des Telephons verdanken wir – wie sollte es anders sein? – einem Lexikon. »Die Anwendung des Telephons hat dem sozialen und öffentlichen Leben ein anderes Gesicht gegeben.« So heißt es ebenso nüchtern wie zutreffend im Artikel »Telephonverkehr« des Brockhaus von 1895 (Bd. 15, p. 682). Das dickleibige Lexikon, wunderbarer Repräsentant des papiernen Zeitalters, beobachtet offenbar aufmerksam die neuen Medien. Im Jahr 1895 (das auch das Geburtsjahr der Kinematographie ist) ist das Telephon bereits 20 Jahre alt – oder 34, wenn man den berühmten Vortrag »Über Telephonie durch den galvanischen Strom«, den der hessische Lehrer **Johann Philipp Reis** (1834-1874) am 26. Oktober 1861 in Frankfurt am Main hielt, als Geburtsstunde des Telephons begreift. Die Apparatur von Reis (auch hier lohnt Aufmerksamkeit für den Namen des Erfinders, der Töne auf Reisen schicken will) imitiert noch direkt das menschliche Ohr. Eine dem Trommelfell nachgebildete Schweinsdarm-Membran wird durch den Schalldruck in Schwingungen gebracht – aber eben nicht so, daß man von verläßlicher Technik sprechen kann. Reis stirbt zwei Jahre zu früh, um den

Interaktiver Grabstein.

Erfolg seines amerikanischen Konkurrenten noch miterleben zu können beziehungsweise zu müssen.

Daß neue Medientechnik mehrere Väter zu haben pflegt, ist eine sich hier erneut bewährende Grundeinsicht. Selten aber haben zwei erfinderische Männer so kurz nacheinander ihre Vaterschaftsrechte geltend gemacht wie im Fall des Telephons. Am **14. Februar 1876** verdichtet sich die Geschichte der medientechnischen Erfindungen zu einem legendären Ereignis. Im Abstand von nur zwei Stunden eilen zwei Amerikaner zum Patentamt. Der eine heißt Gardiner Greene Hubbard, ist Anwalt und vertritt **Alexander Graham Bell** (1847-1922). Ach, die Namen der Medienerfinder – Daguerre (Krieg), Lumière (Licht), Reis, Bell (Glocke, Klingel). Für seinen Mandanten Bell, der zu allem Überfluß auch noch Taubstummenlehrer ist, meldet Hubbard in Boston das **Telephon** zum Patent an. Zwei Stunden nach ihm betritt in Chicago **Elisha Gray** (1835-1901) das dortige Patentamt, um ebenfalls das Telephon anzumelden. Es kommt zum Patentstreit; Gray verliert, Bell gewinnt (wenn man um die 600 Prozesse und Folgeprozesse so knapp resümieren darf). Dem Antrag Bells wird am 7. März entsprochen, obwohl sein Gerät noch nicht ganz funktionstauglich ist. Erst drei Tage nach der Patenterteilung kommt es im Haus Exeter Place 5 (heute erinnert dort eine Messingtafel an das Ereignis) zum ersten richtigen Telephonat. Sein Wortlaut: »Mr. Watson, come in, I want you.« So diktatorisch beziehungsweise begehrlich sind die ersten Worte, die ein Menschenmund in die Muschel eines Telephonhörers spricht.

Grays Telephon »besteht auf Senderseite aus einem durch eine Membran gesteuerten elektrolytischen Widerstand und auf Empfängerseite aus einem elektromagnetischen Wandler. Der Sender besteht aus einem Glasgefäß, das mit einer Flüssigkeit gefüllt ist und an dessen Boden sich eine Elektrode befindet, während die andere stabförmig ausgebildete Elektrode an einer Membran befestigt ist und in die Flüssigkeit eintaucht. Spricht man gegen die Membran, so bewegt sich die an ihr befestigte Elektrode entsprechend den Schallwellen der Sprache in der Flüssigkeit auf und ab.«[1] Die vier Elemente Wasser, Erde, Feuer und Luft hörten, bevor technische Erfindungen diesen Begriff für sich okkupierten, auf das Wort »Medien«. Der Taubstummenlehrer (ab 1873 war er Professor für Stimmphysiologie und Sprecherziehung an der Universität Boston) mit dem schönen Namen Bell hat die Prozesse um die Telephonpatente in medienhistorischer Perspektive nicht ganz zu Unrecht gewonnen. Bell entkoppelt nämlich die neuen Medien von den alten Elementen. Er setzt ganz auf Ströme, die sich von den Elementen emanzipiert haben – auf **Elektrizität**. Sein Apparat bringt sowohl auf der Empfänger- als auch auf der Senderseite elektromagnetische Wandler zum Einsatz, die eine Membran in Schwingungen versetzen.

1 Große Medienchronik, p. 580.

Elektrischen Strom zu produzieren ist grundsätzlich seit den berühmten Experimenten des Magdeburger Bürgermeisters **Otto von Guericke** (1602-1686) möglich. Der Erfinder der Luftpumpe entdeckte die Reibungselektrizität und den elektrischen Magnetismus. Seine Anziehungsexperimente mit zwei metallnen Halbkugeln auf dem Reichstag in Nürnberg von 1654 machten ihn berühmt. Im 18. Jahrhundert gab es gleich mehrere Experimente zur Stromerzeugung (so etwa Nollets Kugelelektrisiermaschine). In industriellem Ausmaß aber stand Elektrostrom erst – beziehungsweise *just in time* für die Medientechniken Telegraphie und Telephonie – zur Verfügung, nachdem der Engländer **Michael Faraday** (1791 bis 1867) es **1831** (also noch zu Goethes Lebzeiten) geschafft hatte, **Magnetismus in Elektrizität** zu verwandeln. Der englische Chemiker **John Stephen Woolrich** stellte, Faradays Forschungen technisch umsetzend, **1836** einen funktionierenden **Generator** vor. Als besonders effektiv erwies sich der von **Werner Siemens** (1816-1892) vorgestellte **Dynamo** und seine **1866** konstruierte **elektrodynamische Maschine**. Werner Siemens und seine Brüder, deren eigentliche Leidenschaft die Telegraphie war, wurden alsbald zum Inbegriff des industriellen Deutschland. Ähnlich wie für Edison, der auf der Pearl Street in New York ein für damalige Verhältnisse riesiges E-Werk einrichtete, war für sie die Technik der Stromerzeugung nur eine Voraussetzung für die Lösung medientechnischer Probleme. Mit den ingeniösen Erfindern Edison und Siemens endet zugleich die Epoche, in der Techniker und Erfinder noch im Alleingang Durchbrüche erreichen. Edison richtet in den siebziger Jahren in New York ein großes Konstruktionsbüro ein; Siemens sieht zur gleichen Zeit die Notwendigkeit organisierter Großforschung; und so entsteht der Typus des auf Arbeitsteilung und Kooperation angewiesenen Ingenieurbüros. Erfindungen wie der Bleiakku oder die Umstellung von Gleich- auf Wechselstrom sind nicht mehr das Werk einzelner. Konkurrenz herrscht fortan nicht mehr sosehr zwischen Personen wie Edison und

Gray oder Edison und Siemens, sondern zwischen den Konzernen, die sich innovativen Techniken verschrieben haben. Edison sucht und findet Geschäftspartner in Old Europe. Einer von ihnen ist **Emil Rathenau** (1838-1915); er gründet 1883 die Deutsche Edison Gesellschaft (DEG), die 1885 das erste öffentliche Elektrizitätswerk Deutschlands baut und sich **1887** in **AEG** umbenennt. Das Adjektiv »allgemein« ersetzt fortan einen Eigennamen – und mag der auch noch so berühmt sein.

Die Elektrifizierung wird zum Epochenzeichen der Jahre vor 1900. Kaum ein zeitgenössischer Beobachter und Kommentator läßt die Möglichkeit ungenutzt, mit den semantischen Möglichkeiten von Worten wie Erleuchtung, Illumination, Aufklärung oder *siècle des lumières* zu spielen. Und natürlich gehört keine große spekulative Begabung dazu, es zu erkennen, daß ohne Elektroströme auch keine größeren Kommunikationsströme fließen. Nicht erst das Internet und der Computer, schon die Telegraphen und Telephone sind auf Strom angewiesen. Bells Telephon wird **1876**, also rechtzeitig zur Hundertjahrfeier der US-Unabhängigkeitserklärung, zur Sensation. Bei der **Centennial-Ausstellung in Philadelphia** erscheint auch der Kaiser von Brasilien, Dom Pedro de Alcantara. Er zählt zu den Ausstellungsbesuchern, die schnell das Telephon zum Highlight erklären und sich angesichts der Möglichkeiten des neuen Mediums kaum beruhigen können. Wiederum bewährt sich die mittlerweile (in Bill Gates' Zeiten) alte Einsicht, daß Medienerfolge nicht nur auf funktionierende Technik, sondern auch auf PR-Genies wie Edison angewiesen sind.

Das Telephon ist schnell erfolgreich. Einige Zahlen und Hinweise genügen, um den schnellen Siegeszug der neuen Technologie zu charakterisieren. 1884 gibt es die erste Telephonverbindung zwischen Boston und New York; mit der Erfindung der **Induktionsspule** durch Michael I. **Pupin**, Mathematikprofessor an der New Yorker Columbia University, wird es ab den neunziger Jahren möglich, die telephonisch überwindbaren Distanzen zügig zu vergrößern (Pupin wird durch das Patent auf die nach ihm benannten Pupin-Spulen zum vielfachen Millionär); 1881 hat das Berliner Telephonamt (Konkurrenz macht der Hauptstadt damals nur das rheinische Köln) 48 registrierte Teilnehmer, im Jahr 1900 gibt es in 1550 deutschen Ortschaften Telephone und zwischen diesen Telephonen 500 000 Kilometer Kabel (im Film *Heimat* von Edgar Reitz gibt es wunderbare Szenen, die zeigen, wie das Telephon im Hunsrückdorf Schabbach Einzug hält); zu Beginn des Ersten Weltkriegs gab es in Deutschland eine Million Telephone. Und dies, obwohl die deutsche Reichspost an der Verbreitung des Telephons nicht sonderlich interessiert war, fürchtete sie doch den Rückgang des Briefverkehrs und des hohe Einnahmen bescherenden Telegraphenwesens, in das sie zuvor kräftig investiert hatte. Trotzdem unterstützt auch die staatsmonopolistische Reichspost unter ihrem legendären »Generalpostmeister« Heinrich von Stephan (1831-1897) kräftig den neuen Sektor – zuerst mit dem Ziel, telephonisch der Telegraphie zu Hilfe zu kommen: man liest dem Endverbraucher am Telephon vor, was das Telegramm beinhaltet. Bell hatte es zu seiner großen Verärgerung versäumt, in Deutschland ein Patent fürs Telephon anzumelden. Die Post und Siemens arbeiten glänzend zusammen.

Das angesichts solcher Entwicklungsdynamiken alt aussehende Medium der Presse ist von der neuen Konkurrenz besonders fasziniert. Die weitverbreitete Zeitschrift *Gartenlaube* heißt 1877 unter dem (auf den Namen Reis anspielenden) Titel *Die menschliche Stimme – auf Reisen* das Telephon in Deutschland mit den Worten willkommen: »Eine Tonfolge, die als solche unterwegs verschwindet und drüben wieder auflebt, als sei sie nie verschwunden, Nüancen, welche die ganze Gluth der Empfindung einschließen, neu hervorgebracht durch einen seelenlosen mechanischen Apparat! Was will dagegen Münchhausen's Posthorn bedeuten, dessen unterwegs eingefrorene Töne am warmen Ofen des

Wirthshauses aufthaueten und losschmetterten? So überflügeln die Leistungen der Wissenschaft die Phantasie des ärgsten Aufschneiders.«[1] Die Telephonie läßt das Verschwinden verschwinden, sie entfernt (den schönen Doppelsinn des Wortes Ent-Fernung bewährend) die Entfernung, sie läßt Entfernte einander näher rücken und sorgt dafür, wie die *Gartenlaube* in kühner Vorwegnahme von McLuhans These vom »globalen Dorf« darlegt, daß die »ganze Welt [...] ein einziges großes Plauderstübchen zu werden« sich anschickt. Damit es so weit kommen kann, müssen allerdings die Engpässe des Kabelwesens überwunden werden. Aus der Frühzeit der Telephonie sind Photos mit geradezu grotesk vielen städtischen Telephonleitungen überliefert – konnte jeder Draht doch nur ein Gespräch übermitteln. Erst 1910 brachte die Wechselstrom-Technik Abhilfe, die gleichzeitige Gespräche über einen Draht auf verschiedenen Frequenzen ermöglicht.

Nicht nur auflagenstarke Zeitschriften, auch Intellektuelle vom Format Walter Benjamins zeigen sich von der Telephonie fasziniert. In seinem Buch *Berliner Kindheit um Neunzehnhundert* hat Benjamin dem »neugeborenen« Telephon folgenden Gruß gewidmet: »Es mag am Bau der Apparate oder der Erinnerung liegen – gewiß ist, daß im Nachhall die Geräusche der ersten Telephongespräche mir sehr anders in den Ohren liegen als die heutigen. Es waren Nachtgeräusche. Keine Muse vermeldet sie. Die Nacht, aus der sie kamen, war die gleiche, die jeder wahren Neugeburt vorhergeht. Und eine neugeborene war die Stimme, die in den Apparaten schlummerte. Auf Tag und Stunde war das Telephon mein Zwillingsbruder. Und so durfte ich erleben, wie es die Erniedrigung der Frühzeit in seiner stolzen Laufbahn überwand. Denn als Kronleuchter, Ofenschirm und Zimmerpalme, Konsole, Gueridon und Erkerbrüstung, die damals in den Vorderzimmern prangten, schon längst verdorben und gestorben waren, hielt, einem sagenhaften Helden

1 Gartenlaube 1877, p. 799; zit. nach K.-H. Göttert: Stimme, p. 412.

gleich, der in der Bergschlucht ausgesetzt gewesen, den dunklen Korridor im Rücken lassend, der Apparat den königlichen Einzug in die gelichteten und helleren, nun von einem jüngeren Geschlecht bewohnten Räume. Ihm wurde er der Trost der Einsamkeit. Den Hoffnungslosen, die diese schlechte Welt verlassen wollten, blinkte er mit dem Licht der letzten Hoffnung.«[1] Ein eindringlicher Satz, der dem Schluß von Benjamins großem Essay über Goethes *Wahlverwandtschaften* korrespondiert, nach dem uns nur um der Hoffnungslosen willen Hoffnung gegeben ist: Das Telephon erneuert die menschliche Stimme und lädt noch die Hoffnungslosen, die diese schlechte Welt verlassen wollen, zum Verweilen ein. So versteht Benjamin, der schon an der Photographie rühmte, daß sie ganz »mit Wirklichkeit durchgesengt ist«, das Telephon als ein Versprechen – als das Versprechen, die Sinne, die uns an diese schlechte Welt binden, möchten mehr wert sein als das Sinn-Versprechen der jenseitigen Welt. Mit Photo-, Phono-, Telegraphie und Telephonie sind wir im Reich diesseits der Zeichen, die auf Jenseitiges verweisen, ja überhaupt im Diesseits der metaphysiklastigen (Schrift-)Zeichen angekommen. Durch das Telephon erreichen uns Stimmen aus weiter Ferne, aber nicht mehr aus dem »ganz anderen« Reich. Das *totaliter aliter* schwindet in dem Maße, in dem sich Tele-Techniken der Entfernungs-Entfernung durchsetzen.

Um telephonisch ein vertrautes, aber fernes Ohr zu erreichen, muß die Verbindung zu ihm hergestellt werden. Das macht bis zur Erfindung des **Selbstwähldienstes** (er wird schon **1889** von Almon B. Strowger (1839-1902) zum Patent angemeldet, setzt sich aber erst Jahrzehnte später durch) das legendäre Fräulein vom Amt. Nur in der ganz frühen Zeit der Telephonie wurden die Kontakte noch von männlichen Angestellten gesteckt. Alsbald aber und bemerkenswert zeitgleich mit der sexuellen Revolution im Bürowesen, nämlich mit der Umstellung von männlichen Federkiel-

1 W. Benjamin: Berliner Kindheit, p. 242 sq.

Schreibern und Kanzlisten zu Sekretärinnen am Typewriter, wird die Telephonvermittlung zur rein weiblichen Domäne. Und so könnte man skandieren: »Ohne Typewriter und Telephon keine Frauen-Emanzipation« – wenn man denn unter Frauenemanzipation hauptsächlich die massenhafte Berufstätigkeit von Frauen über die Gefilde der Landwirtschaft hinaus verstünde. Daß diese Emanzipation ihre dunklen Seiten hat, wird spätestens deutlich, als es kurz nach der Jahrhundertwende angesichts der rasant steigenden Zahl von Telephonbenutzern wiederholt zu massenhysterischen Szenen unter den Fräulein vom Amt kommt. 1904 wird in den Vereinigten Staaten eine einschlägige Studie in Auftrag gegeben. Ihr Resultat: Wie soll man nicht hysterisch werden, wenn man mit vielen anderen zusammenhockt, mit denen man nicht sprechen darf und kann, weil man ständig damit beschäftigt ist, auf Anrufe zu reagieren, deren einziger Sinn ist, weitere Anrufe zu schalten.

Anrufe ohne Inhalt. Man kommuniziert Kommunikation und nicht etwa etwas. »Wir telephonieren bald mal wieder« sagt man, wenn man mit jemandem nicht (mehr) sprechen möchte. Eine struktural ähnliche Erfahrung macht die Sekretärin an der Schreibmaschine. Sie schreibt nach Diktat – und zwar so schnell, daß sie kaum begreifen kann, was sie da schreibt. Zu Schreibmaschinenhysterien kommt es beim Kulturkampf, der ausbricht, als sich mit dem Siegeszug der **Remington 2** die bis heute gültige »qwerty«- beziehungsweise im Deutschen »qwertz«-Tastatur-Anordnung durchsetzt. Die Tastenanordnung im Mittelfeld folgt weitgehend dem Alphabet: *dfghjkl.* Es fehlen allerdings die häufig verwendeten Vokale *e* und *i,* die an die Peripherie wandern. Warum? Damit sich die schnell angeschlagenen Tasten nicht verhaken. Es folgen unendliche Diskussionen über diese Anordnung; die Franzosen lassen sich anfangs nicht auf diese anglozentrische Logik ein; Sekretärinnen müssen in Wettbewerben demonstrieren, mit welcher Anordnung sich wie viele Anschläge pro Minute mehr erzielen lassen und kollabieren unter diesem Anschlag auf ihre buchstäbliche Integrität. Auch die Computer-Tastatur bleibt der klassischen »qwertz«-Logik treu, obwohl sie das Problem sich verhakender, weil zu schnell nacheinander angeschlagener Tasten nicht mehr kennt. Auch innovatorische Medien nehmen mitunter auf ehrwürdige Traditionen Rücksicht.

Nicht alle telephonischen Kommunikationsakte und Typewriter-Diktate sind so inhaltsleer wie die der Amtsfräulein und die der um die Wette schreibenden Sekretärinnen. Wieviel Liebesgeflüster, wie viele Kauf- und Verkaufsaufträge, wie viele Intrigen und Befehle, die nicht schriftlich dokumentiert sein sollten, bis heute über die Telephonnetze dieser Welt gelaufen sind – müßige Frage. Um sehr handfeste und innerweltliche Dinge ging es auch in der **Telegraphie**, die der Telephonie erfindungsgeschichtlich vorausging. Diese Chronologie ist insofern bemerkenswert, als sie die Entwicklung der Medien, die derart transportiert werden, auf den Kopf stellt: zuerst war das gesprochene, dann das geschriebene Wort; vor den telephonierten Worten aber werden die Schriftzeichen auf die telegraphische Reise geschickt. Von (zumeist erdichteten und herbeigeträumten) Frühformen der Telegraphie wie der griechischen Fackelpost war schon die Rede (siehe Kap. 6). Und Träume von engelhafter Schnell-Kommunikation haben die Geschichte nicht nur der Religion, die sich als die der frohen Botschaft selbst beschrieb, stetig begleitet. Um 1800 werden diese Träume wahr – wie ein nur mit einer Sigle (»rmz«) unterzeichnender Beiträger zur Ausgabe der *Berliner Abendblätter* vom 12. Oktober 1810 erkennt. *Nützliche Erfindungen – Entwurf einer Bombenpost* ist der Artikel, der aus keiner anderen Feder als der von Kleist stammt, überschrieben. Und er beginnt mit den Worten: »Man hat, in diesen Tagen, zur Beförderung des Verkehrs innerhalb der Grenzen der vier Weltteile, einen elektrischen Telegraphen erfunden; einen Telegraphen, der mit der Schnelligkeit des Gedankens, ich will sagen, in kürzerer Zeit, als irgend ein chronometrisches Instrument angeben kann, vermittels des Elektrophors und des Metalldrahts, Nachrichten mitteilt; dergestalt, daß wenn jemand, falls nur sonst die Vorrichtung dazu getroffen wäre, einen guten Freund, den er unter den Antipoden hätte, fragen wollte: wie geht's dir? derselbe, ehe man noch eine Hand umkehrt, [...] antworten könnte: recht gut.«[1] Die ironische Kritik ist deutlich: sehr gewichtig ist das Kommunizierte nicht. Die ersten Worte, die auf neu eingerichteten Kanälen gesendet und gewechselt werden, sind selten tiefsinnig: »Mary has a little lamb«, »Können Sie mich verstehen«, »Wie geht's?« Komplexere Kommunikation, die etwa »dem Interesse des Kaufmanns« dienlich sein könne, kann noch nicht über den Telegraphen laufen, der 1810 zur Verfügung steht.

Also schlägt Kleist sarkastisch eine Bombenpost vor – eine höhere Blödelei aus der Feder des schreibenden Offiziers Kleist. Er imaginiert »eine Wurf- oder Bombenpost [...]; ein Institut, das sich auf zweckmäßig, innerhalb des Raums einer Schußweite, angelegten Artilleriestationen, aus Mörsern oder Haubitzen, hohle, statt des Pulvers, mit Briefen und Paketen angefüllte Kugeln, die man ohne alle Schwierigkeit, mit den Augen verfolgen, und wo sie hinfallen, falls es kein Morastgrund ist, wieder auffinden kann, zuwürfe.« Die so expedierten Nachrichten könnten einigermaßen umfangreich und komplex ausfallen, also über das »Wie geht's?« hinausgehen und sogar den Erfordernissen der »Handelskommunikation« genügen. Aber diese brachiale Medientechnologie wäre, um erfolgreich funktionieren zu können, noch immer auf die Gunst der Elemente angewiesen. Die Luft muß rein sein, wenn man den Weg der Kugel verfolgen will; und der Boden darf nicht morastig sein, wenn Liebesbriefe ihren Bestimmungsort erreichen und nicht ertrinken, versinken sollen. Hintergrund des Kleist-Textes ist das **Telegraphen-Modell**, das der Gehirnanatom **Samuel Tho-**

1 H. v. Kleist: Sämtliche Werke Bd. 2, p. 385.

mas Sömmering (1755-1830) am 28. August **1809**, einem Auftrag des bayerischen Forschungsministers Graf Montgelas folgend, der Münchener Akademie der Wissenschaften vorgestellt hat. Die Funktionsweise des Sömmering-Telegraphen war elektrochemisch: 35 Drähte standen für die 25 Buchstaben und die 10 Ziffern – getreu der Parole: jedem Zeichen seine Leitung. Daß die Verbindung von Elementen und Medien nicht nur eine begriffsgeschichtliche ist, macht dieser Telegraph sinnfällig deutlich. Wenn der Sender durch den Draht eines Buchstabens Strom schickt, so wird am anderen Ende der Leitung im zugeordneten Behälter mit Säure versehener Wasserstoff ansteigen.

Sömmering stellt seinen Telegraphen in den Hoch-Zeiten der Napoleonischen Kriege vor. Er reagiert damit auf die spektakulären Erfolge, die das französische Revolutionsheer nicht zuletzt dank seines für damalige Verhältnisse brillanten Nachrichtenwesens hatte. Nachrichten, das deutsche Wort teilt es in bemerkenswerter Offenheit mit, bezeichnen das, wonach man sich zu richten hat (so wie das Wort »Information« keinen Zweifel daran läßt, daß Informationen uns formieren beziehungsweise formatieren). Eine Revolution des militärischen Nachrichtenwesens beginnt, als **Claude Chappe**, der 1762 geboren wurde und 1805 seinem Leben nach einem zermürbenden Streit um die Vorrechte bei der Telegraphie-Erfindung selbst ein Ende setzte, Napoleons offenes Ohr findet. Chappe knüpft an den alten Traum von der Fackelpost an. Sein zuerst »**Tachygraph**«, dann »**Telegraph**« genanntes optisches Übertragungs-System, das er am 22. März 1792 dem Revolutionskonvent in Paris vorstellt, funktioniert einfach. Aber es funktioniert, wie die schon 1793 zwischen Paris und Lille eingerichtete, immerhin 212 Kilometer lange Versuchsstrecke demonstriert. Chappe läßt 22 Relaisstationen einrichten, die im Abstand von 10 Kilometern jeweils über große Flügel codierte Zeichen weitergeben. Die Pointe liegt – wie schnell ersichtlich – in der Software: sehen kann die je 15 Sekunden in einer bestimmten

Position verharrenden Flügelarme jeder, auch der Feind; mit ihnen etwas anfangen aber kann nur der, der über den variablen Code verfügt.

Am 15. August 1794 erfährt der Konvent während einer Sitzung über diese Telegraphen-Linie im Abstand von nur einer Stunde zum Ereignis selbst, daß die französischen Truppen den Ort Le Quesnoy erobert haben. Solche Nachrichten steigern die Investitionsbereitschaft. Für die unterschiedlichen Gruppierungen im Konvent ist das keine strittige Frage: das Netz muß ausgebaut werden, und es wird ausgebaut. Für den frühverstorbenen Dramatiker Christian Dietrich Grabbe (1801-1836) wird der Telegraph zum obsessiven Thema. In seinem 1831 abgeschlossenen Drama über den 1815 aus der Verbannung zurückkehrenden Napoleon werden der distanzierte bis zeremonielle Gebrauch noch des Telegraphenwesens durch den Kreis um König Ludwig mit Napoleons Begeisterung für die Schnellkommunikation konfrontiert. »Oberzeremonienmeister tritt ein: Der Oberdirektor des Telegraphen. / König Ludwig: Komme. / Oberzeremonienmeister ab – Der Oberdirektor des Telegraphen kommt. / Oberdirektor des Telegraphen: Sire, Bonaparte steht seit etwa anderthalb Stunden mit einigen tausend Mann vor Lyon.« Die Brisanz der medientechnischen Lage erkennt unter all den Männern des Ancien Régime nur die einzige anwesende Frau. »Herzogin von Angoulême: Eure Kuriere und telegraphischen Depeschen waren stets langsamer als Er!«[1] Bei »ihm« herrschen in der Tat andere Geschwindigkeiten, mit Paul Virilio zu sprechen: eine andere Dromologie. Napoleons intimes Verhältnis zum Telegraphen wird geradewegs zu einem *running gag* des Dramas. »Ein Kammerherr tritt ein: Sire, hier Depeschen – schriftliche Nachrichten vom Telegraphen. / Napoleon: Her damit. [... diktiert den Schreibenden Befehle für den Telegraphen, J. H.] Nochmals der Telegraph? – Murat marschiert [...] Der Kammerherr kommt wieder: Neue Depeschen – / Napo-

1 C. D. Grabbe: Napoleon II/4, p. 365.

leon: Gut. [...] Wieder der Telegraph [...] Was bringst du? / Eine Ordonnanz: Dieses, Sire. / Napoleon: Auch vom Telegraphen. [...] Und du? / Eine andere Ordonnanz: Depeschen von Montmédy.«[1] Und so geht es fort und fort.

Grabbe, und nicht nur ihm, schwant, daß der Telegraph eine Epochenzäsur markiert. Denn mit der Telegraphie werden Nachrichten erstens (wenn das Oxymoron zulässig ist) zusehends und zunehmend materielos. Und Nachrichten sind, seitdem es funktionierende Telegraphen gibt, zweitens schneller als die mit einem Erdenrest, zu tragen peinlich, geschlagenen Menschen, die von diesen Nachrichten betroffen werden. Menschen fangen an, unzeitgemäß zu werden. Zumal dann, wenn sich die Nachrichtentechnik gänzlich von der gebietenden Macht der alten Elemente emanzipiert. Chappes optischer Telegraph, dessen Flügel viele Zeitgenossen an Windmühlen erinnern, ist noch auf halbwegs gute Sicht angewiesen. Der **elektrische Telegraph**, den **Werner Siemens** im Revolutionsjahr **1848** vorstellt (die Paulskirchenparlamentarier sind interessierte Zeitgenossen dieser Erfindung), steht nicht mehr im Zeichen dieser Abhängigkeit von Elementargewalten. Es handelt sich um einen elektromagnetischen, Sender und Empfänger synchronisierenden Zeigertelegraphen, dessen Leitungen aus begründeter Angst vor Sabotageakten der Bevölkerung unterirdisch verlegt wurden. Eines seiner Einsatzgebiete ist die Zugabsicherung. Das System ist so funktionstüchtig, daß sich die **1847** erfolgte **Gründung** der Firma »Telegraphen-Bau-Anstalt **Siemens & Halske**« als voller Erfolg erweist.

Alleinanspruch auf die Erfindung des elektrischen Telegraphen kann und will Siemens allerdings nicht erheben. Schon 1837 haben die Engländer **William F. Cooke und Charles Wheatstone** ein Patent für den **elektrischen Telegraphen** erhalten. Auch dieser Telegraph wird zuerst zugbegleitend eingesetzt. Er informiert die rasend schnell vorwärtskom-

1 Ibid., III/3, pp. 387-389.

menden, mit dem alten Element Feuer vorangetriebenen Lokomotiven beziehungsweise die Lokomotivführer mit Signalen über Hindernisse, Weichenstellungen, Zwischenfälle und notwendige Bremsvorgänge. Charles Dickens hat in seiner 1866 erschienenen Eisenbahn-Erzählung *The Signal-Man* davon erzählt, wie nah der cartesianische Dualismus von Punkt/Strich beziehungsweise kurz/lang dem Wahnsinn ist. Der Mann an der Branch Line, dessen Aufgabe es ist, an einem Tunnel Morse-Bahnsignale zu empfangen und weiterzugeben, fängt an, in ganz anderen Dualismen zu halluzinieren: Tod/Leben, Männer/Frauen, hell/dunkel. Auch Gerhart Hauptmanns 1888 erschienene Novelle *Bahnwärter Thiel* plaziert ihre irrsinnig werdende Titelfigur an der Schnittstelle von ganz schnellen Meldungen, vergleichsweise schnell transportierten Menschen in Zügen und einem langsam Alternden, der den vergangenen Zeiten mit seiner ersten, verstorbenen Frau nachtrauert.

Im selben Jahr, in dem Cooke und Wheatstone ihr alsbald an der Eisenbahninfrastruktur erprobtes Patent anmelden, genauer: am 4. September 1837 hat der amerikanische Maler **Samuel Finley Breeze Morse** (1791-1872) an der New York City University einen großen Auftritt. Er stellt sein aus nur zwei Zeichen bestehendes Morse-Alphabet vor: mit den Zeichen kurz/lang (akustisch) beziehungsweise Punkt/Strich (optisch) läßt sich alles codieren. So neu ist diese Einsicht zwar nicht. Schon Leibniz hat das Binärsystem zur Perfektion entwickelt. Morse aber läßt die Idee praktisch werden. Er richtet **1844** zwischen Baltimore und Washington eine **Telegraphenlinie** ein, die auf dem Morse-Alphabet beruht. Die erste über diese Linie gesendete Nachricht übertrifft die ansonsten verschickten ersten Meldungen wie Edisons Kinderlied »Mary has a little lamb« an Tiefsinn erheblich: »What Hath God Wrought!« / »Was hat Gott vollbracht!« (4. Mose 23) Es steckt viel Theologie in den Medien – so viel, daß sogar diejenigen, die »Mary has a little lamb« nur als beliebiges Kinderlied verstehen, Anlaß zur

Der Zeigertelegraph von Werner von Siemens.

Frage haben, ob nicht auch in dieser harmlosen Zeile ein heißer religiöser Kern glüht. Maria hat ein Lamm, das eine frohe Botschaft bereithält – so verheißt es nicht nur ein altes heiliges Buch, so will es auch eine Folge binärer Telegraphenzeichen.

Die durch Morses Zeichen-Binarismus von Überkomplexitäten, Rauschen und Mißverständnissen gereinigte Telegraphie tritt einen rasanten Siegeszug an. 1851 fragt die preußische Regierung bei Werner Siemens (der mittlerweile aus dem Militärdienst ausgeschieden ist) an, ob er Morses System übernehmen und für zivile wie militärische Zwecke weiterentwickeln wolle. Die Anfrage rennt offene Türen ein. **1866** verlegt das legendäre Schiff des viktorianisch-kolonialistischen England »Great Eastern« das **erste Atlantikkupferkabel**. Großbritannien jubelt: die Unabhängigkeitserklärung der USA ist mit der Verbindung zwischen Großbritannien und der anderen Atlantikseite zwar nicht zurückgenommen worden, sie ist aber doch kommunikativ gemildert.[1] Das Kabel überträgt anfangs zwei Worte pro Minute. Heute kön-

1 Ausführlich dargelegt wird dies in der Untersuchung von T. Standage: The Victorian Internet.

nen über zwei haardünne Glasfaserkabel knapp zwei Millionen Telephongespräche gleichzeitig den Nordatlantik überqueren. Im Jahr 2000 ist das Schiff »Innovator« unterwegs, um für den atemberaubend expandierenden Internet-Verkehr acht durch einen Mantel aus Kupfer, Kunststoff und Stahl geschützte Glasfaserkabel gleichzeitig zu verlegen. Die Investition ist 1,5 Milliarden Mark teuer und wird von 51 Medienfirmen getragen. Die deutsche Telekom ist mit 250 Millionen Mark dabei. Die Leistungsfähigkeit dieses Kabels: 640 Gigabyte pro Sekunde, macht sieben Millionen gleichzeitig geführte Telephonate. Diese Größenordnungen lassen uns heute kaum mehr erschaudern. Der Sinn für erhabene Dimensionen ist uns durch dauerhafte Konfrontation mit erhabenen Daten weitgehend abhanden gekommen.

Erhaben ist, der sinnvollen Tradition ästhetischen Denkens von Pseudo-Longinus über Kant und Schiller bis zu Lyotard zufolge, das Nicht-Repräsentierbare, das, was unsere Vorstellungskraft übersteigt. Literatur versucht sich seit jeher an dem paradoxen Projekt, das dar- und vorzustellen, was »eigentlich« jenseits aller Vorstellungskraft liegt. Meist geht das nicht ohne Pathos – »Und wenn der Mensch in seiner Qual verstummt, gab mir ein Gott, zu sagen, was ich leide.« In dem Maße aber, in dem die erhabenen Größenordnungen (zum Beispiel 640 Gigabyte pro Sekunde) zwar auf schreibbar, aber nicht eigentlich vorstellbar sind, wird die Literatur (mit den obligatorischen Ausnahmen) pathosresistent. Was nicht heißen muß, daß sie gegen die gängige Fortschrittseuphorie resistent ist. Die zeitgenössische Literatur[1] hat die Verkabelungseuphorie der zweiten Hälfte des neunzehnten Jahrhunderts – in Deutschland wird das auf den Namen des Entdeckers der Elektrizität getaufte Kabelverlege-Schiff der Firma Siemens »Faraday« populär – nicht nur beobachtet, sondern ihrerseits nach Kräften vorangetrieben. Ein Tenor ist dabei unüberhörbar: Die neue Technik bringt

1 Cf. dazu die Darstellungen von H. Segebrecht: Literatur im technischen Zeitalter und Th. Elm/H. H. Hiebel (edd.): Medien und Maschinen.

alle Menschen und Kulturen zusammen, sie besiegt nicht nur die alten Elemente und Naturgewalten, sondern auch die Kriegslust. So heißt es in den dem Meeresgott Neptun gewidmeten Zeilen, mit denen ein gewisser Eduard Schulte aus Hagen auf die Nachricht von den erfolgreichen Atlantikkabeln reagierte:

Durch sein [Neptuns] Gebiet, den weiten Ozean,
Lässt er ein Heer von lichten Geistern ziehen!
Den Sylbenschaaren brachen off'ne Bahn
Galvani's kräft'ge Friedensbatterien.

Liebenswertes, weil schon deutlich ironisch gebrochenes Pathos. Die Nachrichten und gemorsten »Sylbenschaaren«, die den Atlantik und bald auch die anderen Ozeane überqueren, werden von Agenturen gesammelt, verwaltet, gebündelt und verkauft. Die Kabeltelegraphie revolutioniert das öffentliche Nachrichtenwesen. Die mächtigen **Nachrichten-Agenturen** AP (Associated Press/New York), Wolff's Telegraphenbüro/Berlin (später dpa) und Reuter's Telegram Company/London, die noch heute (jedenfalls bis zur Gründung von CNN) weitgehend die Ökonomie der Weltaufmerksamkeit bestimmen, werden in den wenigen Jahren **zwischen 1848 und 1851** gegründet. Auf die sich ausbreitende Kabeleuphorie kann man allerdings auch so nüchtern und aufmerksam reagieren wie Theodor Fontane in seinem 1886 erschienenen Roman *Cécile*. Die mit der buchenswerten Berufsbezeichnung »Zivilingenieur« vorgestellte Figur des Leslie Gordon hat eine kaum verhüllte Vorlage: Lewis Gordon, der zusammen mit Wilhelm Siemens (einem Bruder von Werner Siemens) ein Telegraphenkabel durchs Mittelmeer legte. Cécile ist von diesem Mann offensichtlich fasziniert, und so fragt sie St. Arnaud über ihn aus:

»›Er schied aus der Armee ...‹ / ›Nun?‹ / ›Einfach Schulden halber. In diesem Punkte beginnt seine Laufbahn als chevalier errant so trivial wie möglich. Er stand erst bei den

Pionieren in Magdeburg, dann bei dem Eisenbahnbataillon unter Golz, einer Truppe, die sonst viel zu klug und gescheit ist, um sich durch Schuldenmachen auszuzeichnen. Aber jede Regel hat ihre Ausnahme. Kurzum, er konnte sich nicht halten und übersiedelte, wenn sich in solcher Lage von Übersiedelung sprechen läßt, nach England, woselbst er seine wissenschaftlichen Kenntnisse praktisch zu verwerten hoffte. Dies gelang ihm denn auch, und er ging Mitte der siebziger Jahre nach Suez, um hier, im Auftrag einer großen englischen Gesellschaft, einen Draht durch das Rote Meer und den Persischen Golf zu legen. Du wirst nicht orientiert sein, aber ich zeige dir's auf der Karte.‹ / ›Nur weiter.‹ / ›Etwas später trat er in persischen und, nach Beendigung einer unter seiner Oberleitung hergestellten Telegraphenverbindung zwischen den zwei Hauptstädten des Landes, in russischen Dienst. [...] Er ist [...] gerade jetzt mit einer geplanten neuen Kabellegung in der Nordsee beschäftigt.‹ / ›Und das ist alles?‹ / ›Aber Cécile ...‹ / ›Du hast recht‹, lachte sie. ›Buntes Leben genug. Und doch find' ich wirklich, daß einen Draht oder ein Kabel an einer mir unbekannten Küste zu legen (und welche Küste wäre mir nicht unbekannt), schließlich ebenso trivial ist wie Schuldenmachen.‹ / ›Da bin ich doch neugierig, zu hören, was du geneigt bist, *nicht* trivial zu finden.‹«[1] Nicht trivial, so die Antwort, sind »Abenteuer, Tigerjagd – Verirrungen«. Und es treibt, vom Winde bewegt, eine »Wolke von Rosenblättern auf Cécile zu.«

Verirrungen und Verwirrungen hält allerdings nicht nur das Liebesleben schöner Frauen, sondern auch die Welt der Telegraphenkabel bereit. Im August 1850 hält ein Fischer das zwischen Calais und Dover verlegte Kabel für ein Meerungeheuer, das er, ein Don Quichote des 19. Jahrhunderts, tapfer und erfolgreich bekämpft. Künftig wird man viele Kabel nicht nur unterseeisch, sondern zusätzlich auch noch unterirdisch verlegen. Im Ersten Weltkrieg wird es eine der Hauptaufgaben der Marine-Einheiten sein, die eigenen Ka-

1 T. Fontane: Cécile, p. 322 sq.

bel vor dem Zugriff der Gegner zu schützen und deren Kabel zu kappen.

Kein Geringerer als Helmholtz hat schon 1863 die verkabelte Welt mit dem menschlichen Nervensystem verglichen. Und er hat, wie die meisten Zeitgenossen, beide Nervensysteme, das menschliche wie das telegraphische, für belastbar und grundsätzlich intakt gehalten. Kabelstränge zwischen allen Kontinenten bilden, der bald populär gewordenen Technometapher zufolge, das Mega-Nervensystem der modernen Welt. Der Erste Weltkrieg wäre in dieser Perspektive als erster Mega-Nervenzusammenbruch der medientechnologisch mobilgemachten Welt zu begreifen. Ein Zusammenbruch, der nicht nur das Nervensystem der sich konstituierenden einen Medienwelt, sondern auch viele Millionen antiquierter Menschenkörper mit sich reißt.

9. Film

Kurz vor der Erfindung der Photographie, nämlich am 22. August 1837, hielt der junge Schriftsteller Victor Hugo in der ihm gewohnten Weise, also schreibend, eine seltsame Erfahrung fest. Er hatte sich erstmals einer Eisenbahn anvertraut und während der Fahrt das getan, was man auch im Zeitalter der Kutsche zu tun pflegte, wenn man transportiert wurde – er hatte aus dem Fenster geschaut. Doch statt der vertrauten festen Umrisse hatte er dort nur Verfließendes wahrgenommen: »Die Blumen am Feldrand sind keine Blumen mehr, sondern Farbflecken oder vielmehr rote oder weiße Streifen; die Getreidefelder werden zu langen gelben Strichen, die Kleefelder erscheinen wie lange grüne Zöpfe; die Städte, die Kirchtürme und die Bäume führen einen Tanz auf und vermischen sich auf eine verrückte Weise mit dem Horizont.«[1] Was der in technischer und besonders in medientechnischer Hinsicht wache Schriftsteller hier schildert, ist die anstehende Geburt des Impressionismus aus dem Geist der Eisenbahnreise. Angesagt ist impressionistische Malerei aber nicht nur, weil es Transportmittel gibt, die einem das tradierte Sehen vergehen lassen, sondern auch deshalb, weil es die Photographie gibt, die jede naturalistische Malanstrengung um Längen schlägt. Die traditionsreiche bildende Kunst muß sich – wie sollte es anders sein? – neu verorten und ihre genuine Wahrheit neu bestimmen,[2] wenn es Eisenbahnen und Photographie gibt.

Eisenbahnen können und müssen sich fortbewegen, das ist ihre Bestimmung. Die Photographie kann eine Eisenbahn festhalten, nicht aber sie in Bewegung zeigen (es sei denn, daß sie diese Bewegung »impressionistisch« durch Verwischung und zu lange Verschlußzeit anzeigt). Bahnhöfe, Züge und Reisende sind auffallend häufig Motive der frühen Pho-

1 Zit. bei P. Weibel: Vom Verschwinden der Ferne, p. 22.
2 Cf. dazu die kluge Studie von M. Wetzel: Die Wahrheit nach der Malerei.

tographie, die sich im Hinblick auf ihr Verhältnis zur Zeit einen eigentümlichen Doppelstatus erlaubt. Das Pathos der Photographie ist einerseits die Stillstellung der reißenden Zeit. Der Augenblick kann, wenn er photographisch gebannt wird, tatsächlich verweilen. Fausts Traum wird wahr. Und Millionen von Leuten, die Photos von längst vergangenen Zeiten und Augenblicken betrachten, machen melancholisch-profan die Erfahrung, die in grandiosem Pathos die alte Frau in Hebels kurzem Text *Unverhofftes Wiedersehen* macht, als sie dem wohlkonservierten Leichnam ihres vor einem halben Jahrhundert im Bergbau verschütteten Bräutigams begegnet. Die Photographie hat andererseits nicht die Möglichkeit, den Fluß der Zeit und dessen suggestive optische Entsprechung, daß sich etwas bewegt, wiederzugeben. Doch sie träumt davon, seitdem es sie gibt. Photographie träumt seit ihren Anfängen davon, Kinematographie (was nichts anderes heißt als: Bewegungsschrift-Aufzeichnung) zu werden.

Am **22. März 1895** ist es soweit. Der Film erblickt zu Frühlingsanfang das Licht der Welt. Zwei **Brüder**, die keinen anderen Namen als **Lumière** tragen, präsentieren den **ersten Film der Weltgeschichte**. Er hat eine Länge von acht Metern beziehungsweise knapp einer Minute und trägt den präzisen Titel *Arbeiter verlassen die Lumière-Werke*. Wenige Monate später wird das Ereignis vor erlesenem Publikum wiederholt. Der am 10. Juni in Paris tagende Congrès des Sociétés photographiques de France (Photographieren war inzwischen zu einem vereinsmäßig betriebenen, gehobenen Massenhobby geworden) bekommt gleich acht Filme zu Gesicht. Darunter die legendären Streifen *Der begossene Blumengießer*, der in den Wasserschlauch guckt und sogleich fühlen muß, was er nicht sehen kann, und *Ankunft eines Zuges*, der die Tradition der photographischen Faszination durch die Eisenbahn kinematographisch aufgreift und mit bewegten Bildern auflädt. Die Sensation ist perfekt, die Öffentlichkeit fast so erregt wie bei der Vorstellung von Daguerres Erfindung. Fast – denn die Erfindung des Films war gewissermaßen überfällig, sie war wenn nicht transzendental, so doch techniklogisch deduzierbar. Und also betreten in diesem Fall noch mehr Väter neugeborener Medientechnik als bisher die Bühne beziehungsweise die Leinwand. Die Verdienste von **Edison** sind auch in diesem Fall unstrittig; Louis Jean und Auguste Lumière arbeiten mit dem **Kinetographen**, den der rasende Erfinder schon am 20. Februar **1892** vorgestellt hat – also mit einer Filmkamera, in die (Eastmans Erfindung) ein Zelluloidstreifen eingelegt ist, der 16 Photos pro Sekunde schießt. Erfunden haben die Brüder Lumière nicht die Filmkamera, sondern einen funktionierenden Projektor.

Da kommt ein deutsches Brüderpaar ein wenig zu spät, um den Ruhm genießen zu dürfen, die ersten Filme gezeigt zu haben. Im Berliner »Wintergarten« sind am **1. November 1895** mehrere Filme zu sehen, die **Emil und Max Skladanowsky** gedreht haben. Sie befinden sich in guter internationaler Gesellschaft. Im Jahr 1895 gibt es auch in Washington, New York und London **Kurzfilme** zu sehen. Und es herrscht Gedrängel in den Patentämtern – und in den Lexikonspalten. Ein Jahr vor dem Jahrhundertwechsel und also nur vier Jahre nach der Erfindung der Kinematographie legt Henry V. Hopwood in seinem Buch mit dem sprechenden Titel *Living Pictures* (London 1899) eine Liste von Worten an, die Apparate bezeichnen, mit deren Hilfe lebende Bilder produzierbar sein sollen. Sie startet mit Worten wie Anarithomoscope, Artograph und Bazidograph, führt im alphabetischen Mittelfeld so schöne Begriffe wie Mouvementoscope oder Luminograph an und endet mit X-ograph, Zeoptrotope und Zinematograph. Das Pathos all dieser Bezeichnungen, denen ebenso viele verwandte Produkte stolzer Erfinder entsprechen, kreist um denselben Kern: endlich ist es möglich geworden, ein, wenn nicht das zentrale Merkmal von Leben wiederzugeben – daß es bewegtes Leben, daß es Leben in Be-

Lois Braun: Panorama der Schlacht von Sedan, 1880 (Ausschnitt).

wegung ist. »Der Film gibt uns kein Bild, das er dann zusätzlich in Bewegung brächte – er gibt uns unmittelbar ein Bewegungs-Bild.«[1] Der Film ist, auch wenn der kinofeindliche Philosoph Henri Bergson das nicht gerne zur Kenntnis nahm, die Inkarnation des *élan vital*. Ob Impressionismus, Bergsons Philosophie oder der Film: um 1900 erlebt Heraklits Einsicht *panta rhei* (alles fließt) eine bemerkenswerte Renaissance. Ingenieure und Volkswirte, die nach dem Funktionieren von elektrischen oder monetären Strömen fragen, haben keine Schwierigkeiten, den tiefen Einsichten von Heraklit, Bergson oder Lumière zuzustimmen.

Vielen zeitgenössischen Beobachtern fällt allerdings gerade beim Film auf, wie heikel es ums »Bewegungsbild« steht. Besteht er doch bekanntlich aus festen Einzelbildern. Daß die Verläßlichkeit der visuellen Sinneseindrücke fraglich ist, machte in den Jahren vor der Erfindung des Films unter anderem die Entdeckung der Flüchtigkeit der Augen-Bilder durch Jules Janssen beziehungsweise der Trägheit der Netzhaut durch Etienne Jules Marey deutlich. Sie fanden heraus, daß ein Wahrnehmungsbild gerade einmal für etwa eine Zehntelsekunde auf der Retina Bestand hat. Dann folgt alsbald das nächste Bild. Eine Einsicht, die sich die Filmtechnik zunutze macht. Der Film arbeitet anfangs mit 1/16- und dann mit 1/24-Sekundenschnitten und überlistet dadurch

1 G. Deleuze: Bewegungs-Bild, p. 15.

die Trägheit der Retina. Was faktisch abgehackt aufeinanderfolgende Bilder sind, erscheint dem Auge und dem seine Wahrnehmungen verarbeitenden Menschenhirn als gleitendes Kontinuum. Das bis dato »realistischste« unter den Medien verdankt seine Suggestivität einer optischen Täuschung. Einer Täuschung, die sich schon die vielen frühen Träume von der Kinematographie zunutze gemacht haben. So etwa **Mareys »fusil photographique«** von **1874**, ein »Gewehr«, das schnell Photos in Folge »schießt« und eben damit den Geheimnissen der Bewegung (siehe die Ausführungen über die Geheimnisse des Galopps) auf die Spur kommen will. Oder die vielen sogenannten Lebensräder, die nach dem noch heute nicht nur Kinder faszinierenden System des Daumenkinos funktionieren. Immer häufiger werden sie integrale Bestandteile der beliebten Panoramen und Dioramen, die in den Metropolen des 19. Jahrhunderts ihren Besuchern den Überblick versprechen und – ähnlich wie die im 19. Jahrhundert prosperierenden **Bildergeschichten** von Wilhelm Busch bis Lewis Carroll – im Rahmen der Möglichkeiten alter Medientechnik vom neuen Medium Film träumen.

Panoramen haben ihren Ursprung in bewegten Zeiten. Die ersten werden in den Jahren nach der Französischen Revolution in Paris errichtet (übrigens hatte sich auch **Daguerre** zuerst, nämlich **1822**, mit der Errichtung eines großen Panoramas einen Namen gemacht). Worum es sich dabei handelt, machen 1802 unter anderem die *Bremer Wöchentlichen Nachrichten* dem deutschen Publikum klar: »Das Panorama ist die Art, ein großes Bild dergestalt darzustellen, daß das Auge des Anschauers nach und nach einen ganzen Horizont im Gemälde erblickt, und vollkommen getäuscht wird.«[1] Der »Anschauer« betritt eine Rotunde (oder betrachtet sie durch Gucklöcher von außen), die ein 360-Grad-Bild einer Landschaft, einer Stadt oder (besonders beliebt) eines legendären Schlachtfeldes zeigt. In dieses lassen sich später, um »vollkommene Täuschung« zu erreichen, »Lebensräder« integrieren. August Fuhrmann hat mit seinen Kaiserpanoramen gegen Ende des 19. Jahrhunderts das Prinzip optimiert. Er beschäftigt eine Reihe von Photographen und bemüht sich mit volkspädagogischem Pathos um ein hohes Maß von Aktualität. In der *Berliner Kindheit um Neunzehnhundert* hat Walter Benjamin auch von dieser so seltsam kompromißhaft zwischen der tradierten bildenden Kunst und dem erträumten neuen Massenmedium Film changierenden Einrichtung Zeugnis abgelegt. »Es war ein großer Reiz der Reisebilder, die man im Kaiserpanorama fand, daß gleichviel galt, bei welchem man die Runde anfing. Denn weil die Schauwand mit den Sitzgelegenheiten davor im Kreis verlief, passierte jedes sämtliche Stationen, von denen man durch je ein Fensterpaar in seine schwachgetönte Ferne sah. Platz fand man immer. Und besonders gegen das Ende meiner Kindheit, als die Mode den Kaiserpanoramen schon den Rücken kehrte, gewöhnte man sich, im halbleeren Zimmer rundzureisen.«[2] Walter Benjamin wurde 1892, also kurz vor der Erfindung des Kinos geboren, das der Panorama-Mode des 19. Jahrhunderts ein zügiges Ende bereitete. Fortan geht man nicht mehr in die Rotunde, um so lange, wie man selbst will, vor dem Ausschnitt eines Rundbildes zu verharren und in einem sinnvoll geschlossenen Horizont rundzureisen, son-

1 Zit. in St. Oettermanns großer Darstellung: Das Panorama, p. 114.
2 W. Benjamin: Kindheit, p. 239.

dern in eine Kinohöhle, um sich nach vorgegebenem Tempo von einer Geschichte mitreißen zu lassen, die eines gewiß nicht ist: eine Rundreise.

Das Kino wird schnell zum Medium mit Massenpublikum. Sein Ruf ist anfangs der denkbar heikelste: es handelt sich um einen Jahrmarktsspaß. Um einen Spaß allerdings, dessen Zukunftschancen viele erkennen. Darunter auch **Charles Pathé**, der in seinem langen Leben (1863-1957) erheblich dazu beigetragen hat, den Film sowohl zu nobilitieren als auch zum Massengeschäft zu machen. Pathé gründet schon **1896** eine bald in eine **Aktiengesellschaft** verwandelte Firma, die **Filme** (und Vorführgeräte) produziert. In den ersten zehn Jahren des Kinos handelt es sich um 10 bis 20 Minuten kurze Streifen voll mit Szenen des prallen Lebens: Stürze vom Fahrrad, Verfolgungsjagden, sentimentales Wiedersehen der Liebenden. Pathé verkauft die anfangs schnell abgenutzten und unbrauchbar werdenden Kopien, kommt aber 1907 auf den so simplen wie einträglichen Einfall, die mittlerweile ein wenig haltbarer gewordenen Streifen zu verleihen. Möglich wird die Kontrolle über die Entleiher, weil sich das Kino um 1910 zügig vom Jahrmarkt löst und ortsfest wird. **1911** wird in Paris ein **Kino mit** nicht weniger als **4800 Plätzen** (darunter viele Stehplätze) gebaut. Im Jahr 1913 besuchen in Deutschland täglich mehr als eine Million Menschen das Kino. In den Jahren vor dem Ersten Weltkrieg gibt es in den USA mehr als zehntausend, in Großbritannien, Frankreich und Deutschland jeweils mehrere tausend Kinos. Das »Theater des kleinen Mannes« hat eine steile Karriere hinter sich – und eine noch steilere vor sich. Das bildungsbürgerliche und kulturkonservative Milieu ist entsetzt. Im Jahr 1910 erscheint in Berlin eine Broschüre von W. Conradt mit dem hübschen Titel *Die Kirche und der Kinematograph*. Sie argumentiert sachlich und hat keine Scheu vor Erbsenzählerei. In den 250 dem Verfasser damals zugänglichen Filmen zählt sie 97 Mord-, 45 Selbstmord-, 51 Ehebruchs-, 22 Entführungs- und 19 Verführungsszenen. Zu sehen sind überdies 35 Betrunkene, die im Film bekanntlich unwiderstehlich hinreißende Figuren sind, und 25 Prostituierte.

Daß auch das neue Medium Film in der Lage ist, »künstlerisch wertvolle« Produkte hervorzubringen, läßt sich wohl übersehen, aber, wenn man denn doch einmal in die Kinohöhle gefunden hat, schwerlich bestreiten. 1913 wird *Der Student von Prag* produziert (Drehbuch von Hanns Heinz Ewers, Regie führt Stellan Rye); und ein Jahr später wird mit *Der Golem* die Fähigkeit des Films, Tiefsinnig-Anspruchsvolles vorzustellen, so gut wie zustimmungspflichtig. Daß der Film hochkulturelle und nationalmythische Stoffe zu adaptieren vermag, demonstriert spätestens 1923 Fritz Lang mit seinem zweiteiligen Nibelungenfilm. Er wird ein Riesenerfolg. 1927 läßt derselbe Regisseur den Film *Metropolis* folgen, der in strikter Gegenführung zu den Nibelungen nicht die Abgründe der Vergangenheit, sondern die der Zukunft vor die erschreckten Augen der Zuschauer stellt. Ein für damalige Verhältnisse unbegreiflich aufwendiger (nämlich fünf Millionen Mark Produktionskosten verschlingender), langer (nämlich mehr als 4000 Meter aneinanderreihender) und perfektionistischer Film (die 4000 Meter sind aus 620 000 Meter Aufnahmematerial herausgeschnitten). Es ist für die Zeitgenossen wie für die Medienhistoriker verblüffend, zu sehen, wie schnell der noch junge Film zu klassischer Form aufläuft. Als die ersten und ihr jeweiliges Genre schon erstaunlich perfekt inkarnierenden Filme von Chaplin oder Hitchcock anlaufen, ist das Medium gerade mal wenige Jahrzehnte alt. Der literarische Uralt-Topos vom *puer senex* (also vom frühreifen Kind, das schon über alle Altersweisheiten verfügt) scheint sich ausgerechnet auf dem neuen Medien(um)feld Film zu bewähren – sind bessere Krimis als die Hitchcocks, ist weisere Komik als die Chaplins denkbar?

Um vollends erwachsen zu werden, braucht der Film jedoch noch zwei weitere Eigenschaften. Er muß sprechen lernen, und er muß so bunt werden, daß das alte Theaterwerbewort Goethes (aus *Faust II*, also aus dem alle traditionelle Bühnentechnik sprengenden, vom Kino träumenden Mammutdrama) auch für die schärfste medientechnische Konkurrenz des Theaters gilt: »am farbigen Abglanz haben wir das Leben«. Tonfilmexperimente sind so alt wie der Film selbst. Was nicht erstaunlich ist, denn die Möglichkeiten der Phonographie standen ja schon zur Verfügung, als die Kinematographie das Licht der Welt auf Zelluloid zu bannen begann. Die Filmstreifen sind kurz; sie abzuspulen dauert anfangs eine Minute, und ebensolang kann zu dieser Zeit auch ein Phonograph Laute von sich geben. Die drei kreatürlichen Möglichkeiten, dem visuellen Medium Film zu musischen oder gesprochenen Tönen zu verhelfen – der Mann am Klavier, der schriftliche Zwischentitel und der eher mythische als real existiert habende »Kinoerzähler«[1], der die sinnlich-visuellen Eindrücke mit sinnvollen Worten begleitet –, haben also in der Phonographie von Anfang an eine technische Konkurrenz; Sinn und Sinne sind also noch halbwegs getrennt. Für den nachgetragenen Sinn ist (um zu wiederholen: eher in Gert Hofmanns lesenswertem Roman als in der Medien- beziehungsweise frühen Filmgeschichte) ein real anwesender Mensch zuständig; die Bedürfnisse der Sinne und die sinnlichen Bedürfnisse werden durch die medientechnischen Lichtspiele auf der Leinwand befriedigt.

Mit dem **Tonfilm** aber wächst auch medientechnisch zusammen, was zusammengehört. 1927 läuft der Film *The Jazz Singer* an. Ihm waren im Synchron-Nadeltonverfahren eine Reihe von Platten mitgegeben, die alle elf Minuten auf ein Synchronsignal hin gewechselt werden mußten. Was bei einem Filmriß mit anschließendem Zurückspulen an Synchronie übrigblieb, kann man sich leicht vorstellen. Abhilfe brachte erst das sogenannte **Lichttonverfahren**. Es wurde ab 1921 von den Ingenieuren **Vogt, Masolle und Engl** entwickelt und beruht auf der Idee, die Daten für beide Sinne, sowohl

1 Er steht im Mittelpunkt des gleichnamigen Romans von G. Hofmann.

die visuellen als auch die auditiven, auf einen Träger zu bannen. Ein aufwendiges Verfahren: Schall- und Lichtwellen mußten kompatibel werden; Bild- und Tonspuren von ein und demselben Vorführgerät abgetastet werden können. William Fox erwarb das Patent für seine Filmgesellschaft »20th Century Fox«. Der Erfolg ließ nicht lange auf sich warten; der Begriff »Fox Tönende Wochenschau« ist zumindest älteren Semestern heute noch vertraut. Der Widerstand gegen den Tonfilm war allerdings bemerkenswert erbittert und führte zu eigentümlichen Koalitionen. Pianisten, die sich in Kinohöhlen verdingten, kämpften zusammen mit expressionistisch geschulten Schauspielern, deren überdeutliche Mimik auf einmal als Grimassenschneiden erschien und schnell unzeitgemäß (heute würde man sagen: mega-out) wurde, mit Kinobesitzern, die die erforderlichen Investitionen nicht aufbringen konnten, mit nationalen Filmindustrien (zum Beispiel der schwedischen), die mit Stummfilmen, nie und nimmer aber mit Tonfilmen auf dem Weltmarkt Erfolg haben konnten, und mit Kulturkritikern, die eine Verflachung der noch halbabstrakten, weil eben sprachlosen Filmkunst fürchteten, gegen den Tonfilm an.

Ein Kampf und eine Kritik von durchschlagender Wirkungslosigkeit. Um 1930 setzt sich der Tonfilm weltweit durch – und mit ihm die Vorherrschaft großer Filmgesellschaften, die sich die aufwendige Technik leisten konnten. Auch hier bewährt sich die Einsicht, daß Medientechnik weitreichende ästhetische Vorprogrammierungen mit sich führt. Der Stummfilm ist, da er mit kleineren Kameras auskommt, eher auf Außenaufnahmen fokussiert (Arbeiter verlassen die Fabrik, ein Kinderwagen rollt eine breite Treppe herunter, ein Zug kommt im Bahnhof an); der aufzeichnungstechnisch aufwendige Tonfilm führt hingegen zu einer Konjunktur von kapitalintensiven Studio- und Kulissenfilmen. Kapitalintensiv ist auch der **Farbfilm**, an dessen Entwicklung sich viele schon kurz nach 1895 versuchen. Das einfachste Verfahren ist zugleich das handwerklich aufwendigste: Nachkolorieren der einzelnen Bilder. Um **1912** stellt das **Dreifarbenverfahren** von **Léo Gaumont** ein Filtersystem bereit, das allerdings nicht eben brillante, sondern allenfalls impressionistische Farbwirkungen ermöglicht. Das ab **1930** zur Verfügung stehende **Technicolor-Verfahren** ist hingegen so aufwendig und teuer wie gut. Wovon sich im Jahr des Beginns des Zweiten Weltkriegs alle überzeugen können, die einen farbenprächtigen Rückblick auf große Geschichten aus dem US-Bürgerkrieg werfen wollen: *Vom Winde verweht* erobert 1939 die Leinwände eben nicht einer Welt, sondern eines Weltteils.

Wie denn überhaupt die frühe Internationalität des Films zunehmend zerfällt. Nach der Frühzeit der Filmgeschichte beherrscht Pathé weitgehend den Weltmarkt der Filmproduktion, bis ihm aus den USA eine Konkurrenz erwächst, die noch heute für gereizte Debatten zwischen altem Europa und Neuer Welt sorgt. 1911 kommt es in Hollywood, vom Rohmateriallieferer Eastman animiert, zur Grundsteinlegung eines US-Filmkartells, das sich kurz darauf zweiteilt: in die Firmen Warner-Brothers und Fox, gegen deren kommerzielle Übermacht sich ab 1919 eine Film-Produktions-Gesellschaft mit dem so sprechenden wie angemessenen Namen »United Artists« durchzusetzen versucht. Nicht ohne Erfolg: Griffith (dem der Kultfilm *Birth of a Nation* zu verdanken ist) und Chaplin zählen zu den Gründungsmitgliedern. Mit dem Siegeszug des Tonfilms sind der internationalen Verbreitung einzelner Filme Schranken gesetzt, die der Stummfilm naturgemäß nicht kannte. Der Erste Weltkrieg trägt dann entschieden dazu bei, aus dem internationalen Medium endgültig ein nationalistisches zu machen. Für die Diagnose dieser Entwicklung gibt es ein bezeichnendes Datum. Am 4. Juli 1917 schreibt der Generalquartiermeister beim Chef des Generalstabs des Feldherrn, **Erich Ludendorff**, an das Kriegsministerium folgende Zeilen: »Der Krieg hat die überragende Macht des Bildes und des Films als Aufklärungs- und Beeinflussungsmittel gezeigt. Leider haben unsere Feinde den Vorsprung auf diesem Gebiet so gründlich ausgenutzt, daß schwerer Schaden für uns entstanden ist.«[1] Ludendorff ist ein Mann der Tat. Noch im selben Jahr, genauer: am **18. Dezember 1917** wird auf seine Initiative hin die **Ufa** (Universum-Film-AG) gegründet – als Gemeinschaftsunternehmen des deutschen Militärs und unter erheblichem Mitteleinsatz der Deutschen Bank gegründet. Die Premierenfeier findet im Hotel Adlon statt. Das ausdrückliche Ziel der Ufa-Gründer, die Wehrkraft der deutschen Soldaten in der Materialschlacht des endenden Weltkriegs so zu stärken, daß Deutschland doch noch den Sieg davonträgt, erreicht die Filmgesellschaft zwar nicht. Aber sie hinterläßt den wenigen Friedensjahren bis 1939 in Form der Studios in Potsdam-Neubabelsberg eine bemerkenswert produktive Infrastruktur. Die Nazis, und unter ihnen vor allem Goebbels, der Freund des Kinos wie der Babelsberger Schauspielerinnen, haben das im militärischen Geiste großgewordene Kind nach Kräften für ihre Zwecke einspannen können.

Nach dem Ende des tausendjährigen Reiches, das zwölf Jahre zu lange währte, sitzen einige der Nazigrößen, die nicht wie Goebbels Selbstmord begangen haben, in Nürnberg vor dem Kriegsverbrecher-Tribunal. Gezeigt und als Beweismaterial erstmals in einem Gerichtsverfahren zugelassen wird dabei ein Film – der Dokumentarfilm *Nazi Concentration Camps*. Er hat nach dem sicheren Urteil Hermann Görings alle Verteidigungsstrategien der Nazi-Angeklagten ad absurdum geführt: »Und dann kam dieser grauenhafte Film und verdarb einfach alles.«[2] In einem bis dato unbekannten Ausmaß haben die Nazis beim Einsatz neuer Medien (besonders des Mediums Film) mobil gemacht; im Zeichen des Mediums Film wurde es unmöglich, ihre industriellen Massenmord-Verbrechen zu verdrängen. Daß Paul Celans Gedicht *Todesfuge* und das Drama *Ermittlung* von

1 Zit. bei K. Kreimeier: Ufa-Story, p. 15.

2 Zit. nach L. Douglas: Der Film als Zeuge, p. 197.

Peter Weiss ästhetisch reflektierter, der Abgründe negativer Erhabenheit (Nicht-Repräsentierbarkeit) und Unsagbarkeit sensibler eingedenk sind als TV-Filmserien wie *Holocaust* oder Hollywoodstreifen wie *Schindlers Liste*, ist schwerlich zu bestreiten. Daß die genannten Filme mehr (ansonsten verschlossene oder wegschauende) Augen erreicht haben als die angeführten und viele weitere literarische Werke, ebenfalls.

Das Kino ist ein Massenmedium im alleräußerlichsten Sinne. In ein Buch versenkt sich ein einsamer Kopf, dem Geschehen auf der Leinwand sind (jedenfalls in der klassischen Zeit der großen Kinosäle) Hunderte, mitunter mehr als tausend Augen und Ohren verfallen. Kinogänger können, ja müssen geradezu ihre Reaktionen auf die Leinwandereignisse mit denen der anderen Zuschauer abgleichen. Man lacht, weint, ängstigt und freut sich gemeinsam. Das Kinopublikum ist der Inbegriff der Masse. Auch wenn es sich vergnügen und zerstreuen will, ist es doch in diesem Zerstreuungswillen versammelt. Und es ist in bemerkenswerter Weise von der Anstrengung entlastet, die mit der Lektüre von Büchern nun einmal verbunden ist. Wer liest, muß arbeiten – nämlich Symbole dechiffrieren und sich dann vorstellen, wie sich die beschriebenen Personen, Handlungen, Landschaften etc. wohl ausnehmen. Lektüre ist eine Form der Medienrezeption, die außerordentliche Inputs verlangt. Das Kino hingegen liefert optisch-akustische Wahrnehmungen in überwältigender Unmittelbarkeit. Es spricht nicht den Ehrgeiz an, den Sinn hinter all den Buchstaben zu dechiffrieren. Als ein Medium, das vollends im Diesseits der (Schrift-)Zeichen prozediert, spricht und schaut es vielmehr die Sinne an. Und die funktionieren bekanntlich – anders als die ja nicht umsonst jahrelange Schulung voraussetzende Lektüre – hochautomatisiert. Kurzum: Der Film ist so überwältigend daten- und sinnenreich, daß er noch den ärmsten Analphabeten mit großen, bündigen, erregenden, rührenden Audiovisions-Geschichten überwältigt.

Daß es nicht mehr Bücher sind, sondern Filme, die Themen, Moden, Stimmungen, Lebensstile, Ansichten und Affekte massenhaft prägen, wurde schnell deutlich. *Hätte ich das Kino* – so lautet der vielzitierte Titel eines 1920 erschienenen Pamphlets des Sozialdemokraten Carlo Mierendorff, in dem es heißt: »Ein Publikum, millionenstark, das kommt, lebt und vergeht, das keinen Namen hat und das doch da ist, das, in seiner ungeheuren Masse sich bewegend, alles gestaltet, und das man darum in die Hand bekommen muß. Es gibt kein anderes Mittel als das Kino.«[1] Mierendorff ist nicht der einzige, dem diese Einsicht zuteil wird. Und so kommt es weltweit zu einem Kampf ums Kino und seine ersichtlichen Möglichkeiten, Massen zu beeindrucken, zu beeinflussen, zu prägen. Es lohnt zumindest ein streifender Blick auf die weitere Geschichte der Ufa. 1921 wird sie aus der Obhut Ludendorffs entlassen und zur Gänze von der Deutschen Bank erworben; und 1927 gerät sie, nach finanziellen Turbulenzen, die auch mit den Erfolgen der US-Konkurrenz zusammenhängen, unter den Einfluß des rechtsnationalen Großindustriellen Alfred Hugenberg, der die Mehrheit der Aktien erwirbt und damit Übernahmeversuchen der linksliberalen Verleger Ullstein und Mosse zuvorkommt.

Doch das sind eher dunkle Hintergrundereignisse. Im Lichte öffentlicher Aufmerksamkeit steht hingegen die Medienrevolution um 1918 (auch wenn sie weniger beachtet und kommentiert wird als die politischen Revolutionen von 1917/18): Mit dem Siegeszug des Films und der beginnenden Karriere des Rundfunks wird unübersehund unüberhörbar, daß die Gutenberg-Galaxis ins Taumeln gerät, daß der Medienkosmos mehr als nur eine Sonne kennt. Ein Medienumbruch, den gerade die traditionelle Buchsphäre aufmerksam beobachtet. Ein gebildeter Filmfan hat den medienstrukturalen Umbruch, den die Kinokonjunktur mit sich brachte, auf den Punkt gebracht. Siegfried Kracauer, Kulturredakteur der *Frankfurter Zeitung* während der Jahre der Weimarer Republik und begeisterter Besucher von Kinohöh-

1 Zit. bei K. Kreimeier: Ufa-Story, p. 77.

len, hat den Film schlicht als »eine Kunst, die anders ist« definiert.

Anders als die traditionellen Künste ist der Film tatsächlich. Und das aus mehr als nur diesen sechs Gründen: erstens ist der Film nicht nur eine Kunst, sondern zugleich eine aufwendige Technik. Und der Einsatz dieser Technik kostet Geld, viel Geld. Eine Sonate zu komponieren, ein Gedicht zu schreiben und selbst eine Leinwand mit Blumenmotiven in Ölfarbe zu füllen, sind recht preiswerte Unterfangen. Eine Leinwand für 90 Minuten mit einem Film zu beleben, erfordert hingegen erheblichen Kapitaleinsatz. Und es erfordert zweitens mehr als nur einen Urheber. Die Kategorie des Autors, des Komponisten oder des Malergenies zerschellt an der Film-Kunst, die auch in dieser Hinsicht anders ist als die anderen Künste. Der Abspann von Filmen führt anders als die Signatur unter einem Bild oder die Nennung des Verfassers auf dem Buchcover nicht nur einen Namen, sondern bis zu hundert Namen auf. Als wollte er diesen Masseneinsatz von Namen vergessen machen, pflegt der Film drittens das Star-Prinzip, das einen oder zwei Schauspieler (Greta Garbo, Marlene Dietrich, Humphrey Bogart, Marilyn Monroe *e tutti quanti*) mit fetischistischen Qualitäten versieht. Ob der Platonische Satz vom intimen Zusammenhang zwischen dem Schönen, Wahren und Guten je auch nur ansatzweise angemessen war, ist mehr als fraglich. Eine autoritative Formel der Gutenberg-Galaxis war er gewiß – eine Suggestivformel der Epoche des Films ist er gewiß nicht. Der (Ton- und Farb-)Film ist viertens die erste wirklich synästhetische Kunst und Medientechnik. Er bringt Wahrnehmung und Kommunikation in einer Weise zusammen, die früheren Künsten und Medien (mit der obligatorischen Ausnahme des Theaters, dessen synästhetische Reize aber nicht gespeichert werden können) versagt war. Und der Film ist fünftens (in einem viel weiteren Sinne als das Theater, da der Film technisch unendlich reproduzierbar ist) das erste Massenmedium, das größere Menschenmassen zum selben Zeitpunkt am selben Ort zum selben Rezeptionszweck versammelt. Eine Kunst, die anders ist, ist der Film sechstens und nicht zuletzt dadurch, daß er in einer Weise »realistisch« sein kann, von der andere Künste zuvor nur träumen konnten. Soll schlicht heißen: Man kann (vor der Erfindung digitaler eben nicht Aufnahme-, sondern Produktionstechniken!) nur filmen, was hier und jetzt tatsächlich geschieht.

Drei Jahre nach der Erfindung des Films und sechzig Jahre nach der der Photographie, also 1898, veröffentlicht Hjalmar Söderberg eine Erzählung mit dem Titel *Die Tuschzeichnung*. Ein Text von vielen, die die mediale Neukonstellation von Sinn und Sinnen, von Worten und Wahrnehmungen um die vorletzte Jahrhundertwende ergründen wollen, ein Text, der allerdings dadurch hervorsticht, daß er so lapidar wie eindringlich festhält, wie es mit dem Projekt steht, das, was geschieht und der Fall ist, mit Sinn zu versehen. Der Ich-Erzähler zeigt einem jungen Mädchen, bei dem er seine Zigarren zu kaufen pflegt, eine kleine Tuschzeichnung, die er zufällig in seiner Brieftasche findet:

»›Schauen Sie her‹, sagte ich und reichte sie ihr, was halten Sie davon?‹ / Sie nahm das Bild mit neugierigem Interesse in die Hand und betrachtete es sehr lange und aus der Nähe. Sie wendete es von einer Seite zur anderen, und ihr Gesicht erhielt einen Ausdruck angestrengten Nachdenkens. / ›Na, was bedeutet das?‹ fragte sie schließlich mit einem wißbegierigen Blick. / Ich war leicht betreten. / ›Es bedeutet nichts Besonderes‹, antwortete ich. ›Es ist nur eine Landschaft. Da ist Boden und dort ist Himmel, und dort ist ein Weg ... Ein gewöhnlicher Weg ...‹ / ›Ja, das kann ich wohl sehen‹, zischte sie in recht unfreundlichem Ton; ›aber ich will wissen, was es *bedeutet*.‹ / Ich stand ratlos und verlegen; es war mir nie eingefallen, daß es etwas bedeuten sollte. / [...] Da wurde das arme Mädchen plötzlich feuerrot, und mit Tränen in der Stimme brach es aus ihr heraus: ›Pfui, das ist richtig garstig von Ihnen, mich so zum Narren zu halten. Ich weiß sehr wohl, daß ich ein armes Mädchen bin, das es sich nicht hat leisten können, sich etwas Bildung zu verschaffen; aber deshalb brauchen Sie mich wohl nicht zum Narren zu machen. Können Sie mir nicht sagen, was Ihr Bild bedeutet?‹ / Was sollte ich antworten? Ich hätte viel darum gegeben, ihr sagen zu können, was es bedeutete; aber das konnte ich nicht, denn es bedeutete ja nichts!«[1]

Alles ist, wie es ist. Daß der sinntranszendente Film-Realismus eine ebenso faszinierende wie heikle Angelegenheit ist, liegt auf der Hand. Die Einwände gegen den frühen Realismus-Diskurs der Filmtheorie (und die frühen Filmtheorien führen fast durchweg einen Realismus-Diskurs[2]) sind so naheliegend und bekannt (Tricks, Ausschnittwahl, Kameraperspektive, Weglassungen, Studio, Ausstattung – Manipulationen), daß es wiederum lohnt, an eine schlichte Einsicht zu erinnern. Und die lautet: Der Film kann in Echtzeit sowohl optisch als auch auditiv speichern und wiedergeben, was tatsächlich in einem bestimmten Raumausschnitt und in einem bestimmten Zeitraum an Ereignis-Reihen (nicht nur Augenblicken) statthat. Und eben dies kann keine andere Kunst und keine andere Medientechnik vor ihm. Daß eben dieser überwältigende Realismus des Films dazu verführt, seine Grenzen zu erproben und zu überschreiten, versteht sich fast von selbst. Und doch: Auch Studioereignisse sind wirklich Studioereignisse, Inszenierungen sind wirklich Inszenierungen, und die Tricktechnik, die mobilisiert wird, um etwa (wie in Georges Méliès' *Le Voyage dans la lune* von 1902 oder in Fritz Langs Ufa-Film *Frau im Mond* von 1928) eine Mondlandung von Menschen zu suggerieren, sind Studiotricks, die wirklich stattgefunden haben. Kracauer hat als geradezu militanter Bewunderer des Filmrealismus die Möglichkeit des Films, auch nicht-realistisch zu sein, auf seine frühste Zeit datiert. Lumière versus Méliès lautet seine For-

1 H. Söderberg: Tuschzeichnung, pp. 7-9.
2 Cf. J. Monaco: Film verstehen.

mel. Méliès hatte anders als die Brüder Lumière *ab ovo* mit der Möglichkeit gespielt, filmisch Trickeffekte zu erzielen. Der einfachste war schnell gefunden: man läßt einen Film rückwärts laufen. Und die auseinanderfallende Mauer setzt sich wieder zusammen, der ins Wasser springende Schwimmer springt, Füße voran, aus dem Wasser aufs Sprungbrett zurück, die Wurst wird – Profanierung aller Auferstehungstheologie – wieder zum Schwein.

Der Film kann (anders als Lettern) »realistisch« sein – und ebendeshalb kann er deutlich machen, daß (und wie) Realität konstruierte, inszenierte, manipulierte Realität ist. Das Kino kann illuminieren, ermöglicht es doch diesseits der Zeichen eine Einsicht in den Chiasmus, der da lautet: Die Konstruktion der Realität ist eins mit der Realität der Konstruktion.[1] Einsicht in diese Struktur gewähren gerade solche Filme, die zeigen, daß sie »realistisch« sein könnten und doch hochgradig inszeniert sind. Im Fadenkreuz dieser Einsicht treffen die klugen Manifestationen der Gutenberg-Galaxis mit denen aus der Kinohöhle zusammen. Eine Tendenz hin zum Gesamtkunstwerk, das die Konstruktion der Realität wie die Realität der Konstruktion aufzeigt, ist gerade bei den Avantgarde-Regisseuren der letzten Jahrzehnte unübersehbar. Truffaut hat seine Filme als Hybridbildungen, nämlich als »films-livres« (als Buch-Filme) und »livres-films« (Film-Bücher) charakterisiert. Und von Peter Greenaway, der sich selbst als »Filmemaler« charakterisiert, stammt die Aussage: »The provocation I have to offer is that we haven't seen any cinema yet.«[2] Soll heißen: Wir sehen in aller Regel, wenn wir ins Kino gehen, Gesichter, Straßen, Autos, Gebäude, Landschaften, Körper – aber eben nicht die Logik beziehungsweise die Technologik des Kinos, die all dieses sehen läßt. Nicht ohne Grund zeigen viele Filme Greenaways eine schöne Fixierung auf die Zahl 24. 24 Bücher werden in *Prospero's Books* vorgestellt, die ihrerseits enzyklopädisch die

1 Cf. dazu Uwe C. Steiner: Kulturwissenschaften.
2 Zit. nach R. Fischer: Greenaway, p. 6.

Hauptwissensgebiete der Neuzeit darstellen sollen. 24 Buchstaben hat das Alphabet, 24 Bilder pro Sekunde hat der klassische 35-Millimeter-Film.

Mit dem Film ist die Gutenberg-Galaxis endgültig ans Ende ihrer Monopolstellung gekommen: der Film kann sie, wie nicht nur *Prospero's Books* zeigt, gescheit und großzügig integrieren und hinter sich lassen. Wer Interesse an spekulationslustigen Korrelationen zwischen Medientechniken und politischen Grundimpulsen hat, kann über der Feststellung tiefsinnig werden, daß die linken und rechten Totalitarismen des 20. Jahrhunderts bei allen strukturellen Affinitäten doch auch diese Differenz aufwiesen: die Sowjetunion und der »realsozialistische« Ostblock waren auf eigentümliche Art und Weise bücherfromm. Im Rückblick klingt es wie eine Realsatire – aber es hat eben tatsächlich auflagenstarke, wenn auch wenig gelesene Ausgaben von Breschnews oder Honeckers Gesammelten Werken gegeben. Hitler, Mussolini, Franco und Pinochet haben (mit der halben Ausnahme von *Mein Kampf*) wenig Wert darauf gelegt, als bedeutende Autoren zu gelten. An avancierter Medientechnik, am Film, am Radio und durchaus auch an einer zügigen Entwicklung der Fernsehtechnik, hatten die Nazis hingegen das lebhafteste Interesse. Allerdings standen sie damit glücklicherweise nicht allein. Die westlichen Demokratien, die USA voran, haben ebenfalls für ein Ende der Gutenberg-Galaxis gesorgt. Mit durchaus unterschiedlichen Hintergrundstrategien: die amerikanische Medienindustrie ist ersichtlich dem Verfassungs-Slogan *pursuit of happiness* verpflichtet; die Rechtsdiktaturen haben hingegen Aug in Aug mit den neuen Medien, die die traditionellen Sinn-Institutionen wie die Kirche erodieren lassen, medial mobil gemacht. Warum? Um die dumpfeste Form von Metaphysik (den Willen zur Macht *à tout prix*) mit dem neuen Stand der Mediendinge kompatibel zu machen (und filmisch vorzuführen). Der Film ist antimetaphysisch; er fokussiert das, was der Fall ist (inklusive der Inszenierungen und Konstruktionen, die der Fall sind).

Um so mehr reizt er, der auf Sinne und nicht auf Sinn fokussiert ist, einige Desperados der Moderne dazu, um jeden Preis noch nach den unsinnigsten Sinn-Integralen zu suchen.

Was es mit dem Stand der Mediendinge und der Metaphysik nach dem Ende der Gutenberg-Galaxis auf sich hat, schwante schon dem romantischen Dichter Eichendorff, der auf seine späten Tage zum Zeitgenossen der frühen Photographie wurde. Von ihm stammt das Wort: »Solch Daguerrotyp-Portrait giebt freilich jedes Härchen und jede Warze wieder, aber das materielle Licht erkennt eben nur den Leichnam; der geistige Lichtblick des Künstlers kann erst das Wunderbare im Menschen, die Seele befreien und sichtbar machen.«[1] Große Worte, jeder sensible und also melancholische Zeitgenosse der Moderne wird zustimmend nikken. Um sodann das Radio anzuschalten oder fernzusehen. Die Medientechnologie des 19. Jahrhunderts, die es erstmals ermöglicht, diesseits der Zeichen Licht- und Schallwellen zu speichern (Photo- und Phonographie), zu transportieren (Telegraphie und Telephonie) und in ihrer Bewegung wiederzugeben (Kinematographie), hat die Metaphysik und ihre Sinnfixierung über- beziehungsweise »verwunden«.

1 J. v. Eichendorff: Geschichte der poetischen Literatur Deutschlands, p. 477.

Dritte Unterbrechung: MEDIENGENEALOGIEN – Der Krieg, die Wirtschaft, die Religion

Eines der berühmtesten, meistverkauften und besten Plattenalben der Nachkriegszeit reiht nicht einfach nur Song an Song, sondern erzählt auch eine bedeutende Geschichte. Es ist die dunkle und heitere Geschichte eines U-Boot-Kommandanten, der nach dem Zweiten Weltkrieg an Land ging und von der E- auf die U-Sparte umsattelte. Welches Geschäft wäre ernster als dieses: Feinde töten? Sergeant Pepper hat von diesem Geschäft genug. Und so verläßt er das Yellow Submarine und wird zum Bandleader. Die Beatles wußten, daß die Hauptstadt der modernen Popmusik, Liverpool, ihre militärische Vorgeschichte hat (nämlich ein Hauptstützpunkt der britischen U-Boot-Flotte war und ist). *Make love, not war.* Auch nach dem Krieg aber leben wir, die wir von stereophoner Musik beschallt werden, in einem Unterseeboot. Die Musik, die uns diese Einsicht nahebringt, ist von hoher rhythmischer Eindringlichkeit: *We all live in a yellow submarine, yellow submarine, yellow submarine.* Der eingängige Satz der Band aus Liverpool war weitsichtig. In unserer medientechnisch hochgerüsteten Alltäglichkeit sind wir heute – Auto fahrend und dabei aus sechs 100-Watt-Lautsprechern Musik hörend; vor dem PC-Monitor sitzend und durch die Flut von Informationen surfend; vor dem Fernsehgerät hockend und eines von 50 Programmen ortend, um dann sogleich weiterzuzappen; im öffentlich unzugänglichen Börsensaal auf die Zahlenkolonnen starrend, die die Welt der Ökonomie bedeuten – tatsächlich denen vergleichbar, die euphemistisch U-Bootkommandanten genannt werden und doch selbst in eminenter Weise Kommando-Empfänger sind. Das aus gutem Grund modische Begriffspaar System/Umwelt hat viel handfestere Dimensionen, als es den Kritikern systemtheoretischer Überabstraktionen schwant.

Noch die moderne Stereophonie ist übrigens ein Abfallprodukt militärischer Technologien – genauer: der U-Boot-Ortungstechnik. Der in eine Phantasieuniform gewandete Bandleader Sgt. Pepper bleibt auch insofern dem U-Boot-Kommandanten treu, den er hinter sich ließ. Sgt. Pepper hat als jemand, der den militärischen Dienst verließ und sich um den Unterhaltungssektor verdient machte, viele realhistorische Vorbilder. Eines von ihnen ist Werner Siemens. Er trat 1835 in die Dienste des preußischen Militärs und nahm 1849 seinen Abschied. Guten Verbindungen zum Militär, das gleich mehrere seiner Projekte (unter anderem den Telegraphen) mitfinanzierte, stand dieser Abschied nicht entgegen. 1888 wurde er von Kaiser Friedrich III. in den Adelsstand erhoben. Eines von vielen Beispielen für die fließenden Übergänge von der militärischen zur medialen, von der E- zur U-Sphäre. Der Ufa-Gründer General Ludendorff liefert ein weiteres prominentes Beispiel für die intimen, genauer: genealogischen Zusammenhänge zwischen Militär- und Medientechnik. Auch Fontanes Romanfigur Gordon war Offizier und wurde dann »Zivilingenieur« (siehe Kapitel 8). Die Arbeiten von Paul Virilio, Friedrich Kittler und der Sammelband mit dem geistreichen Titel *HardWar/SoftWar*[1] haben eindringlich darauf hingewiesen, daß der Krieg wenn nicht der Vater aller Dinge, so doch der Vater auffallend vieler Mediendinge ist.

Die militärische Genese vieler Mediendinge läßt sich so schnell und suggestiv herausstellen, daß die Verweise auf die Teflonpfanne, die wir bekanntlich der Raumfahrttechnik verdanken, in ihrer outrierten Harmlosigkeit nur noch albern wirken. Die folgende Aufzählung von fruchtbaren Rendezvous zwischen Militär- und Medientechnik ist weit davon entfernt, vollständig zu sein. Aus Blei macht man Kugeln oder Lettern, Zelluloid ist der Stoff, aus dem die Explosionen und das (bekanntlich leicht entflammbare) Filmmaterial sind. Ein Photo schießt man, mit der Schreibmaschine macht

1 M. Stingelin/W. Scherer (edd.): HardWar/SoftWar.

man Anschläge. Zufällige Wendungen oder Wendungen, die einem zu- und einfallen müssen? Die Firma Remington war eine Waffenfabrik, die nach dem Amerikanischen Bürgerkrieg mit der Produktion von Militärgerät nicht mehr die gewohnten Umsätze machen konnte und deshalb auf den zivilen Bürobedarfssektor umschwenkte. Wie viele feindliche Übernahmen mögen auf Schreibmaschinen vorbereitet worden sein? Das militärische Interesse an der frühen Telegraphie bedarf keines Kommentars. Der Transportmechanismus des Maschinengewehrs und der des Kinofilms sind ein und demselben Ingenieurshirn entsprungen. Der Rundfunk – *nomen est omen* – hat einen präzise benennbaren Vorläufer: den militärischen Funk. Das Fernsehgerät ist ein Abfallprodukt der Radartechnik. Computer mußten entwickelt werden, um die komplexen Berechnungen durchführen zu können, die im Zweiten Weltkrieg die rätselhaften Zeichenfolgen der deutschen Dechiffriermaschine Enigma knackten. Und das so immens zivile Internet ist ein Geschenk des US-Militärs an die Universitäten und dann an die ganze Welt.

Mitunter sind die Verbindungen zwischen der militärischen und der medialen Sphäre auch von der atemberaubenden Direktheit der Ludendorff-Ufa-Story. Goebbels hielt bei Kriegsbeginn sieben Propaganda-Kompanien (PK) für das Heer, vier für die Luftwaffe und zwei für die Marine bereit. Mit klassischer Kriegsberichterstattung, wie sie etwa William Howard Russell im 19. Jahrhundert für die Londoner *Times* gepflegt hatte, hatte das Tun der PKs nichts mehr gemeinsam. Die für Goebbels schreibenden, photographierenden und filmenden PK-Männer »dienten im Schützengraben, im Panzer, im Flugzeug oder auf den Schiffen der Kriegsmarine, und manchmal kämpften sie mit. Internationales Aufsehen erregten die Aufnahmen eines PK-Mannes, der als Bordschütze in einem Bomber der Luftwaffe gegen England mitflog. Er schoß ein angreifendes britisches Jagdflugzeug vom Typ ›Spitfire‹ mit seinem Maschinengewehr ab. Dann zielte er blitzschnell mit der Kamera und fotografierte aus nächster Nähe die abstürzende Maschine, die in Brand geraten war.«[1] Bemerkenswert viele unter den bekanntesten Journalisten der ersten Jahrzehnte der Bundesrepublik waren vor 1945 PK-Männer: so unter vielen anderen auch der erste Intendant des ZDF, Karl Holzamer, der Chefredakteur des *Stern*, Henri Nannen, der Moderator des legendären Fernseh-Frühschoppens, Werner Höfer, der Starphotograph des *Spiegel*, Max Ehlert, aber auch Schriftsteller wie Rudolf Hagelstange und Ernst Rowohlt.

Noch der dümmste Putschist weiß, was er zuerst zu tun hat: die Sendeanstalten besetzen. Der enge genealogische Zusammenhang zwischen Militär- und Medientechnologie ist kaum sinnvoll zu bestreiten. In so anekdotischer wie aussagekräftiger Verdichtung wird dieser Zusammenhang in den letzten Monaten des Ersten Weltkriegs deutlich. Der spätere Pionier des deutschen Rundfunks, Hans Bredow, arbeitet als Nachrichtenoffizier an einem Frontabschnitt in Nordfrankreich. Um die deutschen Soldaten, die ihre anfängliche Begeisterung schon lange verloren hatten, bei Laune zu halten, läßt er über die militärischen Funkgeräte Schallplattenmusik und vorgelesene Zeitungsartikel in die Schützengräben senden. »Der Gesamterfolg war jedoch dahin, als eine höhere Kommandostelle davon erfuhr und den ›Mißbrauch von Heeresgerät‹ und damit jede weitere Übertragung von Musik und Wortsendungen verbot!«[2] Mißbrauch von Heeresgerät – die Formel hat, seitdem Friedrich Kittler auf sie aufmerksam machte, in der Mediengeschichtsschreibung schnell Karriere gemacht. Zur Geschichte dieser Formel gehört aber auch, daß Hans Bredow gleich nach dem Kriegsende weitermacht und das heißt: den Funk zum Rundfunk macht. Bredow ist einer, der Militärgerät gründlich zivilisiert hat. Mit Goebbels, der den Rundfunk dann wieder-

1 H. Metlitzky: Hundert Jahre später (Nachwort zu W. H. Russell), p. 419.

2 H. von Wedel: Die Propagandatruppen, p. 12, zit. nach F. Kittler: Grammophon Film, Typewriter, p. 149.

um zum Gerät macht, das die Deutschen auf Kriegszeiten einstimmt, konnte Bredow, und mit Bredow konnte Goebbels wenig anfangen.

Was nur heißen soll: Man kann den schwerlich zu bestreitenden genealogischen Zusammenhang zwischen Militär- und Medientechnikentwicklung so rabenschwarz sehen wie etwa Friedrich Kittler, der die Unterhaltungsfunktion der Medien auch und gerade nach dem Zweiten Weltkrieg als den Mißbrauch ansieht, der von ihrer eigentlichen Bestimmung ablenkt. »Für eine Zwischenzeit fällt sogar noch Lust ab: Die Leute können zwischen beliebigen Unterhaltungsmedien umschalten. Glasfaserkabel übertragen eben jede denkbare Information außer der einen, die zählt – der Bombe.«[1] Man kann aber auch an die tradierte Diskussion über die funktionale Diskrepanz zwischen Genesis und Geltung anknüpfen und den Zusammenhang von Militär- und Medientechnologie so beobachten, daß Medien gerade aufgrund ihrer militärischen Genese Kriege überflüssig machen können. Aphoristisch gesprochen: Ein Sendetürme besetzender Putschist weiß, wenn er ein wenig klüger ist, heute auch, wie schwer es in Zeiten entfalteter Medientechnologie ist, Sendungen zu dirigieren, also dafür zu sorgen, daß nur genehme Schickungen die Augen und Ohren des Publikums erreichen. Theoretisch gesprochen: Mediensendungen können funktionale Äquivalente für militärische Geschosse sein. Für die Erfahrung, daß die Übergänge von Militär- in Medientechnologie auch Untergänge militärischer Großformationen bedeuten können, gibt es einen aussagekräftigen Begriff: Kalter Krieg. *Nomen est omen:* der Kalte Krieg setzt coole Medienströme an die Stelle von heißen Blutströmen. Der Kalte Krieg nach 1945 war der erste Großkrieg, der nur mit Medieneinsatz gewonnen wurde. Gegen Radio- und Fernsehsendungen vermag eine Steinmauer nichts auszurichten. Staaten können zwar verhindern, daß jeder Bürger Zugang zu Kopiergeräten, Telephonen, bestimmten Büchern, Plat-

1 F. Kittler, Grammophon, Film, Typewriter, p. 7.

ten der Beatles und Computern hat. Aber sie verhindern dann auch die ökonomische Entwicklungsdynamik, die sie brauchten, um das konkurrierende System einzuholen und zu überholen. Und irgendwann dringt die Musik der Beatles, die westdeutsche D-Mark und die Radio- beziehungsweise TV-Sendung sowieso nach Leipzig, Warschau und Moskau – den McLuhan-Merksatz bewährend, daß das Medium die Botschaft ist. Und die Botschaft lautet: So zentral, wie es das gerne hätte, ist das ZK der KP nicht.

Daß der Kollaps der Warschauer-Pakt-Staaten mit Medienereignissen versiegelt wurde, die ins kollektive Gedächtnis einwandern dürften, ist ein Datum von geradezu emblematischer Aussagekraft. Ein Mitglied der Institution, die sich ganz ohne Ironie »Zentralkomitee« nennt, gibt in hochangespannter innenpolitischer Lage eine offene und direkt übertragene Pressekonferenz. Schabowski, so sein Name, kann nun aber in diesem Geschäft kein Profi sein. Und so redet er sich in einem Umfeld, das kein zentrales Komitee mehr achtet, um Kopf und Kragen. Bei der Nachfrage eines Journalisten, ob die neue Grenzregelung denn ab sofort gelte, gerät er, über das, was er zuvor verkündet hat, wohl selbst am meisten erstaunt, ins Stottern, blättert, noch ganz dem papiernen Zeitalter verpflichtet, in den Unterlagen des ZK-Beschlusses und antwortet etwas, das wie »ja« klingt. Hunderttausende fernsehende DDR-Bürger glauben, eine Tele-Vision zu haben, und machen flugs den Test auf diese Aussage. Ein paar hundert Kilometer weiter östlich wird ein paar Tage später die Großkundgebung eines seltsam unzeitgemäßen Diktators übertragen. Die Direktübertragungskameras bleiben auch eingeschaltet, als es in der Riesenmenge zu Protestbekundungen kommt, die so ungeheuerlich ungewohnt sind, daß ein Hubschrauber kommt, der den Redner in Sicherheit bringt. Wenige Tage später hält ein Video die Erschießung Ceauçescus und seiner Frau fest. Mehr als nur schwache Indizien sprechen dafür, daß Medien, die ein Abfall des Militärs sind, auch den Abfall von der Vorherrschaft militärischer Konfliktlösungen auslösen können.

Zu den Medien, die den Sieg der westlichen Demokratien (in anderer Wahrnehmung: der kapitalistischen Staaten) ermöglichten, gehört vorrangig das eminente Medium Geld. In der DDR war die Unterscheidung von Geld und »richtigem Geld« geläufig. Mit letzterem war selbstredend die D-Mark gemeint. Geld ist (wie die *Zweite Unterbrechung* darzulegen versucht hat) nach der Hostie das zweite große Massenmedium. Mit Medientechnik ist es nicht nur auf der Ebene seiner Phänomenalität eng liiert. Das klassische Papiergeld ist ohne Gutenbergs Erfindung nicht denkbar; die Summen, die heute zählen, können nur als *electronic money* gehandelt werden. Geld macht darüber hinaus auch im Hinblick auf die Genealogie von Medientechnik dem Krieg die Vaterschaft streitig. Ein Blitzlicht auf diese Zusammenhänge wirft Kleists knapper Bombenpost-Text. Kleist hat in seinem ja schon zitierten *Entwurf einer Bombenpost* sehr genau angegeben, wozu eine Bombenpost eigentlich gut wäre: »zur Beschleunigung und Vervielfachung der Handelskommunikation«.[1] Nicht der Beschleunigung, sondern allererst der Ermöglichung von komplexer Ökonomie dürften die ersten Schriftzeichen und also eine, wenn nicht die frühste Medieninnovation überhaupt gedient haben. »Die Token waren ebenso wie die frühesten geschriebenen Texte darauf beschränkt, Informationen über reale Waren zu übermitteln. Ein paar Jahrhunderte später, um 2900 v. Chr. wurden erstmals auch historische Ereignisse und religiöse Texte schriftlich festgehalten. [...] Die einfachen Token dienten dazu, landwirtschaftliche Erzeugnisse zu zählen, zum Beispiel Tiere und Getreide. Später wurden komplexere Token für in Mesopotamien bekannte Industrieprodukte wie Textilien und Kleidung verwendet.«[2]

Schon die Hieroglyphen, also die heiligen Zeichen, hatten durchaus profane Zwecke. Die ersten überlieferten Schriftverwendungen aus Ägypten gelten so handfesten Übungen

1 H. v. Kleist: Bombenpost, p. 386.
2 D. Schmandt-Besserat: l. c., pp. 164, 197.

wie Steuerproblemen und Vorratshaltung. Die enge Allianz zwischen medialer und ökonomischer Mobilmachung ist ein roter Faden der Mediengeschichte. Gustav Freytags Roman *Soll und Haben* hat ihr ein Denkmal gesetzt. Das liebste Buch ist nicht erst der späten TV-Werbung das Sparbuch. Im Basler Kunstmuseum werden zwei Firmenschilder eines Schulmeisters gezeigt. Ein gewisser Ambrosius Bart hat sie um 1500 gemalt. Sie sind nichts anderes als Werbung. Der schriftkundige Meister ist um »billigen Lohn« bereit, Bürgern, Handwerkern, Frauen und Jungfrauen das Lesen beizubringen, damit sie ihre Buchhaltung selbst machen können und also nicht mehr darauf angewiesen sind, sensible Daten fremdverwalten lassen zu müssen. Die Nutzung der Telegraphie ist *ab ovo* nicht nur eine militärische, sondern zugleich eine ökonomische. Schon Alexandre Dumas hat im *Grafen von Monte Christo* geschildert, wie groß die Vorteile eines Pariser Börsianers sind, der lange vor seinen Konkurrenten weiß, welche Schiffsladung in Bordeaux angekommen oder eben nicht angekommen ist. Auf demselben Romanblatt steht dann auch zu lesen, wie unwiderstehlich die Versuchung ist, telegraphische Nachrichten zu manipulieren, um Börsenkurse hochzutreiben oder einbrechen zu lassen.

Daß die Geburt der Medientechnik häufig aus dem Geist des Geldes erfolgt, ist vielen aufmerksamen Beobachtern aufgefallen. So heißt es – ein Beispiel möge genügen – in Hermann Linggs Gedicht *Am Telegraphen* aus dem Jahr 1868:

> Aus Fittigen des Lichts, zugleich
> Mit Noten und Musikbegleitung
> Fliegt durch der Melodien Reich
> Der Börsencours in seine Zeitung.

Die mediale Aufrüstung des Kapitalismus um 1900 ist so sinnenfällig, daß sie kaum eingehender Erörterungen bedarf. Ohne mit Typewritern, Telegraphen, Telephonen, Diktiergeräten und Massendrucktechnik hochgerüstete Büros wären die im späten 19. Jahrhundert emergierenden Großkonzerne schlechthin nicht steuerbar. So wie heute selbst kleinere Firmen kollabieren, wenn ihre Computersysteme kollabieren. Um die ökonomischen Väter des Computers ausfindig zu machen, muß man nicht auf solche profanen Anekdoten zurückgreifen, wie sie der ungarische Kernphysiker und spätere Nobelpreisträger Eugene Wigner überliefert hat. Er war Assistent an der Technischen Universität Berlin, als er 1930 via Kabel ein Angebot der Universität Princeton erhielt, die ihm eine Professur verhieß, die achtfach besser bezahlt war als seine Berliner Stelle. »I thought this was an error in transmission. John von Neumann received the same cable, so we decided that maybe it was true, and we accepted.«[1] Beide gingen an das 1930 neugegründete Institute for Advanced Studies in Princeton und waren führend an der Entwicklung von Computern beteiligt. John von Neumann schrieb dort das Buch, dessen Titel bereits zu erkennen gibt, daß die Logik des Computers eine ökonomische ist: *Theory of Games and Economic Behavior*.

Sinnlos, aus diesen und anderen Hinweisen auf die intimen Verschränkungen von Medientechnikentwicklung und ökonomischen Erfordernissen eine exklusive Alternative zur These von der militärischen Genealogie der Medien machen zu wollen. Das Integral beider Thesen ist schnell gefunden. Es hört auf den Namen »Willen zur Macht«. Der militärisch-industriell-finanzielle Komplex ist und hat eben zugleich ein(en) Medienkomplex. Man kann es mit einem Vers aus Goethes *Faust II* auch poetischer ausdrücken: »Krieg, Handel und Piraterie / dreieinig sind sie, nicht zu trennen.« (v. 11 187 sq.) Mephistos Verse aus dem letzten *Faust*-Akt sind – wie sollte es anders sein? – bösartig-provokant. Denn sie evozieren mit dem Wort »dreieinig« jene weitere Dimension der Genealogie von Medien, die besonders gerne und häufig übersehen wird: die religiöse. Religion wird nicht nur von Kulturkonservativen willig als die Sphäre

1 Zit. nach D. Oberdorfer: Princeton University, p. 125.

wahrgenommen, die neumodischen Medien zu widerstehen versucht. Nichts ist abwegiger. Ist Religion doch per definitionem auf Kommunikations- und Medienprobleme der anspruchsvollsten Art spezialisiert: Wie kann – je nach dem Design der Religion – sich ein transzendenter Gott oder eine entrückte Götterschar oder eine wie auch immer konzipierte, jedenfalls erst einmal uneinsichtige Macht den sterblichen und kontingenten Menschen verständlich machen? Die Leitbegriffe der Religion (und die der monotheistischen Buch- beziehungsweise Offenbarungsreligionen in besonderem Maße) sind denn auch durch und durch Medien- und Kommunikationsbegriffe. Engel sind Boten, die frohe Botschaften überbringen. Kommunikation hat statt, um in einer Kommunion zu enden. Wer's nicht glauben kann oder will, wird exkommuniziert. Wenn Missionen glücken sollen, müssen Emissionen stattfinden. Religiöse Genies sind Tele-Visionäre, sie können erschauen, was sich den Nahsinnen entzieht. Ein göttlicher Anruf (Kerygma) tut not, um gottferne Menschen wachzurütteln. Heilige Schriften müssen gelesen und zelebriert werden, auf daß Gottes Wort verkündet werde.

Auch wenn nicht jede Theologie so outriert kommunikations- und medienfetischistisch sein muß wie die des Johannes-Evangeliums (am Anfang war das Wort – und das Wort ist Fleisch geworden), ist doch unübersehbar, daß die epochalen Theologie-Ereignisse Medienereignisse sind.[1] Gott spricht, und dies und jenes wird; Gott übergibt Moses die Dekalog-Tafel; Moses schreibt die Bücher, die eigentlich zählen; die hybriden Menschen wollen sein wie Gott und bauen den Turm zu Babel; Jesus schreibt zwar nicht(s), aber predigt so eindringlich, daß gleich mehrere Evangelisten davon Zeugnis ablegen; der manische Briefeschreiber und Missionsreisende Paulus nutzt ingeniös das römische Postsystem; Pfingsten ist ein Mega-Kommunikations-Ereignis,

1 Cf. unter anderem H. Böhme: Die technische Form Gottes, und R. Esterbauer: Gott im Cyberspace?

das für eine kurze Zeit die Folgen des babylonischen Turmbaus zurücknimmt; Mohammed erfährt eine Blitz-Alphabetisierung; Luther setzt den avancierten Stand der Gutenberg-Technik für seinen reformatorischen Furor ein und wird auch deshalb aus der Kirche ex-kommuniziert, die eben damit aufhört zu sein, was sie doch sein will: eine katholische, also allumfassende Kirche; »In God we trust« steht auf dem Massenmedium des US-Dollar zu lesen; die ersten Worte, die Edison auf die Walze seines Phonographen spricht, sind »Mary has a little lamb«; »what Hath God Wrought« (4. Mose 23) morst Morse im Jahre 1844 über die Telegraphenlinie von Baltimore nach Washington; am 12. Januar 1951 wird die telephonische Sphäre von höchster Autorität geadelt: Papst Pius XII. ernennt den Erzengel Gabriel zum Schutzheiligen aller, die da über große Weiten hinweg miteinander sprechen; Ayatholla Chomeini bespricht im Pariser Vorort-Exil die Tonbänder, die dann in die entferntesten iranischen Dörfer hinein kopiert werden; die Telegenität von Johannes Paul II. bedarf keines Kommentars. »Gott (laut Dietmar Kamper) schuf den Menschen, weil er ihn träumte. Der Mensch aber vergaß Gott und schuf die Maschine, weil er sie (seit Descartes und Leibniz) träumte. Am Ende des zwanzigsten Jahrhunderts aber hat die Maschine den Menschen vergessen. Wer wollte vorhersagen können, von wem und was sie träumt?«[1]

Kurzum: Das vielbeschworene persönliche Gespräch auf den Wochenendtagungen katholischer und evangelischer Akademien mag eine reizvolle Alternative zu einem Computer- oder TV-Wochenende sein. Religion aber ist eines gewiß nicht: das Andere der Medien. Und das schon einfach deshalb nicht, weil sich Medientechnik und Theologie demselben Kerngeschäft verschrieben haben: das Ferne und noch das Fernste nahezubringen. Alles Ferne aber ist nahegerückt, seitdem Medientechnik *en masse* zur Verfügung

1 F. Kittler: Die Simulation siegt – Die technischen Weltmächte und das Ende der Vielfalt; FAZ vom 27. 11. 1999, p. III.

steht, die sich nicht umsonst mit dem Präfix »Tele-« kennzeichnet. Ob Telephon oder Telefax, ob Teletext oder Teleprompter, ob Telegramm oder Telegraph, ob Teleskop oder Teleobjektiv, ob Telekommunikation oder Television: Techniken, das Ferne und noch das Fernste in unseren Nahbereich zu rücken, sind (in unseren Breiten) heute von überwältigender Selbstverständlichkeit. Wenn das Ferne und noch das Fernste uns nahe kommt, hat es eine Theologie schwer, die Gott als *totaliter aliter* weniger begreift denn als unbegreiflich darstellen will. »Nah ist und schwer zu fassen der Gott«: Hölderlins überzitierte Zeilen sind medienanalytisch präzise. Ein ferner Gott hört per Transzendenz-Definition auf, faßlich zu sein, wenn er uns naherückt. Gerade dieses aber: daß das Göttliche uns ganz nah ist, ist der Kern der Christologie. Christliche Theologie ist Teleologie und also Medientheorie. Enge Verwandte aber haben nicht immer ein entspanntes Verhältnis zueinander. Das gilt auch im Hinblick auf das Verhältnis von christlicher Theologie und Medientheorie. Theologie und die christliche Theologie zumal ist – die wenigen Ausnahmen bestätigen die Regel – in dem Maße medienkritisch, in dem sie die Einsicht verdrängt, daß sie Medientheorie ist. So wie umgekehrt die Medientheorie gerne die Einsicht verdrängt, daß sie so etwas wie die *théologie maudite* ist.

Religion wie Medien geht es um Schickungen und Sendungen. Computerspezialisten, die ihr Geld mit der Gestaltung von Homepages verdienen, sind (wie die Heaven's-Gate-Sekte vorführte) deshalb nicht schon dagegen gefeit, kollektiv Selbstmord zu begehen, um dadurch die Voraussetzung dafür zu schaffen, im Gefolge eines Kometen diese schlechte Erde zu verlassen. Die Manifeste von US-Cyberspace-Fans sind für jeden auch nur einigermaßen kompetenten Religionshistoriker eine vergleichsweise langweilige Lektüre: kennt er doch aus Schriften, die bald zweitausend Jahre alt sind, zur Genüge den gnostischen Grundimpuls, die schmutzige Materie hinter sich zu lassen, um rein pneumatisch zu werden. Nicht geringer als der militärische oder ökonomische ist der theologische Bodensatz der Medien.

Ob die Ökonomie der Parasit des Militärs oder das Militär der der Ökonomie ist – Zeitgenossen der Postmoderne haben gelernt, solche Fragen als Fragen der *second order observation* zu lesen und also weise auf ihre sachliche Unentscheidbarkeit zu verweisen. Ob die Theologie (und Theologie heißt ja nichts anderes als dies: Gott oder die Götter einer Logik zu unterwerfen) die eigentliche Form des Willens zur Macht ist – das ist gerade auch in postmodernen Zeiten, in denen Religions- und Konfessionskämpfe in den Breiten zwischen Irland, dem Balkan, dem Nahen und dem Fernen Osten und darüber hinaus eine so gespenstische Renaissance haben, eine Frage, auf die Medien keine inhaltlich verbindliche Antwort geben (können). Wohl aber eine funktionale: Das Medium ist die Botschaft.

S(T)IMULATIONEN

10. **RADIO:** Vom Funk zum Rundfunk – Mediale Mobilmachung – Technik macht's möglich: materielose Übertragungen an Massen in Echtzeit – Horchen und gehorchen – Stimmen aus dem Off – Vom Leitmedium zum Begleitmedium

11. **FERNSEHEN:** Schimpfreden auf die Glotze – Die Erfindung des Fernsehens – Vom Einheitssender zur zerstreuten Kanalvielfalt – Lob des egalitären Fernsehens – Das Private und das Öffentliche – Konstruktion der Realität, Realität der Konstruktion

12. **COMPUTER/INTERNET:** Enigmen – Vom Binärsystem über Lochkarten zum ersten Computer – Software/Hardware – Internet – Anschlüsse, Einschlüsse, Ausschlüsse – Information overload – Zählen statt erzählen – Vom Lesen im Buch der Natur zum Schreiben des Buches der Natur – Das Wort wird Fleisch

ABBRÜCHE: Konversionen – Die eine Multimediagesellschaft

10. Radio

Es funkt. Das heißt in der Zeit vor dem Rundfunk ganz handfest: Die befehlende Stimme eines Menschen, der sein Leben nicht riskieren möchte, erreicht das Ohr eines Untertanen an der Front, der sein Leben riskieren soll. Selbst der Kapitän eines Marinebootes ist im Ersten Weltkrieg nicht länger der Souverän auf der Kommandobrücke. Funksprüche kommandieren sein Schiff als eines von vielen im integrierten Flottenverband. Wer – wie der Nachrichtenoffizier Hans Bredow – am Ende des Ersten Weltkriegs Funkgeräte einsetzte, um mit ihnen anderes als Befehle zu senden, macht sich des »Mißbrauchs von Heeresgerät« schuldig. Heeresgerät mißbraucht hatte schon Lenin in seinem berühmten Funkspruch »An Alle! An Alle!« vom 12. November 1917, in dem er den vom Sowjetkongreß gebilligten Friedensschluß verkündete. »An Alle!« – aus Funk ist Rundfunk geworden. Oder eben doch nicht: Lenins berühmter Funk-Spruch war, so als sollten sich die Dilemmata des sowjetischen Kommunismus schon in seinen ersten Stunden inkarnieren, noch technische Elitenkommunikation, nämlich eine codierte Morsenachricht an bolschewistische Parteifunktionäre. »An Alle!«

Die deutsche Revolution startete ein Jahr später mit enormen medien- und kommunikationstechnischen Schwierigkeiten. Daß und wie der Sozialdemokrat Philipp Scheidemann am 9. November 1918 die erste deutsche Republik ausrief, hatte buchstäblich keiner unter den vieltausend Anwesenden auf dem Reichstagsgelände verstanden. Die Stimme des Politikers war schwach, der Wind war stark, und volumenstarke **Lautsprechersysteme** gab es noch nicht. Sie werden erst in den zwanziger Jahre entwickelt, so daß sie rechtzeitig für Hitlers Großauftritte zur Verfügung standen. Wenige Tage nach der sogenannten Machtergreifung der Nazis, nämlich am 11. Februar 1933, notiert Joseph Goebbels in sein Tagebuch: »Der Lautsprecher ist ein Instrument der Massenpropaganda, das man in seiner Wirksamkeit heute noch gar nicht abschätzen kann. Jedenfalls haben doch unsere Gegner nichts damit anzufangen gewußt. Um so besser müssen wir lernen, damit umzugehen.«[1] Gute mediale Startbedingungen für die Nazis, schlechte für die Weimarer Republik. Dem Desaster von 1918 wollte der überzeugte Demokrat Hans Bredow abhelfen. Nach 1918 wird er zum berühmtesten unter den Funk-Pionieren, die diesen Mißbrauch systematisieren: Funk wird zum Rundfunk. Wenige Tage nach der Novemberrevolution, genauer am **4. Dezember 1918**, schafft sich die Deutsche Post eine **Reichsrundfunkkommission**, zu deren Leiter **Bredow** ernannt wird. Ihre Aufgabe: einen staatlichen Rundfunk aufzubauen. Es dauert einige bewegte Jahre, in denen unter anderem der Widerstand vieler ehemaliger (im »Deutschen Funkerbund« organisierter) Militärfunker zu überwinden ist, bis am **23. Oktober 1923** die **erste Radio-Sendung in Deutschland** durch den Äther schweift. Der im Süden Berlins gelegene Sender Königswusterhausen nimmt den Sendebetrieb auf. Der Empfang war erstens genehmigungs- und zweitens gebührenpflichtig. Pro Monat kassierte die Post, die 51 Prozent der Anteile an der Reichsrundfunkgesellschaft (RRG) besaß, von den registrierten Nutzern immerhin zwei Reichsmark. So rückte Deutschland in die Reihe der Länder ein, die wie die USA (seit 1921) und Großbritannien (die **BBC** wurde **1922 gegründet**) neben dem militärischen Funk auch den zivilen Rundfunk kennen.

Es dauert nicht lange, bis in allen westlichen Staaten ein regelrechtes Radiofieber ausbricht. »Radiobastler« allüberall. Sie sind vom »großen Wunder des Rundfunks« fasziniert, das der 1904 geborene, ehemalige *Weltbühnen*-Redakteur Rudolf Arnheim in seinem 1936 in der US-Emigration publizierten Buch *Rundfunk als Hörkunst* so beschwört: »Die

1 J. Goebbels: Tagebücher Bd. 2, p. 371 sq.

Allgegenwärtigkeit dessen, was Menschen irgendwo singen und sagen, das Überfliegen der Grenzen, die Überwindung räumlicher Isoliertheit, Kulturimport auf den Flügeln der Welle, gleiche Kost für alle, Lärm in der Stille.«[1] So machen etwa die in der deutschen »Arbeiter-Radio-Bewegung« Organisierten zwar nicht Schwerter zu Pflugscharen, aber doch Militärfunk zu zivilem Rundfunk. Kein Geringerer als Bert Brecht hat ihnen in zwei Rundfunkessays von 1927 und 1929 die Theorie zu ihrem Tun souffliert. Brechts Radiotheorie ist deshalb aufschlußreich, weil sie nicht nur die Frage nach den Besitzverhältnissen an Medien wie Rundfunkanstalten, sondern auch die nach der internen Verfassung von Medientechnik stellt. Jeder Empfänger, so das zentrale oder eben dezentrale bis exzentrische Argument von Brechts 1932 auch in klassischer Papierform erschienenem Essay *Der Rundfunk als Kommunikationsapparat*, könne auch zum Sender *et vice versa* werden. Macht Lautsprecher zu Mikrophonen und Mikrophone zu Lautsprechern! So lautet die anti-zentralistische Devise, die nicht nur der deutschen Reichspost, sondern auch Zentralkomitees nicht gefallen konnte. Die technische Verfassung von Medien selbst zu ändern – das wird, lange schon bevor McLuhan vom Medium, das die Botschaft ist, spricht, zum Impuls vieler Versuche, Medienpolitik zu machen. Hans Magnus Enzensbergers 1970 im *Kursbuch* erschienener *Baukasten zu einer Theorie der Medien* knüpft an Brechts Überlegungen an. In Gestalt des PC und des Internet sind die Provokationen Brechts und Enzensbergers in frappanter Weise wahr, nämlich schaltbare Technik geworden. Alle Menschen werden Setzer – so will es die Gutenberg-Galaxis, wenn sie sich auf die Höhe der Transzendentalphilosophie schwingt. Alle Menschen werden (Befehls-)Empfänger – so will es der totalitäre Einsatz des ersten elektronischen Massenmediums Radio. Alle Menschen werden Schnittstellen beziehungsweise Multimediasender und -empfänger – so will es Silicon Valley.

1 R. Arnheim: Rundfunk als Hörkunst, p. 11.

Woody Allen mit seinem Film *Radio Days* und Edgar Reitz mit seinem 1984 von den dritten Fernsehprogrammen erstausgestrahlten, 16stündigen Filmepos *Heimat* haben diesen frühen Radiofans, Empfangsgerätebastlern und Rundfunkpionieren ein mediales Denkmal gesetzt. McLuhans Merksätze bewähren sich auch in dieser Hinsicht. Die Inhalte neuer Medien sind zumeist alte Medien: die genannten und viele andere Filme mehr entsinnen sich der frühen Radiogeschichten. Zur Vorgeschichte gehört das Wortpaar Rundfunk oder eben Radio. Beide Begriffe sind von hoher Präzision: gesendet wird nicht von A nach B, sondern rundherum, im Radius, im Rundfunk/Radio. Anders als beim Telegraphen und beim Telephon, anders auch als bei der Zeitung, die ja ihre Rezipienten nicht synchronisieren kann, erreicht ein Medium in Echtzeit »alle«. Edgar Reitz hat zwei strikt komplementäre Radioszenen in seinen Film eingebaut. Die erste läßt »alle« (in diesem Fall: alle Rekruten einer Fliegerausbildung) antreten, um am 1. September 1939 der hysterischen Stimme des Führers zuzuhören. Die zweite läßt die Dorfbewohner in den prosperierenden Jahren der Bundesrepublik an einem der ersten Stereoradios kopfschüttelnd und verständnislos der Direktübertragung der unerhörten Neutönermusik zuhören, die einer komponiert hat, der dem Hunsrückdorf entsprungen ist.

Ein Denkmal gesetzt hat der Film *Heimat* damit auch den mittlerweile schmählich unterschätzten mäzenatischen Leistungen des öffentlich-rechtlichen Rundfunksystems, das 1918 der ersten deutschen Republik entsprang und deutlich feudale Züge (wie Gebührenzwang, Intendantenverfassung, Regionalherrschaft, Kurfürstensatzung und ständische Beratungsgremien) trug. Gerade diese feudale Verfassung aber gab dem öffentlich-rechtlichen System seine produktive Unabhängigkeit von Markt- und Politikeinflüssen – und seine mäzenatischen Möglichkeiten. Das Heer der jungen Lyriker, Essayisten, Schriftsteller und Komponisten, die sich mit ihren Publikationen nie und nimmer, mit ihren Arbeiten fürs

Radio aber durchaus über Wasser halten konnten, hat bislang niemand gezählt. Unter der Ägide eines privaten Senders ist ein Unternehmen wie die Produktion des Filmes *Heimat* schlechthin nicht denkbar. Wohl aber die Produktion von *Big Brother*. Selten, manchmal aber eben doch, sind die einfachsten Formen der Kultur- und Medienkritik die angemessensten: In dem Maße, wie das Fernsehen zum Privatfernsehen mutierte, ist es sehr unfein geworden. Durch die Kanäle schwemmt vermehrt der Dreck. Und auch die einfachsten Formen politischer Kritik sind nicht immer per se unangemessen: 16 Jahre Kohl-Regierung haben tatsächlich eine »geistig-moralische Wende« gebracht. Sie haben nämlich nicht nur die politische, sondern nach erfolgreicher Polemik gegen den öffentlich-rechtlichen »Rotfunk« in der Bredow-Tradition auch die Radio- und TV-Sphäre weitgehend auf Bimbes-Format gebracht. Ach, die politisch Konservativen – wieviel Werte- und Kulturzerfall sie uns schon gekostet haben ...

Der Rundfunk ist überdeutlich den militärischen Zusammenhängen entsprungen, denen er seinen technischen Ursprung verdankt. Der engen Allianz zwischen der militärischen Funk-Technik und dem Rundfunk kommt auch im episch langen, nie aber langweiligen oder gar monumentalen Film von Edgar Reitz eine Schlüsselfunktion zu. Gleich eine der allerersten Szenen zeigt den jungen, zu Fuß aus den Schützengräben des Ersten Weltkriegs in sein Dorf Schabbach zurückkehrenden Soldaten Paul Simon. Wortlos betritt er die alte Dorfschmiede seines Vaters, um ihm sogleich wieder bei seiner anachronistischen Arbeit zu helfen. Lange hält es Paul in der Provinz nicht aus. Der Funker wird zum leidenschaftlichen Radiobastler. Und so ist er, der wortkarge Hunsrückbewohner, mit den Signalen verbunden, die ihn in die weite und genauer: in die Neue Welt locken. Paul verläßt – wiederum wort- und ankündigungslos: kommunikationslustig ist er gewiß nicht – seine junge Familie und emigriert in die USA, wo er zum erfolgreichen Industriellen wird. Der Name seiner Firma: Simon Electrics. Seine Branche: Unterhaltungs- und Medienindustrie.

Erst nach etwa 20 Jahren, also nach dem Ende des Zweiten Weltkriegs kehrt Paul Simon in die Heimat zurück. Seine Söhne haben es dem medieninnovativen Vater nachgetan. Anton, der ältere, stand im Zweiten Weltkrieg als PK-Mann hinter der Kamera, um Material für die Wochenschau zu liefern. Er gründet im Nachkriegsdeutschland eine Firma, die sich auf die Produktion hochwertiger optischer Geräte spezialisiert. Ernst, der jüngere, war als Flieger der militärischen Aufklärung verpflichtet. Er scheitert beruflich daran, daß er sich nicht auf das Geschäft versteht, Militär- in Zivilgerät zu konvertieren. Eingebettet sind beide Biographien in ein historisches Umfeld, das für die mediale Mobilmachung noch des entlegenen Hunsrückdorfes sorgt. Die Geschichte des Dorfes wird von Antons Bruder Eduard, einem begabten Hobbyphotographen, dokumentiert; zu den Epochenschwellen, die das Dorf überschreitet, gehören die folgenden Daten: das erste Telephon, die ersten Kinobesuche der Dorfbewohner in der fernen Kreisstadt, der Einzug von Grammophonen, das erste Fernsehgerät, die ersten Einsätze von Telex-Technologie; im herkömmlichen Mediensektor arbeitet, da alle Männer an der Front sind, noch Pauls Frau Maria: sie wird in den Kriegsjahren Briefträgerin; und ihr nachgeborener Sohn Hermann (dessen »halbjüdischer« Vater Otto Sprengsätze entschärfte und dabei umkam) wird zum Komponisten, der die Möglichkeiten elektronischer Klangerzeugung dazu nutzt, buchstäblich unerhörte Töne zu produzieren. *Heimat* von Edgar Reitz ist eine Mediengeschichte des 20. Jahrhunderts *in nuce* und *in toto*.

Diese filmische Mediengeschichte zeigt, welch stimulierende Effekte mediale Simulationen haben können. Simulationen – Stimulationen: Paul vernimmt am Rundfunkgerät die Signale aus der Ferne und folgt ihnen, Medienindustrieller werdend, in die Neue Welt; Hitlers vom Radio übertragene, die Massen hysterisierende Stimme erreicht noch das periphere Dorf und simuliert beziehungsweise stimuliert ein einiges, zum totalen Krieg bereites Deutschland; und alle, schlechthin alle Bewohner noch des abgelegensten Dorfes werden medial dazu stimuliert, andere zu werden. *Heimat* erzählt die Geschichte des 20. Jahrhunderts als eine Geschichte der Konversionen: Aus Provinzlern werden Bewohner des globalen Medien-Dorfes, aus Soldaten werden Medienpioniere, aus alten Nazis werden die funktionalen Demokraten der frühen Bundesrepublik, aus Bäuerinnen und Handwerkerfrauen werden Briefträgerinnen und Sekretärinnen, aus Handwerkerwitwen werden TV-Abhängige, aus Dorfjugendlichen werden Medienfreaks.

Die Geschichte des 20. Jahrhunderts ist die Geschichte der totalen Medienmobilmachung. Das 19. Jahrhundert stand (wie die schrift- beziehungsweise buchfixierten Jahrhunderte zuvor) mediengeschichtlich überwiegend im Zeichen von Speichermedien – von Photographie, Phonographie und Kinematographie, aber auch von Schreibmaschinen und Massenpresse. Medientechnik mitsamt, die flüchtige Augenblicke, Töne, Bewegungen und Ereignisse zu bannen und dauerhaft zu speichern vermag. Im medienhistorischen Rückblick könnte es der weisen Eule der Minerva scheinen, als wollte die Moderne, bevor sie universal mobil macht und jene Dynamik entwickelt, die tradiertes Hören und Sehen vergehen läßt, noch einmal innehalten, durchatmen, erinnern und speichern. Vor und um 1900 drängen sich dann zusehends Übertragungsmedien wie die Telegraphie und das Telephon in den Vordergrund – also Medientechniken, die Übertragungsmedientechniken sind und sich darauf kaprizieren, zwei Sender beziehungsweise Empfänger miteinander zu verbinden. Nach dem Ersten Weltkrieg aber beginnt massiv das Zeitalter der Übertragungsmassenmedien, die die Strukturen des alltäglichen Lebens (Beruf, Freizeit, Familie) und mit ihnen die der Politik, der Wirtschaft, der Religion, der Bräuche und der Erziehung revolutionieren. Möglich wird mit dem Radio erstmals eine Erfahrung, die uns heute völlig gewöhnlich ist, die den Zeitgenossen seiner frühen Durchsetzung aber doppelt unheimlich war. Medien emanzipieren sich erstens von Handgreiflichkeiten wie Papier, Walzen und Filmrollen; sie werden eigentümlich materielos und luftig. Damit aber werden sie zweitens auch fähig, Ereignisse in Echtzeit für Massen zu übertragen.

Möglich wurde beides – die Materielosigkeit wie die Live-Übertragung für Massen in Echtzeit – durch eine Reihe von Erfindungen, die in dichter Folge an verschiedenen Orten und doch in enger wechselseitiger Anknüpfungslust vorangetrieben wurden. Der deutsche Physiker **Heinrich Hertz** (1857-1894) entdeckte **1887** die **elektromagnetischen Wellen**. Dem Italiener **Guglielmo Marconi** (1874-1937) wurde schnell klar, daß diese Entdeckung nicht nur für theoretische Physiker von höchster Relevanz war. Er experimentierte seit seiner Jugend mit den Möglichkeiten der drahtlosen Telegraphie, und ihm gelang es **1897**, telegraphische **Nachrichten** über die gewaltige Entfernung von fünf Kilometern drahtlos zu **übertragen**. Er griff dabei sowohl auf die von Hertz entwickelten Funkensender und -empfänger als auch auf die vom russischen Bastler **Alexander Popow** (1859-1906) entwickelten **Antennendrähte** und die vom französischen Techniker **Edouard Branley** (1844-1940) im Jahr **1890** vorgestellten **Fritter** zurück. Bei letzteren handelte es sich um »mit Metallpulver gefüllte Glasröhre(n), die Leitfähigkeitsänderungen metallischer Kontakte ermöglichte(n).«[1] Ein Zwischenprodukt der Radiogeschichte, das alsbald durch die von **Ferdinand Braun** (1850-1918) konstruierten **Kristalldetektoren** und durch die **1906** von **Robert von Lieben** (1878-1913) produktreif entwickelten **Kathodenröhren** ersetzt wurde.

Damit stand das technische Arsenal zur Verfügung, das bis zur Erfindung der Transistortechnologie das Radiowesen mit Apparaten versorgte. Seine Feuertaufe erlebte der Funk im Ersten Weltkrieg. Der für die Western Electric Com-

1 Propyläen Technikgeschichte Bd. 5, p. 153.

pany in Chicago forschende Amerikaner **Lee De Forest** (1873-1961) hatte schon **1907** Liebens Röhre zur »**Audion**« genannten Drei-Elektroden-Röhre weiterentwickelt. Sie ermöglichte, da sie schwache Schwingungen im Hochfrequenzbereich enorm verstärkte, eine beträchtliche Ausweitung des Sendeverkehrs. De Forest gelang es schnell, die US-Navy für seine Erfindung zu begeistern und seine Firma mit Großaufträgen aus dem militärischen Sektor zu beglükken. Wer zu dieser Zeit in den USA Radio-Amateur sein will, muß eine Lizenz beantragen. Schon im Jahr 1916 gibt es in den USA mehr als 10 000 solcher Lizenzen – und nach eher konservativen Schätzungen die zehnfache Zahl an Amateurfunkern, die ihrem Hobby unlizensiert nachgehen. Das Ende des Ersten Weltkriegs macht aus Illegalen oder Halblegalen zivile Mediennutzer. Im Jahre 1923 steht gerade einmal in einem Prozent der amerikanischen Haushalte ein Radiogerät; im Jahr der beginnenden Wirtschaftskrise 1929 kann ein Drittel der US-Haushalte direkt erfahren, daß es an der Wall Street einen epochalen Crash gibt; und dieser Crash setzt zwar der Filmindustrie, nicht aber der Radiogeräte-Industrie gewaltig zu. Am Ende der dreißiger Jahre hat fast jeder US-Haushalt ein Radio. So können alle Amerikaner (auch dann, wenn sie Auto fahren: das **Autoradio** gibt es schon ab **1932**) zuhören, wenn sich ihr Präsident Franklin D. Roosevelt während des Zweiten Weltkriegs in seinen berühmten »Chimney Talks« an seine *fellow americans* wendet.

Zur selben Zeit sitzen die Deutschen vor ihren »Volksempfängern«, um anderen Stimmen als denen von Kamingesprächen zuzuhören. Die Produktion des legendären Radiogeräts wurde gleich nach der »Machtergreifung« der Nazis aufgenommen. Zur Erinnerung an dieses Datum (den 30. Januar) trägt der bis 1943 in 16 Millionen Exemplaren gebaute Volksempfänger die Typenbezeichnung »VE 301«. Das Gerät ist preiswert und macht seinem Anspruch, ein Volksempfänger zu sein, alle Ehre. Es steht alsbald in jedem deutschen Haushalt. Und es ist ein so einfaches wie ein für den Einheitswahn der Nazis (»Ein Volk, ein Reich, ein Führer!«) geeignetes Gerät. Es ist auf einen Sender geeicht. Feindsender zu hören wird erstens technisch schwierig und zweitens zum lebensbedrohlichen Risiko (schon im September 33 wird der Empfang ausländischer Sender explizit verboten).

»Die Luft ist frei«, hieß es gleich in Paragraph 1 des **Funk-Abkommens**, das auf einer internationalen Konferenz geschlossen wurde, die **1906** im Berliner Reichstagsgebäude stattfand, um die neue Medientechnologie mit einem international gültigen juristischen Rahmen zu versehen. Ein Problem, das bekanntlich bis heute virulent ist: Nationen-, Kultur- und Mentalitätsgrenzen überfliegende Medientechnik ist kaum mehr in die nationalen Rechtssysteme zu integrieren. Kabel lassen sich noch halbwegs kontrollieren beziehungsweise zerstören; Frequenzen aber können allenfalls gestört werden. Kabel versus Frequenz: Diese Zeilen werden in den Tagen geschrieben, da in Deutschland die milliardenschwere und U-Boot-mäßig abgeschirmte Versteigerung der UMTS-Frequenzen läuft. Wie wichtig es ist, den Luftraum zu beherrschen, war der deutschen Elektroindustrie schon vor dem Ersten Weltkrieg bewußt. Die auf drahtlose Kommunikation spezialisierte Firma mit dem schönen Namen **Telefunken** wird nicht zuletzt auf Drängen des militärtechnophilen deutschen Kaisers **1903** als gemeinsame Tochtergesellschaft von AEG und Siemens gegründet.

Frei war die Radio-Luft der dreißiger und vierziger Jahre in Mitteleuropa gewiß nicht. Die Nazis hatten die enormen Möglichkeiten des neuen Massenmediums zwar kaum als erste, wohl aber am brutalsten genutzt. Dabei war Hitler selbst ein Studio-Phobiker. Allein in einem abgekapselten Technikraum vor einem Mikrophon sitzend, konnte er nicht zu jener grotesk überwältigenden, enthemmten Hysterieform auflaufen, die ihn so unverwechselbar machte und die kein zweiter so scharf analysiert hat wie Chaplin in seinem Film *Der große Diktator*. Schon einen Tag nach der »Machtergreifung«, also am 2. Februar 1933, verlas Hitler in einem Rundfunkstudio einen von seinem Kabinett gebilligten »Aufruf an das Deutsche Volk«. Er hat danach nie wieder in ein Studiomikrophon gesprochen: so »kasernenhofartig, unsympathisch und gar nicht deutsch« hat (nicht nur nach dem Bericht der sozialdemokratischen Radiozeitschrift *Volksfunk*) seine Stimme geklungen.[1] Wohl aber übertrug der Rundfunk Hitlers Reden vor großem Publikum. In diesem Setting bewährte sich die so schlichte wie weitreichende Einsicht in die Eigentümlichkeit des Hörorgans: es hat anders als der Mund oder das Auge keinen Schließmuskel. Also ist es das passive, empfangende[2] und – so das obligatorische Wortspiel – (ge)-horchende Organ schlechthin.

In einem bedeutenden Essay aus dem Jahr 1927 mit dem Titel *Ästhetik des Rundfunks* hat der Schriftsteller Arnold Zweig diese Einsicht (der französische Psychoanalytiker Jacques Lacan wird sie später nutzen, um sein Theorem »Das Unbewußte ist der Diskurs des Anderen« suggestiv zu machen) auf den Begriff gebracht und sofort medienanalytisch pointiert: »Das Ohr des Menschen ist, allein von allen seinen Organen, der Außenwelt völlig pausenlos zugewendet. Das Auge kann geschlossen werden, das Ohr nicht. Noch im Schlaf hört der Mensch ganz scharf, wo doch Gefühl und Geruch nur sehr träge arbeiten, und von seiner Tiervergangenheit her dient ihm das Ohr zum Erkunden herannahender Gefahren oder Beutestücke, während das Auge des Nachts, im Nebel, in der Dämmerung untätig bleiben muß. Daher ist er vom Ohr her besonders empfindlich und besonders leicht zentral zu packen.«[3] Hellsichtige Worte: horchende Menschen zu gehorchenden zu machen und sie »zentral zu packen« – das ist der heiße Kern des Rundfunk-Projekts der Nationalsozialisten. Der NS-Reichssendeleiter mit dem

1 Zit. bei A. Diller: Rundfunkpolitik im Dritten Reich, p. 63.

2 Ein altes und auch theologisch relevantes Motiv: In zahlreichen Marienbildern wird dargestellt, wie die himmlische Jungfrau das Jesuskind durch das Ohr empfängt.

3 A. Zweig: Ästhetik des Rundfunks, p. 75.

schönen germanischen Namen Eugen Hadamovsky nannte zu Beginn des Jahres 1935 programmatisch die beiden Hauptziele der NS-Radioprogrammarbeit: »1. die Entspannung des Hörers durch leichte Unterhaltungssendungen in den dafür geeigneten Stunden und 2. die Pflicht zu künstlerischer und weltanschaulicher Aufbauarbeit im Geiste des Nationalsozialismus.«

Hadamovsky, die Stimme seines Herrn, hatte schon 1934, so als wollte er die These von der Allianz zwischen Religion und Medientechnik persiflieren, dekretiert: »Was das Gebäude der Kirche für die Religion, das wird der Rundfunk für den Kult des neuen Staates sein. Der Rundfunk ist nun nicht länger im physikalisch-technischen, sondern endlich im geistigen Sinne ›Sendung‹. Jeder Funkschaffende ist Träger nationalsozialistischer Sendung, ein Propagandist und Apostel der Idee.«[1] Welcher Idee – das wird von dieser Stimme nicht ausgeführt, sondern stillschweigend vorausgesetzt. Zur gespenstischen Qualität von Sätzen wie den zitierten zählt, daß sie zutreffen. Tatsächlich ist der Rundfunk nicht nur auf Sendung, er hat vielmehr (wie alle Medien) auch Sendungsbewußtsein. Und zwar sein medientechnologisch spezifisches Sendungsbewußtsein. Zum Sendungsbewußtsein des Rundfunkmediums gehört a priori, daß es auf die Stimmen fixiert ist, die jetzt erklingen und präsent sind. Um das von Jacques Derrida lancierte Wort zu verwenden: Der Rundfunk ist so phonozentrisch wie unsere abendländisch-christliche Kultur und wie der lebendige Geist, dem sie sich verpflichtet weiß.

Abwertungen der Schrift gehören (siehe Kapitel 4) seit Platon zum Standardrepertoire unserer Kultur und unserer Kulturkritik. Der Buchstabe tötet, der Geist aber macht lebendig – so lautet mit dem zweiten Korintherbrief 3, Vers 6 das Credo, das unüberhörbar auch das Radio teilt. Der Geist weht, wo er will und wohin der Rundfunk sendet. Eben in den Jahren, in denen der Rundfunk erfunden und implemen-

1 Zit. bei C. Schmölders: Die Stimme des Bösen, p. 683.

tiert wird, haben Konzepte vom lebendigen Stimm-Atem, vom lebendigen Gespräch und vom göttlichen Anruf Hochkonjunktur. In einem Medien-Essay über *Die Stimme des Bösen – Zur Klanggestalt des Dritten Reiches* hat Claudia Schmölders dargelegt, daß in den Jahren unmittelbar vor 1933 ein wahrer »Kult des Hörens und des Sprachklangs in Philosophie und Sprachwissenschaft« herrschte. Um nur zwei prominente Beispiele zu nennen: Der Kronjurist des Dritten Reiches und berüchtigte Verfasser von *Der Führer schützt das Recht*, der Staatsrechtler Carl Schmitt, war fasziniert vom Bild der Justitia, deren Augen verbunden sind, die aber um so intensiver und unterwürfiger den Spruch beziehungsweise die Stimme des Gesetzes, des Gewissens oder eben auch die des gesetzgebenden und -nehmenden Diktators vernimmt, der das Recht schützt, indem er einen Haufen schriftlich fixierter Paragraphen außer Kraft setzt. Einem »Kultus des Gehorchens« ist auch das Denken Martin Heideggers verpflichtet, das der Stimme des Gewissens, dem Anruf des Seins, dem eigentlichen Wort und dem Vernehmen der Bedeutsamkeit von Zeit nachdenkt. Der Kritiker des »man« und der Uneigentlichkeit war von 1933 bis 1945 Mitglied der NSDAP.

Anruf des Gewissens, das Vernehmen, das Hören und Gehorchen, die Sprache spricht, die Diktatur diktiert, das Schicksal ruft, Deutschland folgt seiner Sendung und rückt ein in seine Bestimmung und Berufung: phonozentrische Konzepte wie diese wurden mit dem Radio medientechnologisch schaltbar. Denker wie Heidegger und Staatsrechtler wie Carl Schmitt mochten noch so große Idiosynkrasien gegenüber der Moderne und deren Technik hegen und pflegen. Von Hitlers und Goebbels Radiostimmen waren auch sie, im »man« aufgehend, in den Bann geschlagen. Diese bannende Kraft hat der französische Medienkünstler und Essayist Jean Clair folgendermaßen zu verstehen versucht: »Ein Wesen, das die Gesten und das Sprechen oder das Sprechen und die

Mimik nicht mehr miteinander verbinden kann, ist gleichsam körperlos oder stumm, ein übernatürliches Wesen, dessen Äußerungen an Theophanien erinnern. Diese Stimme ohne sichtbaren Klangkörper, die durch die Wohnung hallt, wiederholt in der Intimität des privaten Bereichs die grundlegende Erfahrung des Heiligen, das sich den Menschen offenbart: Sie ist der schreckliche Donner, der plötzlich Tod oder Heil verkündet, der Gebote und Verbote diktiert. Sie ist also im Klangbereich das, was die Siegrune SS, der furchtbare Blitz, den Klemperer gesehen hat, für den Blick ist: der leuchtende Blitz, der die Präsenz des ›Gottmenschen‹ Hitler anzeigt.«[1]

Zu den Gründen des im nachhinein gespenstisch anmutenden Erfolges dieser Radiostimmen, die aus ihrer Bereitschaft keinen Hehl machten, den Krieg und den mitleidlosen Massenmord zu diktieren (nicht aber vorzuschreiben und also schriftlich zu dokumentieren), gehört die mediale Souveränität der Nazis. Die Mehrheit der Deutschen, ob große oder kleine Geister, waren von den so unüberhörbar hysterischen Stimmen, die aus den Kehlen von Hitler und Goebbels über das Radio und die Wochenschau sich in weit aufgespannte, horchende und gehorchende Ohren ergossen, buchstäblich besessen. Hingegen gehört es zu den Standardapologien von Deutschen mit Nazivergangenheit, daß sie Hitlers Buch *Mein Kampf* nicht gelesen hatten. Zu den seltsamen und ebendeshalb buchenswerten Differenzen zwischen linken und rechten Totalitarismen gehört auch diese: daß das Hitler-, Mussolini- oder Franco-System kultisch auf diktatorische Radiostimmen, selbst der Stalinismus aber noch (nicht minder kultisch) auf Marx-Engels-Lenin-Stalin-Buchmeter ausgerichtet war.

Was für andere Medien gilt, gilt aber, allen Überlegungen zum intimen Verhältnis von Nationalsozialismus und Rundfunk zum Trotz, auch für das Radio: nämlich der Satz von der ideologischen Unschuld der Medientechnik. Er bildet

1 J. Clair: Verantwortung des Künstlers, p. 38.

keinen Widerspruch, sondern eine komplementäre Entsprechung zur Einsicht, daß das Medium die Botschaft ist. Was schlicht heißen soll: Alle Medien sind ideologisch-inhaltlich unschuldig in dem Sinne, daß zum Beispiel die Medien Schrift und Druck sowohl die Bergpredigt als auch *Mein Kampf*, sowohl das Telephonbuch als auch *A la recherche du temps perdu*, sowohl eine frisierte Konzernbilanz als auch *Das Kapital*, sowohl die Bedienungsanleitung für den PC als auch den Quelle-Katalog zu lesen geben können; ideologisch unschuldig ist das Medium Film insofern, als es den Stoff sowohl für den *Panzerkreuzer Potemkin* als auch für den *Hitlerjungen Quex* als auch für Godards *Weekend* als auch für Coca-Cola-Werbung als auch für xyz hergibt; und selbstredend gilt dieses medial gewendete schlichte Küchenmesser-Mordwaffen-Argument auch für Platten, Photos, Briefe, Telephonate, Zeitungen und Computer mit Internetanschluß. Dennoch oder eben deshalb gilt, daß das Medium unabhängig von den Inhalten, die es speichert und/oder überträgt, die Botschaft ist. So ist die Welt des Buches eine außerordentlich voraussetzungsreiche (das Stichwort »aufwendige Alphabetisierung« beziehungsweise Schulpflicht soll genügen) Welt der Korrelation von schwarzen Lettern-Symbolen und dem, was man »Sinn« nennt; die Welt der AV-Medien ist hingegen eine Welt der sinnlichen Unmittelbarkeit. Man muß nicht alphabetisiert sein, um Radio zu hören oder fernzusehen.

Das Medium ist die Botschaft: daß die Briten am 23. April 1924 bei der Eröffnung der British Empire Exhibition erstmals die Stimme ihres Königs im Radio hören, ist reichlich unabhängig von den bei diesem Anlaß gesprochenen absolut belanglosen Worten die eigentliche Botschaft. Nur ein Jahr zuvor war die Bitte der BBC, die Hochzeitszeremonie von Elisabeth Bowes-Lyon und dem Duke of York direkt im Radio übertragen zu dürfen, noch abgelehnt worden. Die Begründung: es sei nicht auszuschließen, könne jedenfalls nicht kontrolliert werden, ob die radiophon anwesenden männlichen

Zuhörer auch den Hut abnähmen, wenn das mediale Erscheinen der Royals dies verlange. Die heutige Queen Mom ist sehr alt geworden und hat vor nunmehr auch schon bald einem halben Jahrhundert erleben müssen, daß die Krönung ihrer Tochter Elisabeth II. am 2. Juni 1953 zur ersten großen, weltweit ausgestrahlten TV-Live-Übertragung wurde. Viele der (britischen) Medien-Subjekte sollen sich bei den entscheidenden Akten aus dem Fernsehsessel erhoben und die Mütze abgenommen haben. Schweigen wir von der Hochzeit von Prince Charles und Lady Di, Lady Dis Beerdigung oder dem hundertsten Geburtstag der Königin-Mutter – Berichte über das angemessene zeremonielle Verhalten der Televisionäre sind nicht mehr in.

Das Medium ist die Botschaft: Die Fistelstimme des Tennos, die 1945 die Kapitulation Japans erklärt, ist kaum zu verstehen (nicht nur, weil sie Hofjapanisch spricht). Daß der Gottkaiser überhaupt seine Stimme via Radio in die Ohren der erschütterten Untertanen fließen läßt, ist die Botschaft. Und die lautet: Der da »an alle« spricht, ist kein Gottkaiser mehr, sondern jemand, den Sieger nötigen, öffentlich den Text zu sprechen, den sie ihm vorgesetzt haben. Auf ganz andere Art erschüttert und traumatisiert waren sieben Jahre zuvor die Radiohörer der größten US-Metropole. 1938 kam es in New York zu einer Massenpanik. Der meistgehörte Radiosender hatte Orson Welles' Hörspiel *War of the Worlds* gesendet: Galaktische Aliens erobern die Erde und fangen dabei in deren ökonomisch-logistischen Zentrum an: New York. Daß der fiktive Charakter dieser als Live-Reportage gestylten Geschichte den Hörern im Fünf-Minuten-Takt mitgeteilt wurde, konnte die Panik nicht verhindern. So verwunderlich ist das aus mindestens fünf Gründen nicht. Erstens: Das Radio ist das erste Massenmedium, das Live-Übertragungen möglich macht. Zweitens: Dementis gehören zum Standardinventar der Übertragung von *bad news*. Und Aufgabe der Medien ist es drittens nun einmal (siehe die *Erste Unterbrechung*), Unwahrscheinliches als doch wahr darzustellen. Viertens herrschte 1938 aus guten beziehungsweise schlechten Gründen Kriegsfurcht. Und fünftens ist das Radio eben nur ein Audio- und noch kein Audiovisionsmedium; die Gültigkeit dessen, was da gesagt beziehungsweise gehört wird, kann kein Blick auf einen Monitor kontrollieren. Und auch kein Blick auf das, was man die wirkliche Welt nennt. Tausende von Radiohörern flüchteten aus New York, um die Invasionstruppen vom Mars nicht sehen zu müssen.

Das Nachrichtenmedium Radio ist also ein hochgradig heikles Medium. Lügen sind bekanntlich eine authentische Möglichkeit der Sprache. Nicht nur Papier, auch Frequenzen sind geduldig. Der Roman *Human Voices* von Penelope Fitzgerald, die selbst während des Zweiten Weltkriegs bei der BBC in London arbeitete, stellt dieses Problem in den Mittelpunkt seiner Aufmerksamkeit. Glaubwürdigkeit ist immer eine knappe und deshalb kostbare Ressource. Dramatisch aber wird das Problem der knappen Glaubwürdigkeit in Kriegszeiten – und generell in den modernen Zeiten, in denen der Hinweis auf die Macht der öffentlichen Meinung mehr ist als ein romantischer Geheimtip. Walter Lippmanns klassische Abhandlung *Public Opinion* erschien in Zeiten des zügig expandierenden neuen Radiomediums, genauer: im Jahr 1922. Ihre heute fast schon banale These: Meinungen hat man nicht per se, sie werden gemacht. Und die Machart der Produktion von Meinungen, Präferenzen und Urteilsstrukturen steht im Mittelpunkt von Lippmanns Untersuchung, die so durchschlagende Konzepte vorstellt wie den Multiplikatoren-Effekt (wer hat warum in welchen Kreisen die Meinungsführerschaft, wie kommt man an die Meinungsmacher und -multiplikatoren heran, wie überschreiten Meinungen Milieugrenzen?), das Agenda-setting (worüber wird überhaupt geredet und gestritten und worüber eben nicht?) und die Gatekeeper-Theorie (wer läßt angesichts der Übermenge an Informationen welche Themen durch das enge Netz der knappen Ressource Aufmerksamkeit fließen?).

In diktaturanfälligen Zeiten, die zugleich Zeiten der Entdeckung der Macht von öffentlicher Meinung sind, gewann die BBC Glaubwürdigkeit gerade dadurch, daß sie im strikten Gegensatz zu Goebbels' Volksempfänger-Euphemismen (wie der berüchtigten »Frontbegradigung«) selbst in Kriegszeiten *bad news* für die eigene Seite nicht unterschlug. Die legendären *9 o'clock News* der BBC kultivierten geradezu dieses Merkmal, das elegant an die britische Tradition öffentlicher Rhetorik anknüpft, die lieber in heiliger Nüchternheit »Blut, Schweiß und Tränen« (so Churchill in seiner berühmten Rede zum Beginn des Zweiten Weltkriegs) als »geistig-moralische Führung« oder »blühende Landschaften« (Kohl) verspricht. »Human Voices« im Radio: Fitzgeralds Roman schildert an einem halberfundenen Beispiel, wie im Krieg die Aufrichtigkeits-Ethik der BBC-Mitarbeiter auf die Probe gestellt wurde. Ein nach London emigrierter französischer General bittet um Sendezeit für eine Ansprache an die Franzosen, um, wie er die BBC-Mitarbeiter glauben macht, in der Tradition de Gaulles zum Widerstand gegen die Nazi-Besatzung aufzurufen. Statt dessen aber ruft er zur Einstellung aller Widerstandshandlungen auf – und der BBC-Programmdirektor Jeff Haggard schaltet das Mikro aus. 10 Minuten Sendepause. Und lange anschließende Debatten, ob der BBC-Direktor nun gegen den Ehrencode seiner Sendeanstalt verstoßen hat oder nicht.

Sendepausen: Den Zweiten Weltkrieg trennen in Deutschland nur wenige Tage, mitunter nur wenige Stunden Schweigen von der Nachkriegszeit. Von vielen Zeitgenossen sind diese kurz bemessenen medialen Schweigezeiten als Epochenschnitt erfahren worden. Die Erzählung *Dr. Murkes gesammeltes Schweigen* von Heinrich Böll knüpft eben nicht nur an einen literarischen Topos, sondern auch an eine konkrete historische Erfahrung an: daß der Volksempfänger für einige Stunden schwieg, war eine, ja, war sogar die Botschaft, die eigentlich zählte. Kürzer und wichtiger sind deutschsprachige Nachrichten selten gewesen als in den Frühlingstagen des Jahres 1945. Ein Sender nach dem andern wird von alliierten Truppen eingenommen. Auf ein neues systematisches Radioprogramm mußten die Deutschen in den Besatzungszonen nicht lange warten. Schon am 15. Mai 1945, also nur eine Woche nach der Kapitulation von Nazi-Deutschland, erscholl aus den Volksempfängern eine halbvertraute Stimme: »Hier spricht Berlin.« Ins sowjetisch besetzte Berlin war mit der Gruppe Ulbricht auch der rundfunkerfahrene kommunistische Emigrant Hans Mahlke zurückgekehrt. Er, der in Moskau zusammen mit Herbert Wehner und Walter Ulbricht in der deutschsprachigen Redaktion von Radio Moskau gearbeitet hatte, wurde noch im selben Monat Intendant des Berliner Rundfunks. Ein gut vorbereiteter und gut funktionierender Kadereinsatz.

Die westlichen Besatzungsmächte waren nicht ganz so gut vorbereitet. Aber sie waren, wie spätestens das Ende des Kalten Krieges demonstriert hat, zumindest auf lange Sicht effektiver. Auch bei den westdeutschen Rundfunkanstalten fanden sich bald Remigranten wie Fritz Eberhard ein, die das Zeug zu legendären Figuren hatten. Eberhard hatte während des Zweiten Weltkriegs bei der BBC in London gearbeitet. Schon im Juli 1945 wurde er Kommentator bei Radio Stuttgart und 1949 schließlich Intendant des Süddeutschen Rundfunks. Die sechs westlichen föderal orientierten Landes-Rundfunksender (Süddeutscher Rundfunk, Südwestdeutscher Rundfunk, Bayerischer Rundfunk, Hessischer Rundfunk, Radio Bremen, Nordwestdeutscher Rundfunk) schlossen sich im Sommer **1950** zur **ARD** (Arbeitsgemeinschaft der Rundfunkanstalten Deutschlands) zusammen. Nicht zuletzt auf Druck der Alliierten war ein hohes Maß der Unabhängigkeit von direktem politischem Einfluß ein Hauptkonstruktionsmerkmal der einzelnen Sender. Dagegen richteten sich früh Versuche, einen staatlicher Einflußnahme zugänglichen »Adenauer-Rundfunk« zu etablieren. Der die Presse- und Meinungsfreiheit garantierende Artikel 5 des Grundgesetzes aber wurde in mehreren Verfahren vom Bundesverfassungsgericht so interpretiert, daß er den ARD-Sendern tatsächlich weitgehende Unabhängigkeit von bundespolitischen Einflußversuchen zusicherte. Komplementär zu den Landesrundfunkanstalten wurden mit dem am 17. Dezember 1960 verabschiedeten »Gesetz über die Errichtung von Rundfunkanstalten des Bundesrechts« die unter der Schirmherrschaft des Bundes stehenden Sender DW (Deutsche Welle – für Sendungen ins Ausland) und DLF (Deutschlandfunk) eingerichtet.[1]

Die hohe Zeit des deutschen Nachkriegsradios war kurz bemessen. »Das wichtigste Medium jener Jahre war unbestritten das Radio: Die Vorderseite mit dem Lautsprecher stoffbespannt, die Stationstasten wie die verkürzte Tastatur eines Klaviers, und vor allem das magische Auge der Sendereinstellung, jener grünlich leuchtende Punkt in den Dämmerungen, wenn sich die Familie zu Hör- und Ratespielen versammelte oder zu Endlosserien wie Kalle Blomquist, der Meisterdetektiv. Auch der Schulfunk mit dem Tierfreund oder *Neues aus Waldhagen* gehörte zu den eindringlichsten Hörerlebnissen meiner Kindheit« – so heißt es in dem medienhistorisch aufschlußreichen Roman *Vierundzwanzig Türen* des 1951 geborenen Schriftstellers Klaus Modick[2]. In den fünfziger Jahren wurde das Radio zum Leitmedium, das nicht nur bei Sportübertragungen wie der Fußballweltmeisterschaft von 1954 in Bern, sondern auch bei der Übertragung von Bundestagsdebatten wie der über die Wiederaufrüstung Einschaltquoten von deutlich über 50 Prozent erreichen konnte. Alte Rundfunkleute schwärmen heute von den Zeiten, in denen Alfred Andersch Redakteur beim SDR in Stuttgart war und Schriftsteller(innen) wie Heinrich Böll, Ilse Aichinger, Günter Eich, Ingeborg Bachmann, Friedrich Dürrenmatt und Marie Luise Kaschnitz den

1 Zu Einzelheiten cf. u. a. die Darstellung von A. Diller: Rundfunk, und H. O. Halefeldt: Programmgeschichte.

2 p. 200.

legendären »Radio-Essay« sprachen. *Tempi passati*. Technische Innovationen wie die Einführung des **UKW-Betriebs** (sukzessive schon **ab 1949**) und der **Stereophonie** (ab **1963**) konnten nicht verhindern, daß das Radio sehr schnell seine Funktion änderte. In dem Maße, in dem das Fernsehen sich durchsetzte (also sehr schnell), wurde es vom Leitmedium zum Begleitmedium, das beim Kochen oder Autofahren eingeschaltet ist. Oder zum Spartenprogramm für ein kleines Publikum, das zum Beispiel sonntags früh aufsteht, um von 8.30 bis 9.00 Uhr in der altehrwürdigen Vortragsreihe *Aula* des SWF (heute SWR; die Reihe beging 1999 ihren fünfzigsten Geburtstag) den Überlegungen von Jaspers und Gadamer über Mitscherlich und Adorno bis Sloterdijk und Bolz zu lauschen: eine Intellektuellengeschichte in nuce. Daß Hörspiele einmal ein Genre waren, das nicht nur Kriegsblinde in den Bann schlug, nimmt sich heute geradezu exotisch aus. Und daß es immer noch neue Musik aus Darmstadt gibt, wüßte man wohl kaum, wenn es nicht immer noch (und auch nach der Einführung des dualen öffentlich-rechtlichen und privaten Rundfunksystems 1984) Rundfunkanstalten gäbe, die auch bereit sind, bei Einschaltquoten von deutlich unter einem Prozent zu senden.

Seltsame Entwicklung: Das Radio und somit das erste elektronische Massenmedium ist auch heute noch ein Massenmedium – aber eins, das Hintergrundgeräusch produziert. Oder es ist zum hochausdifferenzierten Medium für regionale, dialektale, esoterische oder auf Einzelthemen spezialisierte Minoritäten geworden. Massen steuert es wohl nur noch, wenn es nichts mehr zu steuern gibt: Im Stau hören alle im Autoradio, das dann noch einmal so etwas wie ein Volksempfänger ist, daß es nicht weitergeht. Macht zusammen: 95 Prozent aller Deutschen hören auch heute noch täglich Radio – und das sogar, dem Auto sei Dank, drei Stunden lang. Aber kaum einer hört wirklich hin. Wie denn die Geschichte des Radios überhaupt eine Grundtendenz in der Entwicklung der Mediennutzung zur Kenntlichkeit verdichtet: Aus Medien der Versammlung werden solche der Zerstreuung. Vom Sinn zu den Sinnen, von der Versammlung vieler, die versammelt/konzentriert einer Botschaft lauschen, von der sie annehmen, daß sie sinnvoll ist, zur Zerstreuung, zur Unterhaltung, aber eben auch zur Individuierung. Eine Entwicklung, die das Fernsehen viel schneller noch als das Radio, dem es als erstem elektronischen Leitmedium den Garaus macht, nachvollzieht. Daß noch das Fernsehen einen theologischen Bodensatz hat, den es dann rein innerweltlich wendet, gibt sein kaum je bedachter Begriff vergleichsweise offen zu erkennen: fern-sehen, tele-visionär sein. Nach dem Zweiten Weltkrieg, der im Rückblick gerade aus deutscher Perspektive auch als brutal-idiotischer Kultus der Versammlung (ein Volk, ein Reich, ein Führer, ein Volksempfänger) erscheint, schalten Medien auf den Kult der Zerstreuung um. Nach 1945 werden fast alle Menschen zerstreute Televisionäre.

11. Fernsehen

Die Flimmerkiste, die Mattscheibe, die Glotze: kein anderes Massenmedium hat unter Gebildeten einen so schlechten Ruf wie das Fernsehen. Und kein anderes Medium (auch der Computer nicht: seine Reichweite wird die des Fernsehens kaum erreichen) war so erfolgreich. Medien überhaupt, und Massenmedien zumal zu kritisieren ist seit Platons Verwerfung der Schrift und in modernen Zeiten spätestens seit der philosophischen Schelte von Kierkegaard und Schopenhauer an der Tagespresse eine Üblichkeit, mit der sich Gebildete als Gebildete, Eliten als Eliten preiswert identifizieren. Das alte Spiel (keiner hat es so souverän gespielt wie Karl Kraus, der mit seiner *Fackel* über 20 000 Zeitschriftenseiten gegen die Oberflächlichkeiten der Zeitungsindustrie publizierte), das alte, gut eingeübte, aber langsam erlahmende Spiel, über die sprachlichen, mentalen und kulturellen Verheerungen zu höhnen und zu stöhnen, die die Journaille anrichtet, bekommt mit dem Fernsehen neue Nahrung.

Dabei ist das Fernsehen zuerst einmal nichts anderes als das unschuldigste aller Medien. Das hat schon einer der frühen Analytiker dieses Mediums, Rudolf Arnheim, gesehen, in dessen Essay *A Forecast of Television* es heißt: »Television is a mere instrument of transmission, which does not offer any means for the artistic interpretation of reality.«[1] Arnheim, dessen Aufmerksamkeit in früheren Publikationen so entschieden dem *Film als Kunst* (1932) oder dem *Rundfunk als Hörkunst* (1936) galt, hat recht. Als reines Übertragungsmedium bietet das Fernsehen keine Mittel zur künstlichen beziehungsweise künstlerischen Interpretation der Wirklichkeit. Und es läßt, da es in Echtzeit überträgt, anders als die in jeder Weise nachtragende Schrift, schlicht keine Zeit für Manipulationen. Das Übertragungsmedium Fernsehen ist, weil es Augen und Ohren zugleich bedient, weil es für

1 R. Arnheim: Television, p. 7.

Manipulationen keine Zeit läßt, ein urdemokratisches, antielitäres, eben egalitäres und verläßliches Medium. Im Land der pragmatischen Demokratie, in den Vereinigten Staaten von Amerika, hat das Fernsehen denn auch zuerst seinen weltweiten Siegeszug angetreten.

Wer so argumentiert, wer also das Fernsehen als ein egalitäres Medium verläßlichen Speicherns und Übertragens versteht, muß mit Einspruch rechnen. »Fernsehen verblödet: Auf diese schlichte These laufen so gut wie alle landläufigen Medientheorien hinaus, gleichgültig, wie fein gesponnen oder grob gewirkt sie daherkommen«, heißt es gleich zu Beginn von Hans Magnus Enzensbergers 1988 erschienenem Essay *Das Nullmedium oder Warum alle Klagen über das Fernsehen gegenstandslos sind.*[1] Fernsehen ist tatsächlich und buchstäblich zuerst einmal das Medium für Idioten. Das griechische Wort *idiotes* meint nämlich nichts anderes als den Analphabeten, der nicht an der allgemeinen Diskussionslage teilhaben kann, eben weil er der Schrift und der ihr anvertrauten guten Argumente unkundig ist. Das Fernsehen ist nach dem Radio das zweite große elektronische Massenmedium, das auch und besonders gut für Analphabeten taugt. *Idiotes* (es ist mit dem Wort »Idiom« verwandt) meint aber nicht nur den schreibunkundigen Laien und Stümper, sondern auch denjenigen, der (im negativen Sinne) eigensinnig und privatistisch ist, eben weil er sich nicht auf den Stand des leitmedial verbürgten allgemeinen Wissens zu bringen vermag. In einem *Idiotikon* (Mundartenwörterbuch) stehen deshalb die Worte derer verzeichnet, die kein Hochdeutsch sprechender Zeitgenosse verstehen muß.

Das Fernsehen verändert solche Zuschreibungsstrategien radikal: idiotisch, unverständlich, anachronistisch und privatistisch, nämlich vom Allgemeinen ausgeschlossen ist fortan nicht etwa der Schriftunkundige, sondern derjenige, der nicht fernsieht. Sartre hat in seiner monumentalen, aber medienanalytischen Klartext vermeidenden Studie schon den

1 H. M. Enzensberger: Mittelmaß, p. 89.

Verfasser von *Madame Bovary* und *Bouvard et Pécuchet* als *idiot de la famille* charakterisiert. In der sich formierenden Massenmediengesellschaft des 19. Jahrhunderts, die vom Fernsehen allenfalls träumte, setzt sich der eigensinnige Gustave Flaubert vom Stand des Allgemeinen ab. Er schreibt von Figuren, die, weil sie (wie Emma Bovary) belletristische Bücher lesen oder (wie Bouvard und Pécuchet) universalwissenschaftliche Bücher schreiben wollen, auf der Höhe ihrer Zeit und ihrer Möglichkeiten zu leben glauben und ebendeshalb einen tiefen Sturz erleben. Wer »Idiot« ist und wer im medialen Mainstream schwimmt, wird ab der Mitte des 19. Jahrhunderts neu verhandelbar. In der Fernsehgesellschaft aber steht dieses Problem nicht mehr ernsthaft zur Diskussion. Wer noch der Welt der Lettern angehört, muß handgreiflich erfahren, daß die Lettern nicht mehr (jedenfalls nicht mehr allein) im medialen Zentrum von modernen Gesellschaften stehen – und nicht in dem vormoderner Gesellschaften standen.

Die Gutenberg-Galaxis wird von ihrem Jenseits her als die kultur = medienhistorische Ausnahme ansichtig, die sie ist. Eine flächendeckende Alphabetisierung und der mediale Alleinvertretungsanspruch des Buches sind zwei bemerkenswerte Koordinaten, die für einige Jahrzehnte in ein bis zwei Weltecken, die da Westeuropa und Nordamerika heißen, einige exzentrische Funktionsgleichungen ermöglichen. Um nicht mißverstanden zu werden: Die Produktivität und der intellektuell-ästhetische Reiz, der in diesem medialen Koordinatensystem die Bedingung seiner Möglichkeit fand, ist schwerlich zu bestreiten. Daß diese Koordinaten nicht »für alle« (Zeiten, Kulturen, Mediensysteme, Menschen) gelten, wird selten bedacht, ist aber ebenfalls kaum ernsthaft zu bestreiten.

Der Traum von der integrierten Direktübertragung auditiver und visueller Daten ist alt. Wer will, kann ihn auf Platons Höhlengleichnis oder gar auf die zahlreichen Telepathie-

und Televisionsgeschichten der Homerischen Epen oder des Alten Testaments vordatieren. In die Sphären technischer Schaltbarkeit aber tritt die TV-Technik erst am Ende des 19. Jahrhunderts ein. Eben in den Jahren, in denen sich in der Malerei der Pointillismus Pissarros oder Seurats durchsetzt, bastelt der Berliner Student **Paul Nipkow** (1860 bis 1940) an einer **Scheibe**, deren Funktion es sein soll, Bilder in Einzelpunkte zu zerlegen, um sie auf diese Weise übertragungsfähig zu machen. Am **6. Januar 1884** beantragt er das deutsche Patent Nr.30.105 für seine »Abtastscheibe zur mechanischen Bildzerlegung«. Sie weist 24 (auch hier also die Zahl 24 – wie bei den Buchstaben oder den Filmbildern pro Sekunde) spiralförmig angeordnete Löcher auf. »Die Abtastscheibe hat 24 Löcher spiralförmig am Außenrand angeordnet. Am Sender fällt Licht vom Bild durch die Scheibe und durch zwei Linsen auf eine Selenzelle. Die Scheibe rotiert mit konstanter Drehzahl; die elektrischen Impulse aus der Selenzelle werden zum Empfänger geführt, wo eine zweite Scheibe bei ebenfalls konstanter Drehzahl rotiert. Eine Quelle wirft polarisiertes Licht durch Linsen und die Scheibe, wobei die Polarisationsebene durch von den Senderimpulsen erzeugte Spannungsänderungen an einer Spule variiert wird.«[1]

Die Grundidee zur TV-Übertragung ist damit gegeben. Aber es waren noch viele handfeste Probleme zu lösen – etwa das der Feinstrukturierung oder das der Überwindung von Übertragungsträgheit: Wie können mehrere hundert Punkte in mehreren hundert Bildzeilen so schnell übertragen werden, daß sie ein Bild ergeben? –, bis es zu ersten Probesendungen kommen konnte. Ein wichtiger Schritt auf diesem Weg war die am **27. März 1931** von **Manfred von Ardenne** zum Patent angemeldete, auf Elektronenröhren basierende **TV**-Aufnahme- und Monitor**apparatur**. Manfred von Ardenne und Wernher von Braun verkörpern übrigens vollendet den Typus des Ingenieurs, der unter den Nazis ebenso verläßlich Innovation an Innovation reiht wie nach 1945

1 Große Medienchronik, p. 322.

unter der Ägide der sowjetischen (Ardenne) oder der amerikanischen (Braun) Forschung. Am **22. März 1935** nimmt Nazi-Deutschland schließlich mit dem Fernsehsender Paul Nipkow unter erheblichem Propagandaaufwand den **ersten halbwegs regelmäßigen TV-Programmbetrieb der Welt** auf. Doch es bleibt trotz vereinzelter Übertragungen von den 11. Olympischen Spielen 1936 in Berlin ein Medium ohne Publikum. Ein Grund dafür sind Kompetenzstreitigkeiten zwischen der Reichspost und der »Reichs-Rundfunk-Gesellschaft« (RRG), ein anderer ist die Vorliebe des Diktators und seiner Propagandastimme Goebbels für das Radio[1] und sein Mißtrauen gegenüber dem neuen Medium: Nazi-Größen kamen sich, von der Wochenschau des Kinos verwöhnt, auf dem kleinen Monitor kleingemacht, verhöhnt, kurzum: ungünstig präsentiert vor. Die Zuschauer in den 28 sogenannten Fernseh-Salons, die entweder in Kinos oder in zentral gelegenen Einkaufspassagen eingerichtet wurden, sollen häufig gelacht haben, wenn die Nazi-Prominenz, grobkörnig zerlegt, auf dem Monitor ihre Reden schwang.

Von dem **1939** auf der **Berliner Funkausstellung** vorgestellten »**Fernseh-Einheitsempfänger E 1**« wurden höchstens 50 Exemplare gebaut. Mit dem Beginn des Zweiten Weltkriegs wurde in Deutschland wieder auf Kriegsproduktion umgeschaltet: Radarschirme statt TV-Monitore. In Großbritannien und den USA wurde hingegen auch während der Kriegsjahre die zivile TV-Technologie entschieden weiterentwickelt. Am **2. November 1936** geht in **London** um 15.30 Uhr das **erste englische TV-Programm** auf Sendung. In bester britischer Tradition hatte ein Münzwurf darüber entschieden, welches der beiden einigermaßen reifen TV-Systeme bei dieser Erstsendung zur Geltung kommen sollte: das von Baird-Television oder von Marconi-EMI. Baird gewinnt, muß sich dann aber mit alternierenden Ausstrahlungen der

1 Siehe dazu die Fernsehsendung des Spiegel-TV-Redakteurs Michael Kloft: Fernsehen unterm Hakenkreuz (gesendet in zwei Teilen bei SAT 1 am 21. und am 28. Juni 1999).

Systemkonkurrenz abfinden. Die Feierlichkeiten zur Krönung von Georg VI. am 12. Mai 1937 werden von der BBC mit dem Marconi-EMI-System live übertragen. Mit einer kleinen Verspätung, dann aber besonders rasant entwickelt sich die TV-Technologie in den **USA**. **1939** beginnt die **NBC** (National Broadcasting Company) ihren Sendebetrieb mit der Live-Übertragung der Eröffnung der Weltausstellung in New York. Von Beginn an gibt es Konkurrenz: auch **CBS** (Columbia Broadcasting Systems) startet im selben Jahr seinen Sendebetrieb. Schon in den vierziger Jahren existierten in den USA mehr als zwanzig verschiedene, überwiegend privat organisierte TV-Sender.

Auf einen regelmäßigen Sendebetrieb mußten die Deutschen lange warten. Wie nach dem Ersten Weltkrieg das Radiozeitalter beginnt, so startet nach dem Ende des Zweiten Weltkriegs, gleichsam als wollten diese Kriege auch für medienhistorische Überschaubarkeit sorgen, das TV-Zeitalter. Am vierten bundesrepublikanischen Weihnachtstag, am **25. Dezember 1952** beginnt der **televisionäre Sendebetrieb im Nachkriegsdeutschland**. Der NWDR strahlt erstmals von 20 bis 22 Uhr sein Programm aus – für weniger als zehntausend Fern-Seher. Bei dieser geringen Zahl wird es nicht lange bleiben. In den sechziger Jahren sind die meisten Haushalte mit Fernsehgeräten (und Autos) bestückt, und in den siebziger Jahren setzt sich der Trend zum Zweit- beziehungsweise Drittgerät (wie der zum Zweitwagen) durch. Der »Fernsehverweigerer« (ob Zeuge Jehovas oder Anthroposoph oder militanter Kulturkonservativer) wird zur auffallenden Gestalt und zum Objekt der Neugierde für Medienforscher. Die wichtigsten Daten der nachkriegsdeutschen TV-(Technik-)Geschichte sind ins kollektive Gedächtnis eingewandert. Ab **1963** haben die Fern-Seher die Gelegenheit, zwischen zwei Programmen zu wählen: das **ZDF** nimmt seinen Sendebetrieb auf, der einen stärkeren Akzent auf Unterhaltungsprogramme setzt. Die dritten Programme spezialisieren sich auf regionale und hochkulturelle Sendungen. Wer aber der laufenden Sendung untreu werden will, wird in diesen Jahren noch mit Leibesanstrengungen bestraft. Er muß zum Gerät schreiten und dort Knöpfe bedienen. Das ändert sich erst mit der Erfindung der **drahtlosen Fernbedienung.** Sie gibt es (in Deutschland) **ab 1972** beziehungsweise als Massenartikel ab 1975. Ein Beispiel dafür, wie nun wirklich harmlos scheinende Ausgeburten von Ingenieurshirnen (besser: Ingenieursbüros) Kulturrevolutionen auslösen, die keinem in den Sinn gekommen wären, der sich als »Kulturrevolutionär« sieht. Incipit die Epoche des »Zappens«.

In den achtziger Jahren werden kaum mehr Geräte verkauft, die nicht per Infrarottechnik fernbedienbar wären. Die Erfindung kam zur rechten Zeit. Denn **ab 1984** bekommen die öffentlich-rechtlichen Sender mehr als nur interne Konkurrenz. Nach Jahren heißer politischer Diskussionen um staatlichen Rund- und Rotfunk und nach nicht minder heißen Jahren technischen Probehandelns (das sogenannte Kabelpilotprojekt unter anderem in Mannheim/Ludwigshafen) beginnt das **»duale« System** von einerseits öffentlich-rechtlichen, gebührenfinanzierten Sendern (ARD, ZDF, dritte Programme; das ZDF erhält rund 30 Prozent der Gebühreneinnahmen, macht 60 Prozent seiner Gesamteinnahmen, der Rest stammt aus Werbeeinnahmen) und andererseits privatrechtlich organisierten Sendern, die ihr Geld damit verdienen, daß sie ihr Publikum an die Werbeindustrie verkaufen (wie die zur Bertelsmann-Gruppe gehörenden Sender RTL, RTL 2, RTL plus und VOX, die zur Kirch-Springer-Gruppe gehörenden Sender SAT 1, PRO 7 und weitere Sender wie n-tv und CNN oder der Pay-TV-Kanal Premiere). Macht zusammen seit gut 15 Jahren mehr als 30 über Kabel beziehungsweise Satellit zu empfangende Sender. **1965** wird erstmals ein für TV-Programme geeichter **Satellit** mit dem irreführenden Namen »**Early Bird**« in 36 000 km Höhe stationiert. Irreführend ist der Name insofern, als dieser Vogel nicht voranfliegt, sondern vielmehr himmlisch so geparkt wird, daß hienieden keine Sendepausen mehr entstehen. Mittlerweile sorgen rund 150 der insgesamt fast 10 000 bislang ins All geschossenen Satelliten für lückenlose E-Missionstätigkeit.

Der Traum vom **Farbfernsehen** sollte schon früh real werden. Ganz leicht war dies aber nicht. Die **ab 1954 in den USA** geltende Farbnorm NTSC (National Television Systems Committee) wurde aus nachvollziehbaren Gründen als Abkürzung für »Never the same colour« verspottet. Es gehörte zum Stolz deutscher Nachkriegstechniker, daß sie mit dem TV-Farbsystem PAL (Phase Alternation Line) deutlich bessere Resultate erzielen konnten. Der bunte Sendebetrieb beginnt in **Deutschland** am **28. August** (dem Geburtstag des Farbtheoretikers und Augenmenschen Goethe) des Jahres **1967**; die DDR erkennt schnell ihre Chance, sich zumindest teilweise von westdeutscher Medienhegemonie zu befreien, und entscheidet sich für das französische Farbsystem SECAM. Die Einführung des Farbfernsehens bringt der Elektronikindustrie einen neuen Umsatzschub. Die Zahl der TV-Geräte überschreitet zügig die Marke der 12 719 599 Geräte, die am 28. August 1967 registriert (!) sind. Für jeden, der aus dem Übertragungsmedium Fernsehen ein Aufzeichnungsmedium machen möchte (etwa um immer wieder »direkt« sehen zu können, wie 1969 der erste Mensch den Mond betritt: das nächtliche TV-Ereignis schlechthin), stehen **ab 1967** (in den USA) beziehungsweise ab 1969 (in Japan und Europa) **Videorecorder** bereit. Anfangs konkurrieren drei miteinander inkompatible Systeme, schon bald aber setzt sich der VHS-Standard durch. Seine eigenen Fernseh- beziehungsweise Videofilme kann man mit den immer handlicher werdenden **Videokameras ab 1979** aufzeichnen. Zu den meistgekauften beziehungsweise in den prosperierenden Videotheken meistentliehenen Kassetten gehören Hardcore-Sexfilme. So fleischlich-handfest kann sich die medienhistorische Leit-Formel »Vom Sinn zu den Sinnen« bewähren.

Aus der grobkörnigen Schwarzweiß-Flimmerkiste der frühen fünfziger Jahre ist zügig das leistungsfähigste Massenmedium geworden. Heute sitzen die Durchschnittsdeutschen etwa drei Stunden täglich vor dem TV-Gerät (eine seit bald 25 Jahren vergleichsweise konstante Zahl), zappen sich durch mehr als 30 Programme, sehen die *Tagesschau* und *Big Brother*, die Bundesligaspiele und Soft-Erotik-Sendungen, den *Fröhlichen Musikantenstadel* und den *Tatort*-Krimi, eine Talkshow und das *Literarische Quartett*, also noch eine Talkshow;[1] und sie lesen überdies auf **Videotext** (in Großbritannien **ab 1970**) die neuesten Sport-, Börsen- und Wetter-News, legen Videokassetten ein und schauen, wenn sie ein wenig mehr Geld investiert haben, auf flimmerfreie, digital gesteuerte, zunehmend auch flache Monitore im **16:9-Format** (PAL-Plus-Standard **seit 1993**). Mit all diesem Tun und Lassen geben sie Medienanalytikern und Kulturkritikern zu analysieren und zu denken. Daß das Fernsehen (fast) weltweit in wenigen Jahrzehnten eine Medien- und also Kulturrevolution sondergleichen bewirkt hat, ist unstrittig. Die Gretchenfrage, wie man es mit dem Fernsehen halten solle, wie man es be- oder ob man es als kulturwidrig verurteilen solle, hat nach den frühen kulturkritischen Attacken von rechs und links an Schärfe verloren. Wohl vor allem deshalb, weil der Satz von der normativen Kraft des Faktischen sich im Hinblick auf das Fernsehen glänzend bewährt. Und wohl auch deshalb, weil in dem Maße, in dem das Fernsehen sich in den letzten zwanzig Jahren verändert hat, deutlich wird, daß es zumindest in seiner bundesrepublikanischen Frühzeit auch segensreiche Wirkungen entfaltet hat.

Warum? Weil es entscheidend dazu beigetragen hat, in verblüffend kurzer Zeit aus der auf vermeintlich »tiefe« Werte eingeschworenen kollektivpathologischen, rassistischen, na-

1 Cf. dazu J. Hörisch: Schwarze Lettern auf flimmernden Mattscheiben, und ders.: Literaturpapst oder Dorfrichter Adam; in: J. H.: Die Wut des Verstehens (2.).

tionalistischen, militaristischen und totalitären Nazi-Massenmordgesellschaft (die sich selbstredend nie als eine Massenmordgesellschaft wahrgenommen hat) eine vergleichsweise charmante, demokratische, tolerante, offene, internationalistische und liberale Gesellschaft zu machen. Mit der Ausstrahlung der Serie *Holocaust* ist sie zum Teil sogar bereit, sich im Rückblick so wahrzunehmen – die Leistung einer TV-Soap-opera, die Paul Celans Lyrik oder Peter Weiss' Dramen nicht erbringen konnten. Das Re-education-Programm der westlichen Alliierten war, den Massenmedien und einer prosperierenden Volkswirtschaft sei Dank, erfolgreich. Sendungen wie *Der internationale Frühschoppen* unter Leitung des ehemaligen PK-Mannes Werner Höfer, Quizsendungen wie *Dalli, dalli* von Hans Rosenthal (der, wie eine erstaunte Öffentlichkeit nach seinem Tode erfuhr, als junger Jude in erbärmlichen Verstecken die Nazizeit überlebt hatte) oder die eben nicht Deutschland, sondern der Europa-Idee beziehungsweise der Europäischen Wirtschaftsgemeinschaft huldigende Kultsendung *EWG* (*Einer wird gewinnen*) des hanseatischen Charmeurs und Causeurs Hans-Joachim Kulenkampff brachten den Deutschen bei, wie reizvoll es sein kann, nicht Soldat zu sein und sich doch überall zu Hause zu fühlen. Direktübertragungen von Debatten aus dem Bundestag und unterschiedlich gepolte Politmagazinsendungen machten (Schulter an Schulter mit dem Wirtschaftswunder) handfest deutlich, daß ein Volk nicht einer Meinung sein muß, damit »es aufwärts gehe«. Was sich wohl erstmals dank des Fernsehens in den sechziger und siebziger Jahren wirklich durchsetzte, war die in Soziologendeutsch steil klingende, nun aber eben suggestiv nachvollziehbare Einsicht in die »Nichtzustimmungspflichtigkeit« der medial gelieferten Realitätsversionen und Lebensformen.

In seiner bedeutenden Studie mit dem reizvoll doppeldeutigen Titel *Die Realität der Massenmedien* hat Niklas Luhmann diese Leistung des Fernsehens (als eine, die Einsichten des Genres Roman popularisiert) gewürdigt: »Die am Roman gewonnene Form der erzählenden Unterhaltung ist heute nicht mehr alleinherrschend. Mindestens seit der Ausbreitung des Fernsehens hat sich eine zweite Form danebengesetzt, nämlich die Gattung der höchstpersönlichen Erfahrungsberichte. Personen werden, im Bilde sichtbar, vorgeführt und ausgefragt, oft im Interesse an intimsten Details ihres Privatlebens. Wer sich auf eine solche Situation einläßt, kann als aussagebereit unterstellt werden; der Fragende kann ungeniert vorgehen und der Zuschauer den Wegfall aller Peinlichkeit genießen. / Anscheinend liegt das Interesse an solchen Sendungen darin, eine glaubwürdige, aber nicht konsenspflichtige Realität vorgeführt zu bekommen. Obwohl in derselben Welt lebend (es gibt keine andere), wird der Zuschauer keinen Konsenszumutungen ausgesetzt. Ihm steht es frei, zuzustimmen oder abzulehnen. Ihm wird kognitive und motivationale Freiheit angeboten – und dies ohne Realitätsverlust! Der Gegensatz von Freiheit und Zwang ist aufgehoben. Man kann sich selbst wählen und wird nicht einmal darauf verpflichtet, bei dem zu bleiben, was man von sich selbst hält, wenn es ernst wird.«[1]

Biedere Bürger kommen mit Nachhilfe ausgerechnet des Fernsehens auf ein dialektisches Beobachtungsniveau und stellen fest, daß man klüger wird, wenn man zu ertragen lernt, daß man etwas so oder so sehen und beurteilen kann. Zum Verläßlichkeitsgefühl des deutschen Nachkriegsmedienalltags gehört wohl auch die behutsame Initiation in die Einsicht, daß etwas konstant bleibt, wenn alles sich ändert – eben daß sich alles ändern kann. Wenn trotz dieser tiefen Einsicht in die exklusive Zeitenthobenheit der Furie des Verschwindens doch Bayern München einigermaßen regelmäßig die Bundesligatabelle anführt, meistens die CDU regiert und Allianz und Deutsche Bank die stärksten Geldinstitute bleiben, ist solch ein hegelsches Reflexionsniveau auch psychodynamisch gut zu verkraften.

1 N. Luhmann: Massenmedien, p. 111 sq.

Fern-Sehen zwingt zur Toleranz. Und garantiert dennoch, solange es nur ein, zwei, drei Programme gibt, so etwas wie eine egalitär verteilte Aufmerksamkeit. In einem regional, sozial und konfessionell hochgradig diversifizierten Land wie Deutschland war es eine nicht zu unterschätzende Leistung des öffentlich-rechtlichen Fernsehens, daß es in seinen besten Zeiten Einschaltquoten erzielte, die im Rückblick geradezu atemberaubend erscheinen. Bis zu 80 Prozent der Deutschen (ob Straßenbahnfahrer oder Studienrat, ob Hausfrau oder Apothekerin, ob Vorstandsvorsitzender oder Parkwächter, ob Priester oder Bauer, ob Bayer oder Berliner, ob Jugendlicher oder Rentner, ob Mann oder Frau) waren »dabei«, wenn es um die Endspiele von Fußballmeisterschaften ging oder wenn »Kuli« die Sendezeit überzog, weil er öffentlich mit einer schönen Pariserin flirtete. Diese egalitäre Tendenz des Fernsehens ermöglichte so etwas wie eine paradoxe Kanonbildung – man hatte etwas, worüber man am nächsten Tag mit jedem sprechen und streiten konnte. So hat das Fernsehen in seiner hohen, öffentlich-rechtlichen Zeit das Kunststück fertiggebracht, Inklusion und Exklusion zusammenzubringen. Hegels tiefsinnige Einsicht in die Identität von Identität und Differenz bekam, dem Fernsehen sei erneut Dank, eine handfeste, demokratisch-pragmatische Dimension. Und so lautet die medienmoderne Variante von Hegels Leitformel: *we agree to disagree*. Angesichts dieser Leistung sind selbst die geharnischten Kritiker dieses Massenmediums weich geworden. Die wohl entschiedenste Kritik am Fernsehen stammt aus der Feder von Günther Anders. In seinem 1956 zuerst erschienenen Buch *Die Antiquiertheit des Menschen* (wie Adornos und Horkheimers berühmte Kritik der Kulturindustrie beruht die Medienschelte von Anders auf Erfahrungen während der US-Emigration) kam es zu einer geradezu gnostisch dimensionierten Verwerfung des Fernsehens, das systematisch um die Erfahrung wirklichen Lebens betrüge.

Nach fast 25 Jahren hat Günther Anders im Vorwort zur

1979 erschienenen fünften Auflage seines Buches diese Einschätzung bemerkenswert selbstkritisch revidiert: »Nicht mehr restlos einverstanden bin ich [. . .] mit der total pessimistischen Beurteilung der Massenmedien in dem Aufsatz *Die Welt als Phantom und Matrize*. Obwohl meine damaligen Thesen – der Mensch werde durch TV ›passiviert‹ und zur systematischen Verwechslung von Sein und Schein ›erzogen‹; und die geschichtlichen Ereignisse richteten sich bereits weitgehend nach den Erfordernissen des Fernsehens, die Welt werde also zum Abbild der Bilder – mehr zutreffen als damals; und obwohl gewisse Kanzler heute, 25 Jahre nach der Niederschrift meiner Reflexionen, meine Warnungen übernehmen [Helmut Schmidt hatte trockenen Auges für einen TV-freien Tag pro Woche plädiert, J. H.], trotzdem erfordern meine damaligen Thesen eine Ergänzung, und zwar eine ermutigende: Unterdessen hat es sich nämlich herausgestellt, daß Fernsehbilder doch in gewissen Situationen die Wirklichkeit, deren wir sonst überhaupt nicht teilhaftig würden, ins Haus liefern und uns erschüttern und zu geschichtlich wichtigen Schritten motivieren können. Wahrgenommene Bilder sind zwar schlechter als wahrgenommene Realität, aber sie sind doch besser als nichts. Die täglich in die amerikanischen Heime kanalisierten Bilder vom vietnamesischen Kriegsschauplatz haben Millionen von Bürgern die auf die Mattscheibe starrenden Augen erst wirklich ›geöffnet‹ und einen Protest ausgelöst, der sehr erheblich beigetragen hat zum Abbruch des damaligen Genozids.«[1] Seltsam unbeholfen erstaunte und doch erstaunlich wache Worte eines alten Kritikers der Massenmedien.

Unter dem aussagekräftigen Titel *No Sense of Places – The Impact of Electronic Media on Social Behaviour*[2] hat der Medienwissenschaftler Joshua Meyrowitz 1985 eine Studie vorgelegt, die *sine ira et studio* die Auswirkungen des Mas-

1 G. Anders: Antiquiertheit, p. VIII.
2 Dt. Übersetzung J. Meyrowitz: Wie Medien die Welt verändern.

senmediums Fernsehen auf Mentalität und Sozialverhalten analysiert. Das Ergebnis: Fernsehen ist antiautoritär. Denn es hat »no sense of places«. Soll heißen: Es hat keinen sonderlich ausgeprägten Respekt vor der tradierten Trennung zwischen dem für die öffentliche Präsentation vorgesehenen Bereich und dem öffentlich unzugänglichen Hintergrund. Fernsehend bekommen wir mit, wie ein hoher Politiker, General, Bischof oder Fußballvereinsmanager schwitzt, sich verspricht oder in der Nase bohrt. Wie sollte man da nicht falschen Respekt vor Autoritäten verlieren? Fernsehen entauratisiert. Die aufmüpfige Generation der Achtundsechziger war nicht ohne Grund die erste Generation, die halbwegs mit dem Fernsehen groß geworden war: Kinder nicht nur von Marx und Coca-Cola, sondern auch von CBS und ARD, BBC und France-Inter. Das Fernsehen sorgt aber auch für die Erosion anderer »emanzipationsfeindlicher« Grenzziehungen. Da es erstens »allen« (Männern und Frauen, Kindern und Alten, Land- und Stadtbewohnern, Armen und Reichen, Gläubigen und Ungläubigen, Alphabetisierten und Analphabeten) gleichermaßen leicht zugänglich und zweitens in einem unspektakulären Sinne ob-szön ist, also auf die Szene/Bühne bringt, was dort nach alter Medienordnung (»da schweigt des Sängers Höflichkeit«) nicht hingehört, ermöglicht es jedem Einblicke in die Sphäre der anderen. Neumodisch gesprochen: Insiderwissen hat es schwer (eine Tendenz, die das Internet noch enorm verstärkt). Was früher eher im Hintergrund oder im inneren Wissens- und Klatschzirkel blieb, wird offen ausgeplaudert. Klischeehaft gesprochen: Frauen bekommen Einblicke in die schmutzigen Tricks der männlichen Karrierewelt, Männer Einblicke in die Frustrationen von grünen Talkshow-Witwen und Kinder Einblicke in beides. Der Kalauer, daß das Leitmedium Fernsehen zugleich ein Light-Medium und ein Leid-Medium vieler Kulturkonservativer ist, ist schwer zu vermeiden.

So erodieren alte Grenzziehungen. Unter anderem die von Kindheit und Erwachsenenwelt. Die Kindheit (ver)schwindet,[1] wenn ein Medium zum Leitmedium avanciert, das (anders als das Medium Buch) seinen Nutzern keine aufwendigen und ausbildungsintensiven Initiationen abverlangt. Das Ende der Kindheit läßt sich, Neil Postmans bester Einsicht zufolge, strikt medienhistorisch bestimmen. In oralen Kulturen ist ein kleiner Erwachsener, wer einigermaßen komplexe Sätze verstehen und bilden kann. Und so ist die Kindheit im Alter zwischen 7 und 9 Jahren vorüber. In Kulturen, die die allgemeine Schulpflicht kennen, ist man kein Kind mehr, sondern Lehrling, wenn die Volksschulzeit vorbei ist (also mit 14 bis 15 Jahren). Wer im heißen Kern der Gutenberg-Galaxis verkehren will, kann sich zwischen Kindheit und erwachsenem Lebensernst viele Zwischenzeiten und kindische Etappen gönnen: *gaudeamus igitur.* Und wenn Erwachsene und Krabbelkinder gleichermaßen hingerissen dem Treiben der Teletubbies zuschauen, wird nicht etwa fraglich, wo die Zeitgrenze verläuft, sondern vielmehr, ob die Grenzziehung zwischen Kindern und Erwachsenen im späten TV-Zeitalter überhaupt noch Gültigkeit beanspruchen kann. Porös aber wird in der entfalteten Fernsehgesellschaft nicht nur die Trennungslinie zwischen Kindheit und Erwachsensein, sondern auch die zwischen »privat« und »öffentlich«.

Die Bezeichnung »Privatsender« birgt einen brisanten Nebensinn. Privat zu nennen sind weniger die verschachtelten Besitztitel an Sendern wie RTL oder SAT, sondern vielmehr die sogenannten *contents.* Was die Privatsender zeigen, ist privat in einem atemberaubenden Sinne. Talkshows und Sendungen wie *Big Brother* ziehen ihren magnetischen und offenbar so schnell nicht verfliegenden Reiz aus der offensiven Sprengung der tradierten Grenzziehung zwischen der privaten und der öffentlichen Sphäre. Nach alter bürgerlicher *façon de parler* handelt es sich bei dem, was geboten

1 Nach dem bekannten Essay von Neil Postman: Das Verschwinden der Kindheit.

wird, wenn in Talkshows Intimprobleme aller Art verhandelt werden oder zig Millionen den freiwillig im Container Eingesperrten beim Duschen zusehen, um eine eigentümlich hartnäckige Schamlosigkeit. In politologischer Perspektive ist die Angelegenheit nicht weniger brisant: die Grenze zwischen privat/öffentlich nicht zu respektieren ist eines der verläßlichsten Definitionskriterien totalitärer Staaten und Gesellschaften. Privat-zerstreut bis hin zur Bewährung des alten Wortsinnes von *idiotes* ist überdies die Medienrezeption geworden. Kaum zweihundert unter den heutigen 80 Millionen deutschen Mediennutzern dürften den gestrigen Medienabend auf dieselbe Art und Weise verbracht haben. Das kappt gemeinsame (streitwerte) Themen und eine gemeinsame Fokussierung von Aufmerksamkeit.

Und das unterscheidet (neben vielem anderen mehr) die Frühzeit des Fernsehens vom Fernsehen der Jahrtausendwende. In seiner 1998 erschienenen Novelle *Der Verlorene* hat Hans-Ulrich Treichel von einer frühen Fernsehkindheit erzählt. Ihr wohnte ein seltsamer Zauber nicht nur deshalb inne, weil der Vater dieses Fernsehkindes gerade auf die Idee verzichtet hat, mit einer privaten Leihbibliothek den Unterhalt seiner Familie zu bestreiten, sondern auch deshalb, weil Sohn, Mutter, Vater und Tante vor dem Monitor erfahren, daß und wie neue Medien noch die familiären Intimgrenzen neu ziehen: »Der Fernseher aber irritierte die Tante. Er störte nicht nur ihre Lektüre, er war auch eine Erfindung des Teufels. Gleichzeitig aber machte sie der Fernseher neugierig, was den Vater wiederum freute, der sich über nichts so amüsieren konnte wie über die Versuchungen, denen sich seine fromme Schwester ausgesetzt sah. Die Tante löste den Konflikt insofern, als sie dem eingeschalteten Fernseher den Rücken zudrehte. Sie blickte nicht auf den Apparat, aber sie hörte auf ihn. Und während sie auf ihn hörte, schaute sie zugleich dem Vater, der Mutter und mir dabei zu, wie wir auf den Fernseher schauten. Während die Eltern nichts dabei fanden, daß sie von der Tante beim Fernsehen angeschaut wurden, fühlte ich mich während des Fernsehens von der Tante nicht nur angeschaut, sondern auch durchschaut. Die Tante schaute mich an, und ich schämte mich dafür, daß sie mich anschaute. Indem die Tante dem Fernseher den Rükken zukehrte, machte sie den Fernseher zum Radio, was sich mit ihrem religiösen Empfinden anscheinend besser vertrug. Das Radio war erlaubt, während das Fernsehen eine Sünde war.«[1]

Das Fernsehen (genauer, das frühe Fernsehen: es darf eben nicht jeder Haushaltsangehörige sein eigenes Gerät haben) setzt *second order observation* frei. Man beobachtet im vertrauten Kreis, was und wie andere beobachten. Bei aller plausiblen Kritik an schlechthin stillosen, nach alter Redensart »sich nicht gehörenden« Sendungen wie *Big Brother* kann man doch auch bewundern, wie noch und gerade solche unfeinen Sendungen locker mit dem avancierten Stand soziologischer Theoriebildung vertraut machen. Der Konstruktivismus ist heute nicht ohne Grund an der Tagesordnung der Theoriemoden. Daß Realität konstruierte Realität ist und daß diese Konstruktionen real sind, führen Sendungen wie *Big Brother* mit umwerfender Suggestivität vor. Sinnige Konstruktionen wie die, daß die Konstruktion der Realität einig-different mit der Realität der Konstruktion ist, werden zur sinnlichen Gewißheit. Um den Sinn sinnlicher Gewißheiten und um die sinnlichen Dimensionen des Lebenssinns geht es auch in der frühen (symbiosenahen, aber eben nicht symbiotischen) Mutter-Kind-TV-Szene, an die sich der Erzähler aus Treichels Novelle mit Ambivalenzgefühlen erinnert: »Die Mutter und ich hingegen fanden uns so oft wir konnten vor dem Fernseher ein, und dies am liebsten dann, wenn der Vater nicht im Haus war. Allerdings waren die gemeinsamen Stunden vor dem Fernseher nur so lange vergnüglich, solange es auf dem Bildschirm nicht zu Intimitäten kam. Sobald aber eine intime Szene zu sehen war, erstarrten sowohl die Mutter als auch ich vor dem Fernseher, und

1 H.-U. Treichel: Der Verlorene, p. 29 sq.

es herrschte eine solche Verlegenheit und Beschämung im Raum, daß wir kaum zu atmen wagten [...] Vielleicht war es gar nicht die Intimität im Fernseher, für die wir uns schämten, sondern die Intimität vor dem Fernseher.«[1]

Aus Kindern vor den TV-Geräten der fünfziger und sechziger Jahre sind mittlerweile gestandene und abgeklärte Multimedianutzer geworden. Sie müssen nicht mehr sehen, was ein einziges Programm ihnen vorsetzt. Jeder stellt sich sein Programm zusammen – und macht damit deutlich, daß Versuche, Nutzer zu programmieren, und Theorien, die die Existenz solcher Versuche behaupten, es heute schwer haben. Das Wort »Pro-gramm« meint ja nichts anderes als dies: daß jemand eine Vor- oder Inschrift erhält, der er zu folgen hat, daß also jemand »programmatisch« auf einen Inhalt verpflichtet wird. Latent paranoische Opfertheorien der Mediennutzung aber haben es heute schwer. Denn alles spricht dafür, daß die vermeintlichen Opfer der neuen Medienverhältnisse es faustdick hinter den Ohren haben. Schon für die mittlerweile betagte Sphäre des Fernsehens (und erst recht für die des Internet) heißt das: Jeder kann ein- und ausschalten, jeder kann hin- und herzappen, wie er will. Das Zauberwort der neueren Medienwirkungsforschung zur Analyse solcher individueller Mediennutzungsstrategien heißt denn auch »Mood-and-mind-Management«. Jeder kann sich, vor dem integrierten TV-Video-Hifi-Gerät mit Fernbedienung bewaffnet, genau den medialen Stimmungs- und Informations-Cocktail zusammenstellen, den er nach einem stressigen oder langweiligen, aggressiv machenden oder nach Entspannung verlangenden Arbeits- oder Arbeitslosentag braucht.

So votiert, nach den Worten von Peter Sloterdijk, »die postmodernisierte Moderne (wenn nicht alles trügt) für den Vorrang der Demokratie vor der Kunst und der Philosophie. Die eher angenehmen Konsequenzen hieraus: Friedliche Ko-

1 Ibid., p. 30 sq.

existenz aller Botschaften ohne Gewalt und ohne Gehalt; die Kultur der Bestenlisten als ewige Wiederkehr des geringfügig Anderen; Selbstbeschallung der Mediengesellschaften mit dem immer gleichen immer neuen Gemisch aus Nonsense und No-Nonsense; Freiheit der Wahl zwischen verschiedenen Handelsformen derselben Dekadenz; Emanzipation der Sprecher von der Zumutung, etwas zu sagen zu haben.«[1] Natürlich muß der auch im Umgang mit sich selbst demokratische Multimedia-Mensch der postmodernisierten Moderne nicht fernsehen. Zu seinem Mood-and-mind-Management kann auch gehören, daß er nicht das TV-Gerät einschaltet, sondern zu einem guten Buch greift und dann zum Beispiel liest: lesen macht glücklich, fernsehen nicht. »Unter regelmäßigen Buchlesern sagten rund 70 Prozent, daß sie öfter oder ab und zu Flow [Glücksgefühle, J. H.] erleben, mit abnehmender Häufigkeit des Bücherlesens geht dies bis auf 55 Prozent zurück. ›Öfter‹ erleben regelmäßige Buchleser fast doppelt so oft Flow wie Personen, die seltener Bücher lesen.«[2] Fernsehsüchtige werden hingegen nicht von Glücksgefühlen überschwemmt: »Ein Zusammenhang: Wer häufig fernsieht, erlebt auch häufiger Flow, ließ sich nicht feststellen.« Ausnahmen bestätigen bekanntlich die Regel (gibt es von dieser Regel Ausnahmen?). Einige Millionen, die am 9. November 1989 in der DDR fernsahen, haben sicherlich ungewöhnlich intensive Flow-Gefühle gehabt.

Seit den sechziger Jahren bis 1989 gab es ein eingängiges Bild für die Weltlage: die Berliner Mauer. Sie trennte in ihrer anrührenden anachronistischen, an die Chinesische Mauer erinnernden Materialität die Welt in zwei Teile mit Anhängen und machte sie dadurch vergleichsweise übersichtlich. »The symbol of the cold-war system was a wall, which divided everyone. The symbol of the globalization system is the World Wide Web, which unites everyone. In the cold war we reached for the hot line between the White House and the

1 P. Sloterdijk: Sphären II, p. 787.
2 E. Noelle-Neumann: Stationen der Glücksforschung, p. 30.

Kremlin – a symbol that we were all divided but at least someone, the two superpowers, were in charge. In the era of globalization we reach for the Internet – a symbol that we are all connected but nobody is in charge.«[1] Mit Thomas Friedmans Buch *The Lexus and the Olive Tree* kann man die welthistorischen Um- und Einbrüche von 1989 auch als Fall der Mauer begreifen, die die unfreiwillig Antimodernen im Osten, die stets von Fortschritt und Avantgarde sprachen, von den rasanten Medientechnikrevolutionären im Westen schied, die gerne konservativ auftraten. Der japanische Luxuswagen Lexus, der in einem superautomatisierten Produktionsprozeß entsteht, versus der Olivenbaum, dessen Anpflanzung und Pflege Generationen braucht: ein vielleicht nicht hinreichend komplexes, aber sicherlich suggestives Bild für den Beschleunigungstaumel, in den die globalisierte Welt erneut hineingeraten ist.

Der Speer nur heilt die Wunde, der sie schlug. Deshalb haben die Staaten des Warschauer Paktes nicht dauerhaft zum Katechonten der Medienmoderne getaugt. Daß gerade High-Tech auch Bremstechnologie sein kann, sein muß und ist, hat sich auch im Internetzeitalter noch nicht hinreichend herumgesprochen. Die ABS- und Airbag-Technologie, die schnell beschleunigte Autos wieder einigermaßen sicher zum Stehen bringt, ist anspruchsvoller als die Konstruktion von 24-Zylinder-Motoren. Man mag über den Sinn und Unsinn des SDI-Projektes denken, wie man will: daß das anspruchsvollste Technikprojekt der Geschichte darauf zielt, gestartete Raketen abzufangen, ist denn doch kulturhistorisch bemerkenswert. Und die rasante Vermehrung von Krebs- oder Aids-Zellen auszubremsen ist eines der komplexesten medizinischen Forschungsprogramme. Welche Probleme entstehen können, wenn zwei gänzlich unterschiedliche Zeitordnungen und Mediensysteme aufeinandertreffen, haben Ost- und Westdeutsche nach 1989 vergleichsweise gelassen erfahren können.

1 Th. Friedman: A Manifesto, p. 42.

Die zweite deutsche Novemberrevolution war eine Medien-Revolution in jedem Wortsinne (weshalb es sich lohnt, ein letztes Mal auf sie zurückzukommen). Anders als die des Jahres 1918 kommt sie ohne Tote aus. Das SED-Politbüromitglied Günter Schabowski ist am geschichtsschwangeren 9. November 1989 wenige Minuten vor 19 Uhr bei einer vom DDR-Fernsehen direkt übertragenen Pressekonferenz ersichtlich unsicher. Die Fragen der internationalen Presse setzen ihm, der solche Veranstaltungen nicht gewohnt ist, zu. Um sich Freiraum zu verschaffen, verliest er schon jetzt eine Mitteilung, deren zeremoniöse Veröffentlichung das Politbüro erst für den nächsten Tag beschlossen hat. Über den Inhalt dieses Papiers scheint er selbst erstaunt zu sein. Steht dort doch zu lesen, daß Ausreisen aus der DDR für alle DDR-Bürger ohne besondere Genehmigungen »über alle Grenzübergangsstellen der DDR zur BRD beziehungsweise zu West-Berlin erfolgen können.« Allgemeine, den Redner einbegreifende Verblüffung. Ein Journalist hakt nach und will wissen, wann denn diese Regelung in Kraft trete. Schabowski blättert in seinen Papieren, stammelt und verspricht sich bei der Beantwortung der zentralen Frage, ob denn die Mauer ab sofort offen sei – und sagt dann zwar nicht beherzt »ja«, aber immerhin: »Das tritt nach meiner Kenntnis ... ist das sofort, unverzüglich.«[1] Hunderttausende bleiben nicht länger bei ihren Fernseh- und Radiogeräten, sondern machen den Test darauf, ob Geist und Buchstabe dieser Aussage übereinstimmen. Durch welchen massenhaften Test sie dann tatsächlich übereinstimmen: ein klassisch zu nennender Fall einer medialen *self-fullfilling prophecy*. Seitdem gibt es auch in der Ex-DDR, in den neuen Bundesländern, in Ostdeutschland beziehungsweise im Beitrittsgebiet schnell beschleunigende Autos, den Bedarf an automatisierten Bremssystemen und Personal Computer.

1 Cf. die ausführliche Schilderung und Analyse von Hans-Hermann Hertle: Chronik des Mauerfalls.

12. Computer/Internet

Im Mai 1941 wurde das deutsche U-Boot 110 von der britischen Marine aufgebracht. Der im Jahr 2000 gestartete US-Kriegsfilm *U-571* macht daraus zur Empörung vieler Briten eine Heldentat der Amerikaner. An Bord befand sich die schon damals legendäre deutsche Chiffriermaschine mit dem sprechenden Namen Enigma (griechisch für Rätsel) und, wichtiger noch, ein Buch mit sieben Siegeln, das Codes zur tagesaktuellen Dechiffrierungseinstellung enthielt. Denn dies war das entscheidende Kennzeichen der Enigma: sie wurde täglich auf einen neuen hochkomplizierten Chiffriercode umgestellt. Ein gutes Jahr zuvor, im April 1940, waren bereits eine Enigma und – wichtiger noch – zahlreiche Dokumente, die mit der Enigma verschlüsselt worden waren, in einem als holländisches Fischerboot getarnten deutschen Schiff aufgebracht worden. Und so bekam der geniale britische Mathematiker **Alan M. Turing** neuen Stoff für sein Forschungsvorhaben. Er hatte **1936** seine »**Universal Discrete Machine**« vorgestellt: eine aus einem Schaltwerk und einem beliebig langen Speicherband bestehende Rechenmaschine, die für alle »computable numbers« taugt – die also alles, was überhaupt rechenbar ist, rechnen kann. Mit dem Kriegsbeginn bekam die anfangs als spleeniges Produkt belächelte Maschine des scheuen Exzentrikers eine kaum zu überschätzende Bedeutung. In Bletchley Park arbeitete Turing zusammen mit einigen und dann mit immer mehr Mitarbeitern am Projekt einer Dechiffrierung der Enigma mit Hilfe der »Universal Discrete Machine«. Im Juli 1941 gelang der Durchbruch. Fortan konnte jeder abgefangene deutsche Funkspruch, den mit Mathematiker-Brainpower zu knacken mehrere Jahre gedauert hätte, innerhalb von nur 50 und dann immer weniger Stunden geknackt werden. Nicht weniger als zehntausend Mitarbeiter waren schließlich an diesem kriegsalltäglichen Dechiffrierprojekt beteiligt. Es markiert

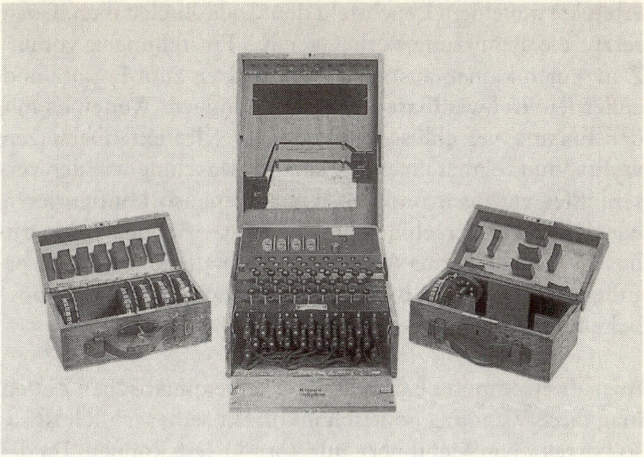

Enigma-Chiffriermaschine der deutschen Wehrmacht.

nicht nur eine für die deutsche Marine desaströse Wende im Seekrieg, sondern auch einen Durchbruch in der Geschichte der Computertechnik.

Die Enigma[1] funktionierte über einen hochkomplizierten Buchstabentausch, der teils mechanisch, teils elektronisch geschaltet wurde. Die Erfindung von Dechiffriermaschinen wurde schon im Laufe des Ersten Weltkriegs gleich in mehreren Ländern vorangebracht. Der Forschungsbedarf war groß: allzu häufig waren, wie die verlustreichen Materialschlachten zeigten, Offensiven gescheitert, weil unchiffrierte Befehle abgefangen werden konnten. Als der deutsche Ingenieur **Arthur Scherbius** das **Urmodell der späteren Enigma 1918** zum **Patent** anmeldete, konnte keine Chiffriermaschine die deutsche Niederlage mehr abwenden. Aber die Militärs hatten gelernt und waren logistisch gerüstet, als der Zweite Weltkrieg begann. Das eigentliche Chiffrieren mit der Enigma (von ihr wurden etwa 150 000 Exemplare gebaut) war einfach und rasch: Man betätigte eine Buchstabentaste und

1 Nach H. Sebag-Montefiore: Enigma.

erblickte auf einem Leuchtfeld den Code-Buchstaben. Doch setzte die Benutzung vorher genaue Einstellungen voraus. Zum einen kamen austauschbare Walzen zum Einsatz und außerdem frei wählbare Kabelverbindungen. Wer einen mit der Enigma verschlüsselten Code in Klartext übersetzen wollte, mußte über eine gleichartige Maschine wie der Verschlüßler verfügen und sein Gerät genauso konfigurieren wie das bei der Verschlüsselung benutzte.[1] Schon bei den frühen Modellen Enigma A und B mit ihren nur vier Rotoren ergaben sich für die 26 Buchstaben 26 hoch 4 = 456 976 mögliche Einstellungen.

Auch der Computer hat viele Väter. In feministischen Zeiten mag diese Wendung politisch inkorrekt sein, sachlich ist sie so korrekt, wie Metaphern nur korrekt sein können. Da die Vaterschaft nun einmal – jedenfalls bis zum kürzlich erfolgten computergestützten Durchbruch in der Genanalyse – unsicher ist *(pater semper incertus)*, waren und blieben lange Abstraktionen und Geltungslogiken Domänen von verunsicherten Männern. Mutterschaft beruht auf sinnlicher Gewißheit, Vaterschaft nicht. Ein Grund mehr, daß Männer sich – übrigens in der Epoche, die einige Kulturhistoriker als Zeit des Übergangs von matriarchalen zu patriarchalen Ordnungen beschreiben – auf die Erfindung früher Rechentafeln, -bretter und -schieber verlegen. Diese Abstraktionsgeräte sind in Griechenland und also in der Region, die auch die Grundsätze der Logik (er-)findet, schon für das fünfte vorchristliche Jahrhundert belegt. Die Steine oder Körner, die auf solchem Rechengerät (zumeist Abakus genannt) bewegt werden, werden *calculi* (Steinchen) geheißen. Komplexere Kalkulationen zu maschinisieren ist im Rahmen des römischen Ziffernsystems (über die drei ersten Ziffern I/II/III hinaus – wie soll eine Maschine mit Buchstabenfolgen wie MCVXXXIV rechnen?) freilich so gut wie unmöglich. Erst in den arabischen Ziffern und im Dezimalsystem liegt die Be-

1 Cf. S. Singh: Geheime Botschaften, p. 160-178.

dingung der Möglichkeit zu maschinisierten Rechenoperationen. Im **11. und 12. Jahrhundert** setzte sich, der Islamisierung Spaniens sei Dank, das **arabische Zahlensystem** zügig in Europa durch. Dieser Siegeszug sorgt für ein selten bedachtes kulturhistorisches Kuriosum: Wenn wir Zahlen notieren und lesen, folgen wir der arabischen Schreibrichtung. Wir orientieren uns also, wenn wir von rechts nach links die Einer, Zehner, Hunderter, Tausender etc. notieren, »andersherum« als beim Schreiben und Lesen von Buchstaben – eben von rechts nach links statt von links nach rechts. In der Frühgeschichte der Computerentwicklung stellte diese Gegenläufigkeit der Abtast- und Notatrichtung bei Lettern und Ziffern kein geringes Problem dar.

Grundsätzlich »computable« wurde das Zeichensystem, als helle Köpfe wie Francis Bacon oder Gottfried Wilhelm Leibniz entdeckten, daß sich alles, was sich überhaupt (egal ob Lettern oder Ziffern) notieren läßt, mit nur zwei Zeichen notieren läßt. Francis Bacon entwarf 1605 einen nur aus den beiden Buchstaben A und B bestehenden Code, mit dem sich alle Buchstaben des Alphabets anschreiben lassen. Und **Leibniz** entwickelte, einer affinen Intuition folgend, um **1675** das **binäre Zahlensystem**. In ihm lassen sich alle Zahlen mit den beiden Ziffern 0 und 1 notieren. Das Schema ist von genialer Einfachheit. Die Stellen der einzelnen Ziffern (von rechts nach links!) markieren in Abweichung vom vertrauten Dezimalsystem Zweierpotenzen:

Die Stellen	n.	...	5.	4.	3.	2.	1.
haben also folgende Wertigkeit:							
	2^{n-1}	...	2^4	2^3	2^2	2^1	2^0
und folgenden Wert:			16	8	4	2	1

Die Zahl 22 läßt sich dann zum Beispiel so anschreiben:
10110 (zu lesen als: $1 \times 16 + 0 \times 8 + 1 \times 4 + 1 \times 2 + 0 \times 1 = 22$), und die Zahl 13 läßt sich binär so codieren:
1101 ($1 \times 8 + 1 \times 4 + 0 \times 2 + 1 \times 1$).

Die Pointe solcher binären Systeme ist auch für den mathematisch-technischen Laien schnell ersichtlich. Nur zwei Werte lassen sich technisch in fast allen Systemen klar und leicht schalten: hell/dunkel (optische Übertragung); lang/kurz (zum Beispiel Morsezeichen); Loch/Nicht-Loch (Lochstreifen) oder eben Strom/Nicht-Strom beziehungsweise Impuls/kein Impuls (Computer).

Rechenmaschinen waren schon vor Leibniz (1646-1716) in Mode. In einem berühmt gewordenen Brief vom 20. September **1623** an den Astronomen Johannes Kepler beschreibt sein Kollege, der Mathematik- und Astronomieprofessor **Wilhelm Schickard**, stolz seine feinmechanische Rechenmaschine. Sie ist von umwerfender Schlichtheit: Zählräder sorgen für Zehnerüberträge beim Addieren und Subtrahieren, und, was denn schon bemerkenswerter ist, diese Zählräder sind mit einem Rechenschieber gekoppelt, so daß auch Multiplikationen und Divisionen möglich sind – bis zur Zahl 999 999. Auch Leibniz selbst verfügte über eine solche mechanische Rechenmaschine. 1675 führte er seine alle vier Grundrechenarten beherrschende und bis zu 16stellige Zahlen verarbeitende Weiterentwicklung den verblüfften Mitgliedern der Académie Royale des Sciences in Paris vor. Und zeitlebens träumte Leibniz von einem wirklich leistungsfähigen Computer, der »alles« kann: rechnen, schreiben, denken, malen, konstruieren, Schach spielen. *Mathesis universalis*.

Hundertfünfzig Jahre nach Leibniz griff der englische Mathematiker **Charles Babbage** (1792-1871) die Idee der Binarisierung beziehungsweise Digitalisierung des Zahlensystems wieder auf und gab ihr mit seiner berühmten **1833/34** vorgestellten »**Analytical Engine**« eine technische Wendung. Hans Magnus Enzensberger hat Babbage in sein lyrisches *Mausoleum – Siebenunddreißig Balladen aus der Geschichte des Fortschritts* aufgenommen und dabei herausgestellt, daß die Geburt des Computers aus dem Geist ökonomischer Rationalisierung erfolgte:

Achtzehnhundertvierunddreißig, im Jahr des *Hessischen Landboten*,
konzipierte Charles Babbage, Zwangsneurotiker, Fellow der Royal Society, Begründer der Operatorenrechnung, die Lochkarte.

Die Herstellung einer Stecknadel teilte er in sieben Einzelvorgänge auf:
Ziehen Ausrichten Spitzen Drehen Mit einem Kopf versehen Verzinnen und Packen,
und den Lohnaufwand errechnete er bis auf einen Millionstel Penny genau.
Mehrere Steinwürfe weit vom Kamin des Herrn Babbage entfernt saß ein Kommunist
im British Museum, prüfte die Rechnung nach und befand sie für richtig.
Es war ein nebliger Abend. Aus den Mahl- und Speicherwerken der Industrie
drang ein leises, unaufhörliches Knirschen.

Die großen unvollendeten Werke: *Das Kapital* und die Analysis-Maschine.
Vierzig viktorianische Jahre. Der erste Digitalrechner,
ohne Vakuumröhre, ohne Transistor. Fünf Tonnen schwer,
so groß wie ein Zimmer, ein Räderwerk aus Messing,
Hartzinn und Stahl, angetrieben von Federn und von Gewichten,
jeder Rechnung fähig, imstande, Schach zu spielen,
Sonaten zu komponieren, mehr als das: *jeden Prozeß zu simulieren,*
der die Beziehungen zwischen beliebig vielen Elementen verändert.[1]

1 H. M. Enzensberger: Mausoleum, p. 63 sq.

Die letzte der zitierten Strophen aus dem Lang-Gedicht schließt denkbar unlyrisch – nämlich mit einem Zitat von Turing. Tatsächlich hat Babbage eine mechanische Frühform des Computers konzipiert, der »die Beziehungen zwischen beliebig vielen Elementen verändert« (und die Mensch-Maschine-Beziehung sowieso). Seine Analysemaschine verfügt über die Grundbausteine, die einen Computer ausmachen: einen Zahlenspeicher, ein Rechenwerk (Prozessor), eine Steuereinheit und eine Datenausgabe. Babbages Maschine hatte allerdings einen gravierenden Mangel: es gab sie bloß als Konstruktionsplan. In seinem von den Zeitgenossen, unter anderem von Marx, vielbeachteten Buch *On the Economy of Machinery and Manufactures* hat er sie zwar eingehend beschrieben – gebaut aber wurde sie zu Babbages Lebzeiten nicht.

Konstruiert und nach Kräften eingesetzt wurde hingegen ein halbes Jahrhundert später die **1889** patentierte **Lochkarten-Datenverarbeitungsmaschine** des Amerikaners **Hermann Hollerith**. Er setzte konsequent auf Leibniz' Binärsystem: alle relevanten Daten werden nach dem leicht abtast- und auswertbaren Schema Loch/Nicht-Loch gespeichert. Das System bewährt sich in unterschiedlichsten Kontexten – bei der Lagerhaltung, bei Telex-Meldungen und (vor den Augen einer aufmerksamen, in Ansätzen schon um Probleme des Datenschutzes besorgten Weltöffentlichkeit) bereits ein Jahr nach seiner Patentierung bei der elften US-Volkszählung von 1890. Männlich/weiblich, alt/jung, in den USA geboren/eingewandert etc.: 18 Lochungen pro Karte ergeben erstmals einen Datensatz, der sich in Verwaltungen, bei Steuerbehörden, bei der Polizei, bei Erziehungsinstitutionen, beim Militär, bei Werbeagenturen und und und bearbeiten und weiterverarbeiten läßt. Das Lochkartenverfahren für Volkszählungen reduzierte den finanziellen Aufwand schon beim Erstversuch um 60 Prozent – und wird zum Exportschlager. Auch bei den Volkszählungen in Österreich 1890, in Norwegen und Kanada 1891, in Italien 1893, in Rußland 1897 und auf den Philippinen 1904 werden Daten über Menschen nach dem Lochkarten-Verfahren gespeichert. Und **1911** wird die Firma **IBM** (International Business Machines Corporation) **gegründet**. Ihr Nickname wird schon bald »Big Blue«: Als wollte die Firma Kafkas in den Jahren ihrer Gründungsperiode entstandene Romane persiflieren, müssen alle ihre Angestellten die gleichen blauen Anzüge tragen.

Volkszählungen sind sowohl ökonomisch als auch militärisch von hohem Belang. Und im Fadenkreuz eines ökonomisch-militärischen Willens zur Macht entwickelt sich in dem Maße, in dem digitale Rechenprogramme, Elektrizität, Braunsche Röhren und Kabel zur Verfügung stehen, langsam und dann immer schneller die Computertechnologie, die wir heute kennen beziehungsweise zu kennen glauben. Im selben Jahr, in dem Turing seine Universal Discrete Machine vorstellt, entwickelt der deutsche Ingenieur **Konrad Zuse** den ersten wirklich betriebsfähigen **elektrischen Rechenautomaten**. Zuse ist ein Mann der Praxis. Ihm gelingt es, die auf komplizierte aerodynamische Berechnungen angewiesene deutsche Luftfahrtindustrie (wir schreiben das Jahr **1936**) für seine Erfindung zu interessieren und so zügige Weiterentwicklungen seiner Innovation zu garantieren. Auf die 1937 betriebsfähige Z 1 folgen 1939 die Z 2 und 1941 die Z 3. Sie beruht nicht mehr nur auf Lochstreifen, sondern auch auf den nach dem binären Prinzip on/off = Strom/kein Strom funktionierenden **Relaisschaltungen**, die **Claude Shannon 1938** vorgestellt hatte. Die Z 3 »enthält ca. 2600 Relais, die als Speicher für 64 Zahlen à 22 Dualstellen (entspricht ca. 7 Dezimalstellen) fungieren. Der Digitalrechner ›Z 3‹ wird durch Lochfilm gesteuert und ist mit einem Lampenfeld zur Ergebnisanzeige auf einem Tastenfeld zur Datenausgabe ausgerüstet; er besitzt eine Gleitkommaeinrichtung. Höchst bemerkenswert ist, daß das zentrale Bauelement des Rechners, das Relais, mit dessen Hilfe sehr komplexe Schaltanordnungen aufgebaut und durch Zusammenschaltung mehrerer Relais auch logische Schaltverbindungen hergestellt werden können, von Zuse aus der Nachrichtentechnik entnommen wird.«[1] Konrad Zuse ist sehr alt geworden. Wenige Monate vor seinem Tod im Dezember 1995 traf er auf der Computermesse Cebit in Hannover mit dem Mann zusammen, der durch die Entwicklung von Software für PCs in wenigen Jahren vom Nobody zum reichsten Mann der Welt geworden war: mit Bill Gates.

Daß menschliche Rechenkapazitäten nicht mehr ausreichen, um dem Gewicht der modernen Welt standzuhalten, haben nicht nur Volkszählungen gezeigt. Als die so gezählten Völker ihre Bestände im Zweiten Weltkrieg erheblich dezimierten, hat die sich entwickelnde Computertechnik dazu – ebenso wie, um zynisch zu sprechen, zur Kompensation der Verluste – das Ihre beigetragen. Die Kriegs- und die damit eng verbundene Nachrichtentechnik des Zweiten Weltkriegs war mit *human brainpower* allein nicht zu konstruieren. Um die Enigma-Chiffrierungen zu entschlüsseln, wird in England **1942** der **Röhrenrechner »Colossus«** gebaut. Angesichts seiner gigantischen Ausmaße trägt er seinen Namen zu Recht. Um die Rechenprobleme zu lösen, die der Fat Man, sprich die Atombombe ihren Konstrukteuren auferlegt, wird **1944** der in Harvard von H. H. Aiken und anderen entwikkelte **Großrechner »Mark 1«** von der Forschergruppe um John von Neumann in Los Alamos genutzt. Und noch der erste, Ende **1945** in Dienst genommene US-Nachkriegscomputer **ENIAC** dient militärischen Zwecken – vor allem der Entwicklung der Wasserstoffbombe und der Raketenentwicklung. Das 30 Tonnen wiegende Ungetüm aus 18 000 Elektronenröhren mit einem Zwei-Kilobyte-Speicher kann 5000 Rechnungen pro Sekunde durchführen. Eine aus heutiger Sicht lachhafte Leistung, die jeder Einsteigercomputer schafft. Kein Wunder – denn nach dem Gesetz von Gordon Moore verdoppeln sich die Leistungen der Mikroprozessoren alle achtzehn Monate.

Mikroprozessoren aber harren in den Nachkriegsjahren

1 Große Medienchronik, p. 1042.

noch ihrer Erfindung. In eine neue Phase tritt die Entwicklung von »Elektronengehirnen«, wie die damals gängige respektvolle Bezeichnung lautet, erst, als **1947/48 Transistoren** praxistauglich werden und Computer langsam ihre an Maschinerien aus Fritz-Lang-Filmen erinnernden kolossalen Ausmaße verlieren. Der Sputnikschock vom 4. Oktober 1957 bringt den konkurrierenden US-Forschern einen reichen Geldregen, der schnell fruchtbar wird. 1958 ist der erste Transistorcomputer rechenbereit, und schon in den sechziger Jahren gibt es die ersten miniaturisierten Computer mit Integrierten Schaltkreisen auf Siliciumbasis. Ihre Funktion: die Raketen und Flugkörper, in die sie eingebaut werden, zielgenauer zu machen. In den späten siebziger Jahren kommt es dann in Silicon Valley zu der Konversion von Kriegs- und Geschäftsgeräten in die Gebilde, die da **Personal Computer** heißen. Die Gründungsmythen der PC-Entwicklung sind mittlerweile eine oder mehrere Anthologien wert. Nicht nur in einigen Internet-Chatforen werden sie immer wieder erzählt und häufig im Hinblick auf genealogische Vorrechtsfragen diskutiert. Zum Beispiel diese Geschichte(n): Am **9. Dezember 1968** kommt es in den USA zur **ersten Vorführung einer graphischen interaktiven Benutzeroberfläche** (Ivan Sutherland hat sie wohl zuerst entwickelt) durch Douglas C. Engelbart. Eine Vorführung im großen Stil, ist sie doch nicht nur auf den Monitoren, sondern auch auf einer großen Kinoleinwand nachvollziehbar. Das Publikum brachte *standing ovations*. Umgesetzt aber wurde die Idee, User nicht mit abstrakten Befehlscodes abzuschrecken, sondern mit Bildern, Symbolen und Icons zur lustvollen Nutzung zu verführen, erst mit dem legendären **Apple-PC**, der **1984** auf den Markt kam. Voraussetzung dafür war, daß die gleichfalls schon ältere Idee, eine »Maus« zu konstruieren (die Idee stammt von William K. English), wieder aufgegriffen und realisiert wurde.[1] Und das taten die beiden jungen Bastler **Steven P. Jobs** und **Stephen Wozniak**, die 1976 eine Fir-

1 Cf. M. Friedewald: Der Computer.

ma mit dem lustigen Namen Apple gegründet hatten. Zwei kalifornische Freaks, *easy going,* in Drogendingen nicht ganz unerfahren, vollkommen unbürokratisch und demnach als Sozialcharaktere ein Albtraum für klassische Firmen wie IBM.

Steven P. Jobs besichtigt 1979 in Palo Alto das Xerox-Forschungszentrum mit dem hübschen Namen PARC (Palo Alto Research Center). Und dort sieht er die zum Teil über Vorstufen deutlich hinausgewachsene PC-Konfiguration, die sich alsbald durchsetzen wird: Network, E-Mail, Maus, graphische Benutzeroberfläche. Die Firma Xerox aber ist bekanntlich papier- und kopierfixiert. Am stolzesten sind die Xerox-Entwickler auf den Laserdrucker, der dort als ein Element der Konfiguration steht und mit dem man richtig Geld machen will und wird (aber nicht entfernt so viel wie Microsoft). Immerhin ahnen die Xerox-Mitarbeiter in etwa, die Xerox-Manager aber nie und nimmer, was dort in die Welt gesetzt wurde. »If there is no paper to be copied, where's the ›click‹?« sollen die Xerox-Manager ihre Ingenieure gefragt haben. Jobs aber begreift sofort, was Xerox dort angestellt hat, und tut das, was dann geradezu zum Schema wird: er übernimmt die Idee und realisiert sie. So wie **Bill Gates**, der **1975** die Firma **Microsoft gegründet** hat und mit der Windows-Oberfläche die Apple-Idee klaut, die Jobs Xerox klaute. Im historischen Justiz-Deal von 1997 wird sich Microsoft mit der Zahlung von lumpigen 150 Millionen Dollar an Apple vom Plagiatsvorwurf freikaufen. Was der Firma leichtfällt, sie hat eine atemberaubende Erfolgsgeschichte hinter sich. Und sie hat die Konkurrenten weit hinter sich gelassen. IBM/Big Blue hielt die Idee, Personal Computer zu bauen, für verrückt und schätzte den Bedarf an PCs auf dem Weltmarkt noch zu Ende der siebziger Jahre auf vielleicht 50 Exemplare. Und Apple wollte Hard- und Software zugleich an IBM/Microsoft vorbei entwickeln und überschätzte dabei die eigene Durchsetzungskraft, weil es das Kompatibilitätsproblem zum mittlerweile Weltstandard gewordenen Microsoft-Betriebssystem falsch einschätzte.

Um 1980 schwant Big Blue endlich, daß man die Marktchancen des PCs um einige Potenzen zu niedrig kalkuliert hat. IBM wählt Microsoft als seinen Zulieferer für Betriebssysteme aus und trägt damit entscheidend dazu bei, das Microsoft-Betriebssystem MS-DOS als international gültiges Referenzsystem zu etablieren. Die ab Mitte der achtziger Jahre sich rasant verkaufenden PCs arbeiten aus Kompatibilitätsgründen zumeist mit diesem und später mit dem Nachfolgesystem »Windows«. Auf ihm beruhen die einzelnen Programme (wie das 1983 in seiner Erstfassung vorgestellte und weltweit verbreitete Textverarbeitungssystem mit dem so schlichten wie schönen Namen »Word«, aber natürlich auch Tabellen-, Zeichen-, Konstruktions- und Rechenprogramme aller Art). Daß der Quellcode des Microsoft-Betriebssystems geheimgehalten wird, reizt alle, die im PC das demokratische Medium schlechthin sehen – und besonders den finnischen Studenten **Linus Torvalds**. Er entwickelt, an das UNIX-Betriebssystem anknüpfend, das Softwareprogramm **Linux**, das stabiler und flexibler ist als das von Microsoft. Das Besondere daran: Torvalds und seine Freunde publizieren den Kernel (Quellcode) ihres Betriebsprogramms und stellen es **1991** umsonst via Internet zur Verfügung. Die einzige, aber weitreichende Auflage für die Nutzer: Wer immer auf Linux basierende Anschlußprogramme entwickelt, muß sie gleichermaßen im Netz zur Verfugung stellen. Der mit Frau und Kindern aus dem hyperboreischen Teil Europas ins Silicon Valley umgezogene Torvalds ist schnell zum Heiligen der Open-source-Bewegung geworden, die ihrerseits an Ideen der schon 1984 am MIT (dem legendären Massachusetts Institute of Technology) gegründeten »Free Software Foundation« anknüpft.

Linux kämpft gegen Microsoft. Und hat dabei einen mächtigen Verbündeten: das Internet. Die flotten Übertragungen aller denkbaren Daten und Datenmengen, die das Internet ermöglicht, sind (wie die Stichworte Telephonie und Television belegen) ein in medienhistorischer Perspektive mittlerweile altes und also nicht mehr eigentlich aufregendes Datum. Bemerkenswert am Internet ist vielmehr, daß es einen integrativen und doch dezentralen Medienverbund schaltet. Der neue Alleskönner Computer schließt sich über die alte Infrastruktur des Telephonnetzes mit älteren Vieleskönnern zusammen. Und so kommen alle Medien und alle Medienfunktionen (beim Speichern sind Fragezeichen angebracht – dazu unten ein wenig mehr) zwar nicht unter ein Dach, aber in ein weltweit gespanntes Netz. Das World Wide Web stand rechtzeitig zur Verfügung, um das Linux-Programm (und vieles andere mehr: Briefe, Musik, Bilder, Werbung, Bibliographien, Datensätze, Konstruktionspläne etc.) überall erreichbar zu machen. Das heißt überall dort, wo ein einigermaßen leistungsfähiger Computer über ein Modem ans Telephonnetz angeschlossen ist.

Auch das so hinreißend privat-anarchisch wirkende **Internet** hat seine militärische Vorgeschichte. Das Büro für Grundlagen der Datenverarbeitung im Pentagon sah sich **1966** vor ein Problem gestellt – das sogenannte Terminalproblem. Einzelne Computerterminals reichten schlicht nicht mehr aus, um komplexe Rüstungs-, Raketen- und Dechiffrierungsprojekte voranzubringen. Also mußte man über Computerintegrationen nachdenken. Ein Terminalproblem aber gab es auch in einer zweiten Hinsicht. Für den Fall eines atomaren Krieges war absehbar, daß alle zentralen Befehlsstränge buchstäblich ex- oder implodieren würden, wenn eine Atom- oder Wasserstoffbombe über Schaltzentralen gezündet würde. Also kam es auf eine extreme Dezentralisierung von Leitungen an. Diese schlichten Überlegungen führten schnell zu einer Zusammenarbeit zwischen dem Pentagon und einigen Universitäten, die ihre Rechenkapazitäten vernetzten. **1969** begann die Vorgeschichte des Internet mit der Vernetzung von vier (!) Rechnern zum **ARPANET** (Advanced Research Projects Agency). Dieses Netz expandierte zwar nicht besonders schnell, aber doch kontinuierlich. Und wiederum ergab sich eine Konversion ursprünglich militärischer in zivile Medientechnologie. Denn noch für jeden Kriegsdienstverweigerer, der heute das Internet nutzt, ist schnell nachvollziehbar, daß das amerikanische Militär dieses Netz für seine Kommunikationsbedürfnisse nicht mehr nutzt. Es hat längst eigene dezentrale Kommunikationsnetze eingerichtet, die gegen Atomwaffenschläge immun sein sollen. Und es hat das Arpa- beziehungsweise Internet erst den US-Unis, dann der ganzen Welt als Geschenk überlassen.

Damit »alle« (Computer und User) mit diesem Geschenk auch etwas anfangen können, braucht es nicht nur Telephonleitungen (die gab es seit mehr als 100 Jahren), PCs (die gab es seit knapp 10 Jahren), sondern vor allem einen allgemeintauglichen Code – und den gab es bis **1990** nicht. In jenem Jahr aber haben **Tim Berners-Lee** und **Robert Caillou** von der Europäischen Organisation für Nuklearforschung (CERN) in Genf den **HTML-Code** als allgemein zugängliche Sprache fürs Internet entwickelt. Philologen könnten, wären sie denn medienhistorisch interessiert, eines ihrer Lieblingsspiele – nämlich: alles vorzudatieren – natürlich auch auf diesem Feld spielen und darauf hinweisen, daß es schon **1895** zu einer Übereinkunft über das »**Internationale Telegraphenalphabet**« kam. Der nach seinem Erfinder benannte **Baudot-Code** war (wie anders?) nach binärer Logik eingerichtet: Loch/kein Loch. Handfest hieß das: ein Lochstreifen wies senkrechte Streifen auf, die jeweils über fünf Positionen verfügten und ein Zeichen logifizierten. Nach heutiger *façon de parler* heißt das: Es handelte sich um einen 5-Bit-Code, der für immerhin oder nur 2 hoch 5 = 32 Zeichen ausgereicht hätte (wenig angesichts der 24 Grundbuchstaben plus Umlaute plus diakritische Zeichen etc.), es jedoch durch einen schlichten Umschalttrick auf die doppelte Zeichenzahl, also auf immerhin 64 Zeichen brachte. Der berühmte 7-Bit-**ASCII-Code** (American Standard Code for Information Interchange) zur Zeichenbelegung von Computertasten, der **1974** von der Internationalen Normenorganisation

ISO festgelegt wurde, war anfangs ein 7-, dann ein 8-Bit-Code (2 hoch 7 bzw. 8 = 128 beziehungsweise 256 Zeichen). Daß auch er an Grenzen stößt, weiß jeder, der einmal versucht hat, eine E-Mail mit einem deutschen *ß* oder *ö* nach Brasilien oder Rußland zu schicken.

Man kann aber nicht nur eine E-Mail, sondern auch Bilder und Töne etc. von Heidelberg nach São Paulo senden – dank des Telephonnetzes, der daran angeschlossenen Computer und des HTML-Codes. Letzterer trägt einen schönen Namen, der darauf verweist, daß man mit diesem Code mehr als nur alphanumerische Zeichen prozessieren kann: Hyper Text Markup Language. Die Implementierung von HTML markiert die eigentliche Geburtsstunde des WWW. Denn nun wurde es tatsächlich möglich, ein *world wide web* eben nicht zu installieren (die Telephonleitungen, die – in Deutschland – **ab 1989** zunehmend auf **ISDN-Norm** umgestellt wurden, waren ja schon da), sondern neu zu nutzen. Aus der Möglichkeit wurde in bemerkenswert kurzer Zeit Medienwirklichkeit. Atemberaubend sind seitdem die Zuwachsraten bei den Internet-Usern. Der Zeitraum, den Massenmedien in den USA brauch(t)en, um massenhaft Nutzer zu erreichen, wird immer kürzer. Das Radio brauchte 38 Jahre, das Fernsehen 13 Jahre, das Kabelfernsehen 10 Jahre, das Internet gerade 5 Jahre, um 50 Millionen Rezipienten beziehungsweise User zu erreichen. Solche Zuwachsraten sind derart verblüffend, daß sie schnell so etwas wie eine euphorisierende Sogwirkung freisetzen. Und die läßt den schlichten Umstand vergessen, ja, häufig gänzlich unbeobachtet, daß das WWW so weltumspannend nun auch wieder nicht ist und in den nächsten Jahren beziehungsweise Jahrzehnten wohl auch nicht sein wird.

Was von anderen Funktionssystemen moderner, das heißt ausdifferenzierter Gesellschaften gilt, gilt auch von den neuen Medien und insbesondere vom Internet. Sie verbinden – und sie schließen viele, sehr viele in dem Maße aus, in dem sie andere verbinden. »Die andere, dunkle Seite dieses Arrangements [›alle‹ zuzulassen, traditionelle Hierarchien zu überwinden, J. H.] ist: daß es zu massiven Exklusionen kommt. Große Teile der Weltbevölkerung finden sich aus allen Funktionssystemen so gut wie ausgeschlossen. Keine Arbeit, kein Geld, kein Ausweis, keine Berechtigungen, keine Ausbildung, oft nicht die geringste Schulbildung, keine ausreichende medizinische Versorgung und mit alldem wieder: keinen Zugang zu Arbeit, keinen Zugang zur Wirtschaft, keine Aussicht, gegen die Polizei vor Gericht Recht zu bekommen. Die Exklusionen verstärken sich wechselseitig, und von einer gewissen Schwelle ab absorbiert das Überleben als Körper alle noch verbliebene Zeit und alle Kräfte.«[1] Luhmanns späte, nur für eingeschworene Habermasianer überraschend »links« klingende Verweise gelten auch und gerade fürs Internet.

Der Satz »Das Medium ist die Botschaft« trifft hier in besonders eindringlicher Weise zu. Das Internet ist antizentralistisch, individualistisch, antiautoritär und also sicherlich demokratischer als etwa Presse, Rundfunk und Fernsehen. Das hat weniger mit dem Willen der unübersehbar vielen Internet-User zu tun (unter denen sich bekanntlich auch Rechtsradikale tummeln) als vielmehr mit den rein technischen Problemen, die der Versuch bereitet, das Internet zu zensieren. Bücher zu konfiszieren und zu vernichten ist (wie etwa Bradburys Roman beziehungsweise Truffauts Film *Fahrenheit 451* vor Augen führt) eine vergleichsweise leichte Übung. Internetkommunikation zu verhindern ist hingegen schwierig und hat teure Folgewirkungen. So hat das Golfemirat Bahrein die größten Schwierigkeiten mit seinem »Anspruch, zukünftig der Telekommunikationsführer der Golfregion werden zu wollen«, weil es »zugleich den Informationsfluß innerhalb der eigenen Landesgrenzen« zu kontrollieren versucht.[2] Saudi-Arabien hat Programme instal-

1 N. Luhmann: Die Religion der Gesellschaft, p. 242, cf. auch p. 303.
2 FAZ vom 12. Juli 2000, p. 16.

liert, die den Zugang zu pornographischen Internet-Inhalten verwehren und dadurch eine neue attraktive Berufssparte geschaffen: Internet-Kontrolleure wollen viele sein. Syrien hat den privaten Kauf von Internet-Modems schlicht verboten, kann aber auf Internetanschlüsse in den Büros nicht verzichten, deren Angestellte dann um so mehr privat surfen. Harmlose Probleme. Deutlich härter nämlich sind die Probleme derer, die »Access«-Probleme aller Art haben, die also weder über Zugang zu Strom noch zu Telephonleitungen, weder zu Computern noch zu Handys, noch zu Gerichten, weder zu Schulbildung noch zu verläßlicher Infrastruktur finden. In Zeiten, in denen sich tatsächlich *eine* Weltgesellschaft formiert, keinen Zugang zum Internet zu haben heißt tatsächlich, exkommuniziert zu sein. Aber auch Exkommunizierte können sich über ihre Ghetto- und Favela-Grenzen hinaus bemerkbar machen. Ihr Noise hat eine Botschaft: Es gibt auch uns, es gibt uns noch, es gibt immer mehr von uns.

Die zeitgemäße Form der Vernetzung zu der einen Welt-Geld-Mediengesellschaft, die gerne vergißt, daß es noch viele andere Weltgesellschaften gibt, ist heute das Internet. Es schleust zunehmend die Informationen, immateriellen Güter (wie Software, Musik, Texte, Daten), Befehle und Zahlungsströme hin und her, die eigentlich zählen. Und die auf immer privatere, sinnlichere, »idiotischere« Bedürfnisse abgestimmten Unterhaltungen sowieso. Zu den Inhalten mit dem größten Unterhaltungswert zählen die beliebten Internetseiten www.net-inkasso.com, die säumige Zahler auflisten, oder die (inzwischen geschlossene) Adresse www.rache.de, die jedem Gelegenheit gibt, Nachbarn, untreue Partner, ungeliebte Kollegen etc. an den Internetpranger zu stellen: »Übersende uns deine Geschichte! Nenne den Namen des Übeltäters! Stelle ihn oder sie bloß durch Veröffentlichung intimer Fotos! Warne den Rest der Welt vor der Schlampe beziehungsweise dem Schwein!« heißt es dort.[1]

1 Zit. nach dem Essay von D. Burkhart: Vom mittelalterlichen Schandpfahl zum Internet.

Solchen Aktivitäten zu wehren ist nicht leicht. Das Internet hat zwar eine vielbeschworene »Netiquette« ausgebildet. Juristisch verbindlich ist sie nicht. Wie sollte sie auch so weltweite Gültigkeit haben wie das Netz, das sie mit Benimmregeln versehen möchte – angesichts von Rechtssystemen, die von Land zu Land hochunterschiedlich sind?

Die Funktionsweise des Netzes ist immer wieder beschrieben worden – zum Beispiel so: »Jeder vernetzte Computer hat eine eigene Adresse im Internet, eine IP-Nummer genannte Zahlenkombination. Ruft ein Nutzer eine bestimmte Internet-Seite auf, muß sein Rechner zunächst an die entsprechende IP-Nummer gelangen und wendet sich deshalb an einen Zentralrechner, bei dem die Adressenverweise gespeichert sind (Domain Name System Server, DNS-Server). Alle deutschen Internet-Adressen mit der Endung *.de* beispielsweise werden vom Adreß-Rechner bei der Denic-Genossenschaft in Frankfurt am Main verwaltet. Will ein hiesiger Internet-Nutzer eine Internet-Seite mit einer ausländischen Endung aufrufen, so geht die Anfrage auf eine höhere Hierarchie-Ebene: zu jenem Rechner, der Auskunft gibt, unter welcher IP-Nummer wiederum der dafür zuständige Adreß-Rechner zu erreichen ist. Gespeichert ist die zentrale Adreß-Datei in einem einzigen Computer bei der Firma Network Solutions, die in der Nähe von Washington angesiedelt ist. In diesem ›Root Server A‹ liegt gleichsam das Zentrum des Internet. Zu seiner Entlastung überträgt ›Root Server A‹ zweimal täglich seine Daten auf zwölf nachgeschaltete Tochter-Rechner. Von diesen Root Servern können dann alle jeweiligen DNS-Server verwaltet werden. Derzeit befinden sich nur drei Root Server außerhalb der USA. Für viele Regionen führt das zu längeren Ladezeiten.«[1]

Im Spätsommer 2000 ist die Organisationsweise des Internet-Überbaus einigermaßen öffentlich geworden. Die schwer durchschaubare Institution ICANN, die seit 1998 die Domains vergibt, hat fünf ihrer neunzehn Direktoriums-

1 Spiegel 11/2000, p. 293 (Artikel »Herrscher über das Netz«).

posten im Netz von den Nutzern wählen lassen. Immerhin 150 000 Internet-User haben sich an diesen (recht komplizierten) Wahlen beteiligt. Gewählt wurde unter anderem der deutsche Hacker Andy Müller-Maguhn, der versprochen hatte, aufrecht gegen eine Kommerzialisierung des Internet zu kämpfen. ICANN was not amused. Denn es geht um viel, wenn es um die Zeichen geht, die durchs Internet navigieren. Sollen Domains wie *.bank* oder *.shop* vergeben werden? Im Dezember 1999 hat ein texanischer Kaufmann seine Domain *Business.com* für mehr als sieben Millionen Dollar verkauft.

Wie groß die Informationsmenge ist, die das Internet bereithält, ist schwer abzuschätzen. Das kalifornische Alexa-Internet-Institut hat die Menge der im Sommer 1998 (also in längst vergangenen Zeiten) zur Verfügung stehenden Information zu berechnen versucht. Fest steht allein, daß die Informationsmenge in Terabytes (Trillionen Bytes) gemessen werden muß. Und das nicht allein wegen der ständigen Updates – mißt man die jeweiligen Informationsstufen mit, sprengt das Internet alle Maßeinheiten. Die Internet-Informationen liegen auf über 6,4 Millionen Servern bereit, von denen allerdings mit erstaunlicher Konstanz gut 10 Prozent aktuell nicht erreichbar sind. 87 Prozent der Dokumente sind englischsprachig, nur 2,3 Prozent in französischer Sprache verfaßt. Verständlich, wie heikel es um Versuche stehen muß, dem fluiden Internet ein Gedächtnis zu verschaffen. Eine Gruppe in San Francisco, die sich »Internet Archive« nennt, hat sich auf das verzweifelte Geschäft spezialisiert, ihr wichtig scheinende Internet-Seiten auf CDs zu kopieren. Sie hat zu unterschiedlichen Zeitpunkten je etwa eine Billion Internet-Seiten gespeichert. Das macht zirka 13 Terabytes. Zum Vergleich: Die gesamte Library of Congress, die unter den am Ideal der Vollständigkeit orientierten Bibliotheken als beste der Welt gilt, verfügt über 20 Terabytes an gedruckten Texten.

Vom Rosetta-Stone über Papyros und Gedrucktes zu CDs

und Internet: Moderne Kommunikationsgesellschaften haben offensichtlich nicht mehr das ausdrückliche Bedürfnis, unsterbliche Texte zu tradieren und aller (Nach-)Welt ein Gedächtnis zu verschaffen. Daß Computer und Internet nicht historisch denken, machte das berüchtigte Y2K-Problem klar. Für Programmierer und Programme in der Frühphase der Computer bedeutete es angesichts knappster Speicherplätze eine erhebliche Einsparung, bei allfälligen Zeitdaten zwei Stellen weniger (etwa nur 99 statt 1999) schreiben zu müssen. Tradierte und doch geschichtsunbewußte Computerprogramme beim Jahrtausendwechsel auf die Höhe ihrer Zeit zu bringen war ein so aufwendiges wie lukratives Geschäft. Bekanntlich hat sich die neue Computerinfrastruktur beim Y2K-Problem beeindruckend bewährt. Kein Flugzeug ist in der Nacht vom 31. Dezember 1999 zum 1. Januar 2000 vom Himmel gefallen, keine russische Rakete wurde gegen den Willen ihrer Herren gestartet. Kulturanalytisch frappierend aber ist und bleibt die tiefenstrukturale Verschiebung des heißen Kerns von Apokalypseängsten anläßlich von Zeitenwenden. (Fast) Keiner hat mehr Angst vor kosmischen Katastrophen: daß Sterne vom Himmel fallen, die Sonne erlischt oder die Erde mit ihren nächsten Verwandten zusammenstößt. Statt dessen befürchten alle Aufgeklärten den Kollaps von Rechenmaschinen, die zu Orientierungssternen geworden sind.[1]

No Apocalypse, not now. Die Computer sind in der letzten Millenniumsnacht sowenig kollabiert wie bei früheren Zeitenwenden der Sternenhimmel. Daß dies aber nicht heißt, vernetzte Computer seien störungsunanfällig, wurde wenige Wochen nach dem glorreich überstandenen »Jahrtausendwechsel« nicht zum ersten und nicht zum letzten Mal deutlich. Am Montag, dem 7. Februar 2000 kam es zum Kollaps des weltweit größten Internet-Suchprogramms Yahoo! Eine gigantische Menge von Anfragen legte den Server von Yahoo! lahm, der sonst einigermaßen souverän 120 Mil-

1 Ich nehme hier dankbar Überlegungen von Thomas Macho auf.

lionen Zugriffe pro Tag abwickelt. Aber die von Hackern losgeschossene Fragen-Datenmenge von 1 Gigabyte pro Sekunde war selbst für den enorm leistungsfähigen Server von Yahoo! zuviel des Guten. »Zwar weiß ich viel, doch möcht' ich alles wissen«, heißt es in Goethes *Faust*. Alles zu wissen, den totalen Überblick zu haben, durchzublicken – das wird selbst für artifizielle Intelligenz (und für kreatürliche sowieso) in dem Maße schwieriger, in dem die Menge des Wißbaren exponentiell zunimmt. Zu unterscheiden, welches Wissen (für wen und in welchem Kontext) überhaupt relevant und welches überflüssiges bis störendes Rauschen ist – das wird zur Forderung des Tages.

Etwas nicht zu wissen kann bekanntlich segensreich sein. Daß Suchprogramme, Archivierungstechniken, Gedächtniskult und Erinnerungsübungen nicht immer nur positive Effekte haben, hat neben vielen anderen schon Effi Briest erfahren müssen: »Es ist unglaublich – erst selber Zettel und Briefe schreiben und dann auch noch die des anderen aufbewahren! Wozu gibt es Öfen und Kamine? Solange wenigstens, wie dieser Duellunsinn noch existiert, darf dergleichen nicht vorkommen; einem kommenden Geschlechte kann diese Briefschreibepassion (weil dann gefahrlos geworden) vielleicht freigegeben werden. Aber soweit sind wir noch lange nicht.«[1]

So heißt es in einem medienanalytisch bemerkenswert klaren Brief einer gewissen Sophie Zwicker, die die leidende Effi bei einer Kur kennengelernt und aus der Zeitung von dem Duell zwischen Crampas und Effis Gatten Instetten erfuhr. Einem hundert Jahre später lebenden Geschlecht ist die Briefschreibepassion freigegeben. E-Mails statt Snail-Mails zu schreiben heißt auch: nicht für die Ewigkeit zu schreiben. Und bedeutet darüber hinaus: anders als früher zu schreiben. Daß sich der Schreibstil (nicht nur von E-Mails) gewaltig verändert, ist schon nach wenigen Jahren elektronischer Kommunikation häufig vermerkt worden. Formelle Anreden

1 Th. Fontane: Effi Briest, p. 686 (31. Kapitel).

und lange Grußformeln haben in E-Mails sowenig zu suchen wie die Betonung der Differenz zwischen Schrift und gesprochener Sprache. Die von Kafka unter anderem schon für die frühe Moderne konstatierte Tendenz, nicht etwa (über) etwas, sondern vielmehr Kommunikation zu kommunizieren (»wir telephonieren mal wieder«, sagt man am Telephon), hat sich mit dem Internet auch in der Sphäre der Schrift breitgemacht. »Sie wurden vor die Wahl gestellt, Könige oder Kuriere zu sein. Nach Art der Kinder wollten sie alle Kuriere sein, deshalb gibt es lauter Kuriere. Und so jagen sie, weil es keine Könige gibt, durcheinander und rufen einander selbst ihre sinnlos gewordenen Meldungen zu. Gerne würden sie ihrem elenden Leben ein Ende machen, aber sie wagen es nicht wegen des Diensteides.«[1]

Anachronistische Diensteide leisten die elektronischen Kuriere heute nicht mehr. Hochgradig unzeitgemäß aber sind die Leitmetaphern, mit denen alte, kreatürliche Hirne das Tun ihrer postmodernen artifiziellen Konkurrenz bedenken. Die Leitbegriffe und Leitbilder der Netzwelt sind von rührender Unbeholfenheit. Mit Hilfe eines Lotsen (Navigators) surfen wir im Netz, um nicht im Ozean des *information overload* unterzugehen. Zuviel der Katachresen: Kein Surfer, der nicht völlig von Sinnen wäre, käme auf die Idee, ausgerechnet dort zu surfen, wo Fischer ihre Netze ausgespannt haben. Surfer, die einem Navigator folgen, wird man an den Küsten Kaliforniens und anderswo vergeblich suchen. Ladung mag in Schiffe passen, nicht aber auf Surfbretter. Und den Ozean mag man mit allen möglichen großen und kleineren Schiffen überqueren wollen, nicht aber mit einem Surfbrett. Der Verdacht, daß diejenigen, die die Wendung »im Internet surfen« geprägt haben, nicht nur stilistisch unbeholfen, sondern auch Legastheniker waren, drängt sich auf. Sollte statt *surfer server* gemeint sein? Kein Problem, solche altmodischen Buch-Fragen auch auf PC-Format zu bringen. Im Frühsommer 2000 erschien auch in

1 F. Kafka: Prosa aus dem Nachlaß.

Deutschland das aus den USA importierte Rocket-E-Book. Vertrieben wird es zuerst vom Bertelsmann-Konzern: ein 600 Gramm leichtes elektronisches Taschenbuch, auf das man sich Texte herunterladen kann. Wörter und Sätze sind markierbar, Schrifttypen frei wählbar, die Hintergrundtönung selbstredend auch, Eselsohren lassen sich auch diesem Proteusbuch antun, ein Lexikon ist fest integriert. Der mäßige bis hohe Preis des Zwittergeräts (es kostete bei der Einführung 675 DM) und vor allem die hohen Gebühren für das Laden von Texten werden trotz all seiner Vorteile wohl einem schnellen Erfolg des E-Buches im Wege stehen, gilt die Buchpreisbindung doch (vorläufig) auch für das elektronische Buch. Parallel zum E-Buch erschien zur Cebit 2000 in Hannover die erste papierlose Zeitung namens *E-Paper*. Das von Xerox zur Marktreife entwickelte »Gyricon«-Verfahren stellt eine aufwickelbare, papierdünne Folie bereit, die eine elektrische Leitschicht enthält. Auf diese Folie können über Internet/Handy alle möglichen Zeitungen heruntergeladen werden.

Die anhaltende Faszination von Computer und Internet liegt aber kaum beziehungsweise allenfalls für reifere Semester aus der Gutenberg-Galaxis in solchen Abfallprodukten. Sie ist anders und schnell zu erklären. Können Computer und Internet doch (fast) »alles«: rechnen sowieso, aber eben auch schreiben, zeichnen, verwalten, Kalkulationen und Tabellen erstellen, Musik komponieren, Weltmeister im Schachspiel besiegen, Filme und Photos speichern und verarbeiten, an Termine erinnern, immaterielle Güter wie Software, Musik, Texte, Daten transportieren und und und. Dabei sprechen sie allen tradierten Raum- und Zeitgrenzen hohn. Denn sie prozedieren mit atemberaubender Geschwindigkeit und halten auf kleinstem Raum Datenspeicher bereit, die Verlegern von Lexika entweder schlaflose Nächte bereiten oder sie schnell auf die Idee bringen, ihre 20bändigen Wissensfreunde auch in Form einer einzigen CD beziehungsweise DVD beziehungsweise (wie die *Encyclopaedia Britannica* seit 1999) gleich im Internet anzubieten (**Musik-CDs gibt es seit 1981, CD-Datenträger seit 1988**). Ein die alten Spezialmedien beschämender Alleskönner aber ist der Computer aufgrund seiner Schwäche und Einseitigkeit: Er kann das alles, weil er nur eines kann – mit den *digits* 0/1 rechnen.

Schon Goethe schwante, wie er bedeutenden Versen anvertraute, daß in der Neuzeit und Moderne das »Alphabet überzählig« (*Faust*, v. 6081) werden könne. Ziffern und Zahlen, genauer: zwei Ziffern sind den Buchstaben überlegen, ja, sie lassen letztere überflüssig erscheinen.[1] Goethes Diagnose war deutlich auf die Kraft des Mediums Geld gemünzt, den numerischen Code als denjenigen durchzusetzen, der eigentlich zählt. Der monetäre Code zahlen/nicht zahlen ist von beeindruckender digitaler Klarheit in Epochen, in denen statt Buchstabenkombinationen Zahlen zählen. Zählen statt erzählen heißt denn auch die Maxime der modernen Medientechnologie. Sie führt – je nach Beobachter- und Bewertungsperspektive – zu einer beeindruckenden Integration aller Teilmedien oder aber zu dem bedrohlichen Szenario einer »Spaltung der Gesellschaft in wenige Programmierer, die formal und numerisch denken, und viele Programmierte, die buchstäblich denken«.[2] Eine Diagnose, die sich leicht zuspitzen läßt: Programme werden in einem ganz unaphoristischen Sinn heute zu Programmierern. Keine Software und selbstredend auch keine Hardware kann heute mehr von denjenigen unter den Programmierern allein entwickelt werden, die da Menschen sind. Programme programmieren neue Programme.

Damit kommt auch die Leitformel des vorliegenden Buches an ihre Grenze. Vom Sinn zu den Sinnen: Die Formel mag trotz oder wegen ihrer Kürze erfassen, welche Effekte und Implikationen der Übergang von Schrift- und Druckmedien zu Phono-, Photo- und Kinematographie hat. Noch die

1 Cf. dazu J. Hörisch: Kopf oder Zahl, Kap. I/1.
2 V. Flusser: Lob der Oberflächlichkeit, p. 277.

Analogmedien (frühes) Radio und (frühes) Fernsehen lassen sich von dieser Formel erfassen. Das digitale Jenseits der Analogmedien aber führt auch ins Jenseits des Versprechens der alten audiovisuellen Medien. Die *digits* 0/1 unterhalten zu dem, was sie da registrieren, keinerlei analogen oder gar intimen Bezug. Ihnen ist es bemerkenswert gleichgültig, ob sie Schall- oder Lichtwellen, Ziffern oder Lettern, Töne oder Bilder, Konstruktionspläne oder E-Mails speichern, übertragen und bearbeiten. Damit verschiebt sich auch erneut die Konstellation der drei genannten Hauptfunktionen aller Medien: speichern, übertragen, bearbeiten. Um erneut zu schematisieren: Die Mediengeschichte führt vom Speichern über das Übertragen zum Bearbeiten. Die frühen Medien Bild, Schrift und Druck sorgen für eine Vormacht des Speicherns; die Medieninnovationen nach Gutenberg sorgen, ihrem obligatorischen Präfix Tele- (-graphie, -phonie, -vision etc.) verpflichtet, für einen deutlichen Primat der Übertragungsmedien; und die neuste, digitale Medientechnik eröffnet zuvor ungeahnte Dimensionen der Datenverarbeitung.

Natürlich ließen auch die tradierten Medien ihre Verarbeitung zu. Man konnte Texte korrigieren oder fehlerhaft kopieren, Verträge fälschen, Bilder zerschneiden, Bücher verbrennen und Photos manipulieren. Und man konnte auch bei analogen Tonaufnahmen versuchen (zum Beispiel mit Dolby-Technik), Rauschen zu unterdrücken, Tonbänder zu schneiden und neu zusammenzukleben oder verschiedene Toneingänge übereinanderzublenden. Digitale Aufzeichnungstechnik bedeutet aber etwas grundsätzlich Neues. Sie ermöglicht eine Datenverarbeitung jenseits aller Handwerklichkeit. Unendliche Reihen von 0/1-Daten können mit einer Leichtigkeit neu berechnet und arrangiert werden, die mit dem klassischen Medienmanipulationsvorwurf schlechthin nicht zu (er)fassen ist. Zwischen der Speicherung und der Bearbeitung von digitalisierten Daten liegt kein Abgrund mehr; beide Prozesse unterstehen ein und derselben Logistik. Was auch heißt, daß die alte und hochgradig tabubesetzte Grenze zwischen registrieren und konstruieren schwindet – und dies in einer Dynamik, die aus nachvollziehbaren Gründen vielen unheimlich ist. Nach den unterschiedlich interpretierenden Lektüren des Buches (der Schöpfung, der Natur, der Geschichte, des Lebens) kommt die Registrierung und Dechiffrierung des Codes der Physis und des Bios – und schließlich die Neukonstruktion von »allem«. Der alte Satz »Siehe, ich mache alles neu« wird vollkommen neu lesbar – und schreibbar. Das verbreitete Schlagwort »Virtual Reality« führt in die Irre. Virtual Reality gibt es wirklich.

Computer können alles simulieren. Und damit und danach Neues stimulieren. Eine Grenze der Simulierbarkeit, die in der Diskussion um natürliche und künstliche Intelligenz geradezu Fetischqualität gewonnen hatte, ist erstaunlich schnell gefallen: Am **11. Mai 1997** hat der von IBM konstruierte **Schachcomputer Big Blue** in New York den **Schachweltmeister Gary Kasparow** schon im sechsten Match entscheidend **geschlagen**. Bemerkenswert viele Forscher auf dem Gebiet der *artificial intelligence* (AI) halten nicht erst seitdem die Grenze zwischen humaner und maschineller Intelligenz für überschreitbar. Der amerikanische Forscher Ray Kurzweil[1] steht mit seiner steilen Vision einer human-maschinellen Unsterblichkeitssymbiose nicht etwa völlig isoliert oder verlacht da. Er hat, um dieser Vision Plausibilität zu verleihen, eine einfache ökonomische Rechnung aufgemacht: Für 1000 Dollar erhielt man im Jahr 1900 Rechner, die nicht einmal die Kapazität eines Insektenhirns hatten. Dieser Level war erst um 1950 erreicht. Dann aber beschleunigt sich die Entwicklungskurve gewaltig. Die Kapazität von Mäuse- und Kaninchenhirnen ist bald erreicht. Die Speicherkapazität eines menschlichen Hirns übertrifft ein 1000-Dollar-Computer schon lange. Einen Schachweltmeister zu besiegen kostet um 1997 noch deutlich mehr als 1000 Dollar. Um das Jahr 2020 aber wird es, so Kurzweil, einem Billig-

1 R. Kurzweil: Homo S@piens.

computer möglich sein, die intellektuelle Fähigkeit eines begabten Menschenhirns *in toto* zu simulieren und in weiten Bereichen um Potenzen zu übertreffen. Die Rechnerkapazität aller menschlichen Hirne zusammen wird, dieser Prognose zufolge, ein einzelner 1000-Dollar-Computer um das Jahr 2060 erreichen.

Der harte Kern dieser Vision, die offenbar keine Angst vor zukünftigen Inflationen und/oder neuen Währungen hat, ist aber kein ökonomischer, sondern ein anthropotechnischer: Menschen könnten danach ihr gesamtes Hirn und ihr gesamtes Nervensystem auf eine Festplatte scannen. Im Gespräch mit einem Human-PC-Therapeuten bespricht man dabei, was verbesserungsfähig ist. Ein Computerspezialist übersetzt das Eingescannte in Datensätze und Regelkreise. Bleibt das alte Problem von Körper und Geist. Der Geist braucht einen Körper. Kein Problem, denn auch die Nanotechnologie macht gewaltige Fortschritte. Im Zeitalter nach der totalen Dechiffrierung der menschlichen Genome erlaubt sie es, den menschlichen Körper Atom für Atom zu rekonstruieren. Natürlich aus besserem und haltbarerem Material als dem, aus dem Fleisch und Blut sind. Die Konsequenzen dieser S(t)imulation sind schwer zu übersehen: Doch solche vermeintlich handfeste Unsterblichkeit hat ihren Preis. Zum Beispiel den des Vielkörperproblems – wer ist man, wenn man in vielen Repliken existiert? Die alten Pygmalion-, Frankenstein- und Homunculus-Motive bekommen, das belegen Filme wie *Existence* oder *Matrix*, im Umfeld von Gentechnologie und AI einen medienhistorischen Kick.

Die Argumente gegen solche übermenschlichen Tele-Visionen einer Erosion der Grenze zwischen künstlicher und menschlicher Intelligenz hat unter anderem der Philosoph John Searle ins Feld geführt. Kurzweil »confuses the computer simulation of a phenomenon with a duplication or re-creation of that phenomenon.« Der Unterschied zwischen dem Simulierten und der Simulation ist demnach ein grundsätzlicher: »Actual human brains cause consciousness by a series of specific neurobiological processes in the brain. What the computer does is a simulation of these processes, a symbolic model of the processes. But the computer simulation of the brain processes that produce consciousness stands to real consciousness as the computer simulation of the stomach processes that produce digestion stands to real digestion.«[1] Searle argumentiert wohl noch zu defensiv. Einer der scheinbar sentimentalsten und dümmsten Einwände gegen Computer könnte sich als einer der haltbarsten Demarkationssteine auf der Grenze zwischen künstlicher und kreatürlicher Intelligenz erweisen: Der Computer ist seelenlos. Er freut sich nicht, wenn er gegen Kasparow gewinnt; er haßt oder liebt niemanden, den er mit seinem Sieg beeindrucken will; und er hat kein Heimweh, wenn er zu diesem Zweck vom Ort seiner Entstehung nach New York transportiert wird. Hoffen wir also, daß der Computer keinen Ödipus-Komplex entwickelt. Dem Computer fehlt die Selbstbezüglichkeit, die menschliche Intelligenz charakterisiert und die sich immer nur als gestimmte Selbstbezüglichkeit präsentiert. Ich bin mir meiner nie »rein« bewußt, sondern nur als so oder so Gestimmter: als Trauriger, Verliebter, Glücklicher, Ängstlicher oder Sehnsuchtsvoller. Ohne »Seele«, ohne Gestimmtheit, ohne Befindlichkeit ist Selbstbewußtsein nicht zu haben. Auf Kategoriengrenzen zwischen künstlicher und menschlicher Intelligenz kann nur bestehen, wer zugibt, daß Vernunft durch und durch unrein ist.

Ob Hirn- oder Verdauungs-Simulationen: am **26. Juni 2000** empfing US-Präsident Bill Clinton **amerikanische Wissenschaftler im Weißen Haus**, die ihm ein veritables **Buch** des menschlichen Lebens überreichten: die vollständige Sequenz des **menschlichen Erbguts**. Das Ereignis war, wie sollte es anders sein, als Medienereignis ersten Ranges inszeniert. Der britische Premierminister Tony Blair war über Satellit zugeschaltet. Und auch ein *grand old man*, ein Mythos der

1 J. Searle: I married a computer, p. 37.

neueren Biologiegeschichte, der 72jährige Entdecker der Doppelhelixstruktur der DNS, James Watson, war anwesend, als die zweipolige Wissenschaftlergruppe dem Präsidenten ihr Dechiffrierungswerk übergab. Im Mittelpunkt des Medien-Interesses stand der Mann, der es unter massivem Computer- und Geldeinsatz lange vor dem in Fachkreisen erwarteten Zeitpunkt geschafft hatte, das menschliche Erbgut vollständig zu entschlüsseln: **Craig Venter**, Chef des börsennotierten Unternehmens mit dem schönen Namen »Celera Genomics«. Er war vor Jahren aus dem staatlich geförderten universitären »Humangenomprojekt« ausgestiegen, um mit seiner auf intensivem Computereinsatz beruhenden Shotgun-Technik das Projekt abzuschließen. Patentstreitereien waren an diesem menschheitsepochalen Tag nicht etwa absehbar, sondern in einem Maß, das alle früheren in diesem Buch erwähnten Patentstreitigkeiten bei weitem übertrifft, bereits in vollem Gang.

Kluge Kulturwissenschaftler weisen darauf hin, daß es sich auch an einem solchen Tag lohnt, daran zu erinnern, wie alt der heiße Kern neuster Forschungsprojekte sein kann. Genetiker vergleichen das Gen »manchmal mit ›der Bibel‹, dem ›Heiligen Gral‹, dem ›Buch des Menschen‹. Das Gen erscheint wie ein sakraler Text, der über die Schöpfung der Natur wie über die moralische Ordnung bestimmt. Manche vergleichen das Gen auch mit einem ›Wörterbuch‹, einer ›Karte‹, einem ›Referenzwerk‹. Auch Christus ist Gral, Buch, Bibel und Speise zugleich. Mit dem unsterblichen Gen wird die christliche ›Auferstehung des Fleisches‹ Wirklichkeit – und zwar auf Erden.«[1] Tatsächlich spricht viel dafür, im heißen Kern der gegenwärtigen Medien = Computertechnologie älteste Bestände zu identifizieren. Literaturhistoriker, die zum Beispiel daran erinnern, daß es schon in Huxleys 1932 erschienenem Roman *Brave new world* eine Szene gibt, die bereits vom Cyberspace träumt, machen vergleichsweise harmlose Rückgriffe: »›Gehst du heute abend ins Fühl-

1 C. v. Braun: Heilige Botschaft, p. 17.

kino, Henry?‹ fragte der Prädestinationsassistent. ›Der neue Film im Gloria-Palast soll prima sein. Es kommt eine Liebesszene auf einem Bärenfell darin vor. Einfach wundervoll, sagen die Leute. Man spürt jedes einzelne Bärenhaar. Unglaubliche Fühleffekte.‹«[1] Das Wort »Cyberspace« hat 1984 William Gibsons *Newromancer*-Trilogie geprägt. Gibson hat den Ursprung seiner Idee präzise benannt: In den Spielhallen seiner Heimatstadt Vancouver hat er Jugendliche beobachtet, deren Arme und Augen mit den Apparaten und Monitoren symbiotisch verbunden zu sein schienen.

Harmlose Motive. Der heiße Kern des gegenwärtigen Vollendungsprojekts der Mediengeschichte geht auf Motive zurück, die älter sind als die von Huxley oder Gibson. Gott sprach: es werde xyz, und es ward xyz. Zeichen in Sachen zu übersetzen, das Wort Fleisch werden zu lassen, Sinn in Sinnliches zu konvertieren beziehungsweise zu transsubstantiieren: das war über Kultur- und Technikepochen hinweg das göttliche Medienprivileg. Heute aber ist eben dies der heiße Kern der Medientechnologie. Der Medienpapst vom MIT, Nicholas Negroponte, hat es auf den Punkt gebracht: Bits in Atome zu transformieren. Medien vermitteln, transportieren, speichern, übertragen dann nicht(s) mehr – sie prozessieren, sie schaffen. Wer schafft, wer geschaffen ist, wer geschafft ist, wird unter diesen Umständen nur eine ganz andere Bibliothek klären können. Kurier will dann niemand mehr sein.

1 Zit. nach H. Buddemeier: Künstliche Welten, p. 89.

Abbrüche: KONVERSIONEN

Weit weg von Alteuropa lebt ein vergleichsweise fröhlich gestrandeter Intellektueller. In Rio de Janeiro zählt er zu den Stammgästen einer Bar, die einen brillanten Namen hat: »Bar jeder Hoffnung«. Der Name des nicht mehr ganz jungen Mannes ist ebenfalls sinnreich gewählt: Roman. Roman will – wie sollte er dem Namen, den seine Eltern ihm im Namen eines Anderen, der größer nicht sein könnte, gegeben haben, anders gerecht werden – einen Roman schreiben. Einen anspruchsvollen Roman, also einen Bildungs- beziehungsweise Entwicklungsroman. Er scheitert mit seinem anspruchsvollen Projekt jedoch schon an der Grundeinsicht, die den Roman leitmotivisch tragen soll. Und die lautet: Sinnvoll schreiben ließe sich in der späten Moderne allenfalls ein Rückentwicklungsroman. Roman kann keinen Roman mehr schreiben, der sein sinnvolles Ende fände mit einer Aufnahme des Romanhelden in eine Turmgesellschaft, von der aus sich die Weltverhältnisse überschauen ließen, oder mit einer Dichterweihe durch Klingsor, die in letzte Weisheiten initiierte, oder mit einer Beamtenlaufbahn wie beim grünen Heinrich der Zweitfassung von Gottfried Kellers Roman. Und selbst ein Ende wie das von Hans Castorp, der immerhin zum mit den damals neuen Medien Phonographie, Kino und Röntgenphotographie vertrauten Weltkind in der Mitte zwischen Settembrini und Naphta wurde, ist ihm versagt.

Sinnliche Gewißheit ist der Titel des 1988 erschienenen Romans, in dem Robert Menasse von den Bemühungen Romans in der Bar jeder Hoffnung erzählt, sich in einer Epoche zurechtzufinden, die bar jeder Hoffnung ist, es könne noch einen verbindlichen Zugang zur knappen Ressource Sinn geben. Was von diesem Findungsprojekt bleibt, sind die im Romantitel versprochenen sinnlichen Gewißheiten der Bar: guter Alkohol und schöne Frauen. Ein Verwandter Romans im Geiste, der Privatgelehrte Leo Singer aus Menasses Roman *Selige Zeiten, brüchige Welt*, will sich mit solchen Sinnlichkeiten allein nicht abfinden. Er will dem Stand seiner Zeit sinnvoll standhalten. Und so schreibt er an einer zeitdiagnostischen Abhandlung. *Phänomenologie der Entgeisterung – Geschichte des verschwindenden Wissens* lautet der Titel des Traktats, der allenfalls fünf Prozent des Umfangs von Hegels *Phänomenologie des Geistes* aufweist. Und diese Theorieprosa mündet dort, wo Romans Lebenspraxis schon angekommen war. Dem Rückentwicklungsroman entspricht die *Phänomenologie der Entgeisterung*, die mit dem absoluten Wissen startet und bei der sinnlichen Gewißheit endet. Ihre Ausgangs-, Zwischen- und Endstationen sind Merksätze wie diese: »Der Zufall von der Existenz der Erde und der Gattung kann aber nicht so weit gehen, daß der Gattung zum Sein noch ein Sinn mitgegeben ist, während die Natur ja keinen Sinn und daher auch keine Geschichte kennt, sondern nur Werden und Vergehen, Kreislauf und ewige Wiederkehr.« Alles wird »wahr-scheinlich und gleich-gültig.« »Es geht nicht um die Wahrheit, sondern um deren Emphase, nicht um Tatsachen, sondern um ihren Stil.« »Wenn es Gott nicht mehr gibt, dann bedeutet das: es gibt kein Sein, und es gibt keine Wahrheit. Dann haben Sein und Wahrheit keinen Grund, und es gibt daher keinen Grund für eine mögliche Einheit von Wahrheit und Sein.« »Nun können die Menschen aus ihrer Geschichte freie Stücke machen.« »Das Design bestimmt das Bewußtsein.« Die Schlußsätze lauten: »›Im Anfang ist die Kopie.‹ / So sehe ich das.«[1]

Der intellektuelle Reiz von Robert Menasses Romanen und Essays läßt sich unschwer bestimmen. Sie konvertieren eine der anspruchsvollsten Geschichtsdiagnosen (und eine der ambitioniertesten Mediengeschichten *avant la lettre*), die

1 R. Menasse: Phänomenologie der Entgeisterung, pp. 22, 30, 36, 41, 82, 83, 87.

Hegels, in postmoderne Münze, indem sie sie invertieren. Denn allzu vieles, Mediales voran, ist anders geworden, seitdem Hegel 1807 seine *Phänomenologie des Geistes* vorlegte. Anders werden: »Konversion«, »konvertieren« und »konvertibel« sind ebenso präzise wie kontextsensible Worte. Sie demonstrieren an sich selbst das Problem, das sie bezeichnen, konvertieren diese Worte doch ihre Bedeutung je nach den Umständen, von denen sie handeln, ganz erheblich. »Friedrich Schlegel ist vom Protestantismus zum Katholizismus konvertiert; die Mark der DDR war auf den Devisenmärkten nicht frei konvertibel; kannst du mal die alte Word-2-Diskette in Word für Windows 98 konvertieren?« – Drei Sätze, die ganz offenbar unterschiedlichsten historischen, kulturellen und funktionalen Formationen zugehören. Dennoch haben nicht nur die zumeist verwendeten religiösen, monetären und medientechnischen Varianten des Konversionsbegriffs (es gibt deutlich mehr als diese drei[1]) ein Problemfeld gemeinsam. In jedem Verwendungsfall geht es darum, ein Informationselement in andere Kontexte und andere Kulturtechniken einzubetten beziehungsweise – um es technophil zu sagen – zu implementieren. Eine frohe Botschaft ist für eine glaubensbereite Person nicht von der Tradition zu erwarten, in die sie (kontingenterweise oder kraft eines göttlichen Heilplans?) hineingeboren wurde – also konvertiert sie; das Medium Geld, das man mit sich führt und das so zumutungsreich funktional über Knappheiten informiert, hat in dem Land, in dem man sich aufhält, keine Geltung – also muß man es in gültige Währung konvertieren; die auf einer Diskette gespeicherten Informationen laufen unter

1 Zum psychoanalytischen Konversionsbegriff siehe unten. In der Jurisprudenz meint Konversion die Umdeutung eines aus Formgründen nichtigen Rechtsgeschäfts in ein gültiges. In der Genetik meint Konversion die Mutation eines Allels. In der Reaktortechnik meint Konversion die Erzeugung neuer spaltbarer Substanz. In der Sprachwissenschaft meint Konversion den Übertritt eines Wortes in eine andere Wortart ohne formale Änderung (wie z. B. Dank – dank). Bei Rüstungsverhandlungen meint Konversion die Umwandlung von Militär- in Zivilgerät (»Schwerter zu Pflugscharen!«).

einem anderen Software-Programm als dem, wofür sie nun bestimmt sind – also bedürfen sie der Konvertierung.

Wer Glaubensinhalte, Währungen oder Datenbestände konvertiert, muß mit Reibungsproblemen oder, um erneut technisch zu sprechen, Transaktionskosten rechnen. Dem religiösen Konvertiten drohen Psychokrisen und Anfeindungen; der Geldwechsler muß Bankgebühren einkalkulieren; der EDV-Konvertit ist gut beraten, sich mit einer Sicherheitskopie gegen drohende Datenverluste und Systemabstürze zu schützen. Gemeinsam ist dem religiösen, dem monetären und dem medientechnischen Konvertiten aber nicht nur ein Strukturproblem, sondern auch ein überdurchschnittliches Maß an mentaler Beweglichkeit. Wer die Konfession wechselt, muß mehr als eine kennen und also wissen, daß es auch für das Absolute und Offenbare mehrere Kandidaten gibt und es also ganz offenbar so offenbar nicht ist – galt ihm doch zuvor anderes als einigermaßen offenbar. Wer häufig Geld konvertiert, wird viel reisen, Handel treiben und demnach ein handfestes Wissen davon haben, daß es absolute Werte auch beziehungsweise gerade im Bereich des Ökonomischen nicht gibt. Und wer die eine in die andere Software, das eine in das andere Betriebssystem konvertieren kann, beweist die intellektuelle Beweglichkeit, die heute eigentlich zählt: die medientechnologische. Mediensouverän ist, wer über den Ausnahmezustand des *information overload* entscheidet, indem er die richtigen Selektions- und Zugangsweisen wählt. Norbert Bolz hat diese Kompetenz präzis benannt: »Alle notwendigen Informationen stehen zur Verfügung, doch jeder Zugang wird zum strengen Selektionsakt. Man kann ja unter den neuen Medienbedingungen einer Sintflut des Sinns nicht wirklich wissen, was man alles weiß [...] Die Hauptprobleme des Informationszeitalters sind Selektion und Zugang.«[1]

Wer die unproduktiven Selektionen und Zugänge wählt, wer nie in die Versuchung geriet, es mit mehreren Selek-

1 N. Bolz: Gutenberg-Galaxis, p. 214 sq.

tionen zu versuchen, wer nie von einem zum anderen (Glaubensinhalte-, Währungs-, Medien- beziehungsweise Internet-)Provider konvertierte, ist demnach schnell als Hinterwäldler überführt. Er lebt in einer Weise xenophob und endogam, die ihn in der konversionsmunteren Zapping-Medienweltgesellschaft der Jahrtausendwende zur unzeitgemäßen Figur macht. Von alternativen Optionen und funktionalen Äquivalenten hat er – ein heute in unseren Gefilden kaum mehr denkbarer Fall – noch nie gehört. Das macht sein Leben, je nach dem Stand der modernen Beobachtungsperspektive, beneidens- oder aber bedauernswert schlicht. Gemeinsam ist den Konvertiten sämtlicher Systeme bei aller spätmodernen Auf- und Abgeklärtheit über die Fülle alternativer Optionen, zwischen denen Umformatierungen geschaltet werden können, daß sie sich ein anachronistisches Moment bewahren. Denn trotz ihrer funktionalen Beweglichkeit halten sie ihren heißen Vorlieben und Überzeugungen die Treue – man konvertiert, weil man dem Medium der Religion, des Geldes beziehungsweise der Datenverarbeitung verpflichtet bleiben will.

Man konvertiert, um sich nicht mit dem Abfall in jedem Wortsinne gemein zu machen, um sich nicht zu beschmutzen, um nicht von dem abzufallen, was an der Zeit und angesagt ist, um *up to date* zu sein, um nicht aus dem Halt und Fassung gebenden Glauben an das Göttliche, das Geld oder die Daten herauszufliegen. Man konvertiert also (seltsame Paradoxie), um nicht wirklich konvertieren, also das System Religion, Wirtschaft oder Datenverarbeitung verlassen zu müssen. Konvertiten sind die eigentlichen Anhänger der Systeme, die sie durch ihre Konversion stärken wollen. Konvertiten sind die prototypischen Verräter aus überwältigender Treue. Das macht sie unter psychodynamischen, aber auch unter funktionalen Gesichtspunkten so faszinierend. Das Recht darauf, sich treu zu bleiben, indem man ein anderer wird, indem man ganz anders wird, indem man Kontakt zum *totaliter aliter* gewinnt, erfährt im Motiv des Namenswandels seine kultische Versiegelung. Konvertiten konvertieren mit ihren Überzeugungen und Identitäten häufig auch ihre Namen. Aus Jacob wird Israel, aus Saulus Paulus, aus einem russischen Intellektuellen namens Wladimir Iljitsch Uljanow wird Lenin, aus Woytila wird Johannes Paul II. Noch dieses Motiv des Namenswechsels läßt sich aus der Sphäre der heißen Glaubensidentitäten in die des kalten Geldes konvertieren. Auch Firmen, die miteinander gerungen haben und sich dann zu einer neuen Firmenphilosophie bekennen, besiegeln ihren Neubeginn häufig mit einem Namenswandel. Wir gehen an die Börse und heißen jetzt nicht mehr RWE, sondern e-on, nicht mehr Deutsche Bundespost, sondern Telekom. Denn wir wollen der *new economy* des Medienzeitalters gewachsen sein.

Der Revolution der Ökonomie durch neue Medientechnologie standzuhalten heißt, zu akzeptieren, daß wichtige Produkte eine entscheidende Konversion erleben – sie werden virtuell. Die 1999 von US-Studenten entwickelte und kostenlos zirkulierende Software »Napster« etwa erlaubt es, Musikstücke im Internet aufzuspüren und herunterzuladen. Im Internet sind zu Beginn des Jahres 2000 mehr als drei Terabyte an Musiktiteln verfügbar – von historischen Aufnahmen und heimlichen Mitschnitten eines Celibidache-Konzerts bis zu den neusten Hits. Sie sind im MP3-Verfahren hochkomprimiert codiert. Fan-Kulturen diskutieren gerne, ob dieses digitale Verfahren zu hörbaren Klangeinbußen führt – mit dem fast regelmäßigen Ergebnis, daß sich die Vertreter der Verlustthese bei Hörproben blamieren. Der Branchenverband der amerikanischen Musikindustrie »Recording Industrie Association of America« (RIAA) hat im Namen alter Kategorien wie Urheberrecht eine Klage gegen die neue Software angestrengt. Der Ausgang ist bekannt: Während Bertelsmann vor Gericht erbitterte Gefechte gegen Napster führte, wurde im Hinterzimmer längst verhandelt. Am 1. November 2000 verblüffte Bertelsmann die Weltöffentlichkeit mit der Erklärung, es werde Napster übernehmen. Es gehört nicht viel Phantasie dazu, darin ein Modell für die Kompromißbildung zwischen der neuen Medieninfrastruktur und dem alten Medium Geld zu sehen. Die Kompromißformel lautet: »Micropricing« – für den Besuch einer Webseite, den Einsatz eines Suchprogramms oder das Herunterladen eines Musiktitels zahlt man, und wenn es nur Bruchteile eines Cent sind. Wenn das täglich einige Millionen User tun, hat kein Konzern Anlaß zu K/klagen.

Wer zahlt, muß dran glauben. Wer bezahlt wird, muß auch dran glauben, daß das erhaltene Geld Geltung hat. Von religiösen Konvertiten sagt man häufig, daß sie katholischer seien als der Papst; Geldkonvertierer glauben an die stärkste aller Leitwährungen und finden kaum Erstaunliches daran, daß auf ihren Münzen und Scheinen zu lesen steht: »In God we trust«; und EDV-Konvertiten trauern zum Beispiel darüber, daß nicht Apple, sondern Microsoft zur allumfassenden Informatikkirche wurde. Sie sorgen dann dafür, daß Windows so aussieht wie die Benutzeroberfläche von Apple-PCs, so wie die alte katholische Messe sich immer mehr Elemente protestantischer Nüchternheit zu eigen macht. Die Software-Pictogramme verhalten sich zur Programmiersprache Basic wie die allgemeinverständliche Reformliturgie zum Kirchenlatein. Dauer im Wechsel, versteckte Kontinuitäten allüberall. Weil solche Kontinuitäten herrschen, muß Konversionsbereitschaft starke emotionale Bindungsbereitschaft nicht ausschließen. Aug in Aug mit dem Wissen, daß es funktionale Äquivalente zu allen Religionen, Währungen und Soft-Währungen gibt, lassen sich die Vorzüge der jeweils gewählten Option funktional begründen und dann mit um so stärkerer Überzeugung vertreten. Man wird zum Beispiel New-Age-Esoteriker, weil man damit meßbar bessere Biowerte erzielt; man führt sein Depot in Schweizer Franken, weil man daran glaubt, daß diese Währung die nachweisbar bessere Performance hat als der Dollar; man wählt das Betriebssystem Unix, weil es eleganter Konvertierungen aus und in Microsoft-Programme ermöglicht als umgekehrt.

Konvertierungsprozesse sind heute alltäglich – und ebendeshalb werden sie selten bedacht. Den Stachel des Skandalösen, ja Anathematischen haben sie in modernen und postmodernen Zeiten verloren. Erstaunt sind wir spätmodernen Konversionsvirtuosen nur noch, wenn wir entweder Kulturen begegnen, die konversionsfeindlich sind (wir charakterisieren sie dann gerne als fundamentalistisch), oder wenn innerhalb von konversionsfreudigen Gesellschaften Großversuche gestartet werden, als unvermeidbar angesehene Konvertierungsprozesse überflüssig zu machen. Die Einführung des Euro ist ein prominentes und vieldiskutiertes Beispiel dafür, wie Konvertierungszwänge überflüssig werden können – in diesem Fall dadurch, daß die europäischen Währungen gewissermaßen a priori immer schon konvertiert sind. Das wird auch am Design der Euro-Münzen und -Scheine sinnfällig. Auf der einen Seite bleiben sie restnationalen Ikonographien treu, auf der anderen Seite haben sie ein euroweit gemeinsames und demgemäß hochgradig funktionales Design.

Wer in mehr als einem Land zu Hause ist, muß sein Geld unablässig von einer Währung in die andere konvertieren. Er darf aber darauf hoffen, daß mit der Einführung des handgreiflichen Euro zu Beginn des neuen Jahrtausends dieser ständige Konversionszwang ein Ende hat. Mit den Konvertierbarkeitsproblemen, die die Koexistenz von Dollar, Yen, Franken und Euro (um nur sie zu nennen) mit sich bringt, wird er sich aber noch lange herumschlagen müssen. Bei medientechnologischen Konvertierungszwängen zeichnet sich eine weltweite Tendenz ab, die der auf dem Feld der Währung durchaus strukturhomolog, ihr an Durchschlagskraft aber noch deutlich voraus ist. Ein Betriebssystem, das weitgehend unabhängig von der Vertrautheit mit alphanumerischen Zeichen zugänglich ist, weil es mit suggestiven Pictogrammen arbeitet, hat sich erstaunlich zügig weltweit durchgesetzt: Windows. Eine angemessenere Metapher für die Durchblicke, die in Konversionsgesellschaften angezeigt sind, ist schwer vorstellbar. Invisibilisiert wird dabei natürlich, daß der User ein Loser ist, weil er buchstäblich nicht mehr durchblickt: der Quellcode ist ihm schlicht unlesbar.

Trotz oder gerade wegen solcher Konversionserleichterungen, wie der Euro oder das Betriebssystem Windows sie bereitstellen, gilt, daß wir heute unablässig konvertieren: Daten in Daten, Geld in Geld, Überzeugungen und Grundannahmen in Überzeugungen und Grundannahmen. Moderne Gesellschaften und Kulturen sind a priori so konversionsbereit, daß sie die Möglichkeit von Konversionen gewissermaßen immer schon mit betreuen oder gar schon mit eingebaut haben – sonst wären sie eben nicht modern. Und damit ignorieren sie souverän das Konvertierbarkeitstabu oder gar -verbot, das prämoderne Ordnungen auszeichnete. Konversionen aller Art sind in prämodernen Kontexten zumindest mit impliziten, zumeist aber mit expliziten Ächtungen beziehungsweise Verboten versehen. Religiöse Konversionen sind in Theokratien ausgeschlossen, Geldwechsel und auswärtige Konten sind in geschlossenen Handelsstaaten schlicht untersagt, und private Internetnutzungen würden autoritäre Staaten allzu gerne verbieten, wenn dies denn technisch möglich wäre.

Moderne und verstärkt postmoderne Lebensweisen zeichnen sich hingegen durch die souveräne Beherrschung der Kunst aus, die in prämodernen Epochen in eher schlechtem Ruf stand: eben der Kunst des Konvertierens beziehungsweise Umformatierens. Wer, bevor dies um 1800 bei einigen europäischen Intellektuellen Mode wurde, konvertierte, also die Religions- beziehungsweise Konfessionszugehörigkeit wechselte, oder wer, bevor dies mit der expandierenden Weltwirtschaft und dem Massentourismus ein Massenberuf wurde, Geldwechsler war und also eine Währung in eine andere konvertierte, hatte handfeste Probleme mit seinem Ruf. Er galt, wenn er Glück hatte, als heikler Charakter, wenn die Umstände kulturkämpferisch aufgeladen waren, sogar als Verräter. Wer hingegen in den achtziger und neunziger Jahren des 20. Jahrhunderts Spezialist für die Konvertierbarkeit von EDV-Programmen war, durfte auf hohe gesellschaftliche Anerkennung und ein entsprechend hohes Einkommen rechnen.

Daß wir in der Epoche, die sich selbst als »Neuzeit« und dann gar plural als *modern times* beschreibt, um Konvertierungsprobleme nicht herumkommen, ist schon früh, eben zu Beginn der Neuzeit, deutlich geworden. Einer, der zum Calvinisten geworden war, aber König von Frankreich werden wollte und sollte, hat den Preis präzise benannt, den ein Leben in Zeiten der allgemeinen Konversionsbereitschaft erfordert. Es ist der Preis, den die einen moralisch als Zynismus, die anderen aber pragmatisch als Funktionalismus charakterisieren. »Paris ist eine Messe wert«, soll Heinrich IV. gesagt haben, als er, frisch zum Katholizismus konvertiert, von Navarra zur Krönungsmesse nach Paris zog. Heinrich IV. hat damit nicht nur paradigmatisch benannt, was es heißt, sich in bewegten Zeiten innerhalb eines Systems (in seinem Fall innerhalb des Systems Religion) neu zu orientieren, sondern auch, wie schwierig, aber eben auch, wie unabweisbar es ist, ganze Systeme (wie die Systeme Macht, Ökonomie, Religion) miteinander kompatibel und in diesem Sinne konvertibel zu machen. Die Erfindung des biblisch nicht vorgesehenen Fegefeuers[1] ist ein prominentes Beispiel für soziokulturelle und mentale Konversionsprogramme. Wenn unübersehbar wird, daß Münzen und nicht mehr Hostien das Element sind, das zum Leitmedium taugt, wird es erforderlich, Umformatierungsprogramme zwischen göttlichem Seelenheil und satanischem, aber offenbar unvermeidbarem Geld zu schalten. Für *post mortem* vermeidbare Fegefeuerjahre schon in diesem Leben in harter Münze einen Ablaß zu zahlen – das ist ein Programm von solcher Genialität, daß es einem fundamentalistischen Feuerkopf wie Luther nicht einleuchten mochte. Der schärfste Kritiker solch

1 Cf. J. LeGoff: Wucherzins und Höllenqualen.

skandalöser Konversionsprogramme hat dann eine neue Konfession geschaffen, zu der man konvertieren und von der man zum Katholizismus zurückkonvertieren konnte.

Paris vaut bien une messe. Der Satz wurde schnell zum geflügelten Wort. Und das aus gutem Grund. Denn er zeigt die Struktur des Problems an, in dessen Zeichen die Zeit steht, die sich selbst als »Neuzeit« charakterisiert, die also ein hohes Bewußtsein davon hat, daß unablässig Neues geschieht und man also nicht umhinkommt, sich auf Konversionen und Umformatierungen einzustellen. Problematisch aber ist, wie nicht allein an Heinrich IV. deutlich wurde, daß man nicht nur innerhalb einzelner Lebens- und Funktionssphären alternative Optionsmöglichkeiten hat, sondern daß ganze Rahmenbedingungen von Gesellschaften, Kulturen und Lebenswelten zur Disposition stehen, Transformationen durchmachen (müssen) und also der Konvertierbarkeit bedürfen. Als skandalös oder elegant zynisch gilt der Satz des gegen seine »eigentlichen« Glaubensüberzeugungen regierenden Konvertiten, weil er eine religiöse Entscheidung mit einer, ja, mit der ökonomischen Kategorie schlechthin begründet: der des Wertes. Paris ist eine Messe wert. Im Hinblick auf ein Drittes, den Königsthron in Paris, ist ein in jedem Sinne absoluter Wert (nämlich der Wert letzter und allfundierender Glaubensinhalte) wert, relativiert und mit anderen Denkkategorien (denen der Äqui-Valenz – und Äquivalenz heißt nichts anderes als »Gleich-Gültigkeit«) gemein gemacht zu werden. Heinrich IV. wechselt nicht einfach nur die Konfession, sondern akzeptiert, daß konfessionelle Orientierungen in (macht-)ökonomische konvertiert werden müssen. Ein konfessioneller Eiferer, der noch nicht auf der Höhe der Einsicht in moderne Konversionszwänge zu leben vermochte, hat Heinrich IV. ermordet.

Spätestens seit diesem Datum, also spätestens seit Beginn der Einsicht in die Unvermeidbarkeit von Registerwechseln, lohnt es sich, zwischen Konversionen erster und zweiter Ordnung zu unterscheiden. Konversionen erster Ordnung sind die mittlerweile als harmlos geltenden Fälle, in denen man innerhalb eines Systems die Optionen wechselt (also anderes glaubt, andere Währungen hat oder andere Software verwendet als zuvor). Konversionen zweiter Ordnung aber sind solche, in denen die ausschlaggebenden Rahmenordnungen selbst konvertieren und anders werden. Dann findet so etwas wie eine leitmediale *translatio imperii* statt. An die Stelle religiöser Umorientierungen treten dann monetäre Orientierungen, und monetäre Orientierungen werden späterhin in informationstechnologische umformatiert. Das System Religion konvertiert und wird ökonomisch, die Ökonomie konvertiert und wird Informationstechnologie. Das eigentlich Denk-Würdige (oder je nach intellektuellem Temperament: Empörende, Erschütternde, Faszinierende) ist dann, wie elegant sich religiöse Begriffe in ökonomische Termini konvertieren lassen. Aus Konversionsproblemen werden Konvertibilitätsprobleme, wenn aus dem Credo der Kredit, aus einem Gläubigen der Gläubiger, aus einem Schuldigen der Schuldner, aus einer Offenbarung ein Offenbarungseid, aus einem Lobpreis der Preis einer Ware, aus einer Hochamts-Messe die Industrie-Messe, aus der Hoffnung auf Erlösung die auf einen guten Erlös und aus dem Projekt der Mission das der Emission von Geld wird.[1]

Die mentalen und soziokulturellen Umbrüche, die den Übergang zu Neuzeit und Moderne kennzeichnen, sind immer wieder (unter Stichworten wie Transzendenzverlust, Säkularisierung, Entzauberung, Demokratisierung, Verdinglichung, Verlust der Mitte u. ä.) eindringlich beschrieben worden. Selten bedacht wurde dabei, daß diese Umbrüche eben nicht nur als Umbrüche, sondern in leitmedienhistorischer Perspektive auch als Konversionen beziehungsweise Umformatierungen beschrieben werden können. Kulturen, die Konversionsmöglichkeiten erst erfinden, dann zulassen und schließlich gar favorisieren, sind offensichtlich in dem Sinne konservativer, daß sie ihre Dynamik bewahren und bei

1 Cf. dazu Jochen Hörisch: Kopf oder Zahl.

allen proteushaften Gestaltwandlungen so etwas wie einen heißen Kernbestand behalten. Es ist kein anderer als der des Rechts darauf, neue aus alten Leitmedien hervorgehen zu lassen beziehungsweise Konvertierungsprozesse zum eigentlich Kontinuierlichen zu erklären. Ob griechisch-römische Metamorphosen-Geschichten davon erzählen, wie Götter Tiergestalt annehmen, um sich Menschen sittlich oder unsittlich nähern zu können, oder ob in christlicher Dynamisierung dieses Strukturmotivs der unendliche Gott seinen Sohn ganz sterblicher Mensch werden läßt, um ihn dann auferstehen und erneut unsterblich werden zu lassen – schon die Anfänge dessen, was wir abendländisch-christliche Kultur nennen, prämieren Konversionen und Umformatierungen. Und zugleich ihr Gegenteil, macht doch schon die preiswerteste Form von Dialektik deutlich, daß nur konvertiert werden kann, was sich als konvertiertes Element wiedererkennt. Ohne starke Akzentuierung von Identität ist Konversion nicht zu haben. Spannend ist die Christologie nur dann, wenn Jesus der Christos, wenn der sterbliche Mensch der unsterbliche Erlöser ist.

Konversionen sind Identitätswechsel im Interesse der Identitätserhaltung und Bestandsvermehrung. Das gilt für Individuen wie für soziokulturelle Großformationen. Mental erträglich bleiben Umbrüche von traumatisierungsanfälligen Dimensionen wohl nur, wenn geschickte PR sie auch als An- und Verknüpfungsangebote ausgeben kann. Genies der Ummodulation sind nicht ohne Grund die Gründungsfiguren unserer konversionsoffenen und medienfetischistischen Kultur. Sie verstehen sich auf das schwierige Geschäft, aus Exzentrikern kanonische Gestalten zu machen. Die systematischen Provokationen des schreibunwilligen, oral fixierten und streitsüchtigen Alkoholikers Sokrates konvertiert Platon in ein vergleichsweise konsistentes Theoriegebilde. Und die frohe Botschaft des Exzentrikers, der da von sich sagt, sein Vater sei kein anderer als der eine Gott, seine Mutter sei eine Jungfrau und man solle ihn in Gestalt von Brot und Wein *post mortem* verzehren, konvertieren Paulus und die Kirchenväter in ein in sich geschlossenes, aber gegen weitere Konversionen schon aufgrund seines spezifischen Designs nicht gefeites Religionssystem von welthistorischer Wirkung. Christen nennen sich seitdem diejenigen, denen ein Mittler, ein Medium, ein Gedächtnisspeicher wichtiger ist als das darin Vermittelte.

Im Zentrum dieser Religion steht in ebendem Maße, wie sie logifiziert, wie sie Theo-Logik wird, die Idee der Konversion. Schon im Jahr 381 und also zu Zeiten, in denen sich auch realpolitisch die Notwendigkeit einer *translatio imperii* abzeichnet, kodifiziert ein ungemein wirkungsmächtiges Kirchenkonzil die Trinitätslehre. Sie stellt eine paradoxiefreudige Alternative zur Aristotelischen Logik dar: ist doch in jedem Element der göttlichen Trinität (Vater, Sohn und Heiliger Geist) auf charakteristische, irreduzible, geheimnisvolle und doch unverwechselbare Weise das Ganze präsent. Pseudo-logisch gesprochen: Bei der göttlichen Trinität handelt es sich um die Menge aller Mengen, die sich selbst so als Element enthält, daß jedes Element verlustlos in sein anderes konvertiert werden und dabei doch und noch das Ganze sein kann. Zum kultisch-sakramentalen Zentrum dieser Religion wird dann auch das geheimnisvolle Geschehen der Transsubstantiation. Entschiedener könnte die Idee der Konversion nicht Gestalt annehmen, radikaler könnte die Macht eines Mediums nicht gedacht und geschaltet werden als in diesem Ritual, das so schlichte und alltägliche Elemente wie Brot und Wein in Ungeheures konvertiert – in das Fleisch und Blut des Erlösers.

Am Anfang war die Konversion. Gott sprach: »Es werde«, und es wurde. Sprache wird Sein, Bits werden Atome. Durch die geheimnisvolle Kraft göttlicher Worte können Brot und Wein in Fleisch und Blut des Erlösers konvertiert beziehungsweise transsubstantiiert werden. Durch die profane, aber kaum minder geheimnisvolle Kraft des Geldes können bloße Zeichen auf Metall, Papier oder Monitoren in das konvertiert werden, was wir reale Werte, nämlich Waren und Dienstleistungen nennen. Durch den Austausch von Bits und Bytes, von Pixeln und Binärdaten aller Art können Prozesse ausgelöst werden, an deren »Realität« und Handgreiflichkeit zu zweifeln wir keinen Grund haben. Um noch einmal den Medienpapst Negroponte, der gut binaristisch alles, was der Fall ist, in zwei Elemente teilt, zu bemühen: Konversionen von Bits in Atome allüberall. Sie zu beobachten und namhaft zu machen ist dennoch ein eher unpopuläres Geschäft. Theologen wie Ökonomen reagieren irritiert bis gereizt, wenn man sie als Virtuosen zauberhafter und doch profaner Konvertierungsprozesse beschreibt. Priester und Banker wollen anderes sein als Konverter von Bits in Bits und von Bits in Atome. Der Grund für diese Gereiztheit ist schnell zu benennen. Dem Begriff der Konversion hängt ein krud technisches Moment an. Es scheint mit dem Mysterium der Trinität oder der Transformation, es scheint aber auch mit den Invisibilisierungsbedürfnissen ökonomischer Rationalität nicht gut kompatibel zu sein. Was an der Ökonomie zauberhaft bis magisch ist, sollte auch in Zeiten nach modernen Wirtschaftswundern nicht allzu offenbar werden – verliert es dann doch seine magische Kraft.

Zudem hat die theoretisch-reflexive Ausblendung des Konversionsbegriffs eine lange Tradition. Wer die Probe aufs Exempel machen und die Geschichte des Begriffs, der doch so prägende Prozesse bezeichnet, rekonstruieren will, wird schnell fündig – oder eben nicht fündig. In Zedlers 1735 erschienenem Lexikon kommt der Begriff weder unter C noch unter K vor. Auch in den darauffolgenden Lexika setzt sich »Konversion« als reflexionswürdiger Eintrag nur zögerlich durch. Das gilt bis heute, und es gilt auch für reflexionsintensive Lexika und Wörterbücher. Nur ein Beispiel. Aus gutem Grund genießt das *Historische Wörterbuch der Philosophie* einen ausgezeichneten Ruf. Kenntnisreich, sachlich, umfassend und umsichtig entfaltet es nicht nur die Leitbegriffe, die in das Innerste kanonischer Philosophie führen, sondern auch die Wörter, die Leitbegriffe zu irritieren vermögen, weil sie in das produktive Abseits siegreichen Denkens geleiten. Nicht genug zu rühmen ist überdies, daß das *Historische Wörterbuch der Philosophie* das erste Wort seines Titels ernst nimmt: Es hat tatsächlich ein untrügliches Gespür dafür, daß ewige Wahrheit auch im Reich der Philosophia perennis einen schweren Stand hat – daß also auch Begriffe, die ewige Geltung prätendieren, eine Begriffsgeschichte, daß das, was wir Wahrheit nennen, einen Zeitkern hat.

Gerade weil dies so ist, gerade weil das *Historische Wörterbuch der Philosophie* so umsichtig und im besten Sinne historistisch ist, gerade weil es weiß, daß alle Epochen gleich nah oder fern von Gott sind, ist es aufschlußreich, zu untersuchen, welche Begriffe es vernachlässigt oder gar ignoriert. »Das Böse« war dem ersten Band des voluminösen Werkes keiner Beachtung wert; der fünfte Band hat diesen Mangel dann mit feiner Selbstironie *sub voce* »malum« wettgemacht. »Medium/Medien« war dem Wörterbuch des Bedenkenswerten gleichfalls keine Eintragung wert. Medien sind offenbar auch in Zeiten, in denen die Mediengesellschaft sich selbst historisch zu werden beginnt, das ganz Andere oder das böse Andere der Philosophie. Eigentümlich und buchenswert ist in diesem Zusammenhang auch, daß der Begriff »Konversion« vom Kompendium der philosophisch bedenkenswerten Begriffe auffällig stiefmütterlich behandelt wird. Die Worte »Konvention« und »Konventionalismus« sind dem Wörterbuch zehn Spalten wert; »Konzept« und »Konzeptualismus« verdienen die Aufmerksamkeit von acht Spalten; das alphabetische Zwischenwort »Konversion« aber muß mit einer halben Spalte auskommen. Sie weist drauf hin, daß man mit Konversion »in der traditionellen Logik zunächst Schlußregeln mit einer syllogistischen Normalform als einziger Prämisse [bezeichnet, J. H.], deren Konklusion aus der Prämisse durch Vertauschung der Terme resultiert (conversio simplex). Einfache K. sind: SeP – PeS, SiP – PiS [...] 2. K. heißt in der Relationenlogik ferner der Übergang zur konversen Relation [...] In diesem Sinne ist zum Beispiel der Relator: ›Schüler von‹ konvers zu ›Lehrer von‹«.[1]

»Konversion« ist, wie der zügige Streifzug vom Anfang des göttlichen Schöpferwortes bis zu den Datenströmen der Postmoderne gezeigt hat, ein eigentümlicher Begriff. Er ist von logischer Herkunft und also cool. Kaum ein zweiter Begriff aber wird dann so aufgeheizt wie dieser kalte Begriff aus der Lehre von angemessenen Verfahren logischen Schließens. Der anfangs kalte und sodann religiös heißgelaufene Konversions-Begriff erfährt im 19. Jahrhundert eine ökonomische, genauer: finanztechnische Wendung. Man kann eben nicht nur von einem Glaubenssystem in ein anderes, sondern auch eine Währung in eine andere konvertieren. Und heute schließlich wird er als medientechnologischer Begriff kurrent. Vom (wie immer: vorläufigen) Ende der Karriere des Begriffs Konversion her wird deutlich, warum er philosophisch, aber auch kulturanalytisch häufig ausgeblendet wird: er ist ein starkes Indiz dafür, daß medientechnische Probleme und Lösungsstrategien die eigentliche oder eben uneigentliche Wahrheit hinter der Dimension von Metaphysik, Theologie und Philosophie sind, die doch mit dem Anspruch auftreten, hintergründige Wahrheiten offenzulegen. Alle Geschichte ist Mediengeschichte, oder in konversionstheoretischer Relativierung: Alle Geschichte läßt sich vom Erscheinungsjahr des vorliegenden Buches (2001) her (und schätzungsweise für die nächsten drei bis fünf Jahrzehnte) plausibel als Mediengeschichte begreifen.

Zu diesen kultur- und also medientechnologischen Wahrheiten gehört es, daß sich noch die kultischen Ströme, die Kulturen mit Sinn speisen, ineinander konvertieren ließen. Zu der Großepoche, die im Bann der Trinitäts- und Trans-

1 Historisches Wörterbuch der Philosophie Band 4: I–K. Darmstadt 1976, Sp. 1082.

substantiations-Konversionen stand, gehört die Vorstellung vom Blutstrom, der für uns vergossen wurde (um vom Blutstrom, der im Namen heißer Glaubens-Offenbarungen vergossen wurde und wird, zu schweigen). Das Bild vom Blut, das den Corpus Christi, aber auch den der Kirche und der Welt zusammenhält, ließ sich konvertieren in das von den Geldströmen, die moderne Gesellschaften zusammenhalten. Wenn nicht abgelöst, so doch überformt wird diese Metapher (handelt es sich wirklich »bloß« um eine Metapher?) heute von den Daten- und Informationsströmen, die den Globus mit dem enorm durchleitungsfähigen Netz überziehen, das eine Welt, von der alle sagen, sie sei überkomplex, dennoch zusammenhält. Aus Elementen werden Medien, aus Schicksalen Schickungen, aus Sendungsbewußtsein Radio- und TV-Sendungen, aus Visionen Televisionen, aus Missionen E-Missionen, aus frohen Botschaften Informationen, aus Kommunion wird Kommunikation, aus Exkommunikationen werden Systemabstürze und aus televisionärer Kommuni(kati)on Anschlüsse ans World Wide Web.[1]

Im Hintergrund all dieser Ströme steht die regulative Konversions-Idee: etwas lasse sich in anderes transfigurieren. Aus Worten könne Sein, aus Brot und Wein könne Fleisch und Blut, aus einem Wertzeichen könne ein realer Wert, aus Software könne ein hartes Faktum emergieren. Die zauberhafte Dimension dieser Vorstellung wurde spätestens deutlich, als die Psychoanalyse sich ihrer Pathologien annahm und sich dabei gleichfalls des Konversionsbegriffs bemächtigte. Freud fiel auf, daß im Zeitalter der marktgängigen Konversionen Patho-Logien, also solche Logiken des Leidens Konjunktur haben, denen kein anderer Name angemessen ist als dieser: »hysterische Konversion«. Worunter er den »Sprung aus dem Seelischen in die somatische Innervation«[2] begriff. Jemand frißt seine Frustrationen in sich hinein und bekommt ein Magengeschwür, jemand will Skan-

1 Cf. J. Hörisch: Ende der Vorstellung.
2 S. Freud: Bemerkungen über einen Fall von Zwangsneurose, p. 36.

dale in der Familienbande nicht wahrhaben und wird mit hysterischer Blindheit geschlagen, jemand unterdrückt seine Trauer, verschluckt seine Tränen und leidet an Kehlkopfkrebs. »Sehr früh schon beschrieb [Freud] die Konversion (Umwandlung) von Affekten in körperliche Symptome und meinte, daß unerträgliche Vorstellungen dadurch unschädlich gemacht werden, daß ihre ›Erregungssummen ins Körperliche umgesetzt werden‹.«[1]

Talking-cures, so Freuds These, könnten dafür sorgen, daß diese Konversionen von Psychischem in Somatisches wieder rückgängig gemacht werden können. Der Inbegriff dessen, was die Psychoanalyse als Konversion bezeichnete, ist heute kaum mehr anzutreffen: Hysterien sind Krankheiten, die um 1900 an der Zeit sind wie heute Anorexien, Bulimien und Borderline-Zustände aller Art. Ob das auch damit zusammenhängt, daß wir Zeitgenossen der Konversionsprozesse sind, die aus der Geldgesellschaft eine Informations- und Mediengesellschaft werden lassen? Auch in und von der entfalteten Mediengesellschaft, die sich aufmacht, Bits in Atome zu konvertieren, lassen sich noch plausible Geschichten erzählen. Sie müssen dann allerdings so umkonvertiert werden, wie dies in Harry Mulischs atemberaubender Konversion der alten Ödipus-Mythe in eine Mediengeschichte geschieht:

»Dort, im Gestrüpp auf einem Abhang, sieht [Oidinase] ein schreckliches Ungeheuer. Glänzend, hellgrau, leise summend. Der Computor! Seit Jahrhunderten stellt er jedem Reisenden, der hier vorüberwill, eine Antwort; wer die Frage auf diese Antwort nicht weiß, wird sofort vernichtet. Unzählbar sind die Prinzen und Jünglinge, die ihm bereits zum Opfer gefallen sind. / Die Antwort lautet: ›Was ist der Mensch?‹ / ›Das ist keine Antwort‹, sagten die meisten sofort, ›das ist eine Frage.‹ / Sie wurden auf der Stelle mit einem Stromschlag hingerichtet. Andere, die in ihrer Belesenheit

1 W. Wesiack: Die körperlichen und seelischen Faktoren des Krankseins, p. 736 sq.

zwei Dinge durcheinanderbrachten, sagten: ›Welches Wesen läuft morgens auf vier Pfoten, mittags auf zwei und abends auf drei?‹ Doch auf diese Frage lautete die Antwort: ›Der Mensch‹ – und nicht ›Was ist der Mensch?‹ / Auch sie wurden auf der Stelle getötet. / Als nun Oidinase sich dem Computor genähert hatte und der die Worte sprach: ›Was ist der Mensch?‹ versank er in ein tiefes Nachdenken. Er grübelte zwei Tage und zwei Nächte lang. Dann, im warmen, vogelzwitschernden Morgen des dritten Tages, stellte er sich vor dem Computor auf und sagte laut: ›Was ist der Mensch?‹ / Sofort, nachdem er dies gesagt hatte, begann der Computor zu zittern und kläglich zu piepsen, elektrische Röhren zerplatzten, Transistoren explodierten, Sicherungen brannten durch, Stichflammen schlugen empor, und gehüllt in blauen Rauch und Funkenregen sank er langsam zwischen den Sträuchern in sich zusammen, bis nichts mehr von ihm übrig war als ein Haufen altes Eisen für den Schrottplatz. / Denn Oidinase hatte begriffen, daß es sich bei der Frage, worauf die Frage ›Was ist der Mensch?‹ die Antwort ist, um dieselbe Frage handelte, und sie deshalb lauten mußte: ›Was ist der Mensch?‹ – denn der Mensch ist keine Antwort, sondern eine Frage.«[1]

Antworten geben Medien – wer/was sonst? Nicht auszuschließen, daß sie die Frage vergessen, auf die sie Antwort geben. Wer gibt, der nimmt.

1 H. Mulisch: Selbstporträt mit Turban, p. 131 sq.

Bibliographie

Aischylos: Agamemnon, griechisch-deutsch, ed. und übersetzt von Ulrich von Wilamowitz-Moellendorff. Berlin 1885

Amelunxen, Hubertus von: Die aufgehobene Zeit – Die Erfindung der Photographie durch William Henry Fox Talbot. Berlin 1988

Anders, Günther: Die Antiquiertheit des Menschen – Erster Band: Über die Seele im Zeitalter der zweiten industriellen Revolution. München 1980

Anz, Philipp/Walder, Patrick: Techno. Reinbek 1999

Aristoteles: De anima; in: Philosophische Schriften in 6 Bdn., Bd. 6. Hamburg 1995

–: Politik; in: wie zuvor, Bd. 4

Arnheim, Rudolf: Anschauliches Denken – Zur Einheit von Bild und Begriff. Köln 1988 (Visual Thinking. Berkeley 1969)

–: A Forecast of Television; in: Richard P. Adler (ed.): Understanding Television – Essays on Television as a Social and Cultural Form. New York 1981

–: Rundfunk als Hörkunst (1936). München/Wien 1979

–: Film als Kunst (1932). München/Wien 1974

Assmann, Aleida: Aspekte einer Materialgeschichte des Lesens; in: Hilmar Hoffmann (ed.): Gestern begann die Zukunft. Darmstadt 1994

–: Medien und soziales Gedächtnis; in: K. Merten et al.: Die Wirklichkeit, L. c.

–: Lesen als Überlebensmittel; in: A. Bellebaum/L. Muth (edd.): Leseglück, L. c.

Assmann, Aleida und Jan: Schrift, Kognition, Evolution; in: Eric A. Havelock: Schriftlichkeit, L. c.

Assmann, Jan: Herrschaft und Heil – Politische Theologie in Altägypten, Israel und Europa. München 2000

Augustinus: Confessiones. München o. J.

Babbage, Charles: Die Ökonomie der Maschine (1833). Berlin 1999

–: Passagen aus einem Philosophenleben. Berlin 1999

Bahr, Hans-Dieter: Der Spiegel, das winzige Wasser und die Maschine; in: Konkursbuch 3/1979, pp. 39-74

–: Der Sinn, die Sinne und der Unsinn: Tierisch; in: Paragrana – Internationale Zeitschrift für Historische Anthropologie Bd. 7/1998/Heft 2, pp. 177-187

Barash, Moshe: Das Gottesbild – Studien zur Darstellung des Unsichtbaren. München 1998

Baudrillard, Jean: Denn die Illusion steht nicht im Widerspruch zur Realität ... In: Paragrana – Internationale Zeitschrift für Historische Anthropologie – Idiosynkrasien. Bd. 8/1999/Heft 2, pp. 286-298

Beck, Klaus/Glotz, Peter/Vogelsang, Gregor: Die Zukunft des Internet – Internationale Delphi-Befragung zur Entwicklung der Online-Kommunikation. Konstanz 2000

Bellebaum, Alfred/Muth, Ludwig (edd.): Leseglück – Eine vergessene Erfahrung? Opladen 1996

Belting, Hans: Bild und Kunst – Eine Geschichte des Bildes vor dem Zeitalter der Kunst. München 1993 (3.)

–/ Kamper, Dietmar (edd.): Der zweite Blick – Bildgeschichte und Bildreflexion. München 1999

Bendel, Sylvia: Werbeanzeigen von 1622-1798 – Entstehung und Entwicklung einer Textsorte. Tübingen 1998

Benjamin, Walter: Kleine Geschichte der Photographie; in: Gesammelte Schriften, edd. R. Tiedemann/H. Schweppenhäuser, Bd. II/1. Frankfurt a. M. 1977, pp. 368-385

–: Berliner Kindheit um Neunzehnhundert; in: Gesammelte Schriften, wie zuvor. Bd. IV/1. Frankfurt a. M. 1972, pp. 235-304

Benn, Gottfried: Gedichte – Gesammelte Werke 1, ed. D. Wellershoff. Wiesbaden 1960

Berghaus, Margot: Was macht Multimedia mit Menschen, machen Menschen mit Multimedia? In: P. Ludes/A. Werner: Multimedia-Kommunikation, l. c.

Birkerts, Sven: The Gutenberg Elegies – The Fate of Reading in an Electronic Age. New York 1994 (dt: Die Gutenberg-Elegien. Lesen im elektronischen Zeitalter. Frankfurt a. M. 1997)

Blumenberg, Hans: Die Lesbarkeit der Welt. Frankfurt a. M. 1981

Boehm, Gottfried: Die Wiederkehr der Bilder; in: ders. (ed.): Was ist ein Bild? München 1994

Böhme, Hartmut/Matussek, Peter/Müller, Lothar: Orientierung Kulturwissenschaft – Was sie kann, was sie will. Reinbek 2000

Böhme, Hartmut: Die technische Form Gottes – Über die theologischen Implikationen von Cyberspace; in: Neue Zürcher Zeitung vom 13./14.4.1996, p. 69

Bolz, Norbert: Am Ende der Gutenberg-Galaxis – Die neuen Kommunikationsverhältnisse. München 1993

Braun, Christina von: Heilige Botschaft – Das Gen als Verkörperung Christi; in: Süddeutsche Zeitung vom 27.6. 2000, p. 17

Brecht, Bertolt: Der Rundfunk als Kommunikationsapparat (1932); in: Gesammelte Werke in 20 Bdn. Frankfurt a. M. 1967, pp. 127-134

Britting, Georg (ed.): Lyrik des Abendlands. München 1963 (4.)

Brockhaus Kunst und Kultur in fünf Bänden. Leipzig/Mannheim 1997

Büchner, Georg: Lenz; in: Werke und Briefe, nach der historisch-kritischen Ausgabe von Werner R. Lehmann. München 1980

Buddemeier, Heinz: Leben in künstlichen Welten – Cyberspace, Videoclips und das tägliche Fernsehen. Stuttgart 1993

Burkhart, Dagmar: Vom mittelalterlichen Schandpfahl zum Internet; in: Frankfurter Rundschau vom 26. August 2000, p. 7

Cervantes, Miguel de: Der sinnreiche Junker Don Quijote von der Mancha, übers. L. Braunfels. München 1970

Chaouli, Michel: Die Verschlingung der Metapher – Geschmack und Ekel in der »Penthesilea«; in: Kleist-Jahrbuch 1998, pp. 127-149

Chartier, Roger/Cavallo, Guglielmo (edd.): Die Welt des Lesens – Von der Schriftrolle zum Bildschirm. Frankfurt a. M. 1999

Clair, Jean: Die Verantwortung des Künstlers. Avantgarde zwischen Terror und Vernunft, übers. Ronald Voullié. Köln 1998

Coogan, Michael D. (ed.): The Oxford History of the Biblical World. New York/Oxford 1998

Dante: Divina Commedia – Italienisch–Deutsch, ed. E. Laaths. Wiesbaden o. J.

Darnton, Robert: The Business of Enlightenment. A Publishing History of the Encyclopédie 1775-1800. Cambridge 1979 (dt: Glänzende Geschäfte, übers. Horst Günther. Berlin 1993)

–: The Corpus of Clandestine Literature in France 1769-1789. New York 1995

Debray, Régis: Cours de médiologie générale. Paris 1991

Deleuze, Gilles: Das Bewegungs-Bild – Kino 1. Frankfurt a. M. 1989

Derrida, Jacques: La Carte postale – de Socrate à Freud et au-delà – Envois. Paris 1980

–: Die Stimme und das Phänomen. Frankfurt a. M. 1979

Diller, Ansgar: Öffentlich-rechtlicher Rundfunk; in: Jürgen Wilke (ed.): Mediengeschichte, l. c., pp. 146-166

Diller, Ansgar: Rundfunkpolitik im Dritten Reich. München 1980

Dohrn-van Rossum, Gerhard: Die Geschichte der Stunde – Uhren und moderne Zeitordnung. Wien 1992

Douglas, Lawrence: Der Film als Zeuge – »Nazi Concentration Camps« vor dem Nürnberger Gerichtshof; in: Ulrich Baer (ed.): »Niemand zeugt für den Zeugen« – Erinnerungskultur nach der Shoah. Frankfurt a. M. 2000, pp. 197-218

Dussel, Konrad: Deutsche Rundfunkgeschichte – Eine Einführung. Konstanz 1999

Edmundson, Mark: Crashing the Academy – The Internet could destroy college as we know it – or, just possibly, save it; in: The New York Times Magazine April 4, 1999, p. 9 sqq.

Eichendorff, Joseph von: Geschichte der poetischen Literatur Deutschlands; in: Sämtliche Werke, ed. W. Mauser, Bd. IX. Regensburg 1970

Eisenstein, Elizabeth L.: The printing press as an agent of change, 2 vol. Cambridge 1979

Eliade, Mircea: Gefüge und Funktion der Schöpfungsmythen; in: Die Schöpfungsmythen – Ägypter, Sumerer, Hurriter, Hethiter, Kanaaniter und Israeliten, ed. Elisabeth Klein. Darmstadt 1980

Elfenbein, Stephan W.: The New York Times – Macht und Mythos eines Mediums. Frankfurt a. M. 1996

Elm, Theo/Hiebel, Hans H. (edd.): Medien und Maschinen – Literatur im technischen Zeitalter. Freiburg 1991

Elschek, Oskar: Verschriftlichung von Musik; in: H. Bruhn/H. Rösing (edd.): Musikwissenschaft – Ein Grundkurs. Reinbek 1998

Emerson, Peter Henry: Naturalistic Photography for Students of the Art/The Death of Naturalistic Photography. London 1899 (3.)/Reprint New York 1973

Engelsing, Rolf: Analphabetentum und Lektüre – Zur Sozialgeschichte des Lesens zwischen feudaler und industrieller Gesellschaft. Stuttgart 1973

Enzensberger, Hans Magnus: Mittelmaß und Wahn – Gesammelte Zerstreuungen. Frankfurt a. M. 1988

–: Mausoleum – Siebenunddreißig Balladen aus der Geschichte des Fortschritts. Frankfurt a. M. 1976

Enzinger, Moritz: Adalbert Stifter im Urteil seiner Zeit. Wien 1968

Escarpit, Robert: La Révolution du livre. Paris 1966

Esterbauer, Reinhold: Gott im Cyberspace? Zu religiösen Aspekten neuer Medien; in: Anton Kolb (ed.): Cyberethik: Verantwortung in der digital vernetzten Welt. Stuttgart 1998, pp. 115-134

Euripides: Die Hilfeflehenden; in: Werke in drei Bänden, Bd. 1, übers. D. Ebener, ed. J. Werner/W. Hagemann. Berlin/Weimar 1996

Fang, Irving: A History of Mass Communication – Six Information Revolutions. Boston 1997

Faßler, Manfred (ed.): Alle möglichen Welten – Virtuelle Realität, Wahrnehmung, Ethik der Kommunikation. München 1999

Faulkner, William: Light in August – Novel. New York 1932

Faulstich, Werner: Die Geschichte der Medien – Bd. 1: Das Medium als Kult – Von den Anfängen bis zur Spätantike. Göttingen 1997

–: Medien und Öffentlichkeiten im Mittelalter 800-1400. Göttingen 1996

–: Medien zwischen Herrschaft und Revolte – Die Medienkultur der frühen Neuzeit (1400-1700). Göttingen 1998

Fischer, Ernst et al. (edd.): Von Almanach bis Zeitung – Ein Handbuch der Medien in Deutschland 1700-1800. München 1999

Fischer, Robert: Der Raum, die Stadt, das Licht – Peter Greenaways Münchener Installation; in: EPD-Film 1/1996

Fitzgerald, Penelope: Human Voices – Novel. New York 1999

Fontane, Theodor: Cécile; in: Werke in vier Bdn, ed. H. Nürnberger, Bd. 2. München/Wien 1979

–: Effi Briest; Werke in vier Bdn., ed. H. Nürnberger, Bd. 3. München/Wien 1979

Flusser, Vilém: Lob der Oberfläche – Für eine Phänomenologie der Medien. Bensheim/Düsseldorf 1993

–: Gesten – Versuch einer Phänomenologie. Bensheim/Düsseldorf 1991

Franzmann, Bodo/Löffler, Dietrich/Schön, Erich (edd.): Handbuch Lesen. München 1999

Freud, Sigmund: Bemerkungen über einen Fall von Zwangsneurose; in: Studienausgabe Bd. VIII. Frankfurt a. M. 1973, pp. 31-103

Friedewald, Michael: Der Computer als Werkzeug und Medium – Die geistigen und technischen Wurzeln des Personal Computers. Berlin 1999

Friedman, Thomas L.: A Manifesto for the Fast World – From supercharged financial markets to ... In: The New York Times Magazine March 28, 1999, p. 40 sqq.

–: The Lexus and the Olive Tree. O. O. 1999

Frühwald, Wolfgang/H.-R. Jauß/R. Koselleck/J. Mittelstraß/B. Steinwachs: Geisteswissenschaften heute. Frankfurt a. M. 1991

Füssel, Stephan: Gutenberg und seine Wirkung. Frankfurt a. M. 1999

Garbe, Carl (ed.): Lesen im Wandel – Probleme der literarischen Sozialisation heute. Lüneburg 1998

Gehlen, Arnold: Der Mensch: Seine Natur und seine Stellung in der Welt. Frankfurt a. M. 1974

Giesecke, Michael: Der Buchdruck in der frühen Neuzeit – Eine historische Fallstudie über die Durchsetzung neuer Informations- und Kommunikationstechnologien. Frankfurt a. M. 1998 (3.)

Glasser, Otto: Wilhelm Conrad Röntgen und die Geschichte der Röntgenstrahlen. Berlin/Heidelberg/New York 1995.

Goebbels, Joseph: Die Tagebücher, ed. Elke Fröhlich, Bd. 2. München 1987

Goethe, Johann Wolfgang: Maximen und Reflexionen; in: Berliner Ausgabe Bd. 18. Berlin 1972

–: Dichtung und Wahrheit, Hamburger Ausgabe Bd. 9. München 1981

–: Wilhelm Meisters Wanderjahre, Sämtliche Werke Frankfurter Ausgabe I./10. edd. G. Neumann/H.-G. Dewitz. Frankfurt a. M. 1989

Göttert, Karl-Heinz: Geschichte der Stimme. München 1999

Grabbe, Christian Dietrich: Napoleon oder die hundert Tage; in: Werke – Historisch-kritische Gesamtausgabe in sechs Bdn., Zweiter Band. Emsdetten 1963

Greenaway, Peter: Prospero's Books – A Film of Shakespeare's The Tempest. London 1991

Haarmann, Harald: Die Universalgeschichte der Schrift. Frankfurt a. M. 1999

Haas, Alois M.: Unsichtbares sichtbar machen – Feindschaft und Liebe zum Bild in der Geschichte der Mystik; in: Jörg Huber/Martin Heller (edd.): Konstruktionen – Sichtbarkeiten – Interventionen 8. Wien/New York 1999, pp. 265-286

Habermas, Jürgen: Strukturwandel der Öffentlichkeit. Untersuchungen zu einer Kategorie der bürgerlichen Gesellschaft. Frankfurt a. M. 1990

Hagen, Wolfgang: Der Radioruf – Zu Diskurs und Geschichte des Hörfunks; in: M. Stingelin/W. Scherer (edd.): HardWar/SoftWar, L. c., pp. 243-274

Halefeldt, Horst O.: Programmgeschichte des Hörfunks; in: Jürgen Wilke (ed.): Mediengeschichte, l. c., pp. 211-231

Hamel, Jürgen: Die Kalenderreform Papst Gregors XIII. von 1582 und ihre Durchsetzung; in: Hans Ottomeyer (ed.): Geburt der Zeit, l. c.

Havelock, Eric A.: Schriftlichkeit – Das griechische Alphabet als kulturelle Revolution. Weinheim 1990

Hegel, Georg Wilhelm Friedrich: Enzyklopädie der philosophischen

Wissenschaften III, Werke, edd. Michel/Moldenhauer, Bd. 10. Frankfurt a. M. 1970
–: Vorlesungen über die Ästhetik I; Werke, l. c., Bd. 13. Frankfurt a. M. 1970
Heidegger, Gotthard: Mythoscopia Romantica oder Discours von den so benannten Romans. Zürich 1698, neu ed. von Walter E. Schäfer. Bad Homburg v. d. H. 1969
Heidegger, Martin: Sein und Zeit. Tübingen 1967 (11.)
Helmholtz, Hermann von: Handbuch der physiologischen Optik – Zweite umgearbeitete Auflage. Leipzig 1867
Herder, Johann Gottfried: Fragmente über die neuere deutsche Literatur; in: Werke in zehn Bänden, Bd. 1: Frühe Schriften 1764-1772, ed. U. Gaier. Frankfurt a. M. 1985
Hergenröder, Clemens: Wir schauten seine Herrlichkeit – Das johanneische Sprechen vom Sehen im Horizont von Selbsterschließung Jesu und Antwort des Menschen. Würzburg 1996
Hertle, Hans-Hermann: Chronik des Mauerfalls – Die dramatischen Ereignisse um den 9. November 1989. Berlin 1996
Heusser, Martin et al.: (edd.): Word and Image Interactions – 2. International Conference on Word and Image. Basel 1993
Heyse, Paul und Gottfried Keller im Briefwechsel, ed. M. Kalbeck. Hamburg/Braunschweig/Berlin 1919
Hick, Ulrike: Geschichte der optischen Medien. München 1999
Hickethier, Knut: Geschichte des deutschen Fernsehens, unter Mitarbeit von Peter Hoff. Stuttgart 1998
Hiebel, Hans H./Hiebler, Heinz/Kogler, Karl/Walitsch, Herwig (edd.): Große Medienchronik. München 1999
Hiltzik, Michael: Dealers of Lightning – Xerox PARC and the Dawn of the Computer Age. New York 1998
Hofmann, Gert: Der Kinoerzähler – Roman. München 1990
Hölscher, Lucian: Die Entdeckung der Zukunft. Frankfurt a. M. 1999
Hörisch, Jochen: Gott, Geld und Glück – Zur Logik der Liebe in den Bildungsromanen Goethes, Kellers und Thomas Manns. Frankfurt a. M. 1982
–: Die Wut des Verstehens – Zur Kritik der Hermeneutik. Frankfurt a. M. 1999 (2.)
–: Brot und Wein – Die Poesie des Abendmahls. Frankfurt a. M. 2000 (3.)
–: Kopf oder Zahl – Die Poesie des Geldes. Frankfurt a. M. 1998 (3.)
–: Ende der Vorstellung – Die Poesie der Medien. Frankfurt a. M. 1999

Homer: Ilias, griechisch-deutsch, Hans Rupé. Zürich/München 1983
Humphrey, Nicholas: Cave Art, Autism, and the Evolution of the Human Mind; in: Journal of Consciousness Studies 6-7/1999
Illich, Ivan: Im Weinberg des Textes – Als das Schriftbild der Moderne entstand. München 1996
Jacob, Wenzel (ed.): Der Sinn der Sinne. Göttingen 1998
James, Henry: The Aspern Papers (1888), in: The Aspern Papers and other Stories. Köln 1998
Jaynes, Julian: Der Ursprung des Bewußtseins, übers. Kurt Neff. Reinbek 1993
Jochum, Uwe: Kleine Bibliotheksgeschichte. Stuttgart 1993
–: Die Idole der Bibliothekare. Würzburg 1995
Johnson, George: Searching for the Essence of the World Wide Web; in: New York Times April 11, 1999, Section 4, p. 1 sq.
Jonas, Hans: Homo Pictor – Von der Freiheit des Bildens; in: Gottfried Boehm (ed.): Was ist ein Bild? München 1994
Kafka, Franz: Das Schloss – Roman in der Fassung der Handschrift, ed. M. Pasley. Frankfurt a. M. 1982
Kapr, Albert: Johannes Gutenberg – Persönlichkeit und Leistung. München 1988 (2.)
Keller, Gottfried: Der grüne Heinrich – Erste Fassung, SW Bd. 2, edd. Th. Böning/G. Kaiser. Frankfurt a. M. 1985
Keller, Gottfried: Die mißbrauchten Liebesbriefe; in: Die Leute von Seldwyla, ed. Th. Böning, SW Bd. 4. Frankfurt a. M. 1989, pp. 364-437
Kerckhove, Derrick de: Schriftgeburten – Vom Alphabet zum Computer. München 1995
Kittler, Friedrich: Eine Mathematik der Endlichkeit – E.T.A. Hoffmanns »Jesuiterkirche in G«. In: Athenäum – Jahrbuch für Romantik 1999, pp. 101-120
–: Aufschreibesysteme – 1800/1900. München 1995 (3.)
–: Grammophon Film Typewriter. Berlin 1986
–: Draculas Vermächtnis – Technische Schriften. Leipzig 1993
–: Von der Letter zum Bit; in: Horst Wenzel (ed.): Gutenberg und die Neue Welt. München 1994, pp. 105-188
Kleist, Heinrich von: Nützliche Erfindung – Entwurf einer Bombenpost; in: Sämtliche Werke und Briefe Bd. 2, ed. H. Sembdner. München 1977, p. 385 sq.
Kloock, Daniela: Von der Schrift zur Bild(schirm)kultur – Analyse aktueller Medientheorien. Berlin 1995

Koppen, Erwin: Literatur und Photographie – Über Geschichte und Thematik einer Medienentdeckung. Stuttgart 1987

Der Koran, aus dem Arabischen übers. v. Max Henning, eingeleitet von E. Werner/K. Rudolph. Wiesbaden o. J.

Kreimeier, Klaus: Die Ufa-Story – Geschichte eines Filmkonzerns. München/Wien 1992

Kurzweil, Ray: The Age of Spiritual Machines – When Computers Exceed Human Intelligence. New York 1999 (dt: Homo Spiens. Leben im 21. Jahrhundert – Was bleibt vom Menschen? Köln 1999)

Lawrence, David Herbert: Women in Love. Harmondsworth 1975

LeGoff, Jacques: Wucherzins und Höllenqualen – Ökonomie und Religion im Mittelalter. Stuttgart 1988

Lehnert, Gertrud: Mit dem Handy in die Peepshow – Die Inszenierung des Privaten im öffentlichen Raum. Berlin 1999

Leroi-Gourhan, André: Hand und Wort – Die Evolution von Technik, Sprache und Kunst. Frankfurt a. M. 1984 (3.)

Lévi-Strauss, Claude: La pensée sauvage. Paris 1962 (dt: Das wilde Denken, übers. Hans Naumann. Frankfurt a. M. 1968)

Linzmayer, Owen W.: Apple Confidential – The Real Story of Apple Computer, Inc. San Francisco 1999

Liselotte von der Pfalz: Briefe. Ebenhausen 1979

Lübbe, Hermann: Selbstbestimmung – Die Selbstorganisation kleiner Einheiten in netzverdichteten großen Räumen; in: Christiane Lieberknecht (ed.): Orientierung im Umbruch – Analysen zur Lage Deutschlands seit 1990. Rudolstadt/Jena 1999, pp. 257-270

Ludes, Peter: Einführung in die Medienwissenschaft – Entwicklungen und Theorien – Mit einer Einleitung von Jochen Hörisch. Berlin 1997

Ludes, Peter/Werner, Andreas (edd.): Multimedia-Kommunikation. Opladen 1997

Luhmann, Niklas: Soziale Systeme – Grundriß einer allgemeinen Theorie. Frankfurt a. M. 1984

–: Die Kunst der Gesellschaft. Frankfurt a. M. 1995

–: Die Gesellschaft der Gesellschaft, 2 Bde. Frankfurt a. M. 1997

–: Die Realität der Massenmedien. Opladen 1996

–: Liebe als Passion – Zur Codierung von Intimität. Frankfurt a. M. 1982

–: Die Religion der Gesellschaft. Frankfurt a. M. 2000

Lyons, Martyn: Le Triomphe du livre – Une histoire sociologique de la lecture dans la France du XIXe siècle. Paris 1987

Manguel, Alberto: Eine Geschichte des Lesens. Berlin 1998.

Malone, Michael S.: Infinite Loop – How the World's Most Insanely Great Computer Company Went Insane. New York 1998

Mann, Thomas: Der Zauberberg – Frankfurter Ausgabe, ed. P. de Mendelssohn. Frankfurt a. M. 1981

–: Tonio Kröger; in: Frühe Erzählungen Frankfurter Ausgabe, ed. P. de Mendelssohn. Frankfurt a. M. 1981

Marbacher Magazin »Vom Schreiben 6«, edd. R. Tgahrt/H. Mojem, Nr. 88/1999

Martin, Anton: Historischer Abriss der Photographie, Bd I. Wien 1864

Mazal, Otto: Geschichte der Buchkultur – Bd I: Griechisch-römische Antike. Graz 1999

McLuhan, Marshall: Die magischen Kanäle – Understanding Media. Frankfurt a. M. 1970

Meisenburg, Trudel: Zur Typologie der Alphabetschriftsysteme anhand des Parameters der Tiefe; in: Linguistische Berichte Bd. 173. Wiesbaden 1998

Menasse, Robert: Phänomenologie der Entgeisterung – Geschichte des verschwindenden Wissens. Frankfurt a. M. 1995

Menasse, Robert: Seelige Zeiten, brüchige Welt. Frankfurt a. M. 1994

Merten, Klaus: Evolution der Kommunikation; in: Klaus Merten/Siegfried J. Schmidt/Siegfried Weischenberg (edd.): Die Wirklichkeit der Medien. Opladen 1994

Meyrowitz, Joshua: Die Fernsehgesellschaft, 2 Bde. Weinheim 1990

Modick, Klaus: Vierundzwanzig Türen – Roman. Frankfurt a. M. 2000

Monaco, James: Film verstehen – Kunst, Technik, Sprache, Geschichte und Theorie des Films und der Medien. Reinbek 1995 (3.)

Morrison, Toni: Beloved – Novel. New York 1988

Müller, Adam: Zwölf Reden über die Beredsamkeit und deren Verfall in Deutschland; in: Kritische/ästhetische und philosophische Schriften Bd. I, Kritische Ausgabe, edd. W. Schroeder/W. Siebert. Neuwied 1967

Mulisch, Harry: Selbstporträt mit Turban, übers. Ira Wilhelm. München/Wien 1995

Musch, Jochen: Die Geschichte des Netzes – Ein historischer Abriß; in: Bernard Batinic (ed.): Internet für Psychologen. Göttingen 1997, pp. 27-48

Nadar: Quand j'étais photographe; in: Photographies, dessins et écrits, 2 Bde., ed. J.-F. Bory, Bd. 2. Paris 1979, pp. 967–1284 (dt: Als ich Photograph war, übers. Trude Fein. Frauenfeld 1978)

Nadin, Mihai: Jenseits der Schriftkultur – Das Zeitalter des Augenblicks. Dresden/München 1999

Negroponte, Nicholas: Total digital – Die Welt zwischen 0 und 1 oder die Zukunft der Kommunikation. München 1995

Negt, Oskar/Kluge, Alexander: Öffentlichkeit und Erfahrung – Zur Organisationsform von bürgerlicher und proletarischer Öffentlichkeit. Frankfurt a. M. 1973

–: Geschichte und Eigensinn. Frankfurt a. M. 1981

Nehamas, Alexander: Virtues of Authenticity – Essays on Plato and Socrates. Princeton 1999

Nennen, Heinz-Ulrich (ed.): Diskurs – Begriff und Realisierung. Würzburg 2000

Nies, Fritz: Bahn und Bett und Blütenduft. Eine Reise durch die Welt der Leserbilder. Darmstadt 1991

Noelle-Neumann, Elisabeth: Stationen der Glücksforschung; in: A. Bellebaum/L. Muth (edd.): Leseglück, L. c.

Oberdorfer, Don: Princeton University – The First 250 Years. Princeton 1995

Oettermann, Stephan: Das Panorama – Die Geschichte eines Massenmediums. Frankfurt a. M. 1980

Ong, Walter J.: Oralität und Literarität – Die Technologisierung des Wortes. Opladen 1987

Origo, Iris: »Im Namen Gottes und des Geschäfts« – Lebensbild eines toskanischen Kaufmanns in der Frührenaissance – Francesco di Marco Datini 1335–1410. München 1993 (3.)

Ottomeyer, Hans (ed.): Geburt der Zeit – Eine Geschichte der Bilder und Begriffe (Katalog zur Ausstellung der Staatlichen Museen Kassel 12.12.1999-19.3.2000). Kassel 1999

Ovid: Metamorphosen, übers. Erich Rösch. München 1972 (5.)

Paus-Haase, Ingrid/Höltershinken, Dieter/Tietze, Wolfgang: Alte und neue Medien im Alltag von jungen Kindern. Freiburg i. B. 1990

Platon: Phaidros; in: Werke in acht Bdn., griech-dt., übers. Schleiermacher/Kurz, Bd. 5. Darmstadt 1990

–: Phaidon; in: Werke, l. c., Bd. 3

Postman, Neil: Das Verschwinden der Kindheit. Frankfurt/M. 1983

Pross, Harry: Medienforschung – Film, Funk, Presse, Fernsehen. Darmstadt 1972

–: Zeitungsreport – Deutsche Presse im 20. Jahrhundert. Weimar 2000

Pynchon, Thomas: Die Enden der Parabel – Gravity's Rainbow, übers. Elfriede Jelinek, Thomas Piltz. Reinbek 1981

Raabe, Mechthild: Leser und Lektüre im 18. Jahrhundert – Die Ausleihbücher der Herzog August Bibliothek Wolfenbüttel 1714-1799 – Bd. 1: Die Leser und ihre Lektüre. München etc. 1989
Rice, Michael: Reporting US-European Relations – Four Nations, Four Newspapers. New York 1982
Riepl, Wolfgang: Das Gesetz von der Komplementarität; in: Manfred Bobrowsky et. al. (edd.): Medien- und Kommunikationsgeschichte – Ein Textbuch zur Einführung. Wien 1987
Rilke, Rainer Maria: Die Aufzeichnungen des Malte Laurids Brigge; in: Sämtliche Werke in 12 Bdn., ed. E. Zinn, Bd. 11. Frankfurt a. M. 1975
Roeck, Bernd: Als wollt die Welt schier brechen – Eine Stadt im Zeitalter des Dreißigjährigen Krieges. München 1991
Roedl, Urban: Adalbert Stifter in Selbstzeugnissen und Bilddokumenten. Reinbek 1975.
Ronell, Avital: Trauma-TV: Video als Zeugnis – Zwölf Schritte jenseits des Lustprinzips; in: Ulrich Baer (ed.): »Niemand zeugt für den Zeugen« – Erinnerungskultur nach der Shoah. Frankfurt a. M. 2000, pp. 255-274
Rüegg, Walter: Lesen als Bedingung humaner Existenz; in: Herbert G. Göpfert et al. (edd.): Lesen und Leben. Frankfurt a. M. 1975
Russell, William Howard: Meine sieben Kriege – Die ersten Reportagen von den Schlachtfeldern des neunzehnten Jahrhunderts, übers. M. Fienbork. Frankfurt a. M. 2000 (Die Andere Bibliothek 186)
Sanson, Henri: Aus dem Tagebuch des Henkers; in: Weltig, Knut-Hannes (ed.): Tagebücher der Henker von Paris 1685–1847, Bd. 1. Leipzig 1989
Schindler, Nina (ed.): Flimmer-Kiste – Ein nostalgischer Rückblick. Hildesheim 1999
Schlegel, Friedrich: Über die Philosophie – An Dorothea; Kritische Ausgabe Bd. VIII, ed. E. Behler. München/Paderborn/Wien 1975, pp. 41-64
–: Über Lessing; Kritische Ausgabe Bd. II, ed. H. Eichner. München/Paderborn/Wien 1967, pp. 100-126
Schmandt-Besserat, Denise: Before Writing – Bd. 1: From Counting to Cuneiform, Bd. 2: A Catalogue of Near Eastern Tokens. Austin 1992
Schmölders, Claudia: Die Stimme des Bösen – Zur Klanggestalt des Dritten Reiches; in: Merkur 581/August 1997
Schneider, Manfred: Der Barbar – Endzeitstimmung und Kulturrecycling. München 1997

Schnitzler, Arthur: Die Toten schweigen (1897); in: Gesammelte Werke in Einzelausgaben – Das erzählerische Werk Bd. 2. Frankfurt a. M. 1977

Schön, Erich: Der Verlust der Sinnlichkeit oder Die Verwandlungen des Lesers – Mentalitätswandel um 1800. Stuttgart 1987

Schuck-Wersig, Petra: Expeditionen zum Bild – Beiträge zur Analyse des kulturellen Stellenwerts von Bildern. Frankfurt a. M. 1993

Schulz, Winfried: Kommunikationsprozeß; in: Elisabeth Noelle-Neumann et al. (edd.): Publizistik Massenkommunikation. Frankfurt a. M. 1996, pp. 140-171

Searle, John R.: I married a Computer; in: The New York Review of Books April 8/1999, p. 34 sqq.

Sebag-Montefiore, Hugh: Enigma – The Battle for the Code. London 2000

Segebrecht, Harro: Literatur im technischen Zeitalter – Von der Frühzeit der deutschen Aufklärung bis zum Beginn des Ersten Weltkriegs. Darmstadt 1998

Siegert, Bernhard: Relais. Geschichte der Literatur als Epoche der Post 1751-1913. Berlin 1999.

Simmel, Georg: Philosophie des Geldes. Berlin 1977 (7.)

Singh, Simon: The Code Book – The Evolution of Secrecy from Mary Queen of Scots to Quantum Cryptography. New York 1999 (dt: Geheime Botschaften. Die Kunst der Verschlüsselung von der Antike bis in die Zeiten des Internet. München 2000).

Sloterdijk, Peter: Sphären II – Globen. Frankfurt a. M. 1999

–: Regeln für den Menschenpark – Ein Antwortschreiben zum Brief über den Humanismus; in: ZEIT-dokument 2/1999, pp. 4-15

Söderberg, Hjalmar: Die Tuschzeichnung; in: Die Spieler – Zwölf Erzählungen und ein Roman, übers. Günter Dallmann, Helen Oplatka. Frankfurt a. M. 2000 (Die Andere Bibliothek 184)

Standage, Tom: The Victorian Internet – The Remarkable Story of the Telegraph and the Nineteenth Century's Online Pioneers. London 1999

Steiner, Uwe C.: »Können die Kulturwissenschaften eine neue moralische Funktion beanspruchen?« – Eine Bestandsaufnahme; in: DVjS 1/März 1997, pp. 5-38

Stiegler, Bernhard: Worte des Lichts – Schattenbilder – Literatur und Photographie im 19. Jahrhundert. Habilitationsschrift. Mannheim 1999

Stingelin, Martin/Scherer, Wolfgang (edd.): HardWar/SoftWar – Krieg und Medien 1914 bis 1945. München 1991

Stöber, Rudolf: Deutsche Pressegeschichte – Einführung, Systematik, Glossar. Konstanz 2000

Talbot, William Henry Fox: The Pencil of Nature; in: Wilfried Wiegand (ed.): Die Wahrheit der Photographie – Klassische Bekenntnisse zu einer neuen Kunst. Frankfurt a. M. 1981, pp. 45-89

Theall, Donald F.: Beyond the Word: Reconstructing Sense in the Joyce Era of Technology, Culture, and Communication. Toronto 1995

Theweleit, Klaus. Buch der Könige. Basel/Frankfurt a. M. 1988/1994.

Toeplitz, Jerzy: Geschichte des Films – 2 Bde. Frankfurt a. M. o. J.

Toeppfer, Rodolphe: De la plaque Daguerre (1841); in: Œuvres complètes, ed. P. Caillier, Bd. XXV. Genf 1957, pp. 91-117

Tolstoi, Leo: Anna Karenina, übers. Arthur Luther. Zürich 1985

Treichel, Hans-Ulrich: Der Verlorene. Frankfurt a. M. 1998

Unseld, Siegfried: Goethe und seine Verleger. Frankfurt a. M. 1991

Virilio, Paul: Krieg und Kino – Logistik der Wahrnehmung. München 1986

–: Der negative Horizont – Bewegung – Geschwindigkeit – Beschleunigung. München 1989

–: Krieg und Fernsehen. München 1993

Wagner, Wolf-Rüdiger: Theodor Fontanes »Effi Briest« – Medienpädagogische Wanderungen durch die Kommunikationskultur des ausgehenden 19. Jahrhunderts; in: Deutschunterricht 6/1998, pp. 318-328

Wandhoff, Haiko: Der epische Blick – Eine mediengeschichtliche Studie zur höfischen Literatur. Berlin 1996

Warburton, William: Devine Legation of Moses. London 1738

Weibel, Peter: Vom Verschwinden der Ferne – Telekommunikation und Kunst; in: Edith Decker/Peter Weibel (edd.): Vom Verschwinden der Ferne – Telekommunikation und Kunst. Frankfurt a. M. 1990

Wenzel, Horst: Hören und Sehen, Schrift und Bild – Kultur und Gedächtnis im Mittelalter. München 1995

Wesiack, Werner: Die körperlichen und seelischen Faktoren des Krankseins; in: Kindlers Enzyklopädie Der Mensch, ed. N. Wendt/N. Loakker. München 1983

Wetzel, Michael: Mignon – Die Kindsbraut als Phantasma der Goethezeit. München 1999

–: Die Wahrheit nach der Malerei. München 1997

Wilke, Jürgen (ed.): Mediengeschichte der Bundesrepublik Deutschland. Bonn 1999

Wilson, Frank R.: Die Hand – Geniestreich der Evolution – Ihr Einfluß auf Gehirn, Sprache und Kultur des Menschen. Stuttgart 2000

Winkgens, Meinhard: Sex und Diskurs bei D. H. Lawrence: Das Spiel der Signifikanten und das Signifikat naturhafter Leibhaftigkeit in »St. Mawr«; in: Ansgar und Vera Nünning (edd.): Klassiker und Strömungen des englischen Romans im 20. Jahrhundert. Trier 2000, pp. 31-51

Wittgenstein, Ludwig: Tractatus logico-philosophicus; in: Schriften 1. Frankfurt a. M. 1969

Wygotski, Lew Semjonowitsch: Denken und Sprechen. Frankfurt a. M. 1974 (5.)

Zerdick, Axel et al. (edd.): Die Internet-Ökonomie – Strategien für die digitale Wirtschaft. Berlin/Heidelberg 1999

Zaster, Zacharias: Kapitale Lust – Das geheime Sexualleben des Geldes. Berlin 1999

Zürn, Unica: Gesamtausgabe in vier Bänden, edd. G. Bose/E. Brinkmann. Berlin 1988

Zweig, Arnold: Ästhetik des Rundfunks; in: Irmela Schneider (ed.): Radio-Kultur in der Weimarer Republik. Tübingen 1984

Namenregister

Sachregister

suhrkamp taschenbücher
Eine Auswahl

Tschingis Aitmatow. Dshamilja. Erzählung. Mit einem Vorwort von Louis Aragon. Übersetzt von Gisela Drohla. st 1579. 123 Seiten

Isabel Allende
- Eva Luna. Roman. Übersetzt von Lieselotte Kolanoske.
- Fortunas Tochter. Roman. Übersetzt von Lieselotte Kolanoske. st 3236. 486 Seiten
- Das Geisterhaus. Übersetzt von Anneliese Botond. st 1676. 500 Seiten
- Paula. Übersetzt von Lieselotte Kolanoske. st 2840. 488 Seiten

Ingeborg Bachmann. Malina. Roman. st 641. 368 Seiten

Ulrich Beck/Elisabeth Beck-Gernsheim. Das ganz normale Chaos der Liebe. st 1725. 301 Seiten

Jurek Becker
- Amanda herzlos. Roman. st 2295. 384 Seiten
- Bronsteins Kinder. st 2954. 321 Seiten
- Jakob der Lügner. Roman. st 774. 283 Seiten

Samuel Beckett
- Molloy. Roman. Übersetzt von Erich Franzen. st 2406. 248 Seiten
- Warten auf Godot. Deutsche Übertragung von Elmar Tophoven. Vorwort von Joachim Kaiser. st 1. 245 Seiten

NF 265/1/1.03

Louis Begley
- Lügen in Zeiten des Krieges. Roman. Übersetzt von Christa Krüger. st 2546. 223 Seiten
- Schmidt. Roman. Übersetzt von Christa Krüger. st 3000. 320 Seiten
- Schmidts Bewährung. Roman. Übersetzt von Christa Krüger. st 3436. 314 Seiten

Walter Benjamin. Illuminationen. Ausgewählte Schriften. Herausgegeben von Siegfried Unseld. st 345. 417 Seiten

Thomas Bernhard
- Alte Meister. Komödie. st 1553. 311 Seiten
- Heldenplatz. st 2474. 164 Seiten
- Holzfällen. st 3188. 336 Seiten
- Wittgensteins Neffe. st 1465. 164 Seiten

Peter Bichsel
- Eigentlich möchte Frau Blum den Milchmann kennenlernen. 21 Geschichten. st 2567. 73 Seiten
- Kindergeschichten. st 2642. 84 Seiten
- Zur Stadt Paris. Geschichten. st 2734. 120 Seiten

Volker Braun. Hinze-Kunze-Roman. st 3194. 240 Seiten

Bertolt Brecht
- Dreigroschenroman. st 1846. 392 Seiten
- Geschichten vom Herrn Keuner. st 16. 108 Seiten
- Hundert Gedichte. Ausgewählt von Siegfried Unseld. st 2800. 188 Seiten

Lily Brett
- Einfach so. Roman. Übersetzt von Anne Lösch. st 3033. 446 Seiten
- Zu sehen. Übersetzt von Anne Lösch. st 3148. 332 Seiten

NF 265/2/1.03

Antonia S. Byatt. Besessen. Roman. Übersetzt von Melanie Walz. st 2376. 632 Seiten

Truman Capote. Die Grasharfe. Roman. Übersetzt von Annemarie Seidel und Friedrich Podszus. st 3135. 208 Seiten

Paul Celan. Gesammelte Werke 1-3. Gedichte, Prosa, Reden. Drei Bände. st 3202-3204. 998 Seiten

Clarín. Die Präsidentin. Roman. Übersetzt von Egon Hartmann. Mit einem Nachwort von F. R. Fries. st 1390. 864 Seiten

Sigrid Damm. Ich bin nicht Ottilie. Roman. st 2999. 392 Seiten

Marguerite Duras. Der Liebhaber. Übersetzt von Ilma Rakusa. st 1629. 194 Seiten

Karin Duve. Keine Ahnung. Erzählungen. st 3035. 167 Seiten

Tristan Egolf. Monument für John Kaltenbrunner. Roman. Übersetzt von Frank Heibert. st 3382. 528 Seiten

Hans Magnus Enzensberger
- Ach Europa! Wahrnehmungen aus sieben Ländern. Mit einem Epilog aus dem Jahre 2006. st 1690. 501 Seiten
- Gedichte. Verteidigung der Wölfe. Landessprache. Blindenschrift. Die Furie des Verschwindes. Zukunftsmusik. Kiosk. Sechs Bände in Kassette. st 3067. 633 Seiten

Hans Magnus Enzensberger (Hg.). Museum der modernen Poesie. st 3446. 850 Seiten

Laura Esquivel. Bittersüße Schokolade. Mexikanischer Roman um Liebe, Kochrezepte und bewährte Hausmittel. Übersetzt von Petra Strien. st 2391. 278 Seiten

NF 265/3/1.03

Max Frisch
- Andorra. Stück in zwölf Bildern. st 277. 127 Seiten
- Biedermann und die Brandstifter. Ein Lehrstück ohne Lehre. st 2545. 95 Seiten
- Homo faber. Ein Bericht. st 354. 203 Seiten
- Mein Name sei Gantenbein. Roman. st 286. 288 Seiten
- Montauk. Eine Erzählung. st 700. 207 Seiten
- Stiller. Roman. st 105. 438 Seiten

Norbert Gstrein. Die englischen Jahre. Roman. st 3274. 392 Seiten.

Fattaneh Haj Seyed Javadi. Der Morgen der Trunkenheit. Roman. Übersetzt von Susanne Baghstani. st 3399. 416 Seiten

Peter Handke
- Die drei Versuche. Versuch über die Müdigkeit. Versuch über die Jukebox. Versuch über den geglückten Tag. st 3288. 304 Seiten
- Kindergeschichte. st 3435. 110 Seiten
- Der kurze Brief zum langen Abschied. st 172. 195 Seiten
- Die linkshändige Frau. Erzählung. st 3434. 130 Seiten
- Mein Jahr in der Niemandsbucht. Ein Märchen aus den neuen Zeiten. st 3084. 632 Seiten
- Wunschloses Unglück. Erzählung. st 146. 105 Seiten

Christoph Hein
- Der fremde Freund. Drachenblut. Novelle. st 3476. 176 Seiten
- Horns Ende. Roman. st 3479. 320 Seiten
- Willenbrock. Roman. st 3296. 320 Seiten

Marie Hermanson. Muschelstrand. Roman. Übersetzt von Regine Elsässer. st 3390. 304 Seiten

NF 265/4/1.03

Hermann Hesse
- Demian. Die Geschichte von Emil Sinclairs Jugend. st 206. 200 Seiten
- Das Glasperlenspiel. Versuch einer Lebensbeschreibung des Magister Ludi Josef Knecht samt Knechts hinterlassenen Schriften. st 2572. 616 Seiten
- Siddhartha. Eine indische Dichtung. st 182. 136 Seiten
- Unterm Rad. Erzählung. st 52. 166 Seiten

Ödön von Horváth
- Geschichten aus dem Wiener Wald. st 2370. 246 Seiten
- Glaube, Liebe, Hoffnung. st 2372. 158 Seiten
- Jugend ohne Gott. st 3345. 182 Seiten

Bohumil Hrabal. Ich habe den englischen König bedient. Roman. Übersetzt von Karl-Heinz Jähn. st 1754. 301 Seiten

Uwe Johnson
- Jahrestage. Aus dem Leben der Gesine Cresspahl. Einbändige Ausgabe. st 3220. 1728 Seiten
- Mutmassungen über Jakob. st 3128. 308 Seiten

James Joyce
- Dubliner. Übersetzt von Dieter E. Zimmer. st 2454. 228 Seiten
- Ulysses. Roman. Übersetzt von Hans Wollschläger. st 2551. 988 Seiten

Franz Kafka
- Amerika. Roman. st 2654. 311 Seiten
- Der Prozeß. Roman. st 2837. 282 Seiten
- Das Schloß. Roman. st 2565. 424 Seiten

André Kaminski. Nächstes Jahr in Jerusalem. Roman. st 1519. 392 Seiten

NF 265/5/1.03

Bodo Kirchhoff. Infanta. Roman. st 1872. 502 Seiten

Wolfgang Koeppen
- Tauben im Gras. Roman. st 601. 210 Seiten
- Der Tod in Rom. Roman. st 241. 187 Seiten
- Das Treibhaus. Roman. st 78. 190 Seiten

Else Lasker-Schüler. Gedichte 1902-1943. st 2790. 439 Seiten

Gert Ledig. Vergeltung. Roman. Mit einem Nachwort von Volker Hage. st 3241. 224 Seiten

Stanisław Lem
- Der futurologische Kongreß. Übersetzt von I. Zimmermann-Göllheim. st 534. 139 Seiten
- Sterntagebücher. Mit Zeichnungen des Autors. Übersetzt von Caesar Rymarowicz. st 459. 478 Seiten

Hermann Lenz. Vergangene Gegenwart. Die Eugen-Rapp-Romane. Neun Bände in Kassette. 3000 Seiten

H. P. Lovecraft. Cthulhu. Geistergeschichten. Übersetzt von H. C. Artmann. Vorwort von Giorgio Manganelli. st 29. 239 Seiten

Amin Maalouf
- Leo Africanus. Der Sklave des Papstes. Roman. Übersetzt von Bettina Klingler und Nicola Volland. st 3121. 480 Seiten
- Samarkand. Roman. Übersetzt von Widulind Clerc-Erle. st 3190. 384 Seiten

Andreas Maier. Wäldchestag. Roman. st 3381. 315 Seiten

Angeles Mastretta. Emilia. Roman. Übersetzt von Petra Strien. st 3062. 413 Seiten

NF 265/6/1.03

Robert Menasse
- Schubumkehr. Roman. st 2694. 180 Seiten
- Selige Zeiten, brüchige Welt. Roman. st 2312. 374 Seiten
- Sinnliche Gewißheit. Roman. st 2688. 329 Seiten

Eduardo Mendoza. Die Stadt der Wunder. Roman. Übersetzt von Peter Schwaar. st 2142. 503 Seiten

Alice Miller
- Am Anfang war Erziehung. st 951. 322 Seiten
- Das Drama des begabten Kindes und die Suche nach dem wahren Selbst. st 950. 175 Seiten

Magnus Mills. Die Herren der Zäune. Roman. Übersetzt von Katharina Böhmer. st 3383. 216 Seiten

Haruki Murakami. Wilde Schafsjagd. Roman. Übersetzt von Anneliese Ortmanns-Suruki und Jürgen Stalph. st 2738. 306 Seiten

Adolf Muschg
- Der Rote Ritter. Eine Geschichte von Parzivâl. st 2581. 1089 Seiten
- Sutters Glück. Roman. st 3442. 336 Seiten

Cees Nooteboom
- Allerseelen. Übersetzt von Helga van Beuningen. st 3163. 440 Seiten
- Die folgende Geschichte. Übersetzt von Helga van Beuningen. st 2500. 148 Seiten
- Rituale. Roman. Übersetzt von Hans Herrfurth. st 2446. 231 Seiten

Kenzaburô Ôe. Eine persönliche Erfahrung. Roman. Übersetzt von Siegfried Schaarschmidt. st 1842. 240 Seiten

NF 265/7/1.03

Sylvia Plath. Die Glasglocke. Übersetzt von Reinhard Kaiser. st 2854. 262 Seiten

Ulrich Plenzdorf. Die neuen Leiden des jungen W. st 300. 140 Seiten

Marcel Proust. Auf der Suche nach der verlorenen Zeit. Übersetzt von Eva Rechel-Mertens. Drei Bände in Kassette. st 3209. 4195 Seiten

João Ubaldo Ribeiro. Brasilien, Brasilien. Roman. Übersetzt von Curt Meyer-Clason und Jacob Deutsch. st 3098. 731 Seiten

Patrick Roth. Meine Reise zu Chaplin. Ein Encore. st 3439. 98 Seiten

Ralf Rothmann
- Flieh, mein Freund! Roman. st 3112. 278 Seiten
- Milch und Kohle. Roman. st 3309. 224 Seiten

Jorge Semprun. Was für ein schöner Sonntag! Übersetzt von Johannes Piron. st 3032. 394 Seiten

Arnold Stadler. Mein Hund, meine Sau, mein Leben. Roman. Mit einem Nachwort von Martin Walser. st 2575. 164 Seiten

Andrzej Stasiuk. Die Welt hinter Dukla. Roman. Übersetzt von Olaf Kühl. st 3391. 175 Seiten

Jürgen Teipel. Verschwende Deine Jugend. Ein Doku-Roman. Über den deutschen Punk und New Wave. Vorwort von Jan Müller. Mit zahlreichen Abbildungen. st 3271. 336 Seiten

NF 265/8/1.03

Hans-Ulrich Treichel
- Tristanakkord. Roman. st 3303. 238 Seiten
- Der Verlorene. Erzählung. st 3061. 175 Seiten

Galsan Tschinag
- Der blaue Himmel. Roman. st 2720. 178 Seiten
- Die graue Erde. Roman. st 3196. 288 Seiten
- Der weiße Berg. Roman. st 3378. 290 Seiten

Mario Vargas Llosa
- Das Fest des Ziegenbocks. Roman. Übersetzt von Elke Wehr. st 3427. 540 Seiten
- Das grüne Haus. Roman. Übersetzt von Wolfgang A. Luchting. st 342. 429 Seiten
- Der Krieg am Ende der Welt. Roman. Übersetzt von Anneliese Botond. st 1343. 725 Seiten
- Tante Julia un der Kunstschreiber. Roman. Übersetzt von Heidrun Adler. st 1529. 392 Seiten
- Tod in den Anden. Roman. Übersetzt von Elke Wehr. st 2774. 384 Seiten

Martin Walser
- Brandung. Roman. st 1374. 319 Seiten
- Ehen in Philippsburg. 1209. st 1209. 343 Seiten
- Ein fliehendes Pferd. Novelle. st 600. 151 Seiten
- Halbzeit. Roman. st 2657. 778 Seiten
- Ein springender Brunnen. Roman. st 3100. 416 Seiten
- Seelenarbeit. Roman. st 3361. 300 Seiten

Robert Walser
- Der Gehülfe. Roman. st 1110. 316 Seiten
- Geschwister Tanner. Roman. st 1109. 381 Seiten
- Jakob von Gunten. Ein Tagebuch. st 1111. 184 Seiten

NF 265/9/1.03